GIANFRANCO RAVASI
DIE VIER EVANGELIEN

Gianfranco Ravasi

# Die vier Evangelien

## Hinführungen und Erklärungen

VERLAG NEUE STADT
MÜNCHEN · ZÜRICH · WIEN

Titel der italienischen Originalausgaben (© Centro Editoriale Dehoniano, Bologna);
[in Klammern deutsche Erstveröffentlichung]:
Gianfranco Ravasi,
– Il Vangelo di Matteo, 1989; [Das Evangelium nach Matthäus, München 1992];
– Il Vangelo di Marco, 1990; [Das Evangelium nach Markus, München 1993];
– Il Vangelo di Luca, 1988; [Das Evangelium nach Lukas, München 1994];
– Il Vangelo di Giovanni I/II, 1989; [Das Evangelium nach Johannes, München 1996].

Übersetzung aus dem Italienischen: Stefan Liesenfeld

2013, 1. Auflage der überarbeiteten Gesamtausgabe

Umschlaggestaltung unter Verwendung eines Gemäldes von Hilde Reiser
Gestaltung und Satz: Neue-Stadt-Grafik
Druck: CPI – Clausen & Bosse, Leck
ISBN 978-3-87996-986-9

# Inhalt

# Zu diesem Buch

Schnelllebiger denn je scheint unsere Zeit. Gesucht sind umso mehr Worte, die tragen und durchtragen. Vielleicht hängt damit das ungebrochene Interesse an der Bibel zusammen. Als „Gotteswort in menschlichen Worten" haben diese überaus facettenreichen Texte nichts von ihrer Kraft und Faszination verloren. Einen besonderen Stellenwert für Christen haben die vier Evangelien, nicht zuletzt in den gottesdienstlichen Lesungen: Sie sind die frohe Botschaft von und über Jesus, über den nahegekommenen Gott. Sie sprechen für sich. Der erste Zugang ist und bleibt darum das offene Hören, in der Gemeinschaft mit anderen, in den Gottesdiensten wie in Bibelkreisen, aber auch bei der eigenen betrachtenden Lektüre.

Gerade dabei aber ist es hilfreich, jemand zu haben, der schwer Verständliches erschließt, der Hintergründe und Zusammenhänge aufzeigt, der Leseschlüssel an die Hand gibt und hilft, Brücken ins Hier und Heute zu bauen. Nicht viele vermögen dies so wie Gianfranco Ravasi, der ehemalige Präfekt der Mailänder Bibliothek Ambrosiana und langjährige Professor für Biblische Exegese an der Theologischen Fakultät von Norditalien (Mailand), inzwischen Kardinal und Präsident des Päpstlichen Kulturrats. Seine Evangelienkommentare, die auf eine Vortragsreihe am *Centro Culturale S. Fedele* in Mailand zurückgehen, zeichnen sich aus durch seine Gabe und seinen Mut, die biblischen Texte unter Berücksichtigung wissenschaftlicher Erkenntnisse verständlich, ja packend einem breiten Publikum darzulegen. Die Ausführungen sind ein Musterbeispiel dafür, wie wichtige Einsichten der historisch-kritischen Schriftauslegung auch und gerade heute fruchtbar werden können. Nicht von ungefähr hat man diese Hinführungen und Kommentare als „ideale Handreichung für alle Bibelkreise und Bibelleser" bezeichnet. Doch auch diejenigen, die in irgendeiner Weise im Dienst an der Vermittlung des Wortes Gottes stehen, dürften aus der Lektüre Gewinn ziehen. So freuen wir uns, mit dieser durchgesehenen Gesamtausgabe einem von vielen Seiten geäußerten Wunsch nachkommen zu können.

Noch ein Hinweis für alle, die das Buch fortlaufend lesen und an einigen Stellen auf bereits Bekanntes stoßen: Um den Einstieg in die Lektüre bei jedem der vier Evangelien zu ermöglichen, wurden zum Verstehen nötige Wiederholungen bewusst stehen gelassen.

Stefan Liesenfeld
Verlag Neue Stadt

# Das Evangelium nach Matthäus

## Vorbemerkungen

Bevor wir uns dem Text des Matthäusevangeliums zuwenden, möchte ich einige Anmerkungen vorausschicken, die – wenn auch in ganz einfacher Weise – eine Art Leitfaden für das Lesen der Bibel geben wollen, der auch für die persönliche Lektüre eine Hilfe sein kann.

### Hören

Die erste Vorbemerkung betrifft mich selbst. Ich muss gestehen, dass es für mich nie eine Routineangelegenheit darstellt, über einen biblischen Text zu sprechen. Ich betrachte es mit einem gewissen Bangen, in der Sorge, ob ich den Erwartungen wohl entsprechen werde. Mein Anliegen ist, eine Anleitung zur Interpretation des Textes zu geben.

Darum möchte ich ein Wort an den Anfang stellen: das Hören. Wir müssen gut hinhören, das heißt innerlich offen sein und versuchen, die Botschaft, die uns erreichen will, so gut es geht zu erfassen. Ein Psalm gebraucht eine interessante Formulierung: „Das Gehör hast du mir eingepflanzt" (Ps 40,7), wörtlich heißt es: Du, Herr, hast mir das Ohr ausgehöhlt. Hier spricht jemand, der innerlich umgewandelt worden ist. Er verwendet das Bild vom Eindringen, vom Ausheben, vom Graben in die Tiefe. Es genügt nicht, irgendwelche Laute zu vernehmen; das Ohr ist ein überaus empfindsames Organ, das unmittelbar mit dem Denken des Menschen verbunden ist.

Hören – das ist eine beständige Übung. Ich werde versuchen, das Hören möglichst zu erleichtern, und erlaube mir aus diesem Grund hier und da einige Vereinfachungen.

Nicht ohne Selbstironie möchte ich eine Erzählung von einem großen Wüstenvater erwähnen, ein sogenanntes „Apophtegma": Ein Schüler, der zum Verantwortlichen einer Gemeinschaft ernannt worden war, wandte sich an seinen Lehrer und fragte ihn: „Vater, wie soll eine Rede beschaffen sein?" – Der Meister antwortete: „Zwei Gesetze müssen in einer guten Rede beachtet werden: Sie braucht einen guten Anfang und einen gewinnenden Schluss. Das zweite Gesetz ist wichtiger als das erste, denn das erste ist recht einfach zu erlernen: Geh so vor, dass der Anfang und der Schluss möglichst nahe beieinander sind."

## Lesen

Ein zweites Leitwort: Lesen. Ich halte es für unerlässlich, das Evangelium, mit dem man sich beschäftigen möchte, in unserem Fall das Matthäusevangelium, einmal ganz zu lesen. Viele sind leider noch nie dazu gekommen. Man sollte es von der ersten bis zur letzten Silbe lesen, und zwar nicht oberflächlich und nicht so, wie man die Zeitung liest, sondern aufmerksam, damit man Geschmack an der Lektüre findet. Auch das Herz und das Gefühl sollten einbezogen werden, nicht nur der Verstand. Beim Lesen des biblischen Textes wird auch unser Wille angesprochen; es geht der Heiligen Schrift immer auch um die Entscheidungen des Menschen.

Ein Exeget sollte sich besonders bewusst sein, dass er nie das Ganze zur Sprache bringen kann. Es bleibt stets noch sehr viel mehr zu entdecken, als er auslegen kann. Unsere Erklärungen dürften nie fertig sein, man könnte sagen, sie sollten „un-endlich" sein; denn wir haben mit Texten zu tun, die von Natur aus unendlich sind. Für den Gläubigen kommen sie ja von Gott und sprechen das Geheimnis des Menschen an; und Gott und der Mensch sind zwei geheimnisvolle Wirklichkeiten, die als solche unendlich sind.

Die eindrucksvolle Geschichte von einem französischen Maler, Pierre Bonnard (1867–1947), könnte hier als Sinnbild stehen. Er war der Schrecken der Museumswächter; denn bei seinen Besuchen der Museen, in denen seine Werke ausgestellt waren, holte er Pinsel und Palette unter seinem Mantel hervor und versuchte, seine Gemälde zu vervollkommnen. Er hielt sie immer für unfertig. – Das Beispiel bringt anschaulich die bleibende Unzufriedenheit mit dem jeweils Erreichten, den Wunsch nach einer je größeren Fülle zum Ausdruck, wie sie auch der Gläubige im Umgang mit der Heiligen Schrift erfährt: Er möchte das verborgene Geheimnis in seiner ganzen Fülle ergründen und weiß doch, dass dieses Geheimnis ins Unendliche hineinreicht. Immer gibt es etwas Neues zu entdecken. Deshalb auch das unablässige Bemühen um eine weitere Vertiefung.

Ein Wort des Dichters und Ordensmanns Clemente Rebora deutet an, warum kein Hören und Lesen alles ausschöpfen kann: „Das Wort selbst ließ meine Worte verstummen." Auch ich habe gelegentlich dieses Empfinden: Da ist ein Wort in mir, das meine vielen Worte verstummen lässt. Das Lesen der Heiligen Schrift hat genau dieses Ziel: das Wort in seiner ganzen Reinheit widerhallen zu lassen, jenes Wort, das viele andere gewiss notwendige, aber dennoch zweitrangige Worte zum Schweigen bringt.

### Interpretieren

Um keiner falschen Buchstabentreue zu verfallen, möchte ich für unseren Umgang mit der Heiligen Schrift ein drittes Leitwort hinzunehmen: Interpretieren.

Auch in christlichen Kreisen ist in den letzten Jahren die Rede von einem „Fundamentalismus“: ein Begriff, der inzwischen nicht nur Theologen geläufig ist. Der Fundamentalismus ist ein schmerzliches Phänomen, das besonders in den USA verbreitet ist; viele Sekten und Gemeinschaften haben darin ihren Ursprung. Fundamentalistische Tendenzen nehmen auch bei uns zu. Wie man vom „islamischen Fundamentalismus“ gesprochen hat, spricht man auch von einem christlichen Fundamentalismus, der sehr gefährlich ist und unter Begriffen wie „Treue“ oder „wörtlichem Verständnis“ der Schrift sich auszubreiten sucht.

Wer sich in fundamentalistischer Weise auf den Text der Bibel beruft, verkennt eine wesentliche, zentrale Dimension der biblischen Botschaft. Denn diese ist *inkarnierte* Botschaft. Sie ist in eine konkrete Gestalt gekleidet, mit Elementen, die zeitgebunden sind und sich den Umständen entsprechend ändern können. Wer den biblischen Text „wörtlich“ lesen will, behandelt ihn wie eine abstrakte, kühle These. Wenn man das Wort der Heiligen Schrift gewissermaßen mechanisch oder „biologisch“ aufnimmt, verkennt man, dass es um eine einheitliche und zugleich vielseitige Wirklichkeit geht, die unterschiedlichste Dimensionen in sich birgt.

Das Wort Gottes in der Heiligen Schrift ist eine Wirklichkeit, die *poietikos*, schöpferisch, werden kann, wenn man sie als „Geist und Leben“ (vgl. Joh 6,63) auf sich wirken lässt. Sonst befinden wir uns in einer Haltung, die Paulus scharf, aber treffend mit den Worten brandmarkt: „Der Buchstabe tötet“ (2 Kor 3,6). So kann trotz bester Absichten das Wort Gottes erstickt werden, was auch dem Menschen selbst schweren Schaden zufügt. Denn es ist der Geist, der lebendig macht (vgl. 2 Kor 3,6).

## Das Programm des Matthäusevangeliums

### Die Quellen

Wie alle Evangelien hat auch das Matthäusevangelium eine längere Entstehungsgeschichte hinter sich: eine komplexe Geschichte, der sich die Gelehrten besonders unserer Zeit in immer genaueren, ausgefeilteren Untersuchungen widmen. Auf diese werden wir nicht im Einzelnen eingehen. Bei unserer Beschäftigung mit dem Matthäusevangelium gehen wir vielmehr von jenen 28 Kapiteln, so wie sie uns vorliegen, aus. Nur so viel sei festgehalten: Die Evangelien sind das Endergebnis eines Prozesses, der schwierige Etappen, unterschiedlichste Momente und Situationen, verschiedene Schichten umgreift. Daher ist ihre Auslegung nicht leicht. Um einen Text der Evangelien tiefer zu verstehen, braucht es eine Art Röntgenaufnahme: Durch einen geschichtlichen, literarischen und theologischen „Filter" versucht man aufzuspüren, was hinter ihm liegt.

Vom Matthäusevangelium können wir mit hoher Wahrscheinlichkeit sagen, dass ihm schon schriftliche Texte vorgelegen haben. Die Gelehrten sind heute sicher, dass Matthäus den Text des Markusevangeliums kannte und verwendet hat. Das Matthäusevangelium ist nach Markus das zweite, und nicht das erste, wie man meinen könnte, weil es am Anfang des Neuen Testaments steht.

Neben dem Markustext wird oft eine weitere Quelle genannt, die abgekürzt als „Q" bezeichnet wird: die sogenannte Logienquelle. In ihr waren Worte gesammelt und aufgezeichnet worden, noch bevor die uns überkommenen, zum Kanon des Neuen Testaments gehörenden Evangelien geschrieben wurden (auch Lukas hat sie verwendet).

Matthäus hat somit nicht bei Null angefangen; er konnte auf schriftliches Material zurückgreifen, auf „Zettel" aus Pergament oder Papyrus, auf denen, wie wir sagen würden, bestimmte Inhalte „schwarz auf weiß" festgehalten waren. Es gab so etwas wie „Proto-Evangelien".

Gehen wir noch eine Stufe weiter zurück. Den schriftlichen Aufzeichnungen ging eine mündliche Verkündigung voraus. Die Texte spiegeln gesprochenes Wort, Predigt wider. Inzwischen ist es gelungen, die Themen , die Schemata, die Formen dieser Predigten zu ermitteln. Es ist die Verkündigung der Urgemeinde, das sogenannte Kerygma. Diese Verkündigung wurde zunächst nicht dem geschriebenen Wort „anvertraut", sondern der lebendigen Erinnerung der jüdisch-christlichen und dann auch der heidenchristlichen Hörer.

Auf einer noch früheren Stufe schließlich stellen wir fest, dass diese Stimme, diese Verkündigung, nicht erst am Pfingsttag (wie die Apostelgeschichte diesen Einschnitt nennt) begonnen hat. Vielmehr begegnet uns in der Verkündigung der Urgemeinde – wenn auch aus einiger Entfernung, so doch greifbar und hörbar – die Stimme Jesu selbst.

Dies also ist der „Stammbaum" der Evangelien, ihre Entstehungsgeschichte: der geschichtliche Jesus, der spricht; die Predigt der Kirche; die ersten Schriften. Wenn wir uns nun dem Matthäusevangelium zuwenden, werden wir hin und wieder diesen langen Weg zurückverfolgen. Vor allem aber wollen wir das Endprodukt betrachten, so wie es sich uns heute darbietet. Denn das Matthäusevangelium ist nicht nur ein Echo, das die früheren Stufen bloß zurückschallen ließe, es ist auch Ergebnis einer echten redaktionellen Arbeit. Einfacher gesagt: Matthäus ist ein Autor, der seine verschiedenen Quellen zu einem Ganzen ordnen wollte. Er hat sein Material in einer bestimmten Weise strukturiert und dabei einen Plan, ein Programm verfolgt.

## Der Berg

Das Programm des Matthäus scheint zunächst in einem für ihn grundlegenden Element auf, das uns am Anfang und am Schluss seines Evangeliums begegnet: im Symbol des Berges.

Das Motiv des Berges erscheint bereits in der Eröffnung, als Jesus die Szene betritt: in der Geschichte von den Versuchungen Jesu. Während bei Lukas Jerusalem mit der Zinne des Tempels den Schlusspunkt der drei Versuchungen bildet (Lk 4,1–13), ist es bei Matthäus „ein sehr hoher Berg" (4,8).

Auf einem Berg trifft Jesus seine große messianische Entscheidung, eine Entscheidung gegen jede Form eines oberflächlichen Messianismus, wie sie ihm in der Versuchung angeboten wird. Die eigentliche, die letzte und grundlegende Versuchung Jesu ist – wie auch für uns – die Versuchung des Stolzes, der Macht. Jesus wird ein triumphaler Messianismus nahegelegt: alle Reiche der Erde zu sehen und zu verlangen, sich auf das Abenteuer von Eroberung, Triumph und Macht einzulassen. Der Traum der Herrschaft (der auf subtile Weise auch in einigen Texten des Alten Testaments und des Judentums vorkommt) muss nicht gänzlich ausgelöscht werden; denn es kann auch eine Herrschaft geben, die nicht oppressiv ist, die nicht unterdrückt. Aber es ist ein gefährlicher, zwiespältiger Weg, den Jesus entschieden ausschlägt. Der Weg der Herrschaft gehört nicht zu *seinem* „Berg".

Der *Berg Jesu* erscheint gleich im Anschluss in Vers 5,1: „Als Jesus die vielen Menschen sah, stieg er auf einen Berg." Dort beginnt die berühmte „Bergpredigt", seine programmatische Rede. Matthäus stellt Jesus vor als einen neuen Mose. Der Berg der Seligpreisungen (irgendwo in Galiläa, den genauen Ort kennen wir nicht) und der Berg Sinai (der einige Hundert Kilometer entfernt liegt) verbinden und überlagern sich für Matthäus, sie sind *der eine Berg*: der Berg der Offenbarung, der feierlichen Manifestation des Christus mit seinem neuen Gesetz. Dieses Gesetz hebt das vorhergehende nicht auf, im Gegenteil, es bringt es zur vollen Blüte: „Ich bin nicht gekommen, um aufzuheben, sondern um zu erfüllen" (5,17).

Der Berg zeigt uns, worauf das Matthäusevangelium hinzielt: Auf dem Berg spiegelt Jesu Antlitz das Antlitz des Mose wider; Jesus ist der neue und vollkommene Mose.

Nicht nur am Anfang, auch am Schluss des Matthäusevangeliums steht ein „Berg": „Die elf Jünger gingen nach Galiläa auf den Berg, den Jesus ihnen genannt hatte" (28,16).

Matthäus zeigt uns einen feierlichen, glorreichen Christus, einen *Pantokrator*, den alles beherrschenden Sieger. Aber er ist kein politischer Sieger, kein Triumphator im irdischen Sinn. Christus hat auf dem Weg des Kreuzes gesiegt. Der *Gekreuzigte* ist der Herr, in dem die ganze Heilsgeschichte zusammengefasst ist.

Hinter dem Jesus des Matthäusevangeliums steht das ganze Alte Testament. Während uns das Lukasevangelium ein sehr menschliches, „mildes" Bild Jesu zeigt, ist das matthäische Jesusbild ernst, feierlich, umhüllt von der Größe des Sinai, von der *Theophanie*, der Erscheinung Gottes.

Pier Paolo Pasolinis Film „Das erste Evangelium – Matthäus" (1964) hat aller Kritik zum Trotz ein Element des Matthäusevangeliums treffend wiedergegeben, wenn er uns Jesus mit einem stets ernsten, strengen Gesicht zeigt: einen transzendenten Christus. Ungeachtet einzelner Interpretationen und offenkundiger Grenzen ist der Film Pasolinis einer der schönsten „christlichen" Filme, auch wenn das Drehbuch von einem – vielleicht insgeheim – Suchenden geschrieben wurde. Er zeigt, wie auch ein kirchlich nicht gebundener Regisseur zur Seele des Matthäusevangeliums vorstoßen kann, wenn er es nur offenen Herzens liest und sich vom Wort des Evangeliums „in Versuchung" führen lässt. In diesem Sinn ist der Film von Pasolini sicherlich gehaltvoller als Franco Zeffirellis „Jesus von Nazareth" (1977), der weiter vom Evangelium entfernt ist, obwohl Zeffirelli sich als Christ bezeichnet.

## Das Alte Testament

Das Alte Testament ist für Matthäus von grundlegender Bedeutung. Wie kein anderer Evangelist ist er darauf bedacht zu zeigen, dass Christus die „Achse" ist, um die sich die ganze Bibel dreht. Er ist das Zentrum.

Im Matthäusevangelium wird mindestens siebzigmal auf das Alte Testament angespielt, vierzigmal in Form eines direkten Zitats. Einundzwanzigmal geht die bekannte Erklärung voraus: „damit sich erfülle" oder „damit erfüllt werde". Diese Übersetzung des griechischen *pleroun* ist allerdings wenig glücklich. *Pleroun* bedeutet wesentlich mehr: Es ist das Verb der *Fülle*. „Erfüllung" legt nahe, das Frühere sei eine bloße Vorbereitung, eine vage Ankündigung einer Wirklichkeit gewesen, die jetzt endlich da sei. Doch wozu diente dann noch das Alte Testament? Warum soll kein Jota, auch nicht der kleinste Buchstabe, vom Alten Testament verloren gehen, wenn wir in Christus die Erfüllung haben?

Christus wird bei Matthäus verstanden als der, der Fülle gibt. Christus bringt die lange Geschichte Gottes mit seinem Volk, die mit dem Alten Testament begonnen hat, in all ihren Möglichkeiten zur Entfaltung. Matthäus will sagen: Wehe, wenn man Christus und das Alte Testament voneinander trennt oder eines von beiden gering achtet!

### *Heilige Zahlen*

Wer sich näher mit dem Matthäusevangelium beschäftigt hat, weiß, dass dieses Evangelium von seinem Aufbau her aus fünf kleinen Büchern besteht, aus fünf grundlegenden Reden:

1. die Bergpredigt (Kapitel 5–7),
2. die Aussendungsrede (Kapitel 10),
3. die Gleichnisrede (Kapitel 13),
4. die kirchliche Rede oder Rede über das Leben in der Gemeinde (Kapitel 18) und
5. die Rede über die Endzeit (Kapitel 24–25).

Um diese fünf Reden wird die übrige Erzählung gruppiert.

Matthäus hat eine Vorliebe für die Zahl fünf. Fünf Bücher – das ist die *Tora,* die ersten fünf heiligen Bücher der Bibel. Sie bilden das Herzstück des Judentums, das Kompendium und die Zusammenfassung des ganzen Alten Testaments. Auch den Psalter, der die Antwort auf das Wort Gottes darstellt (die Tora ist das Gesetz, der Psalter ist das Gebet des Menschen), hatte die jüdische Tradition in fünf Bücher eingeteilt. Ferner gab es die fünf *meghillôt,* die „Fünf Festrollen", kleine Bücher der Bibel, die hauptsächlich im Synagogengottesdienst verwendet wurden: das Hohelied, das Buch Rut, die Klagelieder, das Buch Kohelet und das Buch Ester.

Matthäus greift die Tradition der symbolträchtigen Zahl fünf auf und strukturiert danach sein Evangelium. Auch innerhalb des Evangeliums begegnet uns hier und da die „heilige" Zahl fünf, die an das Alte Testament erinnert. Im 5. Kapitel beispielsweise erscheint fünfmal: „Ich aber sage euch". In diesen sogenannten Antithesen, auf die wir später eingehen, kommt die ganze Sprengkraft des Alten Testaments überhaupt erst zum Vorschein. Der noch „eingesperrte" biblische Text wird hier in seiner vollen Bedeutung zur „Explosion" gebracht. Ferner: An der Schwelle zum Tod findet sich Jesus fünfmal in einer Auseinandersetzung mit der offiziellen jüdischen Welt (Kap. 21–22). Beim Brotwunder bringen die Jünger fünf Brote (14,17), und auch in den Gleichnissen setzt Matthäus gern diese Zahl ein: Denken wir an die fünf klugen und die fünf törichten Jungfrauen (25,1–13) oder an das Gleichnis von den fünf Talenten (25,14–30).

Die Fünf wird immer gebraucht, um symbolisch an das Alte Testament zu erinnern. Eine solcher Gebrauch der Zahlen ist typisch für die Orientalen.

Die Fünf öffnet sich auf eine andere grundlegende biblische Zahl hin: die Sieben, die Zahl der Fülle.

Aus fünf kleinen Büchern besteht das Matthäusevangelium im Wesentlichen, doch ihnen voran steht das sogenannte Kindheitsevangelium, und den Abschluss bildet die Erzählung von der Passion und der Auferstehung. So sind die fünf kleinen Bücher eingeschlossen zwischen zwei anderen, sodass sie die Siebenzahl der Vollkommenheit bilden.

Sieben Bitten enthält das Vaterunser bei Matthäus (6,9–13), während es bei Lukas nur vier sind (Lk 11,2–4). Sieben sind die Seligpreisungen (Mt 5,1–12), sofern die achte eine spätere redaktionelle Ergänzung ist. Aus sieben Gleichnissen besteht die Rede über das Himmelreich (Mt 13), und auch die Weherufe gegen eine heuchlerische Religion sind sieben (23,13–33). Der Stammbaum Jesu besteht aus dreimal vierzehn Gliedern (1,1–17), wobei auch vierzehn eine symbolische Zahl ist: zweimal sieben, die Zahl der Vollkommenheit. Dies könnte uns äußerlich erscheinen, doch es ist ein Versuch des Matthäus, Jesus mit der Fülle der Zahlensymbolik des Alten Testaments zu verbinden.

Die Symbolik geht noch weiter: Auch für die Drei, die ebenfalls für Vollkommenheit steht, hat Matthäus eine Vorliebe, gewissermaßen um in seinem Evangelium die Geometrie, die harmonische Gesamtarchitektur des Alten Testaments abzubilden: drei Versuchungen (4,1–11); drei Beispiele für ein zur Schau gestelltes frommes Verhalten (6,lf.5.16); drei Gebete in Getsemani (26,36–46); drei Verleugnungen durch Petrus (26,69–75); drei Beispiele für den „Zehnten“: den Zehnten von Minze, Dill und Kümmel (23,23).

Das Alte Testament ist also von grundlegender Bedeutung für das Matthäusevangelium. Es setzt Christus als Mittelpunkt, als Zentrum und Koordinator des Wortes Gottes, das sich auch in die Vergangenheit erstreckt, nicht nur in die Gegenwart und Zukunft hinein. Deshalb bleibt Christus ohne das Alte Testament unverständlich.

## Das Judentum

Ein weiteres Thema spielt bei Matthäus eine wichtige Rolle: das Judentum.

Wen will Matthäus ansprechen, an wen richtet sich sein Evangelium? Offensichtlich an Menschen, die die Bibel kennen. Seit geraumer Zeit sind die Exegeten fast einhellig der Auffassung, dass Matthäus für Judenchristen geschrieben hat, für Leute, die mit dem Alten Testament vertraut waren. In einem 1928 erschienenen Werk vertrat der deutsche Gelehrte Ernst von Dobschütz die Auffassung, der eigentliche Autor des Matthäusevangeliums sei nicht so sehr der Apostel gewesen (auch wenn dieser den Ausgangspunkt darstellt), sondern ein jüdischer Schriftgelehrter, der sich zum Christentum bekehrt habe (*Matthäus als Rabbi und Katechet*, ZNW 27, 1928).

Von Dobschütz kam zu dieser Annahme wegen der unverkennbar jüdischen Prägung dieses Evangeliums, wenn es auch polemisch gegenüber dem Judentum ist. Wir werden sehen, dass dies ein durchgängiges Merkmal ist: Kirche und Synagoge stehen im Matthäusevangelium ganz klar in Spannung zueinander.

Ein skandinavischer Gelehrter, Krister Stendahl, schrieb dagegen ein Werk über die „Schule des Matthäus" (*The School of St. Matthew*, 2. Aufl. 1968): Er stellte sich vor, dass dieses Evangelium in einer *bet hammidrasch*, einer regelrechten rabbinischen, genauer: rabbinisch-christlichen Schule, entstanden sei. Dort habe man sich der gleichen Methoden,

Stilelemente und Ausdrucksweisen bedient, die in der jüdischen Welt gebräuchlich waren, und sie in den Dienst der Verkündigung des neuen Wortes, des Wortes Christi, gestellt.

Bis in die zweite Hälfte des 20. Jahrhunderts hinein wurde also die Meinung vertreten, das Matthäusevangelium sei das erste der Evangelien, eine Hypothese, die auch in früheren Jahrhunderten verfochten wurde. Allerdings glaubte man nun nicht mehr, dass dies für die uns vorliegende Fassung gelte (die Endfassung steht in einer zu großen Abhängigkeit von Markus, als dass sie das erste Evangelium sein könnte), sondern für eine aramäische Urfassung. Diese Theorie geht auf eine Erklärung des Bischofs Papias aus Hierapolis in Phrygien zurück (der durch ihre in weißes Kalkgestein eingravierten Wasserfälle berühmten Stadt Pamukkale in der heutigen Türkei). Papias schrieb im zweiten Jahrhundert: „Matthäus hat in hebräischem Dialekt [wahrscheinlich ist das Aramäische gemeint] die Logien [das heißt die Worte, Sprüche Jesu] zusammengestellt, übersetzt hat sie aber jeder, so gut er konnte“ (Eusebius H. E. III 39, 16). Diese Notiz bringt mehr Schwierigkeiten mit sich, als dass sie Klarheit schafft. Sie legt nahe, dass Matthäus auf der Grundlage der damals im Umlauf befindlichen Jesusworte erstmals ein Evangelium zusammengestellt hätte. Diese Worte waren zuvor mündlich weitergegeben worden; vielleicht gab es auch schon irgendwelche schriftlichen Aufzeichnungen. Im Anschluss an diese erste Zusammenstellung sollen griechische Übersetzungen entstanden sein: Ein jeder habe die Worte übersetzt, „so gut er konnte“.

Was ist davon zu halten? Die Fachkundigen sind heute durchweg skeptisch hinsichtlich der Existenz eines ursprünglich aramäischen Matthäusevangeliums. Die Mehrzahl hält Papias' Beschreibung für eine Stilisierung: Er wollte wohl sagen (und das können wir nur bestätigen), dass das Matthäusevangelium zutiefst semitisch ist, dass es im Judentum verankert ist. Aber der gegenwärtige Text gibt keine Anhaltspunkte dafür, dass ihm ein hebräisches oder aramäisches Original zugrunde gelegen hätte.

Der französische Exeget Jean Carmignac hat in einem Werk über die Entstehung der synoptischen Evangelien (Mt, Mk und Lk) diese These aufs Neue vertreten, freilich – wie mir scheint – auf wenig überzeugende Weise. Solchen Versuchen liegt wohl der Traum zugrunde, das Evangelium zu finden, das Jesus möglichst nahe kommt, fast möchte ich sagen, ein unmittelbares Echo seiner Worte. Wissenschaftlich lässt sich solches nicht nachweisen. Das Matthäusevangelium zeugt deutlich davon, dass ihm Markus als Hauptquelle zugrunde liegt. Im Übrigen fällt auf, dass Matthäus seine alttestamentlichen Zitate nicht aus dem hebräischen Original übersetzt, sondern der Septuaginta, der griechischen Übersetzung entnommen hat. Meines Erachtens gibt es noch andere, triftigere Gründe dafür, dass das Matthäusevangelium in Griechisch verfasst wurde. Es geht um Worte, die im Aramäischen nicht vorkommen und dort undenkbar wären. Zum Beispiel hat das Wort *parousia* (Gegenwart und Ankunft, Kommen) keine aramäische oder hebräische Entsprechung, ebenso das Wort *palingenesia* (Wiedergeburt, Erneuerung). Gleiches gilt auch für grammatikalische Elemente wie den absoluten Genitiv, der für das Griechische kennzeichnend ist.

Freilich müssen wir anerkennen, dass das Griechisch des Matthäus typisch ist für jemand, der eine weitere – semitische – Sprache spricht oder aus der semitischen Welt stammt. Sein Stil ist in gewisser Weise mit einem Werk des Schriftstellers Vladimir Nabokov (1899–1977) zu vergleichen, das, allerdings absichtlich, in einem Englisch geschrieben ist, in dem durchweg die russische Muttersprache des Autors durchscheint.

Ein untrüglicher Hinweis darauf, dass das Matthäusevangelium keine Übersetzung ist, sondern unmittelbar in

Griechisch verfasst wurde, sind Wortspiele, die so nur im Griechischen möglich sind. Ein Beispiel aus dem 6. Kapitel: „Wenn ihr fastet, macht kein finsteres Gesicht wie die Heuchler. Sie geben sich ein trübseliges Aussehen (*aphanizousin*), damit die Leute merken (*phanosin*), dass sie fasten" (6,16). Durch die ähnlich klingenden Verben wird das trübselige Aussehen zu einem Bild für die Heuchelei.

Oft muss der Exeget mit solchen Beobachtungen seine Arbeit beginnen. Ich habe dieses – an sich unwesentliche – Beispiel gebracht, um zu zeigen, wie sorgfältig die Arbeit auch in den Details sein muss.

Das Matthäusevangelium ist also ein Evangelium für griechisch sprechende Juden, die begonnen haben, den Weg Christi zu beschreiten. Deshalb finden sich auch zahlreiche Beispiele für Matthäus' Treue zur jüdischen Welt, der er entstammte:

– die Opfergabe auf dem Altar; nur bei Matthäus steht: „Wenn du deine Opfergabe zum Altar bringst …" (5,23);
– die Quasten an den Gewändern und die Gebetsriemen (23,5);
– die Praxis des Schwörens (23,16–22);
– die Waschungen vor den Mahlzeiten; Markus erwähnt den Brauch ebenfalls, erklärt ihn aber im Unterschied zu Matthäus: „Die Pharisäer essen nämlich wie alle Juden nur, wenn sie vorher mit einer Handvoll Wasser die Hände gewaschen haben …" (Mk 7,3);
– die drei Elemente der pharisäischen Spiritualität: Gebet, Fasten und Almosen; Matthäus stellt sie zusammen (6,1–18);
– die Arbeit, die den Priestern am Sabbat im Tempel gestattet ist (12,5; die Stelle zeugt von der Kenntnis einer jüdischen Tradition);
– der Zehnt für den Tempel (nur von Matthäus erwähnt);
– die rabbinische Diskussion über die Reihenfolge der Gebote: „Welches Gebot im Gesetz ist das wichtigste?" (22,36);

bei Lukas dagegen heißt es: „Was muss ich tun, um das ewige Leben zu gewinnen?" (Lk 10,25);
– der Brauch, die Gräber zu tünchen (23,27).

Diese Bezüge zeigen deutlich, dass das Matthäusevangelium eine klar umrissene Umgebung voraussetzt: die jüdische Welt.

## Das Christentum

Wenn auch der jüdische Hintergrund unverkennbar ist, so muss doch klargestellt werden, dass sich das Matthäusevangelium nicht an Juden, sondern an Judenchristen richtet. Es ist keine Verkündigung an Juden, die auf ihre Bekehrung zum Christentum hinzielte; es ist kein missionarisches Evangelium, es ist kein „kerygmatisches" Evangelium, in dem die christliche Botschaft der jüdischen Welt verkündet würde, wie Markus es für die heidnische Welt tut. Das Matthäusevangelium ist vielmehr *katechetisch*. Es dient Christen, die dem Judentum entstammen, zur Vertiefung ihres Glaubens. Damit kommen wir nach dem Alten Testament und dem Judentum zur dritten grundlegenden Komponente, die das Matthäusevangelium bestimmt, zum Christentum. Wie begegnet uns bei Matthäus das Christentum, was ist seine leitende Idee? Es ist die Vorstellung vom „wahren Israel", wie Wolfgang Trilling sein grundlegendes Werk über das Matthäusevangelium nannte (Das wahre Israel. Studien zur Theologie des Matthäus-Evangeliums, StANT X, München 1959). Für Matthäus gibt es nicht einerseits das alte, nunmehr zugrunde gegangene Israel, und andererseits das neue Israel, wir, die Kirche. Für Matthäus existiert schon eine Kirche im Alten Testament. Dort beginnt schon das wahre Israel: Es ist das wahre Israel der Propheten, der *Rest Israels*, das heißt die Gerechten, die *ana-*

*wim*. Sie alle bilden die lange Reihe derer, die zum wahren Israel gehören. Jetzt führen die, die sich auf Christus beziehen, diese Linie des wahren Israel fort. Jene waren durch ihre Hoffnung auf Christus hingeordnet; wir beziehen uns jetzt auf ihn im festen Glauben. Im Matthäusevangelium erscheint die Kirche also als die Gemeinschaft des wahren Israel.

Matthäus verwendet in diesem Zusammenhang gewöhnlich zwei Begriffe: *Jünger* und *Reich*. Der Begriff des Jüngers deckt sich mit dem Konzept vom wahren Israel bzw. der Kirche; der Begriff des Reiches hebt einen, wenn auch grundlegenden Aspekt des wahren Israel hervor.

### *Der Jünger und die Kirche/Gemeinde*

Das Wort *mathetes* (Schüler, Jünger) findet sich besonders häufig bei Matthäus (73-mal). *Ekklesia* kommt in den Evangelien nur bei Matthäus vor, und zwar zweimal: „Du bist Petrus, und auf diesen Felsen werde ich meine Kirche (*ekklesia*) bauen, und die Mächte der Unterwelt werden sie nicht überwältigen" (Mt 16,18); „Hört er auch nicht auf sie, dann sag es der Gemeinde (*ekklesia*). Hört er aber auch auf die Gemeinde nicht, dann sei er für dich wie ein Heide oder ein Zöllner" (18,17). Das Wort *ekklesia* bezeichnet *uns*, die von Christus Zusammengerufenen, so wie das alte Israel vom Herrn zusammengerufen worden war. „Zusammengerufen-Sein" ist praktisch die Definition des Christentums: Wir sind die Gerufenen, die Hörenden, die Jüngerinnen und Jünger.

Der Franzose Béda Rigaux hat eine interessante Untersuchung durchgeführt: Er hat alle Erzählungen miteinander verglichen, die sich sowohl bei Markus als auch bei Matthäus finden. Es ist auffällig, wie Matthäus seine Quelle korrigiert: Während Markus Jesus oft inmitten der Menge sein lässt, ist er bei Matthäus sieben oder acht Mal inmitten der Jünger: in der Kirche, die um Christus versammelt ist und ihm zuhört. Im 16. Kapitel präsentiert Matthäus den Petrus als ein besonderes Glied der kirchlichen Gemeinschaft, und im 18. Kapitel zeigt er ihre ideale Gestalt.

### *Das Reich Gottes*

Ein Zweites ist für Matthäus und das ganze Neue Testament sehr bedeutsam: das „Reich". Es bildet das Herzstück der Verkündigung Jesu selbst. Es wird als Himmelreich, Reich Gottes, Reich des Vaters bezeichnet. Bei Matthäus erscheint der Begriff 54-mal, er wird geradezu „eingehämmert", mit dem gleichen Nachdruck wie das Wort Jünger. Das Reich Gottes, seine Königsherrschaft, ist eine Kategorie, ein Bild, ein Symbol, das schon im Alten Testament häufig vorkommt. Es ist das Thema zahlreicher Psalmen, etwa der Psalmen 47, 93 und 96 bis 99. Als Beispiel möchte ich Psalm 93 zitieren:

„Der Herr ist König, bekleidet mit Hoheit;
der Herr hat sich bekleidet und mit Macht umgürtet.
Der Erdkreis ist fest gegründet, nie wird er wanken.
Dein Thron steht fest von Anbeginn, du bist seit Ewigkeit."

Es folgt eine sehr schöne Beschreibung der feindlichen Kräfte, die einer Choreografie gleicht. Von Fluten, von chaotischen Wassern ist die Rede:

„Fluten erheben sich, Herr,
Fluten erheben ihr Brausen, Fluten erheben ihr Tosen.
Gewaltiger als das Tosen vieler Wasser,
gewaltiger als die Brandung des Meeres
ist der Herr in der Höhe."

*Malak adonai* („der Herr ist König") lautet eine grundlegende Erklärung des Jesaja. Er lässt auf den Hügeln vor Jerusalem einen Boten ausrufen: „Dein Gott ist König" (Jes 52,7). Der Gedanke vom Reich, der uns im Folgenden oft begegnen wird, hat im Wesentlichen zwei Dimensionen:

– „Reich" bezeichnet zum einen eine göttliche Aktion; es ist also nicht deckungsgleich mit der Kirche. Denn wenn es eine Aktion ist, ist es der König, der regiert; und der König ist Christus, der Pantokrator, der in der Kirche und im ganzen Kosmos wirkt. Den Kerngedanken des Begriffs „Reich" könnte man mit dem englischen Wort *kingship*, dem französischen *regne* oder dem deutschen *Königtum*, besser noch mit *Herrschaft* wiedergeben. Auch der italienische Begriff der *signoria* kommt ihm nahe. „Reich" meint also etwas Aktives. Wer das Reich Gottes mitten unter uns verkündet, sagt damit: Der Herr handelt in der Geschichte.

– Daneben beinhaltet das „Reich" eine zweite Dimension, die die Kirche betrifft: Das Reich ist auch ein Gebiet, ein *kingdom*, ein *royaume*, ein Reich im engeren Sinn, das heißt etwas Bestimmbares, das durch Grenzen festgelegt ist. Diese Grenzen sind geheimnisvoll. Sie decken sich nicht mit der sichtbaren Kirche, sondern verlaufen durch sie hindurch und gehen über sie hinaus. Die Kirche ist Teil dieses Reiches, in dem die Königsherrschaft Christi Gestalt annimmt. Das Reich ist in diesem Sinn ein „Ort", in den wir eintreten müssen. Das Matthäusevangelium ruft immer wieder dazu auf, wenn es heißt: „Mit dem Himmelreich ist es wie ..."

Der Ausdruck „Himmelreich" bestätigt erneut die jüdische, semitische Prägung des Matthäus. Zu seiner Zeit bestand in der jüdischen Welt eine gewisse Scheu, den Gottesnamen auszusprechen. Statt wie Lukas von Gott zu sprechen, nennt Matthäus den Himmel, den „Ort" Gottes. Darin klingt das rabbinische *malekut schamajim* nach, das „Reich der Himmel", mit dem das Reich Gottes bezeichnet wird.

Wir haben erste Elemente aufgezeigt, die das Projekt des Matthäus kennzeichnen und ihm zugrunde liegen: Zum einen zeugt sein Evangelium von einer tiefen Kenntnis der Bibel, des Alten Testaments; zum Zweiten lässt es erkennen, dass es in einer ganz bestimmten Situation entstanden ist, in einem Umfeld, mit dem man sich vergleicht und auseinandersetzt: im Kontext des Judentums; und drittens richtet es sich an Jüngerinnen und Jünger des Gottesreiches.

### Der Verfasser

Wer war der Verfasser des Matthäusevangeliums? Seine Person entzieht sich unserer Kenntnis. Was wir von ihm wissen, leitet sich aus dem her, was er geschrieben hat. Die Exegeten sind überzeugt, dass sein Evangelium nach dem Jahr 70 entstand, nach der Zerstörung Jerusalems, und zwar in einem syrisch-palästinensischen Umfeld. Die Überschrift des Evangeliums nennt als Verfasser einen Matthäus und nimmt damit Bezug auf jenen Zöllner, der von Jesus zum Apostel berufen wurde; auf diesen Apostel wird das Evangelium zurückgeführt.

Ich möchte kurz den Moment in seiner Lebensgeschichte in Erinnerung rufen, den alle Synoptiker festhalten: seine Berufung in Kafarnaum, einem Zentrum an einer Durchgangsstraße, die durch Palästina nach Syrien führte. Dort saß Matthäus am Zoll und verrichtete eine Aufgabe, die zu keiner Zeit gern gesehen und damals besonders verhasst war: Er arbeitete als Steuereintreiber für eine immer stärker dominierende Macht: das römische Reich. Es fehlte nicht viel, um von einer regelrechten Unterdrückung sprechen zu können. Das Leben des Matthäus erfährt ausgerechnet durch eine Begegnung während seiner Arbeit eine grundlegende Wende. Caravaggios „Berufung des heiligen Matthäus" in der Contarelli-Kapelle in *San Luigi dei Francesi* in Rom gibt diesen Augenblick treffend wieder: In den düsteren Alltag gelangt durch ein Fenster nur wenig Licht; hell wird es erst durch das strahlende Licht, das von jener Person ausgeht, die das Leben des Zöllners Matthäus so sehr verändern sollte: Jesus.

Um mehr von Matthäus zu erfahren, müssen wir uns seinem Evangelium zuwenden.

## Das Kindheitsevangelium (Mt 1–2)

In China gab es eine interessante Tradition: Ein Weg wurde mit verschiedenen Maßeinheiten gemessen, je nachdem, ob es sich um eine Strecke in der Ebene oder um eine Steigung handelte. So erhielt eine Strecke, die bergauf führte und folglich eine größere Anstrengung verlangte, einen höheren Wert als eine gleich lange Strecke in der Ebene.

Ähnlich verhält es sich mit Texten: Auch sie sind mehr oder weniger mühsam. Die beiden Anfangskapitel des Matthäusevangeliums würden die Maßeinheit einer „Bergbesteigung" verlangen, obwohl sie als die klassische Weihnachtsgeschichte so volkstümlich geworden sind und gemeinhin als unmittelbar verständlich gelten.

Die Exegese der Kindheitsgeschichten bei Matthäus und Lukas sieht sich schwierigsten Hindernissen gegenüber. Es wurden detaillierte und umfangreiche Abhandlungen darüber verfasst. Wer sich eine Vorstellung von der Fülle an Schwierigkeiten und von der Widersprüchlichkeit der Ergebnisse machen möchte, braucht nur einen Blick in zwei bedeutende diesbezügliche Veröffentlichungen zu werfen (*Die Geburt des Messias* des Amerikaners Raymond E. Brown und *Die Kindheitsevangelien* des Franzosen René Laurentin). Ich selbst reihe mich eher in die von Brown vertretene Richtung ein, was nicht heißt, dass jemand nicht auch zu anderen Ergebnissen kommen kann.

Die „Kindheitsevangelien", die wir gewöhnlich mit einfachem, treuherzigem Staunen betrachten, werfen sehr komplexe Probleme auf, zum Beispiel bezüglich ihrer Entstehung. Viele Exegeten sind überzeugt (und ich meine zu Recht), dass wir hier ein *Proto-Evangelium* vor uns haben: Die Geschichte der Kindheit Jesu gehört zu den ersten großen Texten, die über die Gestalt Jesu ausgearbeitet wurden. Das gleiche gilt auch für das Proto-Evangelium von Leiden, Tod und Auferstehung Jesu.

In beiden Fällen begegnen wir einem bekannten, im semitischen Raum gebräuchlichen Prinzip: Man nimmt den Anfang und das Ende einer bestimmten Wirklichkeit, um diese als Ganze zum Ausdruck zu bringen; die beiden Pole verweisen auf all das, was zwischen ihnen liegt. Manchmal nimmt man auch nur den Anfang oder nur den Schluss, um auf das Ganze zu verweisen.

Die Geburt fasst in einem gewissen Sinn all das in sich zusammen, was aus ihr wie aus einer Quelle hervorströmen wird; sie ist die anfängliche Synthese des großen Stromes der Existenz. Aus diesem Grund sind die Kindheitsgeschichten nicht eine schöne, wohlgefällige Erzählung, sondern vielmehr ein Evangelium in seiner Globalität, ein Evangelium, das schon zum auferstandenen Christus hinführt. Sie sind, um es mit einem Vergleich aus der Kunstgeschichte zu veranschaulichen, wie die Ikonen der Schule von Nowgorod (15./16. Jahrhundert): Jesus liegt in einer Krippe, die die Form eines Grabes hat; der Neugeborene ist bereits der Christus der Auferstehung.

Eine weitere Schwierigkeit ergibt sich daraus, dass die Erzählung bei Lukas grundlegende Unterschiede aufweist. Schon die Personen, welche die Handlung tragen, sind verschieden: Bei Lukas steht Maria neben Jesus im Vordergrund, bei Matthäus ist es – was oft vergessen wird – Josef.

Ein anderes Problem allgemeiner Art ist das „Gewebe" des Textes. Jeder Text (vom lateinischen *textus* = Gewebe) verbindet unterschiedlichste „Farbtöne" zu einem Ganzen. Wenn wir einen Text tiefer verstehen möchten, müssen wir auch seine verborgenen Schattierungen entdecken. Und dies ist gerade in den Kindheitserzählungen ausgesprochen schwierig. Wiederholt haben die Exegeten darauf aufmerksam gemacht, dass es keine Geschichten für Kinder sind, sondern für gläubige Erwachsene. Deshalb müssen wir uns zuerst einmal bemühen, den Glitzer weihnachtlicher Stimmung ein wenig aufzulösen, in den sie eingetaucht sind:

Wer denkt nicht an Kerzenschein und Weihnachtssterne, an liebgewonnene Melodien oder Ähnliches? Diese Atmosphäre hat ihr Gutes (wenn sie auch weithin von der Industrie, vom Kommerz und von der Konsumgesellschaft vereinnahmt worden ist); doch eigentlich ist sie eine Art Hülle, die selber wenig Wert hat und den gänzlich anderen Inhalt verdeckt. Wir müssen die richtige Hermeneutik, die authentische Interpretation finden, indem wir über das Vordergründige hinausgehen und zu den wahren „Farben" des Textes vorstoßen.

In den 48 Versen der beiden ersten Kapitel des Matthäus gilt es besonders zwei Klippen zu überwinden. Zum Ersten besteht, mit einem etwas schwierigen Fachbegriff ausgedrückt, die Gefahr eines *historisierend-apologetischen Verständnisses*: Man meint, eine Biografie der ersten Stunden, Tage und Jahre im Leben Jesu vor sich zu haben, und bemüht sich mit Sorge um den Nachweis, dass diese Seiten geschichtliche Tatsachen wiedergeben. Jedes Element der Erzählung möchte man nach Möglichkeit geschichtlich nachweisen. Wie viele kluge Überlegungen wurden wegen des Sterns der Magier angestellt – eine wahre Vergeudung von Scharfsinn, Studien und Untersuchungen! Auch Astronomen, Historiker und Wissenschaftler aller Art wurden zu Rate gezogen, um herauszufinden, welcher Stern das gewesen sein könnte …

Einer solchen Art, den Text zu lesen, ist kaum Erfolg vergönnt. Denn die Historizität, die Geschichtlichkeit der Kindheitsevangelien ist offenkundig eine ganz andere als in den folgenden Teilen des Matthäusevangeliums. In der Kindheitsgeschichte überwiegt die Vorstellungskraft; vor allem ist es die Theologie, die den ersten Platz einnimmt.

Von daher wird verständlich, dass einige Gelehrte diese Seiten als *midraschim* verstehen. Der hebräische (und als Definition der Kindheitsgeschichte vielleicht nicht ganz treffende) Begriff *midrasch* meint eine homiletisch-erzählende

Erklärung, eine Art Predigt in Form von Erzählung. Es handelt sich um Erzählungen, die durchaus einen historischen Kern haben oder in deren Mitte meist biblische Zitate stehen. Diese Kernpunkte werden dann breit ausgeschmückt. Die Ausschmückungen freilich sind keine willkürlichen Fantasiegebilde; sie sind vielmehr reich an Symbolen, an theologischer Reflexion. Wir sollten also nicht immer eine Antwort auf die Frage suchen: „Ist das so geschehen oder nicht?“. Der Text erlaubt es uns nicht, darauf zu antworten; denn er bewegt sich auf einer ganz anderen Ebene und ist in eine völlig andere Atmosphäre eingetaucht.

Kommen wir zur zweiten Klippe, zur Übertreibung in die andere Richtung: Man hält diese Seiten für reine Fantasie, für einen schönen Mythos, für eine gewinnende Legende, die sich unter anderem verschiedener Elemente antiker Mythen über die Geburt von Heroen bedient. Oder man meint, es handle sich um eine semitische Art, rein theologische Thesen erzählerisch oder narrativ, wie man auch sagt, auszuschmücken, ohne dass irgendetwas Geschichtliches über Jesus von Nazareth ausgesagt würde. Die Kindheitsgeschichten wären, so meint man, ausschließlich eine Aussage über den verherrlichten Christus.

Eine solche Deutung steht im Widerspruch zur durchgängigen Ausrichtung der Bibel. Denn diese geht immer von der Geschichte aus und interpretiert sie. Kurz: Die Evangelien sind keine Geschichtsbücher, aber sie behandeln geschichtliche Ereignisse.

Nach diesen Vorbemerkungen können wir nun die matthäische Kindheitsgeschichte recht zügig durchgehen. Die 48 Verse, aus denen sie sich zusammensetzt, lassen sich in sechs deutlich voneinander geschiedene Abschnitte gliedern. Sie zeugen von einem klaren, gut durchkonstruierten Aufbau. Ich werde die Texte nicht in voller Länge zitieren; einige Verweise dürften genügen, um die weithin bekannten Abschnitte in Erinnerung zu rufen. Der Originaltext ist in einem einfachen, klaren Griechisch verfasst, auch wenn er von semitischen Elementen durchzogen ist und deutliche Züge einer früheren, sehr alten Tradition durchscheinen lässt.

## Die Genealogie (1,1–17)

Wenn der Stammbaum Jesu in der Liturgie gelesen wird und man diese Namensliste hört (einige der Namen sagen selbst einem Bibelkundigen nichts), dann fragt man sich unwillkürlich, ob man nicht auf diesen Abschnitt verzichten könnte.

Wir müssen uns vergegenwärtigen, dass für einen Semiten der Stammbaum etwas Grundlegendes, Entscheidendes war. Er war für ihn keine geschichtliche Information, sondern eher eine Art philosophische Reflexion; es ging weniger um die Frage: Wessen Sohn ist dieser Mensch?, als vielmehr um Fragen wie: Was ist seine Bedeutung, welche Würde hat er? Welches Geheimnis trägt er in sich? Die Genealogien waren daher oft künstliche, äußerliche Gebilde, die von der geschichtlichen Abfolge absahen (anders als in den Genealogien der Herrscher oder in unseren Stammbäumen!). Es ging darum, die verborgene Bedeutung der betreffenden Person ausfindig zu machen. Das war der Sinn der Genealogien.

Wenn wir den Text bei Matthäus untersuchen, erkennen wir, dass es ihm nicht so sehr um die einzelnen Glieder in der Genealogie geht. Matthäus kommt es darauf an, Jesus als Sohn Davids herauszustellen. Historisch lässt sich diese davidische Herkunft schwerlich aufweisen. Das zeigt sich schon daran, dass Matthäus sie über Josef ableitet, Lukas dagegen über Maria.

Unabhängig von der Frage nach der Historizität kommt darin eine tiefe Wahrheit zum Ausdruck: Jesus *muss* von

David herstammen (das ist das Geheimnis seiner Person), weil er am Endpunkt der großen Linie der davidischen Verheißung steht. Jesus wird hineingestellt in die lebendige davidische Generationenfolge; denn mit ihm gelangt der große Weg des Heils an seinen Schlusspunkt. In der lukanischen Parallele (Lk 3) fällt auf, dass dort der Stammbaum bis auf Adam zurückgeht. Lukas will zeigen, dass Jesus der Menschensohn schlechthin und Bruder jedes Menschen ist. Die vornehmliche Absicht des Matthäus dagegen ist eher biblisch: Er will zeigen, dass Jesus der Sohn Davids ist.

Dass diese Deutung ganz der Absicht des Matthäus entspricht, erkennt man an einem verschlüsselten Signal, einer Art Kryptogramm, das Matthäus uns durch den Aufbau der Genealogie gegeben hat. Er bedient sich einer literarischen Anspielung: Die Genealogie ist dreigliedrig aufgebaut: „Im Ganzen sind es also von Abraham bis David vierzehn Generationen, von David bis zur Babylonischen Gefangenschaft vierzehn Generationen und von der Babylonischen Gefangenschaft bis zu Christus vierzehn Generationen" (1,17). – „Vierzehn", zwei mal sieben, ist, wie gesagt, eine heilige Zahl, aber zugleich noch etwas anderes: Wenn man den Zahlenwert der Buchstaben, die die Wurzel des Wortes David bilden (DWD), addiert (W zählt sechs, D zählt vier), so ergibt sich die Summe vierzehn. Auch dieses typisch semitische Kryptogramm soll die grundlegende Erklärung bestätigen, dass Jesus davidischer Abstammung ist.

Neben dem verborgenen theologischen Leitfaden, der davidischen Herkunft Jesu, hat die Genealogie auch einen Bezug zur Geschichte. Der geschichtliche Faden besteht aus den drei großen Etappen der Geschichte Israels: von Abraham bis David, von David bis Babylon und schließlich von Babylon bis Christus. Darin erscheinen zahlreiche Namen, darunter einige biblische, auch skandalöse biblische Namen: Warum werden beispielsweise ausgerechnet Tamar und Rahab angeführt, Frauen, die im Alten Testament eher negativ gezeichnet werden? Noch beeindruckender aber ist die lange Reihe oft gänzlich unbekannter Personen der nachexilischen Zeit, der Zeit nach der babylonischen Gefangenschaft: Schealtiel, Abihud, Eljakim, Azor, Zadok, Achim, Eliud ... – Personen, die im Alten Testament keine Spur hinterlassen haben, allenfalls noch ihren Namen. Ein Hauptanliegen der Genealogie des Matthäus ist der Aufweis der Geschichtlichkeit Christi: Durch die Abfolge der Generationen ist Jesus auch „leiblich" in die Geschichte eingebettet; er hat sich in die lange Reihe einfacher Leute gestellt, die im Verborgenen lebten und gar Sünder waren, er ist eingetreten in die Wechselfälle unserer menschlichen Geschichte. Er hat teilgenommen an der Geschichte von Unbekannten, von zweitrangigen und zweifelhaften Personen, um so unter Beweis zu stellen, dass er wirklich der Bruder der Menschen ist, der wahrhaft Mensch Gewordene.

### Die Verkündigung an Josef (1,18–25)

Im Matthäusevangelium ist Josef eine hervorgehobene Gestalt. Er tritt stärker als Handelnder in Erscheinung als Maria, auch wenn sie die Mutter par excellence ist.

„Josef" bedeutet wörtlich „Gott füge hinzu" oder auch „Gott möge versammeln". Es ist der Name einer großen Gestalt im Buch Genesis: Josef, der Ägypter. Auch ein sogenannter „Bruder" Jesu trägt diesen Namen (vgl. Mt 13,55; es handelt sich um einen Verwandten aus der Großfamilie, zu der Jesus gehörte).

Ferner gibt es jenen vornehmen Josef von Arimatäa, der Jesus still und diskret nahestand und ihm später sein Grab zur Verfügung stellte. Im Neuen Testament begegnet uns auch ein gewisser Josef Barsabas, der nach dem Losentscheid den Platz des Judas dem Matthias überlassen musste. Der Beiname „Barsabas" (der Gerechte) legt nahe, dass er eine angesehene Persönlichkeit in der Urkirche war. Außerhalb des Neuen Testaments gibt es eine bedeutende Persönlichkeit dieses Namens, der wir einige Kenntnisse aus den Jahren, in denen Jesus geboren wurde, verdanken: den jüdisch-römischen Historiker Flavius Josephus. Sein hebräischer Name war Josef; Flavius war der Beiname, den er sich zu Ehren seiner Gönner, Vespasian und Titus aus der *gens Flavia,* gegeben hatte.

Am Anfang des Matthäusevangeliums tritt Josef in einer äußerst gespannten Situation auf. Er erhält eine Mitteilung, die besonders im damaligen orientalischen Umfeld ein Drama sein musste: „Noch bevor sie zusammengekommen waren, zeigte sich, dass sie ein Kind erwartete" (1,18). Der Evangelist fährt erklärend fort: „… durch das Wirken des Heiligen Geistes", doch für Josef existierte nur das Faktum als solches, und das war erschütternd.

Was bedeutet diese Nachricht in geschichtlicher Sicht? Die jüdischen Mädchen verlobten sich gewöhnlich im Alter von 12 bis 13 Jahren; die offizielle, protokollarisch festgehaltene Verlobung stellte ein rechtsverbindliches Eheversprechen dar. Offiziell „gehörte" die Verlobte bereits ihrem künftigen Bräutigam, auch wenn sie noch nicht bei ihm, sondern bei der väterlichen Sippe wohnte. Die Hochzeit wurde ein Jahr später gefeiert.

Eine schöne Beschreibung einer Hochzeitsfeier gibt das Gleichnis von den klugen und den törichten Jungfrauen (25,1–13). Unwillkürlich denkt man an die nächtliche Szene, an die Lieder, die Stimmen, das Festmahl, die Lichter, die Prozession. Es war ein großartiges Schauspiel, wie auch das Hohelied anklingen lässt. Die jüdischen Hochzeiten sind – wie in allen Kulturen – ein Ausdruck von überschwänglicher Begeisterung, Fantasie und Freude. Wenn die Frau in dem Jahr zwischen der Verlobung, die in gewissem Sinn eine „erste Hochzeit" war, und der eigentlichen Hochzeit von einem anderen Mann schwanger wurde, trat das orientalische und biblische Gesetz in Kraft, das äußerst hart für die Frau war. Nach dem Buch Deuteronomium (22,20f) musste diese Frau gesteinigt werden, weil sie Ehebruch begangen hatte, genauso, wie wenn sie bereits verheiratet wäre. Die Verlobung war also eine ernste Sache; sie ließ sich nicht einfach wieder lösen.

Im Laufe der Zeit hatte man im Judentum einige Abänderungen vorgenommen: In einem solchen Fall konnte der Verlobte die Frau verstoßen; dies war eine Art Scheidung. Es handelte sich nicht um die Lösung der Verlobung, wie wir sie kennen, sondern um einen eigentlichen Rechtsakt. So musste ein Urteilsspruch gefällt werden, der einer Scheidung sehr ähnlich war. Der Evangelist Matthäus verwendet nicht von ungefähr die griechische Scheidungsterminologie: „Josef, ihr Mann, der gerecht war und sie nicht bloßstellen wollte, beschloss, sich in aller Stille von ihr zu trennen" (1,19). Es wäre praktisch eine Scheidung gewesen, nur wollte Josef, ein gerechter Mann, der Mitleid hatte, nicht, dass diese Handlung offiziell und mit viel Aufhebens geschähe. Ihm lag daran, eine große Szene vor Zeugen und der ganzen Verwandtschaft zu umgehen und Maria diese schlimme Situation zu ersparen. So beschloss er, sie in aller Stille zu entlassen (einige übersetzen: „mit Takt"), das heißt, er versuchte die Öffentlichkeit zu meiden. Man könnte sich fragen: Was wäre sonst mit Maria geschehen? Es hätte sie wohl das gleiche Schicksal ereilt wie viele Frauen in anderen Kulturen: Sie wäre ihr Leben lang als Außenseiterin in der Großfamilie ihres Vaters geblieben.

Dies scheint mir die plausibelste Deutung des Matthäustextes zu sein.

An diesem Punkt nun bricht etwas Übernatürliches in Josefs Leben ein: die Erscheinung des Engels. In den beiden ersten Kapiteln des Matthäusevangeliums erscheint der Engel fünf Mal. Dieser Himmelsbote hat vor allem die Aufgabe, göttliche Mitteilungen zu überbringen; es handelt sich um eine Art Erfahrung des Unendlichen, des Heiligen. Dieser besondere Botschafter bringt Josef eine persönliche Offenbarung: „Josef, Sohn Davids, fürchte dich nicht, Maria als deine Frau zu dir zu nehmen; denn das Kind, das sie erwartet, ist vom Heiligen Geist" (1,20).

Einige Gelehrte denken sich die Szene ganz anders, als ich sie dargestellt habe; ich möchte dies wenigstens kurz skizzieren. Sie meinen: Josef wusste von Maria bereits, dass der, den sie empfangen hatte, vom Heiligen Geist kam, dass sich also ein geheimnisvolles Ereignis anbahnte. Er wollte sich zurückziehen, weil er gerecht war; er fühlte sich diesem Mysterium gegenüber unwürdig und glaubte, er sei nicht wert, neben jener außergewöhnlichen Präsenz zu stehen, die in Maria Wirklichkeit wurde. – Nach dieser Interpretation hätte der Engel die Aufgabe gehabt, Josef mit der Aufgabe zu betrauen, Maria als Braut zu sich zu nehmen, obwohl sie den Sohn Gottes in sich trug. Diese Deutung scheint mir aus exegetischen Gründen, nämlich vom Text selbst her, weniger wahrscheinlich. Wie dem auch sei, beide Deutungen kommen in dem entscheidenden Punkt überein: Josef weiß, dass sich etwas Transzendentes ereignet; seine Aufgabe wird es sein, vor dem Gesetz Vater des Kindes zu sein, ihm den Namen Jesus zu geben und ihm seine davidische Abstammung zu verleihen.

Dass jemand vor dem Gesetz die Funktion des Vaters übernehmen konnte, war im Alten Orient gebräuchlich. Man denke etwa an die sogenannte Leviratsehe: Wenn ein Mann kinderlos starb, musste sein Bruder dessen Frau heiraten; das Kind, das aus dieser Ehe hervorging, galt dann rechtlich als Kind des Verstorbenen, sodass ihm dessen Hinterlassenschaft zufallen konnte.

Josef wird vorgestellt als der, dem die Aufgabe zukam, vor dem Gesetz Vater Jesu zu sein. Die Erzählung zeigt uns Josef als den, der Jesus, den Sohn Davids, in die Dynamik der Geschichte „eingliedert“. Er verkörpert die Verbindung Jesu mit der Tradition, während Maria durch ihre Mutterschaft der Welt den Sohn Gottes schenkt.

Wir sollten die Erinnerung an Josef wieder auffrischen, auch um die Figur des Vaters wieder lebendiger werden zu lassen. Ich glaube, dass sich der Vater in der heutigen Gesellschaft, vielleicht auch wegen berechtigter Forderungen der Frau, ein wenig zurückzieht; möglicherweise macht er es sich auch einfach bequem, wenn er manche Entscheidungen auf die Frau ablädt. Vor diesem Hintergrund halte ich es für angebracht, die Gestalt Josefs neu hervorzuheben. Denn Josef hat seine fest umrissene, begrenzte Verantwortung wahrgenommen.

Während die kanonischen Evangelien ihn zurückhaltend präsentieren, haben sich manche sogenannte apokryphe Schriften, die nicht in die Bibel aufgenommen wurden, lang und breit über ihn ausgelassen. Sie erzählen wundersame Geschichten im Vorfeld der Ehe mit Maria – Geschichten, die der Fantasie des Volkes entsprungen sind und in die christliche Kunst Eingang gefunden, sie auch, wenn man so will, befruchtet haben. Zum Beispiel das berühmte Gottesurteil, die Geschichte von Josefs Stab, aus dem eine Taube herausgekommen sein soll – zum Zeichen, dass Josef Maria zur Frau erhalten soll (*Protoevangelium des Jakobus*, 9). Josef wird von den Apokryphen als „alter Mann“ bezeichnet. Er soll ein Witwer gewesen sein, der schon vier Söhne und zwei Töchter hatte und erst im Alter von 111 Jahren starb, vielleicht, um noch den einen oder anderen Erfolg seines Sohnes Jesus mitzuerleben. Diese Schriften malen aus, welches Drama es gewesen sein könnte, ein derart schwieriges Kind wie Jesus zu haben: Sie erzählen zum Beispiel von den Lehrern Jesu, die den allwissenden kleinen Naseweis einfach nicht ertragen können. Das Kind setzt sich zur Wehr, als sich ein Lehrer über seine übermäßige Weisheit ärgert und Jesus bestraft; der kleine Jesus verflucht den Lehrer, sodass dieser ohnmächtig zusammenbricht. Josef muss einschreiten, und schließlich heilt Jesus den unglückseligen Lehrer wieder (vgl. *Kindheitsevangelium des Thomas*, 6–8.14f).

Blumig ist eine apokryphe, in verschiedenen Versionen überlieferte Josefsgeschichte. Im Westen wurde das griechische Original 1722 bekannt. Jesus erzählt in der ersten Person die Geschichte von Josef. Die rührende Schlussszene hat ebenfalls Eingang in die christliche Kunst gefunden: Jesus und seine Mutter klammern sich schmerzerfüllt an den steinalten sterbenden Josef, der sich bitterlich beklagt, dass Jesus nichts unternimmt, um seine Leiden zu lindern. Bevor ihn der Todesschlaf umfängt, spricht er sterbend seine letzten Worte: „Jesus von Nazareth, Jesus, du Tröster, Jesus, Befreier meiner Seele, Jesus, mein Beschützer, Jesus, süßer Name auf meinen Lippen und auf den Lippen aller, die ihn lieben."

Auch wenn wir die merkwürdige, vertrackte Situation, in der sich Maria und Josef befinden, theologisch auf einer anderen Ebene zu erklären haben, muss doch eine wahre geschichtliche Gegebenheit zugrunde liegen; denn es gab keinen Grund, sie zu erfinden. Das wäre zu gefährlich gewesen, vor allem im Blick auf die Gegner des Christentums. Origenes, der berühmte Lehrer aus Alexandrien in Ägypten, zitiert im Jahre 248 in einer Schrift gegen den heidnischen Philosophen Celsus ein falsches Gerücht, das die Juden und die Heiden über die wundersame Mutterschaft Marias ausgestreut hätten (indirekt findet es sich auch in einem Maria preisenden Passus des Koran). Danach soll Maria eine arme Spinnerin gewesen sein, die mit dem Zimmermann Josef verlobt war. Sie sei aber, so heißt es, zur selben Zeit in einen Soldaten namens Pandera verliebt gewesen, der sie vielleicht vergewaltigt habe, sodass sie schwanger geworden sei. Josef habe die Ehebrecherin vertrieben, und Maria habe in der Wüste ihren Sohn zur Welt gebracht. Jesus sei unter schwierigen Umständen aufgewachsen. Als er kräftiger wurde, sei er nach Ägypten geflohen und habe bei den ägyptischen Magiern die Fähigkeit erworben, Wunder zu wirken. Nach Palästina zurückgekehrt, sei er berühmt geworden als Wundertäter. Offenkundig finden sich in dieser Geschichte Elemente des Evangeliums, aber ironisch, man möchte sagen: sarkastisch verzerrt. Die christliche Tradition hätte gewiss kein Interesse daran gehabt, eine Geschichte zu erfinden, in der Maria vor der Hochzeit schwanger wurde. Sie hätte nie freiwillig derartigen Anschuldigungen Tür und Tor geöffnet. Die Erzählung muss sich also auf Elemente stützen, die in irgendeiner Weise schon in der ältesten Tradition vorhanden waren.

## Die Sterndeuter (2,1–12)

Die nicht minder eindrucksvolle Szene von den Magiern ist ebenfalls ein klassisches Motiv in der Kunst geworden. In Bezug auf diese Geschichte hat das Volk seiner Fantasie freien Lauf gelassen. Vor einigen Jahren hat eine Gruppe Schweizer Archäologen in einer Mönchszelle eines der über die ganze ägyptische Wüste verbreiteten Klöster eine Darstellung der Magier gefunden, in der unter jeder Figur der Name, den das Volk ihnen gegeben hatte, geschrieben war (in der östlichen Tradition hießen sie nicht „Kaspar, Melchior und Balthasar" wie bei uns).

Die aus der Volksfrömmigkeit erwachsenen Legenden ranken sich um die wenigen Angaben des Evangeliums. Aus den Magiern wurden Könige; sie wurden zu drei Personen (im Evangelium wird nichts über ihre Zahl gesagt; lediglich die Gaben, die sie bringen, sind drei); einer wurde als Weißer, einer als Schwarzer und einer mit gelber Hautfarbe dargestellt; man gab ihnen Namen und teilte ihre Reliquien unter Mailand und Köln auf. In der christlichen Kunst erscheinen sie früher als die bescheidenen Hirten, denn man konnte sie mit königlicher Pracht ausschmücken; die ältesten Darstellungen der Sterndeuter in den Katakomben datieren ins zweite Jahrhundert, während die Hirten erst im vierten Jahrhundert auftauchen. Die Gaben haben zu zahlreichen Deutungen Anlass gegeben: das Gold als Symbol für die Königswürde, die Myrrhe für die spätere Auferstehung Jesu und der Weihrauch für seine Gottheit.

Wir wollen uns im Folgenden dem vergleichsweise knappen Text des Evangeliums zuwenden und seine theologischen Fundamente betrachten, ohne näher auf die erzählerischen Ausschmückungen und nicht entscheidbare geschichtlichen Fragen einzugehen. Denn in historischer Hinsicht können wir wenig nachweisen; wenn wir hier von Geschichtsschreibung sprechen wollten, müssten wir auch die strengen Kriterien der Geschichtswissenschaft anwenden – ein müßiges Unterfangen. Aus theologischer Sicht hingegen ist der Text von leuchtender Klarheit; hier gibt es keinen Zweifel. Matthäus selbst hat uns Signale für die richtige Interpretation gegeben, vor allem das längere Zitat aus Micha 5,1: „Du, Bethlehem im Gebiet von Juda, bist keineswegs die unbedeutendste unter den führenden Städten von Juda; denn aus dir wird ein Fürst hervorgehen, der Hirt meines Volkes Israel" (2,6). Auch dieser Abschnitt lässt deutlich die davidische Herkunft Jesu aufleuchten: Bethlehem war die Heimat Davids.

Nicht nur Herodes erschrak, sondern „mit ihm ganz Jerusalem" (2,3). Matthäus beginnt schon hier, die große Auseinandersetzung zwischen ganz Israel und dem anderen Israel, das in der Kirche gegeben ist, einzuführen. Diese Spannung hat er geradezu greifbar vor Augen in seiner Gemeinschaft der ersten Jahre des Christentums.

Im Hintergrund der Schilderung steht der Gegensatz von Licht und Finsternis, der uns erahnen lässt, welche Bedeutung der Stern hat. Man hat dem Stern von Bethlehem viele ausgeklügelte und wohl nutzlose Untersuchungen gewidmet; so gibt es einen ganzen Band des Planetariums von Chicago mit hochkomplizierten Erörterungen von Spezialisten. Drei Hypothesen wurden und werden diskutiert: Einige meinten, es habe sich um den Halleyschen Kometen gehandelt; doch inzwischen weiß man, dass der im Jahr 12 oder 11 v. Chr. über Palästina hinweggezogen ist und folglich nicht infrage kommt (denn Jesus wurde wahrscheinlich um das Jahr sechs vor unserer Zeitrechnung geboren). Als Zweites dachte man an eine Konjunktion von Jupiter und Saturn, die als besonders helles Licht erschienen sei. Die dritte Hypothese hatte schon Kepler ins Spiel gebracht: eine Nova oder Supernova, das heißt die Explosion eines Sterns, der vor seinem Untergang noch einmal sehr hell aufleuchtet.

Aus streng historischer Sicht führen derartige Untersuchungen zu keinem brauchbaren Ergebnis. Marie-Joseph Lagrange, ein Altmeister der zeitgenössischen wissenschaftlichen Exegese, bemerkte einmal treffend: „Über diesen Stern lehrt uns die Bibel gewiss sehr viel mehr als die Planetarien der Astronomen." Tatsächlich gibt es für unseren Zusammenhang bedeutsame biblische Texte. Im Buch Numeri steht der berühmte Orakelspruch des Sehers Bileam, der herbeigerufen worden war, um Israel zu verfluchen. Stattdessen begann er, Israel zu segnen und in herrlichen Liedern zu feiern. Im vierten Lied heißt es:

> „Ein Stern geht in Jakob auf,
> ein Zepter erhebt sich in Israel" (Num 24,17).

Die jüdische Tradition hat nicht gezögert, in der aramäischen Übersetzung das Wort „Stern" durch das Wort „Messias" zu ersetzen. Es ist interessant, dass Matthäus von „seinem" Stern spricht: dem Stern Jesu, dem Stern des Messias.

Auch in der Offenbarung des Johannes, dem letzten biblischen Buch, wird Christus mit dem Symbol des Sterns bezeichnet: als „Morgenstern" (Offb 2,28; 22,16). Wir können also sagen, dass der Stern bei Matthäus einen Vorläufer und einen Nachfolger hat, die beide eindeutig theologisch zu verstehen sind. Der Stern ist ein Zeichen der kosmischen messianischen Offenbarung.

Die christliche Tradition hat später das Thema „Licht" mit dem Weihnachtsfest in Verbindung gebracht. Auch die Festlegung des Datums (25. Dezember) hat ihren Ursprung in der Lichtsymbolik. An diesem Tag wurde das Fest des *sol invictus*, des Sonnengotts, gefeiert, und das älteste erhaltene christliche Mosaik, das sich in Rom findet, stellt Christus als Helios dar, als triumphierenden Sonnengott auf seinem strahlenden Wagen. Noch Leo der Große sah sich genötigt, sich über die Römer zu beschweren: „Wenn sie kommen, um Weihnachten zu feiern, verbeugen sie sich beim Eintritt in die Basilika vor der im Osten aufgehenden Sonne" (27. Rede, „Zu Weihnachten"). Die volkstümliche Tradition hat den Kult des Sonnengotts mit der Feier der Geburt Jesu verknüpft.

Das Lichtmotiv durchzieht das ganze Evangelium. Die Erzählung ist voller Symbole und Anspielungen auf andere biblische Texte, zum Beispiel auf folgende Jesaja-Stelle:

> „Das Volk, das im Dunkeln lebt,
> sieht ein helles Licht;
> über denen, die im Land der Finsternis wohnen,
> strahlt ein Licht auf" (Jes 9,1).

Dieser Abschnitt wurde in der Tradition gerade an Weihnachten verwendet, weil er zumindest in der jüdischen und christlichen *relecture* als messianisches Orakel gedeutet wurde. Er bezieht sich auf die bereits zitierte Stelle bei Micha (die Verkündigung des Davidssohnes) und auf das Symbol des Sterns (die Verkündigung der kosmischen Offenbarung des Messias).

Die Magier kommen „aus dem Osten" (2,1). Sie verkörpern den universalen Horizont der Botschaft Christi, dessen

Wort sich an alle richtet, in der Erwartung, dass alle zu ihm kommen: „Ich sage euch: Viele werden von Osten und Westen kommen und mit Abraham, Isaak und Jakob im Himmelreich zu Tisch sitzen" (Mt 8,11). – Die biblische und die kosmische Offenbarung sind zwei unterschiedliche, aber einander ergänzende Wege. Die biblische Offenbarung muss in Israel gesucht werden: Die Priester kennen die Micha-Stelle, doch sie erkennen nicht, dass sie jetzt Wirklichkeit wird. Den Sterndeutern hingegen, die mit der Hilfe des Sterns suchen, gelingt es, das Mysterium Christi zu erkennen.

Auch die Bedeutung der Gaben, die die Magier bringen, erschließt sich von einer biblischen Stelle her, einem Jesaja-Text, auf den Matthäus offenkundig anspielt: „Zahllose Kamele bedecken dein Land, Dromedare aus Midian und Efa. Alle kommen von Saba, bringen Weihrauch und Gold und verkünden die ruhmreichen Taten des Herrn" (Jes 60,6).

Die Erzählung von den Sterndeutern endet mit einer regelrechten Abschlussszene: „Sie … sahen das Kind und Maria, seine Mutter; da fielen sie nieder und huldigten ihm" (Mt 2,11). – Hier verdichten sich Christologie und Mariologie in einem einzigen Satz. Die Magier vollziehen in der Anbetung eine liturgische Handlung. Sie waren Heiden, Menschen auf der Suche, doch als sie zum Herrn kamen, beugten sie die Knie.

## Die Flucht nach Ägypten (2,13–15)

Die Erzählung von Jesus auf der Flucht nach Ägypten ist die Geschichte eines Flüchtlings. Sie spielt auf den Exodus des Volkes Israel an, auf den Auszug aus Ägypten. Die Exodus-Typologie haben wir indirekt bereits angesprochen, als wir darauf hinwiesen, dass Mose als Modell für Jesus im Hintergrund steht. Hier erscheint das gleiche Motiv wieder: Jesus trägt die Züge des Mose.

Wieder einmal stehen wir vor einer überaus nüchternen Erzählung. Einschließlich aller Artikel und grammatikalischen Füllwörter zählt sie gerade 78 Wörter – eine Beschränkung auf das Wesentliche.

Auch diese knappe Erzählung hat den Apokryphen Anlass zu unzähligen Fantasien gegeben; sie wollten die Menschwerdung Christi preisen und ihn aus dieser demütigenden Szene befreien. Doch Christus ist ein Flüchtling wie jeder andere.

Der italienische Maler und Grafiker Renato Guttuso (geb. 1912) hat die Heilige Familie auf der Flucht nach Ägypten als palästinensische Familie dargestellt, die aus ihrer Heimat flieht: arme, bescheidene Leute, die ihre letzten Habseligkeiten zu schützen suchen und alles andere zurücklassen müssen. Dies entspricht der Darstellung des Matthäusevangeliums. Ganz anders ist die Schilderung der Apokryphen: Dort gibt es Balsambäume und Palmen, aus deren Wurzeln Wasser fließt, damit das Hemdchen des Jesuskinds gewaschen werden kann. In Dehir-el Moharraq in Ägypten (wo heute ein wunderschönes koptisches Kloster liegt), so heißt es in diesen Legenden, seien der Heiligen Familie die beiden Räuber begegnet, die später mit Jesus gekreuzigt wurden. Der gute Schächer will die arme Familie nicht ausrauben und ist gar bereit, dem Kumpan seine „Ersparnisse" zu überlassen. In den Apokryphen finden wir ferner Leoparden und Monster, die Jesus anbeten, als er und seine Eltern den großen römischen Tempel von Hermopolis betreten. Dort fallen die 365 Götzenbilder zu Boden und zerbersten in Stücke (vgl. *Pseudo-Matthäusevangelium,* 18–23). Die apokryphen Geschichten haben im koptischen Kult herrliche Spuren hinterlassen. Im antiken Kairo steht in der Nähe der alten Synagoge die Kirche des heiligen Sergius. In der dortigen Grotte soll die Heilige Familie während ihres Ägyptenaufenthalts gewesen sein.

Von all dem steht in der Erzählung des Matthäus nichts. Sein einziges Thema ist der schwache, heimatlose Gott. Der einzige Schlüssel zum Verständnis ist ein Hosea-Zitat (Hos 11,1): „Aus Ägypten habe ich meinen Sohn gerufen" (Mt 2,15).

Das ist das Anliegen des Matthäus: anzuspielen auf den Exodus, auf den Auszug aus der Sklaverei in die Freiheit, den Christus vollzogen hat. Dietrich Bonhoeffer, der große evangelische Pastor, der von den Nazis im KZ Flossenbürg hingerichtet wurde, schrieb am 16. Juli 1944 folgende Sätze, die als trefflicher Kommentar zu diesem Abschnitt des Matthäusevangeliums gelten können: „Gott ist ohnmächtig und schwach in der Welt, und nur so bleibt er bei uns und hilft uns. Christus hilft uns nicht kraft seiner Allmacht, sondern kraft seines Leidens." – Das Paradox hat eine tiefe Bedeutung: Sicher hilft Gott uns, weil er der Allmächtige ist, aber er würde es nie tun, wenn er nur allmächtig wäre. Er gliche einem König oder Fürsten, der die Hand ausstreckte und uns eine milde Gabe gäbe. Gott rettet uns, indem er leidet wie wir, indem er sich hineinstellt in die Geschicke der Menschheit, indem er unser Bruder wird.

### Die Tötung der unschuldigen Kinder (2,16–18)

Wie im gesamten Kindheitsevangelium hat Matthäus auch hier biblische Zitate eingefügt. Er möchte unser Augenmerk nicht so sehr auf ein geschichtliches Ereignis als solches lenken, sondern auf etwas Tieferes: In der Erzählung begegnen wir dem Ungeheuer der Gewalt und der Macht. Die byzantinische Liturgie hat die Zahl der „Unschuldigen Kinder" auf 14000 anwachsen lassen, das Kalendarium der syrischen Liturgie nennt 64000, und die spätere christliche Tradition kommt auf die Zahl der Offenbarung: 144000. In gewissem Sinn sind diese Zahlen wahr, freilich nicht im historischen Sinne; so groß war Bethlehem damals nicht.

Aus geschichtlicher Sicht stellen sich etliche Fragen: Wie soll Herodes von der Geburt Jesu erfahren haben? Warum sollte er sie gefürchtet haben? Hat ihm jemand einen Fingerzeig gegeben?

Durch Flavius Josephus wissen wir, dass Herodes ein unerbittlicher Machthaber war. Er zögerte nicht, bis zum Äußersten zu gehen, nicht einmal bei seinen eigenen Söhne. Drei Tage vor seinem Tod gelang es ihm noch, einen Sohn zum Tod zu verurteilen, den er in seinem Palast in Jericho gefangen hielt, weil dieser im Glauben, der Vater sei gestorben, von den Wächtern die Anerkennung als neuer König verlangt hatte. Doch noch lebte Herodes, und er brachte es fertig, den Sohn töten zu lassen. Der Kult absoluter Herrschaft war das Markenzeichen dieses Mannes, dessen Machtgebaren wahrlich monströs war. Makrobius, ein Historiker des fünften Jahrhunderts, berichtet, dass Augustus von ihm in einem ironischen Wortspiel zu sagen pflegte: „In den Gebieten des Herodes ist es besser, ein Schwein (*hys*) zu sein als sein Sohn (*hyios*)." Denn die als unrein geltenden Schweine wurden nicht für den Verzehr geschlachtet, während er seine Söhne zerfleischte.

Die übertrieben hohen Zahlen unschuldig getöteter Kinder, die in der Tradition genannt werden, sind insofern nicht falsch, als sie die Stoßrichtung der Erzählung treffend wiedergeben: die Ausweitung der Gewalt, zu der es im Umfeld Jesu von Anfang an kommt. Matthäus hat das selber gespürt, es war eine Erfahrung seiner sehr bald verfolgten Kirche.

Vor diesem Hintergrund wird Rahel erwähnt, die Mutter von Josef und Benjamin. In der von Matthäus zitierten Jeremia- Stelle steht sie als Mutter des ganzen jüdischen Volkes (Jer 31,15), das weint, als es in die Verbannung geht. Matthäus ruft diese Frau in Erinnerung, die immer noch weint, weil das durch die Kinder repräsentierte Volk Gottes jetzt der blutigen Verfolgung und dem Leiden unterworfen ist:

„Ein Geschrei war in Rama zu hören, lautes Weinen und Klagen: Rahel weinte um ihre Kinder und wollte sich nicht trösten lassen, denn sie waren dahin" (Mt 2,18).

### Die Rückkehr nach Galiläa (2,19–23)

Die Schlussverse des Kindheitsevangeliums sind offensichtlich auf die Ortsangabe Nazareth ausgerichtet. Matthäus schreibt: Josef „zog ... in das Gebiet von Galiläa und ließ sich in einer Stadt namens Nazareth nieder. Denn es sollte sich erfüllen, was durch die Propheten gesagt worden ist: Er (Jesus) wird Nazoräer genannt werden" (2,22f).

Doch steht dieses vermeintliche Schriftwort weder bei einem Propheten noch sonstwo im Alten Testament; von Nazareth ist schon gar nicht die Rede. Offenbar ist es eine allegorische Anspielung, doch worauf Matthäus hinzielt, ist den Exegeten nicht ganz klar. Einige vermuten einen Bezug auf *nasir* (der Geweihte). Im 6. Kapitel des Buchs Numeri ist vom Geweihten die Rede, von einem „Nasiräer", der ein Gelübde ablegt und sich ganz Gott weiht. Es musste kein Priester sein; auch ein Laie konnte das Nasiräergelübde ablegen (auch Paulus hat dies getan). Andere sehen eine Anspielung auf die Wurzel *netzer* (Sprössling), ein klassisches messianisches Thema. Es besteht kein Zweifel, dass Nazareth als Heimatdorf Jesu historisch ist. Denn es gab keinen Grund, dies zu „erfinden"; die kleine Stadt ist dem Alten Testament unbekannt (eher wäre es denkbar, dass Bethlehem eine „Erfindung" war). Das einfache Leben Jesu ist eingebettet in das große Projekt Gottes. Die Christen hießen anfangs Nazoräer oder Nazarener; auch in der Apostelgeschichte begegnet uns diese Bezeichnung: Der Anwalt der Juden, Tertullus, tritt vor den Statthalter Felix und beschuldigt Paulus, „ein Rädelsführer der Nazoräersekte" (Apg 24,5) zu sein. Dieses Wort war zum Namen der Christen geworden. Die jüdische Tradition, die diese als „ungläubig" bezeichnete, nahm damit Bezug auf den bescheidenen Ort, aus dem Jesus kam. Gerade seine Herkunft aus Nazareth ist ein Zeichen seiner konkreten „Inkarnation", seiner Eingliederung in die Koordinaten von Zeit und Raum, in denen wir leben.

Wir haben gesehen, dass die „Weihnachtsgeschichte" des Matthäus keine Erzählung von einem Fest ist. Sie atmet nichts von jener lieblichen Feierlichkeit, die uns so geläufig ist. Christi Weihnachten ist ein *Weihnachten der Schmerzen, der Angst*. Die Erzählung ist durchwoben von Schmerz und Blut. Ich meine, wir sollten diese Dimension neu entdecken, gerade in der heutigen Zeit, in der man oft einem Kult der Selbstsicherheit und Arroganz begegnet. Der Amerikaner Herman Melville (1819–1891) schrieb in einem Roman, ein vollkommen furchtloser Mensch sei ein weit gefährlicherer Gefährte als ein Feigling. – Die Angst ist eine Realität, durch die wir die Tragödie unserer Begrenztheit empfinden.

Ein zweiter Gedanke betrifft die *Geburt*. Alles dreht sich um das Kind, um die Feier dieser außergewöhnlichen Geburt, in der sich jede Geburt widerspiegelt. Wir haben darauf hingewiesen, dass Matthäus dem Josef den Vorrang gibt, aber er hat Maria nicht vergessen: Maria mit dem Kind ist das Ziel der Sterndeuter. Sie erscheint auch in den anderen Teilen der Erzählung. Wir sollten uns neu vergegenwärtigen, welch großes Zeichen die Geburt ist. In einer Anthologie alter poetischer Texte der Berber, die bis in die Zeit der Pharaonen zurückgehen, heißt es:

> „Wenn eine Frau ein Kind in ihrem Schoß trägt,
> ist ihr Leib wie ein Zelt in der Wüste,
> über die der *Ghibli* [ein heißer, furchtbarer Wind] fegt,
> wie eine Oase für den Dürstenden,
> vor allem aber wie ein Tempel für den,
> der zum Schöpfer beten will."

# Die fünf grossen Reden Jesu

## Die Bergpredigt (Mt 5–7)

Die sogenannte „Bergpredigt" ist sicher einer der berühmtesten Texte des Evangeliums und des Christentums überhaupt. Sie gilt als eine Art „Magna Charta" des Christentums, als der große, zentrale Text. Sie gehört zu den bevorzugten Lesungen; manche finden sie daher gelegentlich ein wenig „abgegriffen". Auch wer nicht in der christlichen Kultur zu Hause ist oder sich teilweise von ihr entfernt hat, kennt gewiss einige Abschnitte und würde einzelne Stellen auf Anhieb wiedererkennen. Nach seiner bevorzugten Lektüre befragt, antwortete Bertolt Brecht einmal: „Sie werden lachen, aber meine bevorzugte Lektüre ist die Bibel." Und er fuhr fort, dass er vor allem die Bergpredigt meinte.

An eine exegetische Untersuchung der Bergpredigt sind besondere Erwartungen geknüpft; denn es handelt sich um einen Text äußerster Einfachheit, der den Hörer bzw. Leser direkt, unmittelbar anspricht. Der Exeget kommt dadurch in eine schwierige Lage. Die Bergpredigt ist von einer solch unüberbietbaren Klarheit und Einfachheit, dass jede Bemerkung, jeder Kommentar Gefahr läuft, sich wie eine matte Folie zwischen Text und Hörer zu schieben.

Ein Schriftsteller hat mir einmal von einem mit ihm befreundeten Lyriker erzählt. Dieser schrieb herrliche Gedichte, doch auch ihm unterlief von Zeit zu Zeit ein stilistischer Fehlgriff. Oft las er ihm seine Werke vor, um ein positives Echo zu erhalten. Als der Schriftsteller sich einmal kritisch zu einem Gedicht äußerte, glaubte er sich verteidigen zu müssen: „Warte ab, ich erkläre es dir." Er hätte besser geschwiegen. Denn wahre Lyrik bedarf keiner Erklärungen. Sie spricht für sich, sie versteht sich von selbst. Wenn sie erklärt werden muss, ist das der beste Beweis, dass sie misslungen ist.

Die Bergpredigt ist von einer solchen Einfachheit, dass jede Erklärung fehl am Platze scheint. Und doch gibt es allein zu den wenigen Versen der Seligpreisungen eine Unzahl an Literatur. Die Abhandlung des belgischen Benediktiners Jacques Dupont über die Seligpreisungen (*Les Beatitudes*, Bruges/Paris 1958–73), ein exegetisches Meisterwerk, ist ein dreibändiges monumentales Werk mit Hunderten von Seiten geworden. Der leuchtend klare Text der Bergpredigt ist offenbar komplexer, als es auf den ersten Blick scheint. Vielleicht kann man ihn mit Gedichten vergleichen, die man auf Anhieb intuitiv erfasst; wer aber sämtliche Nuancen erfassen möchte, benötigt einen langen Apparat an Fußnoten und Randbemerkungen.

Der Text der Bergpredigt stellt uns vor allem vor drei Probleme:

Das erste ist literarischer Art: Liegt diesen Kapiteln des Matthäusevangeliums ein redaktioneller Plan zugrunde, haben sie eine innere Struktur? Oder hat Matthäus bloß unterschiedliche Texte zusammengestellt, ohne die einzelnen Elemente aufeinander abzustimmen? Die Exegeten haben versucht, in einer Art literarischer „Radiografie" eine Reihe von Strukturen im Text herauszuarbeiten, doch die Ergebnisse stimmen oft nicht überein.

Das zweite Problem ist historischer Art: Man fragt, wann und wo Jesus diese Rede gehalten hat. Für Matthäus liegt die Antwort auf der Hand: „auf dem Berg". Wir wissen bereits, dass dies keine geografische Angabe ist; es handelt sich um eine theologische Ortsbestimmung. Die Fassung des Lukas, die einen Teil der „Bergpredigt" umfasst, ist in einer „Ebene" angesiedelt (Lk 6,17); dort habe Jesus die Seligpreisungen ausgesprochen. Bei Lukas finden sich nur wenige Abschnitte, nicht die lange Rede wie bei Matthäus. Offenbar haben wir es mit einer Reihe von Texten bzw. Jesusworten (sogenannten *Logien*) zu tun, die in unterschiedlichen Situationen gesprochen wurden. Matthäus hat sie redaktionell zu einer einzigen Rede zusammengestellt. Geschichtlich gesehen ist die Bergpredigt also eine Vereinfachung. Wir werden das später im Einzelnen betrachten, etwa beim Vaterunser, das bei Matthäus in einem ganz anderen Lebenszusammenhang steht als bei Lukas. Welcher Kontext ist eher als historisch anzusehen? Zumindest in einem Fall muss eine theologische Bearbeitung vorliegen. Erinnern wir uns: Die Evangelien sind keine eigentlichen Geschichtsbücher, auch wenn sie ein Interesse an der Geschichte haben. Sie sind in erster Linie „Verkündigung", Erklärungen des Glaubens, die sich freilich auf geschichtliche Gegebenheiten beziehen.

Ein drittes, rein theologisches Problem könnte man in die Frage fassen: Markiert die Bergpredigt ein konkretes Lebensprogramm? Oder handelt es sich um eine bloße Utopie? Kurz: Wirklichkeit oder Traum? Und weiter: Richten sich diese Seiten an alle, die an Christus glauben, oder nur an „Auserwählte"? Oft wurde gesagt, die Seligpreisungen seien das charakteristische Lebensmodell für die Gottgeweihten, das heißt für die Ordensleute, nicht aber eine Lebensweise, für die sich jeder Jünger Jesu, jeder Christ, entscheiden könne oder solle. Ich möchte darauf antworten: Gewiss, in einem bestimmten Sinn handelt es sich um eine Utopie, eine Utopie freilich, die gerade *in* der Geschichte ihre einschneidende schöpferische Kraft entfalten muss. Sie darf nicht in einer unerreichbaren, nebulösen Ferne bleiben. Sie ist ein gewiss sehr hohes Programm, das aber Maßstab für die Wirklichkeit hier und heute ist. Und sie richtet sich an den „einfachen Gläubigen", an alle Jüngerinnen und Jünger.

Nach diesen Vorbemerkungen verstehen wir, dass wir behutsam und aufmerksam, aber auch mit Leidenschaft an die Bergpredigt herangehen sollten. Hier wie nirgends sonst gilt die feierliche Erklärung von Blaise Pascal: „Die (Heilige)

Schrift enthält Stellen, die geeignet sind, in jeder Situation Trost zu spenden, und sie enthält Stellen, die in jeder Situation Angst einflößen können."

Gleichsam an das Eingangsportal unserer Ausführungen über die Bergpredigt möchte ich noch ein anderes Zitat heften: ein Bekenntnis des italienischen Dichters Silvio Pellico (1789–1854) aus *Meine Gefängnisse*. Er schreibt über die Bergpredigt: „Ich habe dieses heilige Buch immer sehr geliebt, auch zu Zeiten, da ich mich für ungläubig hielt. Seine Lektüre hat mich nie auch nur im Geringsten zur Frömmelei veranlasst, das heißt zu jener falsch verstandenen Verehrung, die kleinmütig oder fanatisch macht. Vielmehr lehrte sie mich, Gott und die Menschen zu lieben, immer mehr das Reich der Gerechtigkeit herbeizusehnen, Unrecht zu verabscheuen und den Ungerechten zu vergeben."

Wir dürfen vor der Bergpredigt keine Scheu haben, auch wenn viele sie in einem schlechten Sinn als „frommen" Text gebraucht haben, im Sinne einer langsam dahinschwindenden Religiosität. Die Bergpredigt ist etwas ganz anderes: Sie ist ein Text voller menschlicher Kraft – und zugleich voll des Geistes. Sie ist die Seele der christlichen Religion.

## Die Seligpreisungen (5,3–12)

Die Seligpreisungen haben eine Parallele im 6. Kapitel bei Lukas, freilich mit einigen deutlichen Abweichungen. Für Matthäus ist wie gesagt wichtig, dass Jesus sie auf dem „Berg" ausspricht. Ihm liegt viel an diesem symbolischen Verweis auf den Sinai und auf Mose, die in Jesus in einer Art höchster Verklärung gegenwärtig werden.

Die Seligpreisungen Jesu greifen auf ein Modell zurück; Jesus hat das Schema der Seligpreisung nicht erfunden. Dieses Schema heißt – mit einem Fachausdruck – *Makarismus* (vom Griechischen *makarios* = selig). Bereits im Alten Testament war diese literarische Gattung verbreitet; es gibt 45 alttestamentliche Seligpreisungen. Die Konstruktion ist im Hebräischen ungewöhnlich; wörtlich heißt es: „Glück, Seligkeit jener".

Der Ausdruck findet sich vorwiegend in der Weisheitsliteratur; er stellt eine Art Lob des weisen Menschen dar. Der Anfang des Psalters, der erste Psalm, beginnt mit einer Seligpreisung: „Wohl dem Mann ( = Selig der Mann), der nicht dem Rat der Frevler folgt" (Ps 1,1). – Es ist das Lob des vollkommenen Menschen.

Gelegentlich wurden *Makarismen* auch in einem anderen, nicht weisheitlichen Kontext verwendet: in einer Situation großer Erwartung, in Zeiten eschatologischer Spannung. Die Seligpreisungen zeichnen dort programmatisch das Bild des Menschen, auf das wir alle zustreben. Es ist noch nicht verwirklicht, doch wir hoffen, ihm einmal ganz zu entsprechen.

So sind die Seligpreisungen Jesu eine Art „Ausweis" für den Bürger des Reiches Gottes, so wie Christus ihn sich erträumt.

Im Judentum gab es auch schon Aneinanderreihungen von Seligpreisungen. Eine solche Reihe findet sich etwa in dem apokryphen Buch *Die Geheimnisse Henochs*, das in einer altslawischen Übersetzung aus dem 10./11. Jahrhundert erhalten ist, von den Experten aber auf ein griechisches Original aus dem 1. Jahrhundert zurückgeführt wird. Dort beziehen sich die Seligpreisungen vor allem auf den Eintritt in den leuchtenden Horizont des künftigen Gottesreiches. Jesus war freilich kein apokalyptischer Prediger, der etwas Fernes, Entlegenes verkündet hätte: Jesus hat eine zugleich ferne und doch schon gegenwärtige, sich bereits erfüllende Hoffnung verkündet. In der Mitte seiner Botschaft steht das Reich Gottes oder, wie Matthäus oft sagt, das Himmelreich. Wenn wir das Matthäusevangelium daraufhin untersuchen, fällt auf, dass dieses Reich Gottes (und die mit ihm verknüpften Seligpreisungen) mit den drei Dimensionen der Zeit verbunden wird: mit Vergangenheit, Gegenwart und Zukunft. Es ist bereits gekommen, es ist gegenwärtig, es wird kommen.

Das Reich Gottes ist schon gekommen: in Jesus. Die Kirche blickt nunmehr darauf zurück; für sie reicht es in die Vergangenheit hinein, das heißt in das irdische Leben Jesu, der gesagt hat: „Wenn ich aber die Dämonen durch den Geist Gottes austreibe, dann ist das Reich Gottes schon zu euch gekommen" (12,28). Dieses „Ideal" ist also schon in Aktion, es ist Gegenwart in Jesus, der das Böse besiegt.

Eine andere Stelle des Matthäusevangeliums richtet sich an die Kirche: „Geht und verkündet: Das Himmelreich ist nahe" (10,7). Das Reich Gottes steht unmittelbar bevor, es ist schon unter uns gegenwärtig und ist dabei, sich zu verwirklichen. So erscheint die Gegenwart, in der die Kirche lebt.

Die Zukunftsdimension des Gottesreiches begegnet uns im 25. Kapitel des Matthäusevangeliums. Christus wird im feierlichen Endgericht als ein König vorgestellt. Er spricht zu den „Schafen und Böcken"; er richtet alle Menschen am Ende des Lebens nach der Liebe. Das Reich Gottes ist hier auf eine ferne Zukunft bezogen.

Vergangenheit, Gegenwart und Zukunft „vermählen" sich; die Seligpreisungen sind stets ein Werden, etwas „Zu-Künftiges". Aus diesem Grund werden sie durch einen Satz besiegelt, den Matthäus Jesus zuschreibt und der angibt, worauf die Seligpreisungen hinzielen. Wie dieses Wort Jesu ursprünglich gelautet haben könnte, wissen wir aus der Parallele bei Lukas: „Seid barmherzig, wie es auch euer Vater ist!" (Lk 6,36). Es lassen sich wissenschaftliche Gründe anführen, dass dies wahrscheinlich ein Wort des historischen Jesus ist. Matthäus wandelt den Satz ab, damit wir den Geist der Seligpreisungen verstehen: „Ihr sollt also vollkommen sein, wie es auch euer himmlischer Vater ist" (5,48). Wir sind noch nicht vollkommen; Vollkommenheit ist etwas Dynamisches, etwas, worauf wir zustreben müssen. Damit kommen wir zum Kern der Seligpreisungen.

Um die Seligpreisungen richtig zu verstehen, ist es hilfreich, sie dem Begriff „Gesetz" gegenüberzustellen. Leider wurden sie oft als das christliche Gesetz bezeichnet – eine wenig glückliche Definition, die zusätzlicher Erläuterungen bedürfte. Das Gesetz hat von Natur aus das Ziel, möglichst genau Minimalforderungen für das Zusammenleben oder Verhalten festzulegen. Ein Gesetz bezieht sich auf ganz bestimmte, fest umrissene Handlungen, Situationen, Orte und Personen. Das Gesetz schränkt von Natur aus ein, steckt Grenzen ab, setzt Schranken. Jesus dagegen möchte mit den Seligpreisungen genau dieses Schema aufbrechen, auch im Blick auf das Alte Testament. Er möchte etwas aufzeigen, was über das Gesetz hinausgeht, er will sagen: Es kommt auf *die radikale Grundhaltung* an.

Die Seligpreisungen beschreiben eben nicht, wie man sich in bestimmten Situationen oder Momenten verhalten soll. Sie sind mehr ein Appell an die ständige Grundhaltung, die *alles* umgreifen soll; sie sind radikal und allumfassend. Was das bedeutet, versteht, wer verliebt ist: Er ist nicht einige wenige Stunden am Tag verliebt oder nur dann, wenn er der geliebten Person durch bestimmte Gesten seine Liebe zeigt, sondern immer, unabhängig davon, wo er ist und was er tut.

Von dem kirgisischen Schriftsteller Tschingis Aitmatow (1928–2008) stammt der Satz: „Für den, der bereit ist, wirklich zu lieben, wäre es besser, sich nie zu verlieben." Denn die Liebe wird ihn ganz verzehren, sie lässt ihm nicht einmal kleine Freiräume. Wenn wahre Liebe nicht erwidert wird, wenn sie verraten wird oder Unverständnis sich breitmacht, kann sie zu einer echten Tragödie werden.

Jesus lädt uns zur umfassenden, totalen Liebe ein. So auch, als er von den beiden Hauptgeboten spricht (man kann sie auch als das eine Gebot bezeichnen, denn das zweite ist dem ersten gleich) und für eine radikale Grundhaltung votiert: Gott und den Nächsten immer und überall zu lieben (vgl. 22,34–40).

Der Blick auf die Seligpreisungen zeigt: Sie sind ein Appell an den *Geist* – nicht im Sinne von etwas Vagem oder rein Innerlichem. Sie sind ein Anruf an den „Geist" im biblischen Sinn: Sie appellieren an die Wurzel des Seins.

So, glaube ich, werden die Seligpreisungen des Matthäus noch gehaltvoller, mächtiger als jene bei Lukas, die uns scheinbar näher liegen. Lukas stellt die Seligpreisungen in die Gegenwart: „Selig, ihr Armen …" (Lk 6,20), das heißt: Selig ihr, die ihr jetzt hier seid, die ihr materiell arm seid (Lukas richtet sich vor allem an die bittere, nie abreißende Reihe der Leidenden und Elenden). Bei Matthäus heißt es dagegen: „Selig die im Geist Armen" (5,3). Die Übersetzung ist wenig gelungen, weil sie sofort eine bei uns im Westen gängige Denkvorstellung nahelegt: Selig die, die „geistigerweise" losgelöst sind (und dann im konkreten Leben durchaus alles besitzen können … ). Gerade dies meint der biblische Satz nicht. Er hat eine Entsprechung in einem typisch semitischen Satz der berühmten Qumrantexte: Dort ist die Rede von den *anaweruach*, von „Menschen, die den Geist von Armen haben", die radikal arm sind, die ganz, in jeder Hinsicht und immer arm sind. Dies ist gemeint. (In der deutschen Einheitsübersetzung heißt es: „Selig, die arm sind vor Gott".)

„Selig, die ein reines Herz haben" (5,8). – Das „Herz" bezeichnet in der Sprache der Bibel das Bewusstsein einer Person. Auch hier geht es um die richtungweisende Norm, um die Grundstruktur, die das ganze Tun und Verhalten eines vollkommenen Menschen trägt, eines Menschen, der „reine Hände hat und ein lauteres Herz" (Ps 24,4). Entsprechendes gilt für die „Sanftmütigen" (5,5). Jesus hat diese Seligpreisung später auf sich selbst bezogen, als er sich „gütig (sanftmütig) und von Herzen demütig" (11,29) nannte.

„Selig, die hungern und dürsten nach der Gerechtigkeit" (5,6). – Gerechtigkeit ist in der biblischen Sprache eine umfassende Realität, die auch die soziale Dimension einschließt, aber auch und vor allem umfassende Treue gegenüber dem Reich Gottes, Ganzhingabe meint: „Euch … muss es zuerst um sein Reich und um seine Gerechtigkeit gehen" (6,33). Jesus spricht von „hungern und dürsten", ein starkes Symbol, denn es nimmt Bezug auf elementare Grundbedürfnisse; es geht um eine Grundbeschaffenheit unserer geschöpflichen Existenz, die wir zu keiner Zeit ablegen können.

„Selig die Barmherzigen" (5,7). – Erneut wird das Herz angesprochen. Der Begriff *eleemones* verweist wahrscheinlich auf ein ausdrucksstarkes alttestamentliches Wort: *rachamim*. Es ist eigentlich ein Plural, der adjektivisch auf Gott bezogen wurde. *Rachamim* sind die mütterlichen „Eingeweide"; das Wort lässt an das instinktive Verhalten einer Mutter denken. Eine Mutter ist nicht nur in bestimmten Augenblicken Mutter oder nur dann, wenn sie sich in einer bestimmten Weise verhält oder besondere Gedanken hat, sondern sie bleibt immer Mutter. So ist Gott immer barmherzig, und auch der Mensch ist eingeladen, es immer zu sein.

„Selig, die Frieden stiften" (5,9). – Man könnte meinen, das Wort gelte denen, die sich in gewissen Situationen für den Frieden einsetzen. Doch das biblische *Schalom*, Friede, besagt mehr. Es bezeichnet etwas „Rundes", wörtlich bedeutet es „Ganzheit, Totalität". So ruft Jesus uns auch mit dieser Seligpreisung zu einer radikalen, totalen Entscheidung. Menschen des Friedens sein bedeutet: teilhaben an der vollen Verwirklichung des Gottesreiches.

Jesus hat jedem legalistischen Religionsverständnis eine klare Absage erteilt. Bloße Gesetzeserfüllung nimmt den Menschen sehr viel weniger in Anspruch als das Bemühen, dem Glauben zu entsprechen und sich ganz auf die Liebe einzulassen. Das Gesetz verpflichtet auf bestimmte Handlungen, es nimmt für einige Stunden in Anspruch. Man kann es ertragen und vielleicht sogar ohne allzu große Mühe erfüllen. Wo es hingegen um die Grundhaltung der Liebe geht, kommt das ganze Leben ins Spiel.

Wo das Christentum von seiner ursprünglichen Kraft eingebüßt und an Schwung verloren hat, liegt das wohl nicht zuletzt an der Tendenz, es immer wieder doch zu einem Gesetz zu machen und es so auf ein lebensnotwendiges Mindestmaß zurückzuschrauben. Im Namen eines „vernünftigen Gleichgewichts" und des „gesunden Menschenverstands" lässt man die christliche Botschaft elendig verkümmern …

Die Verkündigung Jesu aber ist kein „Weg der Mitte". In ihr geht es „ums Ganze". Die christliche Botschaft hat nichts mit einem „gesunden Mittelmaß" gemein, eher schon mit dem Zentrum: der tiefen Mitte, die alles ordnet und prägt. Von Teresa von Avila stammt der schöne Satz, den man in gewissem Sinn auf alle Christen beziehen kann: „Die Prediger erreichen nicht, dass die Menschen frei werden, weil jene, die predigen, zu viel gesunden Menschenverstand besitzen. Leider sind sie nicht frei davon, sodass sie nicht das große Feuer der Liebe Gottes haben können. Das ist der Grund dafür, dass ihre Flamme wenig wärmt." – Von diesem Satz her versteht man auch, was die großen Heiligen auszeichnet: Sie sind Menschen, die ein wenig von ihrem „gesunden Menschenverstand" und ihrem Gleichgewicht aufgegeben haben, um das Feuer der Liebe zu haben. Es ist ein Feuer, das dem göttlichen Feuer immer näher kommt. Niemand erwirbt es von heute auf morgen; ein langer Weg ist nötig. Doch wir dürfen nie das hohe Ziel aus den Augen verlieren und uns mit einem Mindestmaß begnügen. Es geht, wie gesagt, um das Ganze. Das Christentum rät immer zum je Größeren.

## Salz und Licht (5,13–16)

Im Anschluss an die Seligpreisungen verleiht Jesus seinen Aussagen in einer Reihe von Bildern „Geschmack und Farbe" (5,13–16). Ich möchte die Leserinnen und Leser bitten, die Kapitel 5 bis 7 einmal ganz zu lesen, da sie hier nicht vollständig zitiert werden können. Ein Christ kann dort überprüfen, wie es um seine christliche Existenz bestellt ist; andere können auf diesen Seiten ein Modell religiösen Lebens, den Prototyp eines Christen, kennenlernen.

Jesus gebraucht die Bilder vom Salz, vom Licht und von der Stadt auf dem Berg. Es sind eingängige, anschauliche Bilder, in denen, wie Teresa von Avila sagte, die Kraft des „seligen" Menschen zum Ausdruck kommt, jene außergewöhnliche Kraft von oben.

„Ihr seid das Salz der Erde" (5,13). Schon im Judentum, im Traktat *Soferim* zum Beispiel, hieß es: „Die Tora gleicht dem Salz." Sie ist kein Gesetz, das nur in einigen Momenten zu befolgen wäre, sondern würzt – wie das Salz die Speisen – alle Handlungen.

Das Salz war Symbol für die Weisheit, die Unsterblichkeit und den Bund (das Buch Levitikus spricht vom „Salz des Bundes": vgl. Lev 2,13). Möglicherweise schwingt auch der Gedanke an Wärme und Feuer mit; das „Salz der Erde" spielt nach Meinung mancher Exegeten auf das Steinsalz an, das an den Küsten des Toten Meeres gewonnen und im Winter zum Wärmen verwendet wurde.

Auch wenn Jesus den Aspekt der Würze vielleicht besonders herausstellen wollte, werden all diese Assoziationen geweckt: Geschmack, Sinn, Weisheit, Unsterblichkeit, Wärme. In jedem Fall betont das Bild vom Salz die Wirksamkeit nach außen.

Es folgen die Bilder vom Licht und von der Stadt auf dem Berg. Auch sie haben die gleiche offensive Stoßrichtung. Jesus sagt ausdrücklich: „Man zündet … nicht ein Licht an und stülpt ein Gefäß darüber, sondern man stellt es auf den Leuchter" (5,15).

Man wird an die Worte Jesajas erinnert, der vom künftigen Jerusalem, dem wahren, großen Jerusalem, sagt: „Auf, werde licht, denn es kommt dein Licht, und die Herrlichkeit des Herrn geht leuchtend auf über dir. Denn siehe, Finsternis bedeckt die Erde und Dunkel die Völker, doch über dir geht leuchtend der Herr auf, seine Herrlichkeit erscheint über dir. Völker wandern zu deinem Licht und Könige zu deinem strahlenden Glanz" (Jes 60,1–3).

Die Bildworte sind gewissermaßen ein anschaulicher Kommentar zu den Seligpreisungen. Der französische Schriftsteller Georges Bernanos (1888–1948) bemerkte einmal: „Christus hat gesagt, wir sollten das Salz der Erde sein, nicht der Honig." Salz ist bitter und brennt, aber es durchdringt alles und wirkt auf alles ein.

## Jesus und die Tora (5,17–48)

Die folgenden Abschnitte der Bergpredigt sind bedeutungsvoll, aber nicht leicht zu interpretieren. Es handelt sich um die sogenannten „Antithesen", die Gegenüberstellung von Jesus und dem Gesetz: „Ihr habt gehört, dass zu den Alten gesagt worden ist … Ich aber sage euch …"

Trotz der antithetischen Formulierung will Jesus auf keinen Fall das Alte Testament aufheben; dies wäre auch in seinem Verständnis eine Gotteslästerung. Er möchte vielmehr deutlich machen, was die wahre „Seele" des Alten Bundes ist, die innere Mitte des Alten Testaments, die in der Geschichte noch nicht zum Durchbruch, zur Blüte gekommen war. Sie glich einem Samen, der noch in seiner Hülle eingeschlossen war; seine fruchtbringende, explosive Kraft hatte sich noch nicht entfaltet. Jesus sagt in der Einleitung dieses Abschnitts: „Denkt nicht, ich sei gekommen, um das Gesetz und die Propheten aufzuheben. Ich bin nicht gekommen, um aufzuheben, sondern um zu erfüllen" (5,17).

Christus ist also nicht gekommen, um auszuradieren, sondern um uns die Fülle entdecken zu lassen (erinnern wir uns: *plerosai* meint weniger „erfüllen" als vielmehr: voll machen, zur Fülle bringen). In den Beispielen, die Jesus anführt, geht es immer um diese Fülle. Sie richten sich gegen ein legalistisches Denken, das in bestimmten Formen des Judentums vorherrschte. Bedauerlicherweise haben wir Christen manches davon „geerbt"; wie oft haben wir die Fülle des Evangeliums durch ein schematisches und kasuistisches Denken ersetzt. Statt auf das Ganze richten wir unseren Blick auf bestimmte „Fälle". Auf vielerlei Weise verkürzen wir die christliche Botschaft. Christus dagegen legt uns ein entschiedenes, ungeteiltes Leben nahe.

*Das Töten.* „Ihr habt gehört, dass zu den Alten gesagt worden ist: Du sollst nicht töten; wer aber jemand tötet, soll dem Gericht verfallen sein. Ich aber sage euch: Jeder, der seinem Bruder auch nur zürnt, soll dem Gericht verfallen sein; und wer zu seinem Bruder sagt: Du Dummkopf!, soll dem Spruch des Hohen Rates verfallen sein; wer aber zu ihm sagt: Du (gottloser) Narr!, soll dem Feuer der Hölle verfallen sein. Wenn du deine Opfergabe zum Altar bringst und dir dabei einfällt, dass dein Bruder etwas gegen dich hat, so lass deine Gabe dort vor dem Altar liegen; geh und versöhne dich zuerst mit deinem Bruder, dann komm und opfere deine Gabe" (5,21–24).

Jesus wollte es nicht bei einem zwar entschiedenen, aber bloß wörtlich verstandenen „Du sollst nicht töten!" belassen. Er weitet die Perspektive: Es gibt ja unzählige Weisen zu töten, und es gibt ebenso viele Weisen, dem Bruder oder der Schwester Schaden zuzufügen und sie zu verletzen. Wieder stellen wir fest: Das Christentum begnügt sich nicht mit Minimalforderungen (wie zum Beispiel niemanden umzubringen); es geht weit darüber hinaus: Du sollst nicht einmal jemandem zürnen!

*Der Ehebruch.* „Ihr habt gehört, dass gesagt worden ist: Du sollst nicht die Ehe brechen. Ich aber sage euch: Wer eine Frau auch nur lüstern ansieht, hat in seinem Herzen schon Ehebruch mit ihr begangen" (5,27f).

Diese Stelle wurde oft ironisch zitiert und als paradox, ja in sich widersprüchlich bezeichnet. Ist das Betrachten von Schönheit nicht zwangsläufig mit dem geheimnisvollen Spiel der Sehnsucht verbunden? Ist man etwa immer ein Sünder? Die eigentliche Aussage dieses Satzes ist auf der Ebene des Gewissens zu suchen. *Epithymesai* (begehren) meint den wirksamen Wunsch, die konkrete Ausrichtung, die gewollte innere Entscheidung. Jesus sagt gewissermaßen: Ehebruch sehen wir als Sünde an (als Jesus einer Ehebrecherin gegenübersteht, zeigt er selbst freilich große Nachsicht, er verurteilt sie nicht, sagt ihr aber: „Geh und sündige von jetzt an nicht mehr!", Joh 8,11). Doch nehmen wir den Fall, dass jemand Pläne schmiedet, um eine Person zu erobern, sie ihrem Partner zu entreißen; nehmen wir an, er hat alles entsprechend vorbereitet und ist fest entschlossen, nur ist es noch nicht zum Ehebruch gekommen. Vor dem Gesetz hat er nichts Unrechtes getan; in Wahrheit aber, so sagt Jesus, hat er in seinem Herzen bereits gesündigt, und diese Sünde ist einem eigentlichen Ehebruch gleichzusetzen.

Die ethische Qualität darf nicht an der äußeren Handlung allein gemessen werden, sondern muss auch die Tiefe des Gewissens berücksichtigen. Aus diesem Grund dürfen wir aber auch niemand verurteilen: Der Einzige, der mit Fug und Recht sagen kann, wer ein Sünder ist, ist Gott, der in die Herzen der Menschen sieht.

*Die Ehescheidung.* Die Schule von Rabbi Hillel, eine der beiden berühmten rabbinischen Schulen des frühen Judentums, erlaubte praktisch immer die Scheidung, auch wenn die Frau einem Mann bloß lästig war oder wenn sie eine Suppe hatte anbrennen lassen. Rabbi Schammai war anspruchsvoller: Nur bei Ehebruch und in wenigen anderen schwerwiegenden Fällen erlaubte er die Scheidung.

Wir können hier nicht in die Debatte über die rechtliche Regelung der Scheidung eintreten (dies gehört in einen anderen Zusammenhang). Jesus stellt einen hohen Anspruch an die Ehe: Sie braucht die Ganzhingabe der Partner. Die christliche Ehe verlangt eine umfassende Lebensentscheidung für einen Bruder bzw. eine Schwester. Von daher ist es wahrscheinlich, dass die bekannte und in ihrer Bedeutung umstrittene Ausnahme, die Matthäus einräumt (der *logos porneias,* der Fall von Unzucht: 5,32), in einem konkreten Ausnahmefall von der Gemeinde des Matthäus dem hehren Grundsatz beigefügt wurde.

Auch in der katholischen Kirche gibt es in bestimmten Fällen die Möglichkeit einer Trennung. Die Kirche versucht, das Modell, das Jesus uns gegeben hat, ins konkrete Leben umzusetzen. An seinem Maßstab müssen wir uns messen; wer sich auf die Ehe vorbereitet, muss sein Leben entsprechend ordnen.

*Das Schwören.* „Euer Ja sei ein Ja, euer Nein ein Nein; alles andere stammt vom Bösen" (5,37). – Ein lapidarer Satz. Jesus verlangt absolute Transparenz, Verzicht auf alles „Taktieren" – eine herrliche Würdigung des ungetrübt reinen Gewissens.

*Das Gesetz der Vergeltung.* „Auge für Auge und Zahn für Zahn" war unter bestimmten Voraussetzungen eine wichtige ethische Norm. Wo dieses Gesetz der Vergeltung angewandt wurde, war das oft schon ein beträchtlicher Fortschritt. In dieser Norm kommt das Prinzip der vollkommenen distributiven Gerechtigkeit zum Tragen: Auge für Auge, aber auch Gutes dem, der Gutes getan hat. Der Mensch neigt stets dazu, stattdessen das Gesetz Lamechs anzuwenden: „Wird Kain siebenfach gerächt, dann Lamech siebenundsiebzigfach" (Gen 4,24). – Lamech ruft aus, für eine Strieme erschlage er einen Knaben (vgl. Gen 4,23). Wo das „gerechte Maß" verlassen wird, kommt es zur Spirale der Gewalt.

Jesus dagegen möchte einen Grundsatz einführen, der für die christliche Ethik bestimmend wird: das Prinzip des Vorrangs der Liebe vor der Gerechtigkeit. Die Gerechtigkeit ist notwendig, doch das christliche Gesetz der Liebe vermag über die Grenzen bloßer Gerechtigkeit hinauszugehen. Im Alten Testament wird Gott vorgestellt als der, der bis zur dritten und vierten Generation die Schuld bestraft, der aber bis zur tausendsten Generation vergibt. Gerechtigkeit und Liebe sind in Gott nicht „parallel" (vgl. Ex 20,5f; 34,6f).

Die Liebe, die dem Anschein nach ein Zeichen von Bevorzugung, Parteilichkeit ist, wird zum Zeichen äußerster Unparteilichkeit, von überlegener Großzügigkeit. Jesus zeigt uns dies an drei berühmt gewordenen Beispielen: „... wenn dich einer auf die rechte Wange schlägt, dann halt ihm auch die andere hin. Und wenn dich einer vor Gericht bringen will, um dir das Hemd wegzunehmen, dann lass ihm auch den Mantel. Und wenn dich einer zwingen will, eine Meile mit ihm zu gehen, dann geh zwei mit ihm" (Mt 5,39–41). Diese Sätze sind geradezu eine „Definition" der bedingungslosen Gewaltlosigkeit, zu der Jesus uns nachdrücklich aufruft – deutlicher jedenfalls, als die Kirche es später auf ihrem beschwerlichen Weg gelegentlich getan hat, vor allem als sie gewisse Unterscheidungen einführte (z. B. Augustinus mit dem Thema vom gerechten und ungerechten Krieg). Solche Unterscheidungen sind sehr problematisch und mit dem Christentum schwerlich zu vereinbaren. Gewiss müssen wir uns stets daran erinnern, dass Jesus uns ein Ziel vorstellt, auf das wir zugehen müssen. Auf dem Weg dorthin kommt es zu Abweichungen, zu gewissen Anpassungen an die konkrete Situation, die unter Umständen notwendig sind. Aber wehe, wenn diese Anpassungen dann zur grundlegenden Norm werden!

*Die Feindesliebe.* Das Judentum hatte eine feste Vorstellung davon, wer zum Kreis der *Nächsten* gehört. Es gab konzentrische Kreise von mehr oder weniger „Nächsten", aber an einem gewissen Punkt war dann Schluss: Bestimmte Gruppen galten nicht als „Nächste". Jesus dagegen sagt: Nächster, das ist gleichbedeutend mit Mensch; keiner fällt aus diesem Kreis heraus. Die Liebe darf keine Grenzen kennen, ja sie muss auch noch den erreichen, der uns der Fernste scheint: den Feind. Dies ist eine der härtesten Erklärungen Jesu: „Ihr habt gehört, dass gesagt worden ist: Du sollst deinen Nächsten lieben und deinen Feind hassen. Ich aber sage euch: Liebt eure Feinde und betet für die, die euch verfolgen, damit ihr Söhne eures Vaters im Himmel werdet; denn er lässt seine Sonne aufgehen über Bösen und Guten, und er lässt regnen über Gerechte und Ungerechte" (5,43–45). Jesus bringt sodann eine Reihe von Beispielen für diese Liebe, die keine Grenzen kennt. Sicher ist es schwierig, dem immer, in einer je neuen Entscheidung zu entsprechen: Hier zeigt sich die Dramatik unseres christlichen Lebens; wir kommen nicht umhin zu bekennen, dass wir Sünder sind.

In seinem letzten Werk, *Die Untergegangenen und die Geretteten,* stellt sich Primo Levi (1919–1987) die Frage nach dem Verhältnis von Gerechtigkeit und Liebe. Levi hat die Frage als Jude formuliert und sie so ausgefaltet, wie es dem gängigen Denken entspricht. Ihm erscheint Dostojewskis Geschichte von Gruschenka widerwärtig: Diese niederträchtige alte Frau wird in der Erzählung im Augenblick ihres Todes vom Schutzengel gerettet, weil sie ein einziges Mal einem Bettler ein Zwiebelchen aus ihrem Garten gegeben hatte; das reichte, um in den Himmel zu kommen. Levi wirft dagegen ein: Welcher Unmensch hätte nie in seinem Leben eine kleine Zwiebel geschenkt, wenn schon nicht anderen Leuten, so doch wenigstens seinen Kindern, seiner Frau oder dem Hund? Es ist eine Frage nach der Gerechtigkeit, und in der gängigen Sichtweise muss die Antwort lauten: Nein, Gruschenka kann nicht gerettet werden! Dostojewski dagegen, der in christlichen Kategorien denkt, lässt auch diese Möglichkeit zu.

## Verschiedene Bildworte

Die verbleibenden Teile der Bergpredigt können wir hier nicht vollständig kommentieren. Auch in erzählerischer Hinsicht handelt es sich um wahre Meisterwerke. Wer kennt sie nicht, die Abschnitte vom Fasten (das finstere Gesicht der Heuchler … ), von der falschen und der rechten Sorge (der ängstlich gehütete Schatz, der dennoch von Motte und Wurm zerstört wird), das wunderbare Bild vom Auge als der Leuchte des Körpers? Wer hat nicht vor Augen, wie Jesus von den Vögeln des Himmels und den Lilien des Feldes spricht, wie er sich einen prächtig gekleideten Fürsten vorstellt, der dennoch der Schönheit der Lilien des Feldes nicht das Wasser reichen kann? Oder denken wir an das paradoxe, provozierende Bild vom Splitter und dem Balken – ein anschauliches Symbol für die Scheinheiligkeit. Denken wir an das Bild von den Perlen und den Schweinen; an den Jungen, der um Brot bittet und dem man keinen Stein gibt; an das enge Tor zum Leben und den breiten Weg ins Verderben; an die Schafe und die Wölfe im Schafspelz; an das Beispiel von Dornen, die keine Trauben, und Disteln, die keine Feigen hervorbringen.

Am Schluss steht gleichsam als Finale das ebenso berühmte, anschauliche und vielsagende Bild von dem Haus, das auf Sand gebaut ist, und dem Haus auf dem Felsen:

„Wer meine Worte hört und danach handelt, ist wie ein kluger Mann, der sein Haus auf Fels baute. Als nun ein Wolkenbruch kam und die Wassermassen heranfluteten, als die Stürme tobten und an dem Haus rüttelten, da stürzte es nicht ein; denn es war auf Fels gebaut. Wer aber meine Worte hört und nicht danach handelt, ist wie ein unvernünftiger Mann, der sein Haus auf Sand baute. Als nun ein Wolkenbruch kam und die Wassermassen heranfluteten, als die Stürme tobten und an dem Haus rüttelten, da stürzte es ein und wurde völlig zerstört" (7,24–27).

### Das Vaterunser

Man sagt, das Vaterunser könne von allen Menschen gebetet werden, doch es ist ein typisch christliches Gebet; denn es ist das Gebet des Reiches Gottes, wenn es auch viele universelle Elemente enthält.

Es ist in zwei Fassungen überliefert, bei Lukas und bei Matthäus. Lukas fügt es an einer Stelle ein, wo von den Jüngern Johannes des Täufers die Rede ist, die ein eigenes Gebet haben. Die Jünger Jesu möchten ebenfalls *ihr* Gebet haben, das sie von den anderen unterscheidet. Jesus lehrt sie daraufhin nicht, sich an Gott mit den Worten „unser Vater" zu wenden, wie es in der jüdischen Welt üblich war (*Abinu*). Bei Lukas heißt es schlicht: „Vater, ..." Zugrunde liegt wohl das Wort *Abba,* „lieber Vater, Papa". Diese von Jesus gebrauchte intime Anrede war im Judentum sehr selten, wenn nicht vollkommen ungebräuchlich. Die lukanische Version ist wesentlich kürzer als das Vaterunser bei Matthäus:

„Da sagte er zu ihnen: Wenn ihr betet, so sprecht:
Vater, dein Name werde geheiligt.
Dein Reich komme.
Gib uns täglich das Brot, das wir brauchen.
Und erlass uns unsere Sünden;

denn auch wir erlassen jedem, was er uns schuldig ist.
Und führe uns nicht in Versuchung" (Lk 11,2–4).

Lukas verwendet ein einfaches Schema und hat versucht, eine weniger semitisch gefärbte Sprache zu gebrauchen. Zum Beispiel schreibt er „Erlass uns unsere Sünden" (Lk 11,4) statt: „Erlass uns unsere Schulden" (Mt 6,12). Letzteres ist ein typisch semitischer Ausdruck; das aramäische Wort für Schuld bezeichnet auch die Sünde, die Schuld Gott gegenüber.

Bei Matthäus steht das Vaterunser in einem anderen Zusammenhang: Es ist eingebettet in die Bergpredigt. Der Kontext, den Lukas angibt, ist historisch gesehen wahrscheinlicher. Matthäus schafft einen regelrechten Katechismus über das Beten (6,5–15), und dorthinein stellt er das Vaterunser – mitten in die große Katechese, als die wir die Bergpredigt insgesamt betrachten können.

Zu den beiden Fassungen des Gebets Jesu möchte ich zwei Punkte anmerken, die nicht ganz einfache exegetische Fragen betreffen; ich hoffe, sie korrekt und doch allgemein verständlich darzulegen.

Das lukanische Schema besteht aus vier Bitten, während Matthäus sieben Bitten hat. Die Viererreihe ist sicher die ältere; sie könnte auf Jesus selbst zurückgehen. Es sind vier Bitten Jesu an den Vater (*Abba*): zwei „vertikale", auf Gott bezogene Bitten und zwei „horizontale", die uns betreffen (die Bitte um das Brot und die Vergebung untereinander). Matthäus hat die Bitten erweitert. Seine Fassung, die auch wir beten, spiegelt wahrscheinlich eine liturgische Tradition wider. Die Liturgie neigt ja dazu, den ursprünglichen Text auszufalten, zu kommentieren und zu ergänzen.

Eine zweite Anmerkung: Wenn auch die Vierzahl der Bitten, die sich bei Lukas findet, ursprünglich ist, so gilt das nicht für ihren Wortlaut. Die matthäische *Formulierung* jener vier Bitten, die auch bei Lukas stehen, ist älter und kommt Jesus näher. Ein Beispiel haben wir schon erwähnt: Lukas, der für römische Heidenchristen schreibt, hat das diesen unverständliche Wort „Schulden" durch „Sünden" ersetzt. Eine Spur des originalen Wortlauts ist freilich auch bei ihm erhalten geblieben, denn er fährt fort: „… denn auch wir erlassen jedem, was er uns *schuldig* ist". Matthäus bewahrt die ursprünglicheren Formulierungen. Mit einer Ausnahme: dem Anfang des Gebets. Das lukanische *pater* (Abba, lieber Vater) ist authentischer. Es weist uns auf das unterscheidend Christliche beim Beten hin: die Anrufung Gottes in größter Einfachheit und Unmittelbarkeit.

„Dein Name werde geheiligt" bedeutet: Gib, dass alle dich als Gott anerkennen. Den Höhepunkt bildet sodann die Bitte: „Dein Reich komme".

Fassen wir kurz zusammen: Das Vaterunser liegt uns in zwei Fassungen vor, die für einen unterschiedlichen Kontext bestimmt sind. Lukas hat mit seinem viergliedrigen Schema die ursprüngliche, auf Jesus selbst zurückgehende Struktur bewahrt. Doch deren ältere, Jesus näher kommende Formulierung finden wir bei Matthäus. Bei Lukas dagegen ist der Anfang des Gebets erhalten geblieben: das schlichte „Vater" (*Abba*), so wie Jesus es ausgesprochen hat, als er uns dieses kurze Gebet lehrte. Matthäus hat die Bitten ausgeweitet, und in dieser Fassung wurde das Vaterunser das liturgische Gebet der Christenheit schlechthin.

Abschließend sei noch darauf hingewiesen, dass diesem christlichen Gebet ein jüdisches Gebet vorausgegangen ist. Jesus kommt ja aus der jüdischen Welt, und so verwundert es nicht, dass er in seinem Gebet Elemente des *Kaddisch*, eines bekannten Gebets des Judentums, aufgegriffen hat. Dessen Hauptstrophe lautet: „Gepriesen und geheiligt sei sein großer Name in der Welt, die er nach seinem Willen geschaffen hat. Sein Reich komme während unseres Lebens und in unseren Tagen und während des ganzen Lebens des ganzen Hauses Israel, es komme bald, in der allernächsten Zeit."

Hier begegnen uns die beiden vertikalen Elemente, auf denen Jesus aufbaut: Der große Name Gottes soll geheiligt werden, und sein Reich möge kommen.

### Exkurs: Die lebendige mündliche Überlieferung

Es ist kein leichtes Unterfangen, die vier übrigen Reden, die mit der Bergpredigt die tragenden Säulen des Matthäusevangeliums bilden, auf wenigen Seiten zusammenzufassen. Diese Reden stehen nicht wie Oasen im Ganzen des Evangeliums; sie sind vielmehr eng mit den übrigen Texten verwoben. Die Wunder, die biografischen Erzählungen und andere Jesusworte, die zwischen den Reden stehen, sind oft mit diesen verbunden und auf sie bezogen. Daneben gibt es aber auch einzelne unabhängige Entwicklungen und Elemente, die einer eigenen Linie folgen und über den grundlegenden, von den großen Reden gebildeten Strang hinausgehen. Doch da es uns hier um die Gesamtstruktur des Evangeliums geht, beschränke ich mich auf die vier verbleibenden Reden. In diesem Zusammenhang denke ich an einen Satz aus dem zweiten Aufzug von Richard Wagners *Die Meistersinger von Nürnberg*. Dort heißt es über eine Komposition: „Kein' Regel wollte da passen, und war doch kein Fehler drin." Auch wenn ein Autor sich in der Gestaltung des Textes gewisse Freiheiten herausnimmt, muss das nicht zur Harmonie des Ganzen im Widerspruch stehen.

Jesus erscheint besonders im Matthäusevangelium, nicht zuletzt aufgrund der großen Reden, als *didaskalos*, als Lehrer. Das entscheidende Element ist das *Wort*. Das Wort ist das bevorzugte Mittel der Kommunikation, und besonders in der orientalischen Kultur stellt es die tragende Struktur aller interpersonalen Beziehungen dar.

Einige skandinavische Gelehrte haben von 1957 an versucht zu zeigen, dass man in den Evangelien noch Spuren der typisch semitischen mündlichen Belehrung findet. An die Stelle der *Tora,* das heißt an die Stelle der Worte des Mose und des Gottesworts im Alten Testament, war in der neuen christlichen „Schule" allmählich das Wort Jesu getreten. Doch die Methoden, die Kriterien der Weitergabe waren dieselben geblieben. Vor allem war man um eine möglichst große Treue bemüht.

In der semitischen Kultur gilt das gesprochene Wort als absolut sicheres, festes Element. Sie unterscheidet sich grundlegend von der westlichen und auch von der chinesisehen Kultur, die das berühmte Sprichwort hervorgebracht hat: „Ein Tropfen Tinte ist mehr wert als ein eisernes Gedächtnis." Gerade heute würden wir diesen Satz unterstreichen: Wir vertrauen vorwiegend dem geschriebenen Wort. Gesprochene Worte sind für uns oft nicht mehr als eine bloße Luftschwingung; man sagt, Worte seien Schall und Rauch. Die alte orientalische Welt dagegen vertraute auf die lebendige, mündlich tradierte Erinnerung.

Die skandinavischen Wissenschaftler haben die antiken Kommunikationsmittel und die Methoden der Überlieferung der Väter anhand der Tora näher untersucht. Sie wollten ermitteln, *wie* die Botschaft Jesu überliefert wurde. Diese Überlieferung war keine „mechanische" Wiedergabe des Gehörten, kein bloßes Auswendiglernen. Sie war formbar und konnte dem jeweiligen Umfeld angepasst werden, sie wurde gewissermaßen immer neu „inkarniert": keine starre, sondern eine lebendige Treue! Aus diesem Grund gewinnt das gesprochene Wort eine besondere Bedeutung: Ein einmal gesprochenes Wort ist nicht tot, sondern beginnt zu leben, sobald es ausgesprochen ist; es wird bewahrt und stetig weiterentwickelt. So ist es auch im Fall des Matthäusevangeliums: Hier begegnet uns das von Anfang an bewahrte Wort, bereichert durch immer neue Erfahrungen.

Das Jesusbild des Matthäus ist freilich nicht nur durch das Wort bestimmt. Eine zweite Dimension ist eng mit dem Wort verbunden: Jesu *Tun*. Es sind zwei Seiten einer Medaille: Jesus spricht *und* heilt, er redet *und* handelt. Beides zusammen macht die Botschaft Jesu aus: „Jesus zog durch alle Städte und Dörfer, lehrte in ihren Synagogen, verkündete das Evangelium vom Reich und heilte alle Krankheiten und Leiden" (9,35).

## Die Aussendungsrede (Mt 10)

Die nächste große Rede nach der Bergpredigt wird eröffnet mit der Vorstellung der Zwölf. Sie betreten die Szene und erhalten einen Auftrag. Man merkt, dass die Worte Jesu schon ein wenig auf die missionarische Aktivität der Urkirche abgestimmt sind: ein Beispiel für die lebendige, nicht starr verstandene Treue zu seinem Wort. Die Urkirche war keine in sich gekehrte, abgeschlossene Gruppe, sondern sie war bereits in Bewegung. Diese Bewegung nach außen geschah freilich mit Bedacht; man ging behutsam vor. Der Anfang der Sendungsrede zeigt, dass die missionarische Tätigkeit zunächst und in erster Linie unter den Juden beginnen musste, bevor man dann auch in die heidnische und samaritanische Welt eintreten konnte. Für den historischen Jesus und die Urkirche war es selbstverständlich, dass sie dem Gang der Heilsgeschichte folgen wollten: Zuerst musste man den Weg über Israel gehen; erst als Israel ablehnend reagierte, konnte man sich auch an andere wenden.

Matthäus unterscheidet, wie anfangs gesagt, nicht zwischen einem neuen und einem alten Israel. Seine Unterscheidung ist differenzierter: auf der einen Seite ein falsches Israel, auf der anderen Seite das wahre. Ein wahres Israel gibt es bereits im Alten Testament: das Israel, das treu die Predigt der Propheten bewahrt, jener Teil, der von der Bibel auch als *Rest Israels* bezeichnet wird. Dem stand schon damals ein falsches Israel gegenüber: das sündige, das die Propheten ablehnt und sie tötet.

Das Gleiche wiederholt sich in der Erfahrung, die der Evangelist vor Augen hat. Er sieht, dass sich im Volk Israel ein wahres Israel herausbildet, das dem Gewissen folgt und nicht an nationale Privilegien, an bestimmte Gebiete und politische Grenzen gebunden ist. Es ist ein Israel des Geistes, das langsam in die heidnische Welt Eingang findet und sich gerade dort ausbreitet. Das Matthäusevangelium beginnt schon, die Horizonte des wahren Israels anzukündigen: Es wird auch unter den Heiden präsent sein, die sich bekehren, dort, wo besonders Paulus und Lukas wirkten.

## Ein Reich der Armut und Verfolgungen

Die Verse 10,5–10 können wir als eine Art Grundstatut für den christlichen Prediger betrachten. Dieser hat ein grundlegendes Thema zu verkünden: „Diese Zwölf sandte Jesus aus und gebot ihnen: Geht nicht zu den Heiden, und betretet keine Stadt der Samariter, sondern geht zu den verlorenen Schafen des Hauses Israel. Geht und verkündet: Das Himmelreich ist nahe. Heilt Kranke, weckt Tote auf, macht Aussätzige rein, treibt Dämonen aus! Umsonst habt ihr empfangen, umsonst sollt ihr geben" (10,5–8).

Hier sind die beiden fundamentalen Dimensionen der Weitergabe der Botschaft Jesu vereint: die Verkündigung, deren ausschließliches Thema das Reich Gottes ist, und das Handeln, das vor allem praktizierte Liebe ist, eine tätige Liebe, wie sie in höchstem Maß durch die Wunder verkörpert wird.

Der Christ hat ein offenes Auge für jedes Leid, das ihm begegnet; ja man kann sagen, dass leidvolle Situationen sein bevorzugtes Betätigungsfeld sind. Er verkündet das Reich und handelt, indem er schenkt; denn umsonst hat auch er empfangen.

Auf das „umsonst" folgt sogleich ein anderes Element: „Steckt nicht Gold, Silber und Kupfermünzen in euren Gürtel. Nehmt keine Vorratstasche mit auf den Weg, kein zweites Hemd, keine Schuhe, keinen Wanderstab; denn wer arbeitet, hat ein Recht auf seinen Unterhalt" (10,9f).

Das Thema Armut und Loslösung liegt besonders Lukas am Herzen, doch auch bei Matthäus fehlt es nicht; denn es geht auf den historischen Jesus zurück.

Matthäus geht ausführlich auf die Verfolgung und Ablehnung ein. Darin spiegelt sich die angespannte Situation seiner Kirche wider, die wahrscheinlich vonseiten der jüdischen Welt verfolgt wurde. Eine offene Polemik ist entbrannt. In den Versen 14 bis 39, deren Lektüre ich dem Leser überlasse, scheint dieser Hintergrund noch durch. Ich beschränke mich darauf, einige Bilder herauszustellen, die Jesus hier gebraucht. Es handelt sich um geradezu klassische Vergleiche, deren ursprüngliche Kraft wir uns neu vergegenwärtigen sollten. Es heißt, die Christen dürften angesichts von Ablehnung und Verfolgung keine Scheu haben, wie „Schafe" zu sein; sie sollten der Rhetorik der Gewalt nicht nachgeben. Sie sind „Schafe mitten unter Wölfen" (vgl. 10,16). Wenn sie auch arglos sein sollen, so doch nicht dumm: „Seid klug wie die Schlangen und arglos wie die Tauben!" (10, 16). Das doppelte Bild verbindet absolute Gewaltlosigkeit mit Klugheit.

Weitere Bilder sprechen von Türen, die uns vor der Nase zugeschlagen werden, von Prozessen, familiären Krisen (selbst innerhalb der eigenen Familie kann es im Namen Christi zu Spannungen kommen). Doch in Zeiten der Bedrängnis führt uns Jesus auch friedliche Bilder vor Augen: die Spatzen, die nicht vergessen werden, da sie nicht unnütz sind in dem herrlichen Konzert der Schöpfung; die Haare auf unserem Haupt, die von Gott gezählt sind – ein Hinweis auf Gottes liebevolles Interesse an unserer Person als Ganzer (vgl. 10,29f).

Das Christentum muss sich immer wieder darum bemühen, seine Kraft und Wesentlichkeit zurückzugewinnen. Nur so bewahrt es seinen provokatorischen, herausfordernden Charakter. Sonst erntet es vielleicht Beifall, aber es wird unausweichlich zu einem gewöhnlichen und letztlich belanglosen Element in der Gesellschaft. Erhellend sind in diesem Zusammenhang einige Sätze des franko-rumänischen Schriftstellers Emile Cioran (1911–1995). Sicher – sie sind radikal formuliert, und seine Schriften haben vielleicht gewisse apokalyptische Tendenzen, doch sein Verriss des Christentums kann einen durchaus heilsamen Schock auslösen. In *Dasein als Versuchung* (Stuttgart 1983, S. 76) schreibt er: „Durch und durch verbraucht, hat das Christentum aufgehört, Erstaunen und Skandal zu erregen, Krisen auszulösen oder die Intelligenzen zu befruchten. Es ist kein Ärgernis mehr für den Geist und vermag ihm nicht die geringste Frage abzuringen …“ Eine verbitterte Erklärung, doch in der Tat kann man sich oft nicht des Eindrucks erwehren, dass unser Christentum derart passiv ist, dass es niemandem Schwierigkeiten bereitet; dass es nichts mehr bewirkt, weil es müde und schal geworden ist, unfähig, Staunen zu wecken, Poesie hervorzubringen und Anstoß zu erregen. Manchmal ist es so in der jeweiligen Kultur aufgegangen und anerkannt, dass es seinen eigentlichen, provokatorischen Charakter verloren hat.

## Die Aufnahme der Jünger

Die Aussendungsrede schließt nicht mit der Verfolgung, sondern mit einem positiven Thema: der „Aufnahme“ des „Propheten“, des „Gerechten“, des „Kleinen“ (10,40–42). Einige haben darin drei Personengruppen gesehen, auf die die Kirche besonders bedacht sein sollte. Doch das entspricht nicht der Struktur der Rede, die ja vom Jünger handelt. Es geht um die Aufnahme der Jünger; die drei Begriffe sind als eine Definition des Jüngers selbst zu verstehen. Er ist ein Prophet, ein Gerechter (im Sinne des Alten Testaments, das heißt ein „Treuer" par excellence), aber auch ein Kleiner: „Wer euch aufnimmt, der nimmt mich auf, und wer mich aufnimmt, nimmt den auf, der mich gesandt hat. Wer einen Propheten aufnimmt, weil es ein Prophet ist, wird den Lohn eines Propheten erhalten. Wer einen Gerechten aufnimmt, weil es ein Gerechter ist, wird den Lohn eines Gerechten erhalten. Und wer einem von diesen Kleinen auch nur einen Becher frisches Wasser zu trinken gibt, weil es ein Jünger ist – amen, ich sage euch: Er wird gewiss nicht um seinen Lohn kommen" (10,40–42).

Ein berühmter Grundsatz jüdischer Theologie, der im Talmud der „Segnungen" steht, lautet: „Der Gesandte ist wie der Sendende." Inmitten entfesselter Stürme und in all seiner Zerbrechlichkeit darf der Jünger wissen, dass er wie der ist, der ihn gesandt hat. Er hat teil an seiner Immunität, an seiner Fähigkeit, das Irdische herauszufordern und in das Ewige einzugehen.

## Die Rede über das Himmelreich (Mt 13)

Ein Satz der Gleichnisrede oder „Rede über das Himmelreich" weist uns auf Jesu typische Art zu reden hin: „Dies alles sagte Jesus der Menschenmenge durch Gleichnisse; er redete nur in Gleichnissen zu ihnen" (13,34). Eine wahrlich schöne Aussage, die jeder bedenken sollte, der die christliche Botschaft verkündigt.

In der Gleichnisrede ist bereits ein Prozess in Gang, der darauf abzielt, die Kraft der Gleichnisse geringer zu veranschlagen. Hier ist der Einfluss des Matthäus oder auch der frühen Kirche zu erkennen. Die Gleichnisse werden sozusagen als eine vorläufige Art der Mitteilung angesehen, ja als zweitrangig, als Randerscheinung; sie scheinen eher für einfache Leute bestimmt und einer Ergänzung durch eine höher bewertete Predigt zu bedürfen. Von der gleichen Entwicklung zeugt auch eine Stelle in den Abschiedsreden Jesu im Johannesevangelium: „Da sagten seine Jünger: Jetzt redest du offen und sprichst nicht mehr in Gleichnissen" (Joh 16,29).

Wenn wir die Evangelien durchgehen, sehen wir, dass die Sprache Jesu reich an Symbolen und Gleichnissen ist. Sie entspricht damit einer modernen Kommunikationsstruktur; sie liegt uns, die wir durch die Medien an Symbole und Bilder gewöhnt sind, näher als ausgeklügelte spekulative Analysen. Denn das Symbol hat die Kraft, eine Wirklichkeit unmittelbar verständlich zum Ausdruck zu bringen. Es hat den Vorteil größerer Anschaulichkeit. Zugleich verweist es uns darauf, dass die zeichenhaft repräsentierte Wirklichkeit etwas Größeres beinhaltet, dass sie eine tiefere Bedeutung in sich birgt.

In einem Symbol lässt sich paradoxerweise sehr viel mehr sagen als in einer streng abstrakten Sprache. Gewiss sind Analysen, die einzelne Elemente herausarbeiten, zur Vertiefung nötig. Doch das Symbol ist besonders geeignet, eine Sache unmittelbar als Ganze zu erfassen und auszudrücken. Das Symbol gibt die Gesamtschau, die einende Synthese, wie schon das Wort sagt: Symbol leitet sich her vom griechischen *syn-ballein,* das heißt „zusammenfügen". Wir können heutzutage nicht mehr die Auffassung rationalistischer Exegeten wie jener des 19. Jahrhunderts teilen, die meinten, man müsse den „barbarischen Schleier" heben, in den Jesu Sprechen gehüllt sei, um so die kristallklare Vernünftigkeit der reinen Theologie zum Leuchten zu bringen. Wir wissen längst, dass die vermeintliche „Hülle" auf keinen Fall weggenommen werden darf; denn Jesu Sprechen besteht aus einem untrennbaren Ineinander von Bildern und Botschaft.

Gerade dies macht seine Worte unvergesslich, es verleiht ihnen ihre einschneidende, den Menschen verändernde Wirkung. Es macht Freude, einzutreten in die Welt der Lilien, des Sämanns, von Sonne, Regen, Wolken, Wind, Blitzen, Feigen, Hunden, Spatzen, Geiern und Skorpionen. Die Texte gewinnen Farbe, wenn gelegentlich sogar aktuelle Meldungen eingefügt werden (Lukas erwähnt zum Beispiel, dass achtzehn Menschen den Tod fanden, als der Turm von Schiloach einstürzte: vgl. Lk 13,4). Jesu Predigt war konkret und hatte einen Bezug zum aktuellen Geschehen.

Es ist also möglich, von Gott zu reden und dabei Interesse zu wecken! Das Sprechen von Gott kann schön und konkret sein; es muss nicht weggesperrt werden in sterile Studierzimmer von Theologen und ist nicht Spezialisten vorbehalten!

In Gleichnissen von Gott reden – das wurde nicht zuletzt dadurch möglich, dass *das Wort Fleisch angenommen hat.* Gott hat sich (im Neuen Testament, aber auch schon im Alten) mit der Geschichte bekleidet und ist in den Horizont unserer Welt eingetreten. Bei Jesaja steht der eindrucksvolle Satz: „... deine Worte dringen dumpf aus dem Staub" (Jes 29,4). – Auch aus dem Staub der Erde vermag das Wort Gottes aufzuklingen: vielleicht nur wie ein Flüstern, aber immer Wort Gottes.

Im dreizehnten Kapitel des Matthäusevangeliums stehen die Gleichnisse vom Sämann und vom Unkraut. Beiden Gleichnissen folgt jeweils eine Überlegung, warum Jesus in Gleichnissen gesprochen hat, sowie eine Erklärung des Gleichnisses (man könnte von einem „parallelen Diptychon" sprechen). Die Gleichnisse gehen auf Jesus selbst zurück. Die Deutung ist wahrscheinlich eine Meditation der Urkirche, die das Wort Gottes betrachtet. Die Evangelien sind ja keine Geschichtsbücher oder Redeprotokolle, sondern Texte, die vom Licht der Glaubenserfahrung erleuchtet sind. Die Begründung, welche die Evangelisten für Jesu Reden in Gleichnissen geben, zeigt: Sie halten die Gleichnisse für ein Mittel, um zu einfachen, wenig gebildeten Leuten zu sprechen, zu Menschen, die sehen, aber nicht begreifen, die hören, aber nicht wirklich zuhören. Für jene, die verstehen können, folgt daher die Auflösung des Gleichnisses in Form einer Erklärung. Bei Matthäus heißt es im Anschluss an Jesu Gleichnis vom Sämann: „Da kamen die Jünger zu ihm und sagten: Warum redest du zu ihnen in Gleichnissen? Er antwortete: Euch ist es gegeben, die Geheimnisse des Himmelreichs zu erkennen; ihnen aber ist es nicht gegeben. Denn wer hat, dem wird gegeben, und er wird im Überfluss haben; wer aber nicht hat, dem wird auch noch weggenommen, was er hat. Deshalb rede ich zu ihnen in Gleichnissen, weil sie sehen und doch nicht sehen, weil sie hören und doch nicht hören und nichts verstehen" (13,10–13).

Diese Erläuterung stammt von der Urkirche, die begann, systematische theologische Überlegungen anzustellen und – vielleicht ein wenig vorschnell – die Methode, in Gleichnissen zu sprechen, aufgegeben hat.

Das große Thema der Gleichnisse Jesu ist das Reich Gottes. Viele Gleichnisse beginnen mit dem Satz: „Mit dem Himmelreich ist es wie …"

So ist auch das Gleichnis vom Sämann ein Sinnbild für das Reich Gottes. Es will aufzeigen, dass der Sämann auf dem Acker der Welt zugegen ist. Das Reich Gottes ist wie der Same, den der Sämann in die Erde sät. Der Boden besteht aus Wegen, aus steinigem und dornigem Gelände und auch aus gutem Erdreich. Dort bringt das Reich Gottes Frucht, „hundertfach oder sechzigfach oder dreißigfach", wie Jesus am Schluss sagt (13,23). Es macht nichts, wenn so manches Saatkorn nicht aufgeht; wichtig ist, dass ein Teil des Samens des Gottesreiches auf guten Boden fällt und dort aufblüht. Das Reich Gottes wird trotz aller Hindernisse wachsen. Das Gleichnis will also inmitten aller Schwierigkeiten, denen das Reich Gottes begegnet, Mut machen. Der Kommentar, der an das eigentliche Gleichnis Jesu angefügt ist, geht ein wenig darüber hinaus und legt den Schwerpunkt nicht auf den Sämann und den Samen, sondern auf das Erdreich. Die Perspektive hat sich dadurch verändert. Zuerst war es die Perspektive von „oben“: Im Vordergrund standen der Same und Gott, der in der Geschichte das Gute begleitet und mit den Menschen mitgeht. Gott gelingt es, alle Hindernisse zu überwinden. Die Erklärung dagegen blickt von unten, vom Menschen her: Das unterschiedliche Erdreich sind die Menschen; einige bringen keine, andere reiche Frucht.

Stand zunächst der hoffnungsvolle Gedanke vom Triumph des Reiches Gottes im Vordergrund, so geht es jetzt um die Frage, wie dieses Reich aufgenommen wird. Auch dies ist eine wichtige Botschaft, aber in der Erzählung Jesu, die grundlegend bleibt, spielt sie keine beherrschende Rolle.

Auch die anderen Gleichnisse dieses Kapitels zeigen, dass das Hauptthema in Jesu eigener Verkündigung das göttliche Handeln, die Wirksamkeit des Gottesreiches war. Es sind bezaubernde Gleichnisse, manchmal ganz kurz, aber deshalb nicht weniger aussagekräftig.

Das Gleichnis vom Unkraut unter dem Weizen (13,24–30) greift die Kernaussage des Gleichnisses vom Sämann noch einmal auf: Trotz des Unkrauts, trotz der Widerstände, besteht die Gewissheit, dass der Weizen wachsen und reifen wird und schließlich geerntet werden kann.

Die anderen, kürzeren Gleichnisse sind weitere klassische Beispiele für die Unmittelbarkeit der Sprache Jesu. Er hat Elemente aufgegriffen, die er in der Welt, in der er lebte, vorfand. Man muss nur einmal einen kleinen, vom Massentourismus unberührten orientalischen Markt besuchen: Welche Fülle an Farben tritt einem dort entgegen! Man kann sich auf einem solchen Basar wahrlich verlieren. Vielleicht findet man unverhofft etwas, was man wirklich nicht erwartet hätte: zum Beispiel eine kostbare Perle … – Jesus hat seine Beispiele dem alltäglichen Leben entnommen, seine Botschaft hat einen unmittelbaren Bezug zu seiner konkreten Umgebung. Das Bild von der Perle beinhaltet freilich noch mehr; es trägt eine Botschaft in sich: Schon im Alten Testament diente es als Symbol für die Weisheit. Diese ist die kostbarste aller Perlen, sie übertrifft alle Schätze dieser Welt. Unschätzbar ist der Wert der Weisheit; alles Gold der Erde nimmt sich neben ihr wie ein Staubkorn aus. So liegt die Aussage des Gleichnisses von der kostbaren Perle auf der Hand: Jesus unterstreicht den unübertrefflichen Wert, den absoluten Vorrang des Gottesreiches (vgl. 13,44–46).

Ein anderes Bild entstammt der Arbeit der Fischer. Wenn im See Tiberias die Netze ausgeworfen werden, gehen Fische unterschiedlicher Güte ins Netz, auch solche, die keine Schuppen haben und deshalb nach den Bestimmungen des Buchs Levitikus (11,9–12) nicht verzehrt werden dürfen. Wenn die Fischer die Netze an Land gezogen haben, beginnen sie mit der Auslese. Jesus greift diese tagtägliche, mühselige Arbeit der Fischer auf und nimmt sie als Bild für das Gericht Gottes. Sie dient als Symbol für das Gottesreich im Augenblick der Unterscheidung, wenn schließlich das Gute in seinem ganzen Glanz erstrahlt, während es jetzt oft so sehr mit dem Bösen vermischt ist, dass man es nicht erkennt (vgl. 13,47–50).

Die Gleichnisrede verdiente eine ausführlichere, sorgfältigere Analyse, als hier möglich ist. Immerhin wurde ein wenig deutlich, welche Bedeutung Jesus selbst dem jeweiligen Symbol gegeben hat. Wenn wir den ursprünglichen Sinn der Gleichnisse ermitteln, vergessen wir freilich nicht, was das Evangelium in der uns vorliegenden Form sonst noch lehrt. Wir schließen die spekulative Theologie und die dogmatische Reflexion nicht aus, die schon früh eingesetzt hat, wie die Erläuterungen zeigen, die Matthäus an die

Gleichnisse anfügt. Wichtig ist aber auch dabei die Treue zu den Symbolen, die Jesus verwendet hat; es geht um die Treue zu seiner ursprünglichen Botschaft, zum Kern seiner Verkündigung: dem Reich Gottes.

## Die kirchliche Rede oder „Gemeinderede" (Mt 18)

Der Titel der Rede ist schon eine Definition. Matthäus ist der Einzige unter den Evangelisten, der den Begriff *ekklesia* (Kirche) verwendet. Einmal in diesem 18. Kapitel: „Hört er auch auf sie ( = zwei oder drei Zeugen) nicht, dann sag es der Gemeinde (*ekklesia*). Hört er aber auch auf die Gemeinde nicht, dann sei er für dich wie ein Heide oder ein Zöllner" (18,17). Ein weiteres Mal spricht Jesus von der „Kirche" in einem früheren Abschnitt, der gewissermaßen den Hintergrund des 18. Kapitels bildet: im 16. Kapitel, in dem bekannten Abschnitt über Petrus. Einige Gelehrte meinen, diese Stelle sei allzu semitisch, als dass sie auf Jesus selbst zurückgehen könnte (gerade wenn etwas zu offensichtlich echt scheint, ist man skeptisch, ob es sich nicht um eine nachträgliche Bildung handelt). Auf diesen Abschnitt möchte ich vorab kurz eingehen.

Die Episode wird in Cäsarea Philippi angesiedelt, einer Stadt an den Quellen des Jordan. Ein Sohn des Herodes hatte sie als Hauptstadt seines kleines Reichs gegründet.

Der Abschnitt wird von typisch semitischen Bilder beherrscht: vom Stein oder Fels, von den Pforten der Hölle, den Schlüsseln, dem Hausherrn, dem „ersten Minister", dem König, dem Binden und Lösen. Der durch Petrus repräsentierten Kirche wird eine auch juridische Funktion zugesprochen; sie soll in der Geschichte eine sichtbare Gestalt haben.

„Als Jesus in das Gebiet von Cäsarea Philippi kam, fragte er seine Jünger: Für wen halten die Leute den Menschensohn? Sie sagten: Die einen für Johannes den Täufer, andere für Elija, wieder andere für Jeremia oder sonst einen Propheten. Da sagte er zu ihnen: Ihr aber, für wen haltet ihr mich? Simon Petrus antwortete: Du bist der Messias, der Sohn des lebendigen Gottes! Jesus sagte zu ihm: Selig bist du, Simon Barjona; denn nicht Fleisch und Blut haben dir das offenbart, sondern mein Vater im Himmel. Ich aber sage dir: Du bist Petrus, und auf diesen Felsen werde ich meine Kirche bauen, und die Mächte der Unterwelt werden sie nicht überwältigen. Ich werde dir die Schlüssel des Himmelreichs geben; was du auf Erden binden wirst, das wird auch im Himmel gebunden sein, und was du auf Erden lösen wirst, das wird auch im Himmel gelöst sein. Dann befahl er seinen Jüngern, niemand zu sagen, dass er der Messias sei" (16,13–20).

Das Matthäusevangelium ist ein „kirchliches Evangelium". Es erkennt an, dass Christus in der Geschichte gegenwärtig ist in der Versammlung der Gläubigen, die sich in seinem Namen versammeln, und in der Sündenvergebung, die Gott innerhalb dieser Gemeinschaft anbietet. Im 18. Kapitel wird das Profil dieser kirchlichen Gemeinschaft verdeutlicht.

Beim Aufbau der Gemeinderede fällt auf, dass sie mit Episoden beginnt und schließt, in denen Petrus jeweils eine entscheidende Rolle spielt. Er ist der Akteur, an den sich Jesus wendet: zunächst im unmittelbar vorangehenden Abschnitt über die Tempelsteuer und am Ende in seiner Frage nach der Vergebung, auf die Jesus ihm mit einem Gleichnis antwortet. Dazwischen sind verschiedene Themen zusammengestellt, eine Art Unterweisung, wie die Kirche sein soll.

### Die Kinder

Die Unterweisung wird mit einem eindrücklichen, lebendigen Gleichnis eröffnet. Jesus inszeniert das Gleichnis geradezu, indem er ein Kind herbeiruft. Er macht es damit so anschaulich, dass alle es verstehen: „Da rief er ein Kind herbei, stellte es in ihre Mitte und sagte: Amen, das sage ich euch: Wenn ihr nicht umkehrt und wie die Kinder werdet, könnt ihr nicht in das Himmelreich kommen" (18,2f).

Es ist paradox, dass Jesus im Zusammenhang mit dem Reich Gottes ausgerechnet auf die Kinder hinweist, die in der orientalischen Welt gewöhnlich kaum zur Kenntnis genommen wurden. Sie zählten wenig, solange sie noch klein waren; sie mussten erst einmal von den Erwachsenen erzogen werden. Jesus stellt eingefleischte Überzeugungen auf den Kopf, wenn er sagt: Das Kind kann die Erwachsenen etwas lehren. Er denkt dabei nicht an die Reinheit oder Unschuld der Kinder; diese Aspekte, die wir mit dem Kindsein verbinden, treten nicht in sein Blickfeld. Der Grund, aus dem er der Kirche und jedem Jünger die Kinder als Vorbild vor Augen stellt, ist ein anderer: *Das Kind hat Vertrauen*. Es lebt in seiner kleinen, begrenzten Welt; es vertraut den Eltern, es legt seine Hand in die Hand des Vaters, an ihm hält es sich fest. Auf dieses Vertrauen zielt das Gleichnis: auf die Kirche als Ort des Vertrauens; sie besteht aus den „Kleinen", die an Gott glauben, die sich nicht auf Strategien verlassen, sondern sich dem Projekt des Gottesreiches anvertrauen.

Die Normen werden sodann konkretisiert. „Die Kleinen" sind der Aufhänger für eine Reihe von Bildern: der Mühlstein, den man dem um den Hals binden sollte, der einen von diesen Kleinen zum Bösen verführt (18,6), die Hand und der Fuß, die man eher abhauen soll, und das Auge, das man lieber ausreißen soll, als einem von ihnen Anstoß zu geben.

Wer sind diese „Kleinen"? Wir müssen uns von der volkstümlichen, weitverbreiteten Vorstellung lösen, dass die kleinen Kinder gemeint wären. Jesus spricht nicht von der Verführung der Kinder zum Bösen, einem schlimmen, schändlichen Verhalten. Das Thema, um das es Jesus hier geht, reiht sich ein in das, was wir bereits zum zehnten Kapitel gesagt haben: Die „Kleinen" sind die Jüngerinnen und Jünger, hier besonders jene, deren Glaube noch nicht gefestigt ist. Man darf ihnen keinen Anstoß geben, man darf ihnen keine Stolpersteine in den Weg legen. Wehe dem, der seine festen Überzeugungen hat und sich nicht um jene sorgt, die sich gerade erst auf den Weg gemacht haben und noch schwach im Glauben sind. Jesus gibt uns auf drastische Weise zu verstehen, dass man sich nicht mit einer solchen Schande beflecken darf. Es wäre grausam, den Weg des Glaubens von einem dieser Jünger zu behindern.

### Die brüderliche Zurechtweisung und die Vergebung

In der brüderlichen [bzw. schwesterlichen] Zurechtweisung spiegelt sich die Organisationsstruktur einer Kirche wider, die inzwischen feste Form angenommen hat. Sie kennt Vorgehensweisen, die man fast als eine Art „kanonisches Recht" bezeichnen könnte: „Wenn dein Bruder sündigt, dann geh zu ihm und weise ihn unter vier Augen zurecht. Hört er auf dich, so hast du deinen Bruder zurückgewonnen. Hört er aber nicht auf dich, dann nimm einen oder zwei Männer mit, denn jede Sache muss durch die Aussage von zwei oder drei Zeugen entschieden werden. Hört er aber auch auf sie nicht, dann sag es der Gemeinde. Hört er aber auch auf die Gemeinde nicht, dann sei er für dich wie ein Heide oder ein Zöllner" (18,15–17).

Diese Verse stammen sicher aus der Kirche des Matthäus. Sie versucht, die brüderliche Zurechtweisung, ein Anliegen Jesu, in das praktische Leben umzusetzen. So hat sie einige Verfahrensschritte festgelegt. In diesem Zusammenhang ist auch wieder die Rede vom Binden und Lösen (Vers 18), das der ganzen Kirche zukommt: zurechtweisen und vergeben, nicht nur verurteilen.

Die brüderliche Zurechtweisung ist eine große Kunst, und selten gelingt sie uns. Oft finden wir uns in einer typisch „pharisäischen" Haltung; vielleicht überkommt uns insgeheim eine gewisse Befriedigung, wenn ein Bruder „gefallen" ist, während wir uns unserer Ehrenhaftigkeit rühmen. Oder aber – und so ist es wohl zumeist – wir unternehmen nichts: eine Unterlassungssünde. Die brüderliche Zurechtweisung setzt große Lauterkeit voraus (denken wir an Jesu Gleichnis vom Splitter und Balken!), und sie verlangt ein Engagement der ganzen Kirche.

„Wo zwei oder drei in meinem Namen versammelt sind, da bin ich mitten unter ihnen" (18,20). – Dieses Wort hat viele bedeutsame Dimensionen; man kann es auch auf das gemeinsame Gebet beziehen und als eine Art Definition der Liturgie verstehen.

„Da trat Petrus zu ihm und fragte: Herr, wie oft muss ich meinem Bruder vergeben, wenn er sich gegen mich versündigt? Siebenmal? Jesus sagte zu ihm: Nicht siebenmal, sondern siebenundsiebzigmal" (18,21f). Eine lapidare Antwort. Jesus gibt eine unmissverständliche Lehre, die auch im Bezug zum Alten Testament steht (vgl. Gen 4,24: „Wird Kain siebenfach gerächt, dann Lamech siebenundsiebzigfach"). Jesus erläutert seine Antwort mit dem Gleichnis von den beiden Schuldnern. Er führt die unerbittliche Grausamkeit eines Menschen vor Augen, der nicht vergeben kann. Ihm war die ganze Schuld erlassen worden, doch als ein Bruder, dem er selbst einen kleinen Kredit gewährt hat, nicht gleich zahlen kann, überkommt ihn der Zorn, er packt und würgt ihn. – Ein empörendes Verhalten, das mich an eine Szene aus Shakespeares *Richard III.* erinnert: Gloster hat viel Unrecht begangen und wird von der Königin Anna angeklagt. Sie sagt: „Das wildeste Tier kennt doch des Mitleids Regung!" – Gloster antwortet eiskalt, in derselben Haltung wie der unbarmherzige Gläubiger aus dem Gleichnis: „Ich kenne keins und bin daher kein Tier."

## Die Endzeitrede (Mt 24–25)

Diese Rede könnte als die schwierigste erscheinen, vor allem wegen der vielen schlechten Interpretationen, die sie im Lauf der Geschichte erfahren hat. Sie reicht vom 24. Kapitel bis zur bekannten Szene vom Endgericht, bei dem der König nach der Liebe richten wird (25,31–46). Johannes vom Kreuz hat es so formuliert: „An unser Lebensende angelangt, werden wir gerichtet von der Liebe."

Weshalb erscheint die „Endzeitrede" als schwierig? Es liegt, ähnlich wie bei der Offenbarung des Johannes, an der apokalyptisch gefärbten Sprache, mit der Jesus seine Botschaft zum Ausdruck bringt. Er zitiert das Buch Daniel, den apokalyptischen Text der Bibel schlechthin: „Denn es wird eine so große Not kommen, wie es noch nie eine gegeben hat, seit die Welt besteht, und wie es auch keine mehr geben wird" (24,21; vgl. Dan 12,1). Er spricht vom „unheilvollen Gräuel" (24,15), ein weiterer typischer Ausdruck des Buches Daniel (Dan 9,27). Doch obwohl Jesus diese Sprache gebraucht, ist seine Intention eine andere. Der Inhalt seiner Botschaft ist nicht apokalyptisch, wie auch das Buch der Offenbarung nicht eigentlich apokalyptisch ist.

Die Apokalyptik wollte insbesondere das Ende der Welt anzeigen; sie sieht einen scharfen Bruch zwischen der vom Bösen beherrschten Gegenwart und einer leuchtenden Zukunft (eine ähnliche Sicht begegnet uns noch heute in manchen Sekten). Den Auserwählten wird es gelingen, den Weltenbrand zu überstehen, der als fürchterliches Szenarium dargestellt wird: mit Erdbeben, Unwettern, Katastrophen, Kriegen und Erscheinungen; die Steine auf den Straßen beginnen zu schreien; aus abgebrochenen Zweigen fließt Blut; die Sonne verfinstert sich und versinkt in der Nacht, der Mond wälzt sich auf die Erde nieder. Die apokalyptische Beschreibung will einen Zustand höchster Spannung erzeugen und die Erwartung einer glorreichen Zukunft wecken.

In der Endzeitrede bei Matthäus ist es anders: „Als Jesus den Tempel verlassen hatte, wandten sich seine Jünger an ihn und wiesen ihn auf die gewaltigen Bauten des Tempels hin. Er sagte zu ihnen: Seht ihr das alles? Amen, das sage ich euch: Kein Stein wird hier auf dem andern bleiben; alles wird niedergerissen werden" (24,1f). Es geht um Jerusalem und sein Ende. Offenkundig steht im Hintergrund die Zerstörung der Stadt im Jahre 70, die Matthäus erlebt hat. Davon zeugt auch eine Stelle aus dem Gleichnis vom königlichen Hochzeitsmahl: „Da wurde der König zornig; er schickte sein Heer, ließ die Mörder töten und ihre Stadt in Schutt und Asche legen" (22,7).

Doch es geht auch um *das Kommen des Gottesreiches*, das schon mitten unter uns gegenwärtig ist. Jesus beschreibt die Haltung gespannter Erwartung, in der wir es annehmen sollen, wenn er es errichtet haben wird: „Amen, ich sage euch: Diese Generation wird nicht vergehen, bis das alles eintrifft" (24,34).

Grundlegend in der Endzeitrede sind also das Ende Jerusalems und die Ankunft des Reiches Gottes (mit all den Spannungen, Verfolgungen und Leiden, die diese christliche Erfahrung beinhaltet; vgl. die Ausführungen zum 10. Kapitel). Jesus aber schaut darüber hinaus auf das letzte Ziel der Geschichte, nicht auf ihr Ende, sondern auf *die Bestimmung von Sein und Zeit*. Er gibt unmissverständlich zu verstehen, dass er nicht über das Ende der Welt sprechen will: „Jenen Tag und jene Stunde kennt niemand, auch nicht die Engel im Himmel, nicht einmal der Sohn, sondern nur der Vater" (24,36).

Jesus interessiert sich nicht für Termine des Weltuntergangs, er hat uns diesbezüglich vom Vater her nichts mitzuteilen – anders als gewisse Predigten über den „Weltuntergang" glauben machen möchten. Wer sich dafür interessiert, wie die Erde (nicht die Welt) einmal enden wird, kann sich mit den Hypothesen der Naturwissenschaftler beschäftigen. Ich zitiere aus einem Interview mit dem italienischen Physiker Giovanni Godoli: „Die Sonne wird ihren Brennstoff, den Wasserstoff, in etwa fünf Milliarden Jahren aufgebraucht haben. Dann besteht sie ganz aus Helium; sie wird eine sogenannter ‚roter Riese', der bis zur Umlaufbahn der Erde expandiert. Dort wird alles Leben erlöschen – falls es dann überhaupt noch Leben geben wird." Für solche Themen ist die Naturwissenschaft zuständig. In der Rede Jesu geht es um etwas anderes. Er will uns das Ziel vor Augen führen, auf das die ganze Schöpfung nach Gottes Plänen zugeht. Die Endzeitrede wird so zu einer eindringlichen Einladung: „Seid also wachsam! Denn ihr wisst nicht, an welchem Tag euer Herr kommt" (24,42).

Wir wissen nicht, wann Gott der Welt ein Ende bereitet. Aber wir gehen davon aus, dass er alles in einer neuen Schöpfung wiederherstellen wird. Und dieser Prozess hat bereits begonnen mit dem Kommen Christi. Aus diesem Grund sollen wir wie ein Pförtner oder ein Hausherr auch in der Nacht wachsam und bereit sein, den Herrn zu empfangen.

Christen können sich also für die Verwirklichung des Gottesreiches in der Geschichte einsetzen und seine Ankunft in Fülle erwarten. Das unterscheidet sich sehr von dem, was uns manche apokalyptische Sekten und spiritualistische Strömungen weismachen möchten, wenn sie uns auffordern, irgendetwas Höheres, rein Jenseitiges zu erwarten. Das Reich Gottes ist ein Same, der in die Erde gesät ist, es ist das Senfkorn, das wächst, es ist ein Appell an die Gegenwart, auch wenn es vom Ewigen spricht. In der *Gegenwart* bewegen wir uns auf das Ewige zu.

Diese Sicht könnte man mit einem Wort des argentinischen Schriftstellers Jorge Luis Borges (1899–1986) zusammenfassen: „Es gibt keinen Augenblick, der nicht geladen wäre wie eine Waffe." – Die wirklichen „Waffen" liegen in unseren Händen: jene, mit denen wir an einer Welt des Friedens und der Gerechtigkeit mitbauen, wie es Gottes Plänen entspricht. Wir dürfen die Gegenwart nie gering schätzen; im Gegenteil, die Eschatologie beginnt hier und jetzt: Das Reich Gottes ist mitten unter uns und geht seiner vollen Verwirklichung entgegen.

Das Matthäusevangelium ist das Evangelium des Wortes. Wir begegnen auch einigen „harten" Worten Jesu. Matthäus zeigt uns einen ernsten, anspruchsvollen Christus. Die Wahrheit, die immer anspruchsvoll ist, hat es schwer. Es gebe keine wichtige Idee, derer sich die Dummheit nicht zu bedienen verstanden hätte, schreibt Robert Musil. Die Dummheit sei wendig und könne in jedes Gewand der Wahrheit schlüpfen. Die Wahrheit dagegen habe nur ein einziges Gewand und einen einzigen Weg, und leider sei sie immer im Nachteil. – Doch die Worte der Wahrheit sind Gottes Worte. Wir sind eingeladen, das Evangelium als sein großartiges Wort zu hören. François Mauriac (1885–1970) schrieb einmal: „Wir meinen, Gott würde unsere Bitten nicht hören. In Wahrheit sind oft wir es, die seine Antworten nicht hören."

## LEIDEN, TOD UND AUFERSTEHUNG (Mt 26–28)

### Die entscheidende Botschaft

Wir kommen nun zu den letzten Seiten des Matthäusevangeliums: zu Jesu Passion und Auferstehung. Das sogenannte *Antiochenische Glaubensbekenntnis,* das Paulus im ersten Korintherbrief zitiert, ist der eigentliche Kern, aus dem sich die Erzählung der Evangelisten entwickelt hat. Es hat wohl eine Art „Proto-Evangelium" gegeben, eine Erzählung von Leiden, Tod und Auferstehung Jesu, die sich auf jenes vielleicht älteste Credo der Kirche stützte.

„Vor allem habe ich euch überliefert,
was auch ich empfangen habe:
Christus ist für unsere Sünden gestorben,
gemäß der Schrift, und ist begraben worden.
Er ist am dritten Tag auferweckt worden,
gemäß der Schrift,
und erschien dem Kephas, dann den Zwölf."

(1 Kor 15,3–5)

Dies ist eine Synthese dessen, was später im Evangelium erzählerisch entfaltet wurde, eine Verdichtung des *Kerygmas,* der großen, wesentlichen Verkündigung des christlichen Glaubens in wenigen Sätzen. In den Evangelien wird diese Botschaft in Form einer nüchternen Erzählung entfaltet.

Wir werden im Folgenden besonders auf die Stellen eingehen, die sich nur bei Matthäus finden oder die kennzeichnend für ihn sind: jene Abschnitte und Worte, die er in das ihm mündlich und schriftlich vorgegebene Schema eingebaut hat. Matthäus greift die Vorlagen auf, schmückt sie aus, bearbeitet sie redaktionell, interpretiert und setzt eigene Akzente. Auch in der Passionsgeschichte ist der Christus des Matthäus immer ein feierlicher Christus. Er bleibt stets der *Pantokrator,* der allmächtige Herr. Und auch in dieser

Phase spricht Christus viel; öfter als in den Passionsgeschichten der anderen Evangelisten kommentiert er die Ereignisse. Er möchte den Jüngern den verborgenen Sinn der skandalösen Geschehnisse verständlich machen. Das ist das erste Kennzeichen der Darstellung des Matthäus.

Einige für Matthäus typische Details lassen darüber hinaus eine spezielle Stoßrichtung erkennen. So tritt in den Worten Jesu, in einigen Handlungen und Elementen der Erzählung, die uns nur bei Matthäus begegnen, das gespannte Verhältnis zur jüdischen Welt zusehends deutlicher zutage. Die Auseinandersetzung zwischen Kirche und Synagoge hat an Schärfe zugenommen: Sie erkennen einander nicht mehr an; die Kirche spürt, dass sich die Spannung nunmehr zu einer regelrechten Spaltung auswächst. Matthäus unterstreicht mehr als die anderen Evangelisten, dass das wahre Israel nicht mehr über das alte Volk Israel führt; es findet sich vielmehr in jenem neuen, von Gott berufenen Israel, das auch in die Welt der Heiden hineinreicht. Dies ist kein Antisemitismus, sondern zeugt vom Bewusstsein der Neuheit des Christentums. Diese Neuheit sollten wir unterstreichen, denn in den letzten Jahren ist sie manchmal ein wenig aus dem Blick geraten. Es gibt die Tendenz, das Phänomen des Christentums ganz in die jüdische Matrix einzufügen. Es steht außer Frage, dass das Christentum einen jüdischen Hintergrund, eine jüdische Wurzel hat. Nicht nur wegen des Alten Testaments, sondern auch deshalb, weil Jesus Jude war. Doch es gibt auch eine Kluft, einen tiefen Einschnitt, so dass wir nicht sagen können, das Christentum sei lediglich ein besonders spiritueller oder edler Sprössling einer bestimmten Form des Judentums.

Wie das Evangelium insgesamt ist auch die Passionsgeschichte frei von all den Elementen, die die apokryphen Evangelien mit blühender Fantasie in die Erzählung hineingewoben haben. Die *Nüchternheit der Darstellung* der kanonischen Evangelien ist von wesentlicher Bedeutung. Theologie und Geschichte sind mit großer Strenge, ohne jede Weitschweifigkeit miteinander verbunden. Im Vergleich wird dies noch deutlicher: Denken wir etwa an die apokryphe Legende vom umherirrenden Juden, der jedes geschichtliche Fundament fehlt. Ihre größte Ausschmückung erfuhr sie 1602 in der *Kurzen Beschreibung und Erzählung von einem Juden mit Namen Ahasverus*: Ein Jerusalemer Schuster stand an seiner Ladentür, als Jesus mit dem Kreuz vorbeikam. Er sagte zu Jesus, der sich kurz an die Hauswand lehnte: „Geh dorthin, wo du hingehörst." Darauf Jesus: „Ich werde gehen, aber du wirst auf mich warten, bis ich zurückkomme." Seitdem, so heißt es, ziehe Ahasverus rastlos und ziellos durch die Welt und flehe, jemand möge seiner Wanderschaft ein Ende setzen.

Auch die Volksfrömmigkeit hat um den Kreuzweg viele Szenen gebildet, die wohl nicht geschichtlich sind und in der nüchternen Erzählung der zum biblischen Kanon gehörenden Evangelien nicht vorkommen: das dreimalige Fallen Jesu unter dem Kreuz, Veronika usw.

Wir werden nun die Passionsgeschichte in einem Zyklus von vier „Bildern" zusammenfassen, wobei wir besonders auf die Eigentümlichkeiten des Matthäus eingehen.

## Die Gefangennahme

„Einer von den Begleitern Jesu zog sein Schwert, schlug auf den Diener des Hohepriesters ein und hieb ihm ein Ohr ab. Da sagte Jesus zu ihm: Steck dein Schwert in die Scheide; denn alle, die zum Schwert greifen, werden durch das Schwert umkommen. Oder glaubst du nicht, mein Vater würde mir sogleich mehr als zwölf Legionen Engel schicken, wenn ich ihn darum bitte? Wie würde dann aber die Schrift erfüllt, nach der es so geschehen muss?" (26,51–54). Jesus erteilt hier in Form einer regelrechten Lehre (so nur bei Matthäus) der Gewalt eine eindeutige Absage. Schon in der Bergpredigt wurde sein Verhältnis zur Gewalt deutlich: Er distanziert sich bedingungslos von ihr. Die Unterscheidung von gerechter und ungerechter Gewalt gibt es für ihn nicht. Auch der Satz über Jesu Beziehung zum Vater findet sich nur bei Matthäus. Es ist eine feierliche Aussage; Jesus könnte von Gott zwölf Legionen erhalten. Doch auch in diesem Augenblick ist Jesus Mensch; er muss durch den finsteren Tunnel von Schmerz und Tod hindurchgehen wie jeder Mensch. Wichtig ist ferner die Feststellung, dass die Schrift erfüllt werden müsse. Gott hat im Voraus einen Plan festgelegt; manches davon ist auch für Jesus bestürzend, doch er muss es annehmen. So macht er sich mit Würde auf den Weg, den Ratschluss des Vaters zu erfüllen.

## Der jüdische Prozess

Der jüdische Prozess vor dem Hohen Rat wird in den Versen 26,57 bis 27,10 lang und breit beschrieben. Der Hohe Rat (Aramäisch *sanhedrin;* daraus leitet sich das griechische *synhedrion* ab) bestand aus 70 Mitgliedern, dazu kam der Hohepriester, der den Vorsitz führte. Versammlungsort war die sogenannte „Quaderhalle" des Tempels, die inzwischen von den Archäologen entdeckt wurde.

Es gab zunächst einen nächtlichen Prozess, der wahrscheinlich nicht rechtskräftig war, eine Art Voruntersuchung. Am Morgen folgte dann die eigentliche Sitzung. Ein Prozess durfte nur tagsüber, nicht nachts geführt werden. Die Macht des Hohen Rats war sehr begrenzt; zumal in jenen Jahren stand er unter der Kontrolle der römischen Autorität. Der Höhepunkt des Prozesses klingt noch in den folgenden Worten nach:

„Darauf sagte der Hohepriester zu ihm: Ich beschwöre dich bei dem lebendigen Gott, sag uns: Bist du der Messias, der Sohn Gottes? Jesus antwortete: Du hast es gesagt. Doch ich erkläre euch: Von nun an werdet ihr den Menschensohn zur Rechten der Macht sitzen und auf den Wolken des Himmels kommen sehen. Da zerriss der Hohepriester sein Gewand und rief: Er hat Gott gelästert! Wozu brauchen wir noch Zeugen? Jetzt habt ihr die Gotteslästerung selbst gehört" (26,63–65).

Welche Aussage brachte Jesus den Vorwurf der Gotteslästerung ein? Wenn er in Anlehnung an ein Psalmwort einfach gesagt hätte: „Ich bin ein Nachkomme Davids, der zur Rechten Gottes sitzen kann" (vgl. Ps 110,1), wäre es keine Lästerung gewesen. Denn in diesem Psalm wird der Messias der jüdischen Tradition gemäß als ein menschliches Geschöpf betrachtet. Er ist das letzte, große Wort Gottes, der letzte Bote, der wie in einem Knotenpunkt die ganze Botschaft der Propheten zusammenfasst und ihrer Verkündigung Sinn verleiht.

Der Stein des Anstoßes war, dass Jesus sagte, er sei nicht nur der Messias, sondern in ihm erfülle sich auch jenes geheimnisvolle Wort aus dem Buch Daniel, das das Judentum nie direkt auf den Messias anwenden wollte: „Immer noch hatte ich die nächtlichen Visionen: Da kam mit den Wolken des Himmels einer wie ein Menschensohn. Er gelangte bis zu dem Hochbetagten und wurde vor ihn geführt. Ihm wurden Herrschaft, Würde und Königtum gegeben. Alle Völker, Nationen und Sprachen müssen ihm dienen. Seine Herrschaft ist eine ewige, unvergängliche Herrschaft. Sein Reich geht niemals unter" (Dan 7,13f). Auf diese Stelle spielt auch der Schluss des Matthäusevangeliums an. Dieser erhabene Text spricht von einem apokalyptischen, himmlischen, transzendenten Messianismus, in dem der Messias in eine seltsam anmutende Atmosphäre des Göttlichen gehüllt ist. Deshalb konnte diese Stelle nicht auf ein Geschöpf bezogen werden, auch nicht auf jemand, der sich als Haupt des messianischen Volkes präsentierte. Dass Jesus sich selbst mit dem Menschensohn des Buchs Daniel identifiziert, ist der Anlass für die Anklage durch den Hohepriester.

Der jüdische Prozess wird von einer Erzählung abgeschlossen, die sich wiederum nur bei Matthäus findet (lediglich in Apg 1,15–20 gibt es einzelne Parallelen). Wir erwähnen sie hier nur, doch sie spielt in der Sicht des Matthäus eine wichtige Rolle: „Als nun Judas, der ihn verraten hatte, sah, dass Jesus zum Tod verurteilt war, reute ihn seine Tat. Er brachte den Hohepriestern und den Ältesten die dreißig Silberstücke zurück und sagte: Ich habe gesündigt, ich habe euch einen unschuldigen Menschen ausgeliefert. Sie antworteten: Was geht das uns an? Das ist deine Sache. Da warf er die Silberstücke in den Tempel; dann ging er weg und erhängte sich. Die Hohepriester nahmen die Silberstücke und sagten: Man darf das Geld nicht in den Tempelschatz tun; denn es klebt Blut daran. Und sie beschlossen, von dem Geld den Töpferacker zu kaufen als Begräbnisplatz für die Fremden. Deshalb heißt dieser Acker bis heute Blutacker. So erfüllte sich, was durch den Propheten Jeremia gesagt worden ist: Sie nahmen die dreißig Silberstücke – das ist der Preis, den er den Israeliten wert war – und kauften für das Geld den Töpferacker, wie mir der Herr befohlen hatte" (27,3–10).

Es ist eine feierliche Erklärung. „Bis heute", das heißt: Bis zu dem Tag, an dem Matthäus sein Evangelium abfasst, ist es geradezu in den Erdboden eingeschrieben, dass Israel seinen Messias abgelehnt hat. Der „Blutacker" ist das sichtbare Symbol dieser Ablehnung.

Auch hier ist die damalige Auseinandersetzung mit dem Judentum ersichtlich. Wahrscheinlich gehörte Matthäus zu einer Gemeinschaft jüdischen Ursprungs, die jetzt von der Gruppe, aus der sie hervorgegangen war, angegriffen wurde. Wie wir schon im Zusammenhang mit der Aussendungsrede erwähnten, kam es durch das Christentum zu Spannungen bis in die Familien hinein, zwischen Vater und Sohn, zwischen Schwiegermutter und Schwiegertochter, zwischen Brüdern und Schwestern.

## Der römische Prozess

Matthäus hat eine offenkundige Sympathie für Pontius Pilatus, den römischen Statthalter, der in Palästina in den Jahren 27 bis 35 regierte. In Cäsarea, der großartigen Residenz des Statthalters am Mittelmeer, haben italienische Archäologen auf dem Sockel eines Kaiserstandbilds eine leicht beschädigte Inschrift gefunden: *Pontius Pilatus Praefectus Judaicae Regionis* (oder *Judeae*). Ein wohl nicht ganz unparteiisches Bild des Statthalters, das aber auch nicht jeder Wahrheit entbehren dürfte, hat uns Philo von Alexandrien hinterlassen: „Ein von Natur aus unbeugsamer Mensch, nicht nur arrogant, sondern auch noch hart. Zu nichts fähig außer zu Erpressungen, Gewalttaten, Brutalität, Folterungen, Hinrichtungen ohne Prozess und erschreckenden, grenzenlosen Grausamkeiten."

Die Römer waren wahrlich keine „Heiligen", im Gegenteil: Häufig waren sie regelrechte Barbaren. Die Steuern, die sie verlangten, und die militärische Unterdrückung waren ein Albtraum für die unterworfenen Völker. Im Nahen Osten, wo es hochentwickelte Kulturen gab, haben sie in einigen Fällen *tabula rasa* gemacht. Die Beschreibung, die Flavius Josephus von Pontius Pilatus gibt, lässt erkennen, dass dieser eine gewisse Gewandtheit besaß; aber er ertrug die Juden nicht. Er provozierte sie, wo er konnte, doch zugleich fürchtete er sich vor ihnen. Einige Beispiele: Er führte im Tempel die kaiserlichen Standarten ein, was kein Statthalter vor ihm gewagt hatte. Diese Verletzung des Bilderverbots ausgerechnet auf dem Tempelplatz führte zu einer Volkserhebung, die blutig niedergeworfen wurde. Dennoch sah sich Pilatus genötigt, die Anordnung zurückzunehmen. Er war in Rom denunziert worden, und dort genoss er möglicherweise ohnehin nicht den besten Ruf.

Im 13. Kapitel des Lukasevangeliums erwähnt Jesus selbst einen Vorfall aus jenen Tagen: Pilatus hatte einige Galiläer beim Opfern umbringen lassen, „sodass sich ihr Blut mit dem ihrer Opfertiere vermischte" (Lk 13,1).

Im Matthäusevangelium wird von einer weiteren Verfügung des Pilatus berichtet, die wohl ebenfalls eine Provokation der Juden darstellte. Sie betrifft das Privileg, dass anlässlich eines Festes, besonders zum Paschafest, einem Gefangenen Amnestie gewährt werden konnte (ob dies historisch ist, ist umstritten; andere Belege für eine solche Regelung hat man nicht gefunden). Pilatus schlug Jesus vor als Alternative zu Barabbas, einem Verbrecher (griechisch: *lestes*, eine Art „Terrorist"). Barabbas scheint ein Anführer der Zeloten gewesen zu sein. Einige Handschriften nennen ihn „Jesus Barabbas", doch dieser Eigenname dürfte kaum zutreffen, es handelt sich wohl um eine irrtümliche Parallelbildung.

„Pilatus fragte nun die Menge, die zusammengekommen war: Was wollt ihr? Wen soll ich freilassen, Barabbas oder Jesus, den man den Messias nennt?" (27,17). Pilatus wusste, dass die Juden nur Barabbas wählen konnten. Die Frage war also eine reine Provokation. Bei Matthäus wird das nicht unmittelbar deutlich; er rückt Pilatus in ein günstiges Licht. Er fügt zwei Stellen ein, die eine gewisse Sympathie für Pilatus erkennen lassen. Zunächst spricht er wohlwollend von der Frau des Pilatus: „Während Pilatus auf dem Richterstuhl saß, ließ ihm seine Frau sagen: Lass die Hände von diesem Mann, er ist unschuldig. Ich hatte seinetwegen heute Nacht einen schrecklichen Traum" (27,19).

Die Frau erscheint als abergläubisch – wie viele Angehörige der oberen Klasse in der römischen Welt. Wir besitzen über diese Frau sonst keine gesicherten Informationen (in apokryphen Schriften wird sie Procula oder Prokla genannt; die Kirche von Äthiopien und andere orientalische Kirchen betrachten sie als Heilige).

Auch die zweite für Pilatus günstige Stelle ist matthäisches Sondergut: die berühmt gewordene Erzählung von

Pilatus, der seine Hände in Unschuld wäscht. „Als Pilatus sah, dass er nichts erreichte, sondern dass der Tumult immer größer wurde, ließ er Wasser bringen, wusch sich vor allen Leuten die Hände und sagte: Ich bin unschuldig am Blut dieses Menschen. Das ist eure Sache! Da rief das ganze Volk: Sein Blut komme über uns und unsere Kinder!" (27,24f). Das ändert nichts an der Tatsache, dass Pilatus für die Hinrichtung Jesu verantwortlich ist. Aber Matthäus schildert es so, als ob Pilatus sich davon distanziert hätte und nichts mit der Sache zu tun haben wollte. Dagegen bringt „das ganze Volk", das heißt die ganze jüdische Gemeinschaft, laut schreiend seine Ablehnung Christi zum Ausdruck. Bei Matthäus besiegelt dieser Schrei die abweisende Haltung „des ganzen Volkes" gegenüber seinem Messias.

Das Waschen der Hände ist in der Bibel eine symbolische Handlung, mit der man sich für unschuldig erklärt. In der Kunstgeschichte wurde es ein oft gebrauchtes Motiv der Passionsbilder. Eine der frühesten detaillierten Darstellungen findet sich in den vatikanischen Museen auf dem berühmten Sarkophag von Junius Bassus aus dem Jahr 359: Christus steht als bartloser Jüngling zwischen zwei Wachen, während Pilatus wegschaut und sich die Hände wäscht, anscheinend tief betrübt wegen der bevorstehenden Vollstreckung des Urteils.

Gewiss gab es in Palästina bedeutendere und fähigere Statthalter als Pilatus: Rufus, Gratus, Marcellus und andere. Doch jeden Sonntag nennen wir in der Liturgie den Namen von Pontius Pilatus – nicht den des Kaisers Augustus, sondern den eines zweifelhaften, untergeordneten Funktionärs: „... gelitten unter Pontius Pilatus". Für Matthäus bedeutet Pilatus eine gewisse Weitung seines Horizonts: Während „das ganze Volk" Christus nicht anerkennt, hat in der Person des Pilatus ausgerechnet ein „Heide" Zweifel an der Schuld Jesu; er steht ihm nicht ganz ablehnend gegenüber.

## Die Kreuzigung

Die Kreuzigungsszene ist so bekannt, dass sich ein Kommentar fast erübrigen könnte. Doch einige Einzelheiten werfen schwierige Fragen auf: Der zerrissene Tempelvorhang, die Dunkelheit, die sich über die Erde ausbreitet, die sich öffnenden Gräber – sind das historische Fakten?

Die Exegeten sind überzeugt, dass es sich dabei nicht um eigentliche geschichtliche Ereignisse handelt, die sich an jenem Nachmittag, der in die Jahre 29 bis 33 datiert wird, abgespielt hätten. Es handelt sich vielmehr um eine Beschreibung der tieferen Bedeutung, die der Tod Jesu hat. Der gerissene Vorhang weist auf das Heilsgeheimnis hin, das im Kreuz Christi liegt. Ein Bibelkundiger versteht den Hinweis sofort: Der Vorhang des Tempels verbarg das Allerheiligste; wenn er „von oben bis unten entzwei" reißt, so heißt das: Jetzt sieht man, was dahinter liegt. Jener Gott, der verborgen, unnahbar, geheimnisvoll war, öffnet den Schleier seines Mysteriums in einem Menschen, der am Kreuz stirbt. Ein Skandal – und zugleich *die* große Offenbarung.

Dann die Dunkelheit: das typische Symbol für Gottes Gericht. Im Buch Amos heißt es: „An jenem Tag – Spruch Gottes, des Herrn – lasse ich am Mittag die Sonne untergehen und breite am helllichten Tag über die Erde Finsternis aus" (Am 8,9).

Die Dunkelheit beginnt am Mittag, wenn die Sonne am höchsten steht. Finsternis hüllt das ganze Universum ein: Das Gericht Gottes beginnt. Und die sich öffnenden Gräber sind das Zeichen dafür, dass wir auferstehen werden.

In volkstümlichen Darstellungen der Kreuzigung sieht man oft einen Schädel zu Füßen des Kreuzes. Dahinter verbirgt sich eine tiefe Intuition: Es ist der Schädel Adams, des ersten Menschen, der im Blut Christi reingewaschen wird, sodass alle, die von ihm abstammen, also das ganze Menschengeschlecht, gerettet werden. Noch heute steht am Fuß des Golgotahügels die sogenannte „Adamskapelle". Man stellte sich vor, dass unter dem Kreuz Christi das „Skelett" des alten Adam begraben sei, damit dieser in den neuen Adam, den neuen Menschen, umgewandelt werden könne.

Die Besonderheiten der Matthäuspassion liegen in den Schriftzitaten: Matthäus sieht die Ereignisse um die Kreuzigung im Licht des Alten Testaments; immer wieder sind Bibelstellen in die Erzählung hineingewoben. Zum Beispiel steht hinter dem zweimal erwähnten Trinken von Essig und Galle (27,34.48) ein Psalmvers: „… für den Durst reichten sie mir Essig" (Ps 69,22).

Das Teilen der Kleider ist wahrscheinlich historisch; denn die Soldaten teilten oft untereinander auf, was sie von einem Verurteilten erbeuten konnten. Matthäus liest dieses Ereignis im Licht des Psalms 22: „Sie verteilen unter sich meine Kleider und werfen das Los um mein Gewand" (Ps 22,19).

Als Jesus am Kreuz hängt, ruft die Menge: „Er hat auf Gott vertraut: der soll ihn jetzt retten, wenn er an ihm Gefallen hat; er hat doch gesagt: Ich bin Gottes Sohn" (Mt 27,43). Es sind Worte aus Psalm 22: „Er wälze die Last auf den Herrn, der soll ihn befreien! Der reiße ihn heraus, *wenn er an ihm Gefallen hat*" (Ps 22,9). Auch im Buch der Weisheit heißt es: „Ist der Gerechte wirklich Sohn Gottes, dann nimmt sich Gott seiner an und entreißt ihn der Hand seiner Gegner. Roh und grausam wollen wir mit ihm verfahren, um seine Sanftmut kennenzulernen, seine Geduld zu erproben. Zu einem ehrlosen Tod wollen wir ihn verurteilen; er behauptet ja, es werde ihm Hilfe gewährt" (Weish 2,18–20).

Die letzten Worte Jesu am Kreuz sind ebenfalls ein Zitat aus Psalm 22: „Mein Gott, mein Gott, warum hast du mich verlassen?" (Mt 27,46; Ps 22,2). – In diesem Schrei durchlebt Jesus die äußerste Trostlosigkeit, doch zugleich vermittelt das Wort aus Psalm 22 auch einen Hoffnungsschimmer: Wenn nämlich in der jüdischen Tradition der Anfang eines biblischen Textes zitiert wird, soll damit der ganze Text zur Aussage gebracht werden. Wenn der Psalm auch wie das bitterste *De profundis* beginnt, endet er doch wie das freudigste *Magnificat*: „Vom Herrn wird man dem künftigen Geschlecht erzählen, seine Heilstat verkündet man dem kommenden Volk; denn er hat das Werk getan" (Ps 22,31f).

Einen Aspekt der Kreuzigung können wir uns nie genug vergegenwärtigen: Im Tod Christi erreicht die Menschwerdung ihren Höhepunkt. Christus ist noch nicht ganz unser Bruder, solange er nicht das erfährt, was Gott nicht erfahren kann, sondern nur wir Menschen: Leid und Tod. Am Kreuz durchlebt Jesus auch das. So ist er wirklich unser Bruder. Er hat in einer fürchterlichen, quälenden Prüfung erfahren, dass Gott schweigt.

In diesem Zusammenhang möchte ich eine Stelle aus Ingmar Bergmans Film „Licht im Winter" (1962) zitieren. Der Küster spricht zu dem Pastor, der in eine Glaubenskrise geraten ist und sich gezwungen sieht, Riten zu vollziehen, deren Sinn ihm längst abhanden gekommen ist und an deren Wirksamkeit er nicht mehr glaubt (ausgerechnet der Pastor, der Seelenhirte, ein Mann der Kirche): „Denken Sie an Getsemani, Herr Pastor, denken Sie an die Kreuzigung. Dort sind alle Jünger eingeschlafen; sie hatten nichts verstanden, und er blieb allein, auch am Kreuz. Das Leiden muss unermesslich gewesen sein: zu verstehen, dass niemand etwas verstanden hat. Aber das war noch nicht das Schlimmste, Herr Pastor. Als Christus ans Kreuz genagelt wurde und dort hing, vom Schmerz gepeinigt, schrie er: ‚Mein Gott, mein Gott, warum hast du mich verlassen?' Christus wurde von einem tiefen Zweifel erfasst im Augenblick vor seinem Tod. Das muss das grausamste aller Leiden gewesen sein, ich meine das Schweigen Gottes."

Der Maler Paul Klee sagte einmal, die Kunst gebe nicht die sichtbaren Dinge wieder, sondern mache das Unsichtbare sichtbar. Diesen Eindruck gewinnt man beim Hören der Matthäuspassion von Johann Sebastian Bach: Sie verleiht dem Mysterium auf einzigartige Weise Ausdruck. Ich möchte nur kurz den Schlusschor zitieren:

„Wir setzen uns mit Tränen nieder
Und rufen dir im Grabe zu:
Ruhe sanfte, sanfte Ruh'!
Ruht, ihr ausgesognen Glieder,
Ruhet sanfte, ruhet wohl.
Euer Grab und Leichenstein
Soll dem ängstlichen Gewissen
Ein bequemes Ruhekissen
Und der Seelen Ruhstatt sein.
Höchst vergnügt schlummern da die Augen ein."

## Die Auferstehung

Die Auferstehung ist eng mit der Kreuzigung verbunden. Es gibt keine Auferstehung ohne vorheriges Sterben. Jesus wurde gekreuzigt, um dann aufzuerstehen. Er stirbt als Mensch, aber er ist immer der Sohn Gottes. Als solcher kann er im Tod seine ganze Macht entfalten; Gott ist der Ewige, er ist das Leben schlechthin, der göttliche Same des Lebens inmitten des Todes.

Das „Geschehen" der Auferstehung selbst wird von den Evangelien nicht erzählt. Die Auferstehung wird erfahren in dem, was ihr folgt; sie selbst ist ein Geheimnis, das sich einer historischen Überprüfung entzieht. Aus diesem Grund hat auch das berühmte „Turiner Grabtuch" für den Glauben an den auferstandenen Christus keine Bedeutung. Es kann bestenfalls ein historisches Dokument sein, aber für den Glauben spielt es keine Rolle. Sonst verkennt man die eigentliche Bedeutung der Auferstehung, bei der es ja nicht um die Wiederbelebung eines Leichnams geht.

Wir wissen nicht, was Jesus widerfahren ist, was mit seinem Leib geschehen ist, der nicht mehr in unserem Horizont gegenwärtig ist. Aber wir wissen: Seine Auferstehung ist Anfang und Grund einer Neuordnung, einer Neuschöpfung des ganzen Kosmos. Vom auferstandenen Christus her empfängt alles Seiende neues Leben. Doch dies ist in einem bestimmten geschichtlichen Faktum als solchem nicht erfahrbar.

Das offene Grab steht vor uns als ein Zeichen für den Sieg über den Tod. Der Engel, der Bote Gottes, ruft aus: „Er ist nicht hier; denn er ist auferstanden" (28,6).

Dies ist das große österliche Glaubensbekenntnis der Kirche. Wenn von der „Auferstehung" Jesu gesprochen wird, so zeigt das: Ostern bezieht auch den Leib mit ein, auch die Geschichte ist davon betroffen. Die Bedeutung von Ostern aber beschränkt sich nicht darauf, dass Jesus mit dem Leib auferstanden ist; Ostern ist sehr viel mehr. Aus diesem Grund verwendet das Neue Testament noch andere Begriffe und Vorstellungen. Es spricht nicht nur von „Auferstehung", sondern auch von der „Verherrlichung" und „Erhöhung" Jesu.

Typisch für Matthäus sind zwei Erzählungen. Die erste handelt von den Soldaten, die das Grab bewachen sollen. Sie erinnert uns noch einmal an die Auseinandersetzung mit dem Judentum:

„Noch während die Frauen unterwegs waren, kamen einige von den Wächtern in die Stadt und berichteten den Hohepriestern alles, was geschehen war. Diese fassten gemeinsam mit den Ältesten den Beschluss, die Soldaten zu bestechen. Sie gaben ihnen viel Geld und sagten: Erzählt den Leuten: Seine Jünger sind bei Nacht gekommen und haben ihn gestohlen, während wir schliefen. Falls der Statthalter davon hört, werden wir ihn beschwichtigen und dafür sorgen, dass ihr nichts zu befürchten habt. Die Soldaten nahmen das Geld und machten alles so, wie man es ihnen gesagt hatte. So kommt es, dass dieses Gerücht bei den Juden bis heute verbreitet ist" (28, 11–15).

Diese Erzählung unterstreicht, dass die jüdische Welt, mit der Matthäus sich auseinandersetzt, den Osterglauben und mögliche geschichtliche Zeichen ablehnt. Das Mysterium Christi und eventuelle Anknüpfungspunkte werden zurückgewiesen. – Die Erzählung ist apologetisch; sie soll die Auferstehung Christi gewissermaßen aus neutraler Warte belegen.

Das zweite für Matthäus charakteristische Element ist die Schlussszene, mit der sich der Evangelist auf großartige Weise „verabschiedet". Es handelt sich um eine österliche „Erscheinung", um es mit diesem unschönen, ein wenig gespensterhaft wirkenden Wort zu sagen. Treffender wäre der Begriff „Begegnung": eine Begegnung mit dem auferstandenen Christus. In der Erfahrung der Jünger erweist sie sich als *wirkliche* Begegnung: Sie verändert ihr Leben. Paulus zum Beispiel wurde durch eine Begegnung mit dem Auferstandenen verwandelt, und auch die Apostel sind nach der Begegnung mit dem auferweckten Herrn nicht mehr die, die sie vorher waren.

Christus gibt sich geradezu sichtbar zu erkennen. Freilich genügt es jetzt nicht mehr, dass jemand sein Gefährte gewesen war, mit ihm gegessen hatte, dieselben Wege wie er zurückgelegt und ihn gehört hatte: Selbst die Apostel erkannten ihn zunächst nicht wieder. Im Johannesevangelium wird erzählt, dass Maria aus Magdala ihn gar für den Gärtner hielt (vgl. Joh 20,15).

Das *Pascha* Jesu, sein „Hinübergang", beinhaltet einen „Qualitätssprung", wie Paulus immer wieder unterstreicht. Mit Ostern öffnet sich das Wagnis des Glaubens. Es ist der Glaube, dass unsere Geschichte von Gott, dem Unendlichen, dem Ewigen, durchschritten wurde.

Matthäus zeigt uns dies mit einer großen „galiläischen" Erscheinung. (Man unterscheidet zwei Arten von Erscheinungen: die in Jerusalem und die in Galiläa, die jeweils einem unterschiedlichen Schema folgen). Diese Erzählung stellt die Auferstehung als Verherrlichung Jesu dar. Christus, der im Grab gelegen hat, erscheint in seiner himmlischen, in strahlenden Glanz gehüllten Herrlichkeit:

„Die elf Jünger gingen nach Galiläa auf den Berg, den Jesus ihnen genannt hatte. Und als sie Jesus sahen, fielen sie vor ihm nieder. Einige aber hatten Zweifel. Da trat Jesus auf sie zu und sagte zu ihnen: Mir ist alle Macht gegeben im Himmel und auf der Erde. Darum geht zu allen Völkern, und macht alle Menschen zu meinen Jüngern; tauft sie auf den Namen des Vaters und des Sohnes und des Heiligen Geistes, und lehrt sie, alles zu befolgen, was ich euch geboten habe. Seid gewiss: Ich bin bei euch alle Tage bis zum Ende der Welt" (28,16–20).

Drei Worte Jesu sind im griechischen Original besonders bedeutungsvoll. Sie sind das Vermächtnis Jesu:

*Matheteusate* – „macht alle Menschen zu meinen Jüngern". Hier scheint der grenzenlose Horizont der Kirche auf, der weit über die kleine Provinz Palästina hinausreicht.

*Baptizontes* – „tauft sie im Namen des Vaters und des Sohnes und des Heiligen Geistes". Der Weg des Heils ist die Taufe, die – wie Paulus schreibt – Teilhabe an der Pascha-Erfahrung Christi ist: „Wir wurden mit ihm begraben durch die Taufe auf den Tod; und wie Christus durch die Herrlichkeit des Vaters von den Toten auferweckt wurde, so sollen auch wir als neue Menschen leben" (Röm 6,4).

*Didaskontes* – „lehrt sie". Ein letztes Mal erscheint dieses für Matthäus typische Wort. Christus, der Lehrer, sagt jetzt: Seid ihr nun Lehrer. Jüngersein bedeutet nicht nur, das Evangelium zu hören und die Sakramente zu empfangen, sondern es nimmt das ganze Leben in Anspruch. Der Auftrag zu lehren bezieht sich auf das ganze Leben; es geht darum, „Lehrer" zu sein, wie Jesus *der* Lehrer ist.

Das Matthäusevangelium schließt mit einem Abschiedsgruß Jesu an uns. Matthäus hat ihn einem der ersten Verse seines Evangeliums nachgebildet. Man spricht von einer Inklusion; die ganze Botschaft ist zwischen diesen beiden Versen „eingeschlossen". Das ist die Botschaft des Matthäus: *Gott ist mit uns.* Im ersten Kapitel, in der Verkündigung an Josef, heißt es, der Sohn Gottes werde Immanuel genannt werden, das heißt Gott-ist-mit-uns (vgl. 1,23), und die letzten Worte Jesu lauten: „Seid gewiss: Ich bin bei euch alle Tage bis zum Ende der Welt" (28,20). Diese Gegenwart des Auferstandenen ist die Kraft und die Hoffnung der Kirche.

## Schlussbemerkungen

Bei unserem Durchgang durch das Matthäusevangelium haben wir nur einige Abschnitte herausgegriffen, insbesondere die Stellen, die typisch für Matthäus sind. Jetzt wäre es gut, das Evangelium nochmals zur Hand zu nehmen und persönlich zu lesen. Im Übrigen ist es gar nicht so umfangreich; es ist insgesamt gesehen ein sehr konzentrierter Text.

Mit Recht hat man die Evangelien als vier kleine Bücher bezeichnet, die die Welt von Grund auf verändert haben. Auch wenn sie als literarische Werke wenig Anerkennung fanden, haben sie doch die Geschichte der Kunst und des Denkens nachhaltig geprägt. Sicher wurden sie gelegentlich entstellt; auch zu Formen von Fanatismus ist es im Namen des Evangeliums gekommen. Aber sie haben auch Großartiges, wahre Wunder hervorgebracht. Und wie viele Energien können diese Seiten in Zukunft noch freisetzen!

Ich möchte schließen mit dem Wunsch, dass diese Begegnung mit dem Matthäusevangelium nicht bloß ein Anstoß zur weiteren inhaltlichen Vertiefung ist, sondern Christen und Nichtchristen zur Meditation und Betrachtung führt, zu Augenblicken der Stille und des Friedens in einer oft hektischen, vom Konsumismus geprägten Welt. Es könnten auch Augenblicke der Poesie werden; die Evangelien bergen eine schöpferische Kraft, die Kunst, Poesie und Musik hervorbringen kann. Ich hoffe, dass die Worte Mansur al-Hallajs, eines großen arabischen Mystikers des 10. Jahrhunderts, der unserer christlichen Erfahrung sehr nahe steht, auch bei der Betrachtung des Matthäusevangeliurns Wirklichkeit werden: „Die Stunden der geistlichen Meditation und der Poesie sind wie Muscheln im Meer unseres Herzens. Doch der Tag der Auferstehung wird kommen, an dem sie ans Ufer gespült werden. Dann öffnen sie sich und werden reines Licht: Licht ohne jede Finsternis. Sie werden zur vollkommenen Freude, befreit von dem furchtsamen Schaudern, das jetzt noch mit ihnen einhergeht."

## Anregungen zur weiteren Vertiefung

1. Das Matthäusevangeliurn setzt einen besonderen Akzent auf die Kirche. Es könnte uns anstoßen, die Ekklesiologie, die Lehre von der Kirche, zu vertiefen. Verschiedene Gesichtspunkte treten bei Matthäus zutage: die Kontinuität mit dem treuen Israel, die Spannung zum sündigen Israel, die sichtbare, geschichtliche Gestalt der *Kirche* in ihren Strukturen, im Dienst der Versöhnung, in der Funktion des Petrus und der Apostel, ihre Ausrichtung auf Fülle und Ganzheit, ihre Universalität, ihr Leiden in den Verfolgungen. In diesem Zusammenhang empfiehlt es sich, den Konzilstext *Lumen gentium* über die Kirche und die Enzyklika *Ecclesiam suam* von Paul VI. zu lesen.

2. Für den Christen ist es wichtig, sich mit der Bergpredigt zu konfrontieren. Wir sollten sie in allen Einzelheiten durchdringen und zum Leitfaden unseres Handels machen.

Dabei gilt es eine verbreitete moralische Unterweisung aufzubrechen, die den Blick nur auf das Negative lenkt („Das darfst du nicht!") oder sich mit dem Minimum begnügt. Die *Ethik Jesu* ist auf Radikalität, Ganzheitlichkeit und Fülle ausgerichtet. Zeugen, Jüngerinnen und Jünger Jesu sein bedeutet, all das zu befolgen, was er uns geboten hat (vgl. Mt 28,20).

3. Im Matthäusevangelium kommt den fünf Reden Jesu eine besondere Bedeutung zu. Matthäus „zelebriert" das *Wort Gottes*. Diesem Wort sollten sich Gläubige widmen. Es wäre nützlich, wenn jeder Einzelne, jede Gruppe oder Gemeinschaft eine ihr entsprechende Methode, eine ihr gemäße exegetische, pastorale und geistliche Weise fände, die Bibel zu lesen. Die Kenntnis des Matthäusevangeliums allein genügt nicht: Der Evangelist verweist ständig auf das Alte Testament, auf das harmonische Ganze der Offenbarung. Man muss den biblischen Text immer wieder sorgfältig lesen, um ihn wirklich „hören" zu können: ein sicherlich anspruchsvolles Unterfangen, doch nur so kann man ihn sich aneignen und anderen weitergeben.

4. Matthäus bietet ein eigenes *Christusbild*, das sich von den anderen Synoptikern unterscheidet, auch wenn es in der Substanz mit ihnen übereinstimmt. Er präsentiert uns einen feierlichen, erhabenen Jesus, dessen Wort maßgebend und mächtig ist. Jesus zeigt uns das Antlitz Gottes, er errichtet das Reich Gottes in der Geschichte, er offenbart uns seine Identität: Er ist der Sohn Gottes. Christus lässt uns verstehen, dass die ganze Heilsgeschichte innerlich mit ihm als dem Höhepunkt verbunden ist. Wer das Matthäusevangelium aufmerksam liest, wird selber Zug um Zug das Antlitz Christi entdecken, sein eigenes, aber wohl begründetes Bild von Christus, bis hin zum vollkommenen Zugang zu Christus in der Auferstehung.

5. Auch der *Gläubige* hat im Matthäusevangelium ein ganz bestimmtes Profil. Typisch ist die Definition als „Jünger“, womit nicht nur die Apostel, sondern jeder Christ gemeint ist. Der Weg derer, die an Christus glauben, zeichnet sich aus durch unverkürztes Zeugnis, missionarische Haltung, Ganzhingabe und Gemeinschaft mit den Schwestern und Brüdern.

# Das Evangelium nach Markus

## Zur Einführung

Das Markusevangelium umfasst im griechischen Original 11 229 Wörter. Damit ist es mit Abstand das kürzeste; Lukas, das längste Evangelium, zählt 19 404 Wörter, Matthäus 18 278. Nicht nur quantitativ, sondern auch qualitativ unterscheidet sich der Markustext von den anderen: Bei einer vordergründigen Lektüre wirkt er vergleichsweise „ausgedörrt". An einigen Stellen ist Markus nicht nur ausgesprochen knapp und nüchtern (was kein geringer Vorteil ist!), sondern geradezu spröde. Sein trockener Stil kann dem Leser einige Mühe bereiten. Aus diesem Grund wurde das Markusevangelium lange Zeit unterschätzt; man schenkte den längeren Evangelien mehr Beachtung, zumal sie zusätzliche faszinierende Abschnitte enthalten.

Dieses Negativurteil wurde von Augustinus besiegelt. Er hat die ihm überkommene nicht sehr günstige Bewertung des Markusevangeliums festgeschrieben und weiter tradiert. Fortan galt es als ein zweitrangiges Evangelium. Für Augustinus, den großen Kirchenvater, war Markus der „Page" des Matthäus, der Verfasser einer Kurzfassung von dessen Evangelium, sodass man meinte, durch die Lektüre des Matthäusevangeliums erübrige sich die des Markus. Er definierte Markus als „den göttlichsten unter den Kürzern" und sah sein Verdienst in der Zusammenfassung der Botschaft der anderen Evangelien. Dem lag die Meinung zugrunde, das Markusevangelium sei jünger als das des Matthäus.

Kirchenväterkommentare zu Markus gibt es praktisch nicht. Der erste uns bekannte Kommentar, der einigermaßen vollständig ist, stammt von Euthymios Zigabenos, einem byzantinischen Theologen und Exegeten des frühen 12. Jahrhunderts. Zuvor gab es bestenfalls bruchstückhafte Erklärungen; Markus führte ein Schattendasein.

Die moderne Exegese dagegen hat sich mit großem Interesse, ja geradezu verbissen dem Markusevangelium zugewandt und es in den Vordergrund gerückt; sie betrachtet es als die Wurzel der anderen Evangelien. So erklärt sich die umfangreiche Literatur zu Markus. Es gibt viele ausführliche Kommentare, von denen nur einige genannt seien: der Kommentar von Joachim Gnilka, der große, zweibändige Kommentar von Rudolf Pesch, die „klassischen" Werke des englischen Exegeten Vincent Taylor und des deutschen Eduard Schweizer (dessen Werk sich trotz seines vergleichsweise geringen Umfangs durch wissenschaftliche Strenge und Sorgfalt auszeichnet). Kurz: Markus ist wiederentdeckt und rehabilitiert worden.

## Grundzüge des Markusevangeliums

Die Sprache des Markus ist einfach, wesentlich; oft beschränkt sie sich auf eine Aneinanderreihung einfachster Wörter. Die Satzstruktur ist „parataktisch", d. h. Markus verknüpft die Sätze mit dem griechischen Bindewort *kai* (= und). Immer wieder folgt dieses *kai,* wie in den Schulaufsätzen von Kindern, die einen Text noch nicht durch Unter- bzw. Überordnungen von Neben- und Hauptsätzen strukturieren können. Der Stil des Markus zeichnet sich durch Unmittelbarkeit aus. Mit einem barocken Schriftsteller hat er nichts gemein, und ebenso wenig imitiert er den klassischen griechischen Stil. Sein Wortschatz reicht gerade aus, um auszudrücken, was er sagen will. Doch diese stilistische Armut, die manchmal etwas trocken anmutet, hat eine besondere Eindringlichkeit. Die Fachleute sprechen von charakteristischen markinischen Zügen: Es gelingt Markus, mit einem Minimum an Wörtern viele Situationen treffend zu beschreiben, auf Details einzugehen und den Leser zu fesseln. Wir werden darauf bei der Betrachtung einiger Stellen zurückkommen; vorab sei als Beispiel seine Darstellung der Verklärung Christi angeführt. Matthäus und Lukas, die beiden anderen synoptischen Evangelien (von *Synopse*, Zusammenschau; man kann die ersten drei Evangelien parallel nebeneinander stellen), beschreiben die Gestalt Jesu als blendend weiß und leuchtend. Markus hingegen begnügt sich mit einem schnellen „Pinselstrich", der das Ereignis überaus anschaulich macht: „Seine Kleider wurden strahlend weiß, so weiß, wie sie auf Erden kein Bleicher machen kann" (9,3).

Diese typischen Züge verleihen dem Markusevangelium einen eigentümlichen Reiz. Markus verwirklicht ein wichtiges Prinzip, das jeden Unterrichtenden leiten sollte: Er schafft es, sogar bei schwierigen Themen das Wesentliche, das Substanzielle möglichst einfach zu beschreiben, ohne je langweilig zu werden. Die Klarheit der Sprache und die Wesentlichkeit des Ausdrucks rühren keineswegs daher, dass er nichts zu sagen hätte; im Gegenteil: Das Markusevangelium spiegelt die Theologie des frühesten Christentums wider. Es bietet in leicht verständlicher Form und in einer Beschränkung auf das Wesentliche einen ersten Zugang zur Botschaft Jesu.

Um einen Eindruck von der Sprache des Markus zu vermitteln, wurde bei der Übersetzung der Markusstellen versucht, möglichst nah am griechischen Original zu bleiben, während die anderen biblischen Texte nach der Einheitsübersetzung zitiert werden (Anm. des Übersetzers).

## Das erste und kürzeste Evangelium

### Verfasser, Zielgruppe, Abfassungszeit

*Der Verfasser*

Zunächst stellt sich die Frage nach dem Autor. Wer ist dieser Markus? Die Exegeten halten sich heute nicht mehr lange damit auf, die Person des Verfassers ausfindig zu machen. „Evangelium nach Markus" ist eine nachträgliche Bezeichnung, sodass eine definitive Entscheidung darüber, wer das Evangelium geschrieben hat, kaum möglich ist. Es herrscht ein gewisses Einvernehmen, dass mit Markus, dem dieses Evangelium zugeschrieben wird, jener Johannes Markus gemeint ist, von dem in der Apostelgeschichte die Rede ist. Zum ersten Mal begegnet er uns nach der wundersamen Befreiung des Petrus, welcher sich in das „Haus der Maria, der Mutter des Johannes mit dem Beinamen Markus" (Apg 12,12), zurückzieht. In Apg 13,5.13 wird er als zeitweiliger Begleiter des Paulus erwähnt. Für die Richtigkeit dieser Nachricht spricht der Schluss des Kolosserbriefes: „Es grüßt euch Aristarch, der mit mir im Gefängnis ist, und Markus, der Vetter des Barnabas. Seinetwegen habt ihr schon Anweisungen erhalten. Wenn er zu euch kommt, nehmt ihn auf!" (Kol 4,10). Eine weitere Bestätigung findet sich in den Grüßen, die Paulus seinem kurzen Philemonbrief beifügt (V. 24).

Eine Stelle im ersten Petrusbrief (5,13) legt nahe, dass Markus auch den Petrus begleitet hat: „Es grüssen euch die Mitauserwählten in Babylon und mein Sohn Markus." Wenn Markus hier als „Sohn" des Petrus bezeichnet wird, deutet das darauf hin, dass er nicht nur sein Schüler war, sondern durch den Apostel auch zum Glauben gekommen ist. Wir wissen, dass Paulus mit diesem Wort diejenigen bezeichnete, die er persönlich getauft hatte.

So viel zur Gestalt des Johannes Markus, wie er uns im Neuen Testament begegnet. Eine weitere Notiz gibt uns ein

Bischof aus der Frühzeit des Christentums, Papias aus Hierapolis in Phrygien, dem heutigen Pamukkale in der Türkei, das für seine märchenhaft wirkenden, zu weißem Kalkgestein sedimentierten Wasserfälle bekannt ist. Das alte Hierapolis war eine reiche, vornehme griechisch-römische Stadt in Kleinasien. Papias schrieb im zweiten Jahrhundert mit Bezug auf die Aussagen eines „Presbyters" namens Johannes: „Markus, der zum Interpreten des Petrus geworden war, hielt alles schriftlich fest, woran er sich erinnerte, freilich nicht der Reihe nach, und zwar sowohl Worte als auch Taten des Herrn."

Der Hinweis auf die Beziehung zwischen Markus und Petrus hat Eingang in die Tradition gefunden, doch die Papiasnotiz, dass Markus „nicht der Reihe nach, ohne Ordnung" vorgegangen sei, hat das Vorurteil genährt, er sei ein Sammler, ein Redaktor, der keine glückliche Hand gehabt habe. Doch eine sorgfältige Analyse des Evangeliums führt zu einem völlig anderen Urteil.

### *Die Adressaten*

Die zweite Frage, die wir an das Evangelium als Ganzes stellen, lautet: Für wen schreibt Markus?

Wer das Johannesevangelium liest, versteht sofort, dass es nicht an Leute gerichtet sein kann, die zum allerersten Mal mit dem christlichen Glauben in Berührung kommen. Markus dagegen schreibt für eine Gemeinde, die ihre ersten Erfahrungen im christlichen Leben macht. Er möchte ihr helfen, um sie zu einer vollen Glaubenserfahrung zu führen; sein Evangelium ist ein regelrechter „Grundkatechismus". Einige Exegeten meinen, dass es sich um eine Gemeinde in Galiläa oder in der Dekapolis gehandelt haben könnte, wo es hellenistische Städte gab. Andere sprechen von Syrien, wieder andere mutmaßen, das Markusevangelium sei für die Kirche in Rom geschrieben worden, genauer: für die dortigen Heidenchristen, d. h. für jene Christen, die nicht aus dem Judentum stammten. Sicher ist, dass Markus sich an Menschen in einem römisch geprägten Umfeld wendet, die mit der jüdischen und biblischen Welt nicht sonderlich vertraut sind. Ein Beispiel: In der Episode vom Opfer der Witwe schreibt er wörtlich: Sie „warf zwei Lepta hinein, das ist ein Quadrans" (12,42). Markus rechnet den Wert der griechischen Münzen sogleich in die römische Währung um. – Damit ist das kulturelle Umfeld, an das er sich wendet, recht klar umrissen.

*Die Abfassungszeit*

Wir können für das Markusevangelium auch eine ungefähre Datierung wagen. Wie für die anderen synoptischen Evangelien sehen viele Fachleute auch für das älteste Evangelium im Jahr 70 einen wichtigen Bezugspunkt, eine Art Scheidelinie. Einige meinen, das Markusevangelium sei kurz vor diesem Datum entstanden.

Das Jahr 70, das Jahr der Zerstörung Jerusalems, ist für die Datierung der synoptischen Evangelien wichtig, weil die sogenannten Endzeitreden Jesu (die weniger vom „Ende der Welt" als von der Bestimmung der Geschichte handeln) offenkundig im Licht dieses Ereignisses verfasst wurden. Die Zerstörung Jerusalems wurde wahrscheinlich als Symbol und Anbruch „des Endes" verstanden. Es liegt nahe, dass die Evangelisten (besonders deutlich ist das bei Lukas) die Aussagen Jesu über die Zerstörung des Tempels im Nachhinein überarbeitet haben. In ihre Darstellung ist eingeflossen, was sie miterlebt bzw. gehört hatten: die Zerstörung Jerusalems und des Tempels durch Titus und das römische Heer, das die Stadt dem Erdboden gleichmachte.

Bei Markus sind diese Endzeitreden Jesu stärker von der Tradition geprägt, er scheint weniger genaue historische Ereignisse im Blick zu haben. Daraus folgern die meisten Exegeten, dass das Markusevangelium höchstwahrscheinlich unmittelbar vor oder unmittelbar nach dem Jahr 70 n. Chr.

entstanden ist. Sicher ist es zeitlich gesehen das erste der vier Evangelien, wie sich aus einer Reihe philologischer Beobachtungen und aus einer kritischen Untersuchung des Textes ergibt.

Eine Sondermeinung bezüglich der Abfassungszeit des Markusevangeliums verdient eine kurze Erwähnung. 1972 stellte José O'Callaghan, ein am Päpstlichen Bibelinstitut lehrender Jesuit, eine Hypothese auf, die großes Aufsehen erregte. Er hatte einen winzigen Papyrusrest untersucht, das in der Höhle VII von Qumran gefundene Fragment 7Q5. Von dem zum Teil verblichenen Text waren nur wenige, über einige Zeilen verstreute griechische Buchstaben erhalten geblieben. O'Callaghan meinte, es könnte sich um eine biblische Stelle handeln, und identifizierte sie als einen Abschnitt aus dem Markusevangelium: „Denn sie hatten nicht verstanden, als das mit den Broten geschah; ihr Herz war verstockt. Sie fuhren auf das Ufer zu, kamen nach Gennesaret und legten an" (6,52f). Die auf dem Papyrusfetzen erhaltenen Buchstaben fügten sich exakt in den vollständigen griechischen Satz ein. Er sah darin den Nachweis für das Vorhandensein einer Abschrift des Markusevangeliums in der klosterähnlichen jüdischen Gemeinschaft in Qumran am Westufer des Toten Meeres. Berühmt wurden die Höhlen von Qumran durch die Entdeckungen eines Hirten, Muhammad ed-Dib, im Jahr 1947. Das Fragment kann sicher nicht später als auf das Jahr 50 n. Chr. datiert werden, sodass die überraschende Folgerung nahelag: Das Markusevangelium ist sehr viel älter als angenommen, und jene jüdische Gemeinschaft, aus der möglicherweise Johannes der Täufer hervorgegangen war, hat es in irgendeiner Weise gekannt.

Auf dieser Grundlage, die von anderen Gelehrten als recht dürftig beurteilt und abgelehnt wurde, sind eine Reihe von Hypothesen aufgestellt worden, denen sich freilich nur eine Minderheit von Exegeten anschloss und die meines Erachtens wissenschaftlich nicht hinreichend fundiert sind: Sie verlegen die Abfassung des Markusevangeliums in eine Zeit, die Jesu Leben sehr nahe kommt.

Man war auch versucht, im Markusevangelium Spuren einer semitischen Originalfassung ausfindig zu machen. Robert L. Lindsey unternahm gar den Versuch einer Übersetzung ins Hebräische, die er dem griechischen Text beifügte. Auch Jean Carmignac und andere haben die These einer ursprünglich semitisch-aramäisch-hebräischen Markusfassung verfochten, doch haben diese Versuche nach meiner Einschätzung keine tragfähige Grundlage.

### *Der Text*

Das Wichtigste vorab: Markus hat wahrscheinlich die literarische Gattung „Evangelium" erfunden. Auch wenn es schon vorher Texte über Jesus gab: Evangelien, wie wir sie kennen, existierten noch nicht.

Man nimmt an, dass bereits eine schriftliche Erzählung der Passion Jesu vorlag, ebenfalls eine Kindheitsgeschichte Jesu. In dieser versuchte man seine gesamte Biografie gewissermaßen zusammenzufassen: Das Kind Jesus ist schon der auferstandene Christus; sein gesamtes späteres Schicksal bündelt sich in dem kleinen Kind. Etwas Vergleichbares findet sich in der Erzählung über Leiden und Tod Jesu: In ihr werden seine vorausgegangene Lebensgeschichte und die Bedeutung seiner Person in konzentrierter Form dargeboten.

Aber erst Markus hat das erfolgreiche Schema geschaffen, das nicht nur die Grundlage der anderen Evangelien wurde, sondern aller Viten Jesu, die im Lauf der Geschichte entstanden und auch durch mündliche Überlieferung vielen Menschen bekannt wurden.

Die Darstellung des Lebens Jesu beginnt am Jordan mit der Taufe Jesu und führt bis zur Auferstehung. Dazwischen werden viele Ereignisse und Worte aneinandergereiht, wenn auch nicht in der Weise einer strengen Geschichtsschreibung. An diesen grundsätzlich chronologischen Aufbau des Markusevangeliums haben die anderen Evangelisten später angeknüpft.

Die literarische Gattung „Evangelium" wurde nie wieder aufgegriffen; sie wurde für keine andere große Gestalt der Geschichte verwendet. Die Biografien von Helden, von Heiligen und anderen außergewöhnlichen Persönlichkeiten sind keine Evangelien; das Evangelium, die „frohe Botschaft", blieb Jesus von Nazareth vorbehalten.

Mit an Sicherheit grenzender Wahrscheinlichkeit gab es freilich einen Text, der gewisse Ähnlichkeiten mit der Gattung „Evangelium" aufweist und der älter sein dürfte als das Markusevangelium. Es handelt sich um eine von den Exegeten als „Logienquelle" oder kurz als „Q" (von „Quelle") bezeichnete Schrift, die sich nach Ansicht von Fachleuten zum Teil noch bis in die Feinheiten erkennen lässt, wenn man bestimmte Stellen der Evangelien in einer Art Röntgenaufnahme beleuchtet. Durch eine sorgfältige literarische Analyse lässt sich zeigen, dass Matthäus und Lukas diese Quelle gekannt haben, die ausschließlich aus Jesusworten bestand. Dennoch ist das Markusevangelium das erste Evangelium im vollen Sinn des Wortes.

Markus hat die Gestalt Jesu anders dargestellt als Q und die alten Kindheits- und Passionserzählungen. Er hat in seiner Erzählung vor allem die Taten und Worte Jesu zusammengewoben. Hand und Mund, Wunder und Reden – das ist das Schema, das auch die anderen Evangelisten durchgängig beibehalten.

Markus hat nicht bei Null angefangen. Es gab neben den erwähnten frühen Versuchen einer Darstellung der Kindheit und Passion Jesu (Markus übergeht allerdings die Kindheitsgeschichte) noch weitere Quellen, deren er sich bedienen konnte. Im 2. Kapitel finden wir eine Reihe von Auseinandersetzungen und Kontroversen Jesu, deren Hintergrund Galiläa bildet. Wahrscheinlich konnte Markus dafür schon auf eine schriftliche Sammlung zurückgreifen. Ein anderes Beispiel sind die Gleichnisse im 4. Kapitel, die auch als kleines „Buch" existiert haben dürften und Eingang in alle synoptischen Evangelien fanden. Es war eine Zusammenstellung, die den Kernpunkt der Verkündigung Jesu, das Reich Gottes, festhalten wollte. Im 10. Kapitel erkennen die Gelehrten Spuren einer Aufzählung von Normen für die Gemeinde – ein weiteres „Blatt", das Markus einarbeiten konnte. Vielleicht diente es den Leitern der frühesten christlichen Gemeinden zur Orientierung und als Anhaltspunkt für einen christlichen Lebensstil. Im 13. Kapitel begegnet uns die „Markusapokalypse" oder „Endzeitrede". Für diesen Text lag Markus sicher eine frühere Quelle vor; denn die urchristlichen Gemeinden waren brennend an diesem Thema interessiert. Sie lebten in einer spannungsvollen Erwartung der Ankunft des Gottesreiches in seiner Fülle, in der Erwartung der großen Befreiung. In den Schlusskapiteln schließlich folgt die schon genannte Erzählung von der Passion und Auferstehung Jesu.

*Resümee*

Bis auf den heutigen Tag gibt es eine Versuchung, wenn man von Jesus Christus spricht: die Versuchung, ihn nur in seiner menschlichen Gestalt zu sehen. Man blickt auf sein Leben, das Christen wie Nichtchristen fasziniert und auch menschlich gesehen außergewöhnlich ist; man ist so sehr davon gefangen, dass von den Evangelien die menschliche Gestalt Jesu als einziges wirkliches Faktum übrig bleibt. Ich denke nicht nur an diejenigen, die Jesus als einen Revolutionär deuten möchten, als einen, der gegen seine Zeit protestiert, oder als einen großen Propheten usw., sondern auch an jene, die eine genaue Lebensgeschichte Jesu rekonstruieren wollen (der erste, der eine solche Vita verfasste, war der Karthäuser Ludolf von Sachsen [um 1300–1378]; seine „Vita Christi" brachte es bis zum 19. Jahrhundert auf 88 Ausgaben).

Doch die Evangelien wurden nicht geschrieben, um uns eine Biografie Jesu zu überliefern: „Diese (Zeichen) … sind aufgeschrieben, damit ihr glaubt" (Joh 20,31), schreibt Johannes. Die Geschichte Jesu wird ausgerichtet auf den Glauben; es sind nicht die Kriterien der Geschichtsschreibung, die die Evangelisten bei der Abfassung ihrer Evangelien geleitet haben. Wir können die Evangelien nicht wie ein Handbuch der Geschichte benutzen; von ihnen her lässt sich keine Biografie Jesu im strengen historischen Sinn rekonstruieren. Bildlich gesprochen: Wir haben kein Foto von Jesus, sondern nur eine Porträtzeichnung, ein Gemälde seiner Gestalt; denn grundlegend ist die Botschaft. Die Geschichte hat ihre Bedeutung, aber sie ist ausgerichtet auf den Glauben.

Den Gegenpol bilden jene, die der geschichtlichen Gestalt Jesu und den Spuren, die er hinterlassen hat, nur einen sehr geringen Wert zusprechen. Niemand kommt wohl auf die Idee, heute noch Aussagen zu vertreten wie die des jungen Benito Mussolini: „Jesus hat wahrscheinlich nie existiert, und wenn er existiert haben sollte, war er ein kleiner, mittelmäßiger, bescheidener Mann" oder die des italienischen Altmarxisten Ambrogio Donini, der in seiner „Enzyklopädie der Religionen" von 1977 unter dem Stichwort „Jesus" schreibt: „Legendärer Gründer der christlichen Religion, dessen historische Existenz nicht nachweisbar ist." Das sind wissenschaftlich unhaltbare Aussagen. Wohl aber gibt es die Meinung, dass die Geschichte Jesu eher unbedeutend sei. Es komme darauf an, dass wir uns von seiner Botschaft gewinnen lassen; die Geschichte sei bloßer Ballast. Er war der Sohn Gottes, und deshalb habe uns seine Botschaft zu interessieren, das Geheimnis, das in seiner menschlichen Realität verborgen ist. Diese wäre eine Art Verhüllung, die es zu entfernen gelte, damit der Glanz der Göttlichkeit aufleuchten könne. Wir müssten in den Evangelien lediglich das „Kerygma", die österliche Botschaft ausfindig machen. Im protestantischen Raum gab es Richtungen (Bultmann zum Beispiel), die behaupteten, über Jesus von Nazareth wüssten wir nichts. Durch die Evangelien würden wir nur Christus, den Sohn Gottes, kennenlernen. Zwischen Jesus und Christus schiebt sich so eine matte, undurchsichtige Folie; Christus und sein Geheimnis wären uns nur durch den Glauben zugänglich.

Beide Sichtweisen – die alleinige Fixierung auf die Geschichte Jesu *oder* auf die Botschaft – sind falsch; denn beides gehört zusammen. Das Markusevangelium demonstriert uns das vielleicht noch deutlicher als die anderen Evangelisten. Es ist ein Erzähltext, in dem von Ereignissen berichtet wird, doch zugleich ist es ein „geglaubter" Text. Er spricht von der Geschichte, und zwar von einer heiligen, verkündigten, geglaubten Geschichte. Es ist erzählte Verkündigung und verkündigte Erzählung; eine österliche Botschaft – gewiss, doch in der Form einer Erzählung wirklich geschichtlicher Ereignisse.

Markus erinnert uns daran, wie wichtig die Erzählung auch für die Katechese ist. Wie oft bewegen sich Katechesen, Meditationen, geistliche Übungen im rein abstrakten Raum. Das Evangelium dagegen ist die Erzählung einer Geschichte, einer *heiligen* Geschichte, die den Keim des Göttlichen in sich birgt; es ist Glaubensverkündigung. Mit einem von Rudolf Pesch geprägten Ausdruck können wir sie als „epiphanische" Geschichte bezeichnen: eine bescheidene Geschichte, in der fortlaufend, fast wie in einer permanenten Überblendung, das Geheimnis Gottes aufscheint.

Oft wird das Markusevangelium „kerygmatisch" genannt, in dem Sinn, dass es der Glaubensverkündigung dient. Das ist richtig, aber es ist nicht alles. Treffender wäre die Bezeichnung „geschichtlich-kerygmatisch": Die Ereignisse sprechen vom Geheimnis; sie sind „symbolisch" (ich verwende den Begriff, auch wenn einige befürchten werden, dadurch würde der Geschichtlichkeit Abbruch getan). Symbolisch, nicht weil es keine Ereignisse wären, sondern weil in ihnen eine Vielzahl weiterer Bedeutungen mitschwingt, weil sie im wahrsten Sinn des Wortes bedeutungs-voll sind. Sie sind keine bloße Chronik, sondern „Offenbarung".

## Der Inhalt des Evangeliums

Welche Gesamtstruktur hat das Markusevangelium, wie sieht der Bauplan, die „Partitur", aus? Heute teilt niemand mehr Papias' Urteil, dass es sich um ein Evangelium „ohne Ordnung" handle, um eine mehr oder weniger zufällige Zusammenstellung. Markus ist ein Schriftsteller mit einem klaren Konzept; er weiß, worauf er hinaus will. Es ist ein anregendes, eindrückliches Konzept, das denen, die einen ersten Einstieg ins Christentum suchen, immer noch dienlich sein kann.

Ein skandinavischer Gelehrter sagte einmal zu Recht, die Lektüre des Markusevangelium sei mit dem Eintritt in eine dunkle Kirche vergleichbar: Langsam tastet sich der Besucher vor; während er draußen vom gleißenden Sonnenlicht geblendet wurde, sieht er im ersten Augenblick nichts als einen kleinen Lichtschimmer. Bald erblickt er im Hintergrund einige große Figuren; auf halbem Weg gelingt es ihm schon, das eine oder andere zu identifizieren. In der Apsis steht eine große Statue: Ist es Maria? Oder Jesus? Vor dem Altar stehend, sieht er, dass es der verherrlichte Christus ist. Es ist ein allmählicher Weg vom Dunkel ins Licht.

Markus hat sein Evangelium in der Art eines Itinerars aufgebaut, wie eine Reiseroute mit ganz bestimmten Etappen. Werfen wir einen Blick auf die Stationen dieses Weges, um uns anhand dieses „Lageplans" in den 16 Kapiteln bewegen zu können.

### *Das erste Element: die Überschrift*

Der erste Vers des Evangeliums ist der Titel: „Anfang des Evangeliums von Jesus Christus, dem Sohn Gottes" (Mk 1,1). Wahrscheinlich stammt er nicht von Markus selbst, aber er bringt treffend die Kernaussage zum Ausdruck.

Das erste Wort lautet „Anfang", auf Griechisch: *arche. En arche en ho logos* – „Im Anfang war das Wort" beginnt das

Johannesevangelium, und der erste Satz der Bibel lautet: *bereschit bara' Elohim* – „Im Anfang schuf Gott …" (Gen 1,1). Wenn in der Überschrift des Markusevangeliums vom „Anfang" die Rede ist, so verweist das auf Christus als den absoluten Anfang.

Sodann wird der Inhalt des Evangeliums genannt: zunächst „Jesus" – ein gängiger Name, der im Judentum in verschiedenen Varianten vorkam: Hosea, Jesaja, Josua. Es ist ein Name, der damals unter den Juden gebräuchlich war, wie heute noch in Spanien. Der Begriff „Christus" bezeichnet die Gestalt des Messias, welcher in der Vorstellung Israels immer ein menschliches Geschöpf war. „Sohn Gottes", das letzte und entscheidende Element, ist der Zielpunkt dieser Reihung.

Von dieser Überschrift aus steigen wir ein in das Evangelium. Auf den ersten Seiten, genauer: in den ersten acht Kapiteln, begegnet uns die Gestalt eines Menschen namens Jesus, mit dem es etwas Geheimnisvolles auf sich hat. Das dämonische Böse, diabolische Wesen nennen Jesus „Sohn Gottes", doch er gebietet ihnen sofort zu schweigen. Er bleibt „Jesus", ein Mensch, auch wenn er verschiedene sonderbare Zeichen vollbringt, und er will, dass man nur dies und nichts anderes von ihm wisse.

### *Das zweite Element: der Weg und die Nachfolge*

Der Höhepunkt des Evangeliums, gleichsam das Scharnier, mit dem zur zweiten großen Etappe übergeleitet wird, findet sich in Kapitel 8 in den Versen 27–29:

„Jesus ging mit seinen Jüngern in die Dörfer bei Cäsarea Philippi. Unterwegs fragte er die Jünger: Für wen halten mich die Menschen? Sie sagten zu ihm: Einige für Johannes den Täufer, andere für Elija, wieder andere für sonst einen von den Propheten. Da fragte er sie: Ihr aber, für wen haltet ihr mich? Simon Petrus antwortete ihm: Du bist der Christus!" (8,27–29).

Auffällig ist der Unterschied zur matthäischen Fassung, in der es heißt: „Du bist der Christus, der Sohn des lebendigen Gottes!“ (Mt 17,16). Bei Markus steht nur „der Christus“ (= Messias), was dem zweiten Glied der Überschrift entspricht. Nach diesem Bekenntnis ist Jesus der Messias, und zwar gemäß der Vorstellung Israels, das heißt ein menschlicher Messias.

Von dieser Stelle an rückt ein neues Thema in den Mittelpunkt: der Weg Jesu.

– „Jesus ging mit seinen Jüngern in die Dörfer bei Cäsarea Philippi. Unterwegs fragte er seine Jünger …“ (8,27).

– „Und sie kamen nach Kafarnaum. Als er dann im Haus war, fragte er sie: Worüber habt ihr unterwegs gesprochen? Sie schwiegen, denn sie hatten unterwegs miteinander darüber gesprochen, wer (von ihnen) der Größte sei“ (9,33f).

– „Als sich Jesus wieder auf den Weg machte, lief ein Mann auf ihn zu“ (10,17).

– „Während sie auf dem Weg hinauf nach Jerusalem waren, ging Jesus ihnen voran. Die Leute wunderten sich über ihn, die Jünger aber hatten Angst“ (10,32).

– „Und sie kamen nach Jericho. Als er mit seinen Jüngern und einer großen Menschenmenge Jericho wieder verließ, saß an der Straße ein blinder Bettler, Bartimäus“ (10,46).

– „Da sagte Jesus zu ihm: Geh! Dein Glaube hat dich gerettet. Und sofort sah er wieder, und er folgte ihm (Jesus) auf seinem Weg“ (10,52).

Das bestimmende Thema, der „Weg“, die Bewegung, wird gelegentlich von einem zweiten Wort begleitet: Jesus „folgen“. In 8,34 wird ersichtlich, dass nicht nur ein Hinter-Jesus-Hergehen gemeint ist, sondern ein innerer Weg: „Wenn einer mir nachfolgen will, verleugne er sich und trage sein Kreuz und folge mir!“ (8,34). Der Weg ist mühsam, es ist die „via crucis“, der Kreuzweg. In 10,21 steht das Wort Jesu an den reichen Mann: „Da sah ihn Jesus an, und weil er ihn liebte, sagte er: Eines fehlt dir noch: Geh fort, verkaufe, was du hast, gib das Geld den Armen, und du wirst einen Schatz im Himmel haben; dann komm hierher und folge mir!" In 10,28 definiert sich Petrus als jemand, der alles gelassen hat und Jesus gefolgt ist.

Der gesamte zweite Teil des Markusevangeliums wird beherrscht vom Weg, der zu einer Szene hinführt, die für Markus den Zielpunkt markiert: zum Bekenntnis des römischen Hauptmanns unter dem Kreuz (man beachte die Beziehung zu den Adressaten des Evangeliums!). Dieser spricht das Glaubensbekenntnis aus, das schon in der Überschrift angekündigt war. Wenn der Glaubende bis zum Kreuz gekommen ist, sagt er weder: „Wahrhaftig, das war ein großer Mensch!" noch: „Wahrhaftig, dieser Mensch war der Christus!". Er sagt vielmehr: „Wahrhaftig, dieser Mensch war *Gottes Sohn*" (15,39). Der Weg ist durchlaufen, das Ziel erreicht.

#### *Das dritte Element: das Messiasgeheimnis*

Das Markusevangelium ist, wie gesagt, ein Weg aus der Finsternis zum Glauben. Anders als das Johannesevangelium, für dessen Lektüre man die Augen schon weit geöffnet haben muss, geht Markus davon aus, dass wir die ungewöhnliche Gestalt Jesu erst langsam entdecken müssen.

Die „Langsamkeit" dieses Offenbar-Werdens drückt sich bei Markus in einer Methode, einer Technik aus, deren sich wahrscheinlich schon Jesus selbst bedient hat. Wir werden sie im Folgenden näher beleuchten, indem wir eine Reihe ausgewählter Stellen betrachten, die wie ein roter Faden das Markusevangelium durchziehen.

– „Er heilte viele, die an allen möglichen Krankheiten litten, und trieb viele Dämonen aus. Und er verbot den Dämonen zu reden; denn sie wussten, wer er war" (1,34).

– Ein solches Schweigegebot findet sich auch in der Erzählung von der Heilung eines Aussätzigen: „Sieh, dass du zu niemand darüber sprichst, sondern geh, zeig dich dem Priester und bring das Reinigungsopfer dar, das Mose angeordnet hat. Das soll für sie ein Beweis (meiner Gesetzestreue) sein. Der Mann aber ging weg und begann, die Sache zu verkünden und herumzuerzählen, sodass sich Jesus in keiner Stadt mehr zeigen konnte; er war nur noch draußen an einsamen Orten. Doch die Leute kamen von überall her zu ihm“ (1,44f).

– „Wenn die unreinen Geister ihn sahen, fielen sie vor ihm nieder und schrien: Du bist der Sohn Gottes! Er aber fuhr sie streng an, damit sie ihn nicht bekanntmachten“ (3,11f).

– „Und er ließ keinen mitkommen außer Petrus, Jakobus und Johannes“ (5,37; es geht hier um die Heilung der Tochter des Jaïrus). In 5,40 wieder das gleiche Bild: „Er aber warf alle hinaus“. Mit Vers 43 endet die Szene; das Mädchen ist wieder auf den Beinen: „Doch er schärfte ihnen ein, niemand dürfe etwas davon erfahren“ (5,43).

– In der Erzählung von der Heilung eines Taubstummen heißt es: Jesus „nahm ihn beiseite, von der Menge weg“ (7,33). Und er „trug ihnen auf, keinem davon zu erzählen. Doch je mehr er es ihnen auftrug, desto mehr machten sie es bekannt, überreichlich“ (7,36).

– Im Zusammenhang der Heilung eines Blinden bei Betsaida: „Er ergriff die Hand des Blinden und führte ihn vor das Dorf hinaus“ (8,23). Durch die anschauliche Beschreibung kann man sich die Szene gut vorstellen: Jesus nimmt ihn bei der Hand; denn er war blind; so tasten sie sich langsam vor. Der Abschnitt endet mit den Worten: „Jesus schickte ihn nach Hause und sagte: Geh aber nicht in das Dorf hinein!“ (8,26)

– Im Anschluss an das Messiasbekenntnis des Petrus „fuhr er (Jesus) sie an, dass sie mit keinem über ihn sprechen sollten“ (8,30).

– Nach der Verklärung, als sie „den Berg hinabstiegen, trug er ihnen auf, dass sie keinem erzählen sollten, was sie gesehen hatten, bis der Menschensohn von den Toten auferstanden sei" (9,9).

In all diesen Stellen wird deutlich, was man als „Messiasgeheimnis" zu bezeichnen pflegt. Der Begriff ist wenig glücklich, geht es doch nicht nur um die Verborgenheit seiner Messianität, sondern um das ganze Geheimnis seiner Person. Das „Messiasgeheimnis" prägt vor allem den ersten Teil des Evangeliums, da Jesus sich nicht gleich zu Beginn in einer unverhüllten Selbstdarstellung zu erkennen gibt. Markus möchte den Leser behutsam zur Kenntnis Jesu hinführen. Auch der historische Jesus scheint sich in gleicher Weise verhalten zu haben. Der Schlüssel zum Verständnis des Messiasgeheimnisses liegt also in der Geschichte Jesu selbst.

Auf diese Weise gibt Markus eine Antwort auf zwei Fragen, die sehr unbequem sein können – auch heute noch. Es sind Fragen, die jeden beschäftigen, der von Erfolgsstreben, vom Wunsch nach großen Manifestationen und vom Traum eines machtvollen Christentums erfüllt ist. Die erste Frage: Warum war Jesus sein Leben lang ein verborgener Messias? Gewiss, er hat Wunder gewirkt, aber meistens versuchte er zu verhindern, dass sie ein spektakuläres Schauspiel würden. Dies führt zu einer ganz bestimmten Sicht der Religion und des Glaubens, zu einer ganz bestimmten Sicht Jesu.

Die zweite Frage lautet: Warum ist das Reich Gottes wie ein verborgener Same, wie ein Senfkorn? Die Antwort liegt darin, dass die Kraft des Christentums nicht die einer starken Armee ist; sie ist nicht augenfällig und drängt sich nicht gewichtig auf, sondern wirkt verborgen in der Geschichte, von innen her: Sie wirkt wie Sauerteig und Salz.

## Schlussbemerkungen

Als Christen sollten wir uns häufiger den Texten des Evangeliums zuwenden, wir sollten sie kennen und selber lesen, statt sie bloß aus zweiter Hand zu vernehmen.

Viele Menschen kennen das Evangelium nur durch Predigten oder die Lektüre religiöser Bücher, in denen sich Zitate oder Gedanken aus dem Evangelium finden.

Der französische Dichter und Schriftsteller Victor Hugo (1802–1885) erzählt in seinem Werk *Die Kunst, Großvater zu sein,* wie er mit seinem Enkel einen Zoo besuchte. Das Kind sieht viele unbekannte exotische Tiere; vor dem Krokodilgraben ruft es aus: „Opa, guck mal: Das Tier ist aus lauter Taschen gemacht!" – Wie oft ergeht es uns ähnlich: Wir verwechseln die christliche Botschaft mit mancherlei anderen Dingen, die nur Bruchstücke oder Ableitungen aus dem Evangelium sind. Wir müssen öfter zum Text des Evangeliums greifen, ihn lesen und lieben lernen. Wir werden viele Geheimnisse entdecken, faszinierende Stellen, die manche Überraschung bereithalten. Wenn wir sie in aufbereiteter Form lesen oder Werke über sie, wirken sie künstlich, äußerlich und verlieren ihre Lebendigkeit. Im Text selbst dagegen stoßen wir auf Inhalte, die wir in einem derart einfachen Werk nie vermutet hätten.

Es ist empfehlenswert, das Markusevangelium einmal von vorn bis hinten zu lesen – wie der amerikanische Schauspieler Alec McOwen. Er berichtet:

„Im Sommer 1976, als ich schon mehr als fünf Monate ein und dasselbe Theaterstück spielte, sagte ich mir, dass ich eine Abwechslung bräuchte, und da kam mir die Bibel in den Sinn. Der Gedanke begann mich zu begeistern. Noch nie hatte ich eines der Evangelien vom Anfang bis zum Ende gelesen … Nachdem ich das Evangelium nach Johannes für meine Zwecke als zu gebildet befunden hatte, nachdem ich das Evangelium nach Matthäus wegen seiner Länge und das nach Lukas wegen seiner gewählten Sprache verworfen hatte, las ich das Markusevangelium. So schematisch und trocken der Text auch ist, führt er doch mit bewundernswerter Schnelligkeit von einem Ereignis zum nächsten; an einigen Stellen brachte es mich sogar zum Lachen. Am 17. August, morgens um sechs Uhr, habe ich begonnen, im Bett sitzend das Markusevangelium auswendig zu lernen … Wo Jesus sein öffentliches Wirken beginnt, wird der Erzählrhythmus immer schneller – ein unerwartetes Beispiel einer spannenden Darstellung: der Eintritt Jesu in die Synagoge, seine erste Lehre, das Staunen der Jünger, das erste Wunder, die erste Menschenmenge. Ich hatte gemeint, das Rezitieren des Evangeliums könne sich als langatmige, mühselige Angelegenheit erweisen, für die ich neue Kräfte hätte sammeln müssen; doch jetzt überkamen mich ganz andere Befürchtungen: Vielleicht würde mir die Kraft fehlen, bis zum Ende zu kommen … Ich war bis zum Äußersten elektrisiert: Es war das großartigste Drehbuch, das ich je gelesen hatte.

Das Markusevangelium nahm mich 16 Monate lang in Anspruch; es offenbarte mir einen herausragenden Menschen, außergewöhnliche Geschehnisse, eine unzerstörbare Hoffnung; es ist unmöglich, sich mit Markus zu beschäftigen und nicht zu verstehen, dass sich vor zweitausend Jahren in Galiläa Erstaunliches zugetragen hat; es bleibt keine Spur eines Zweifels. Das Evangelium nach Markus ist kein Theaterstück – an sich nicht, wohl aber seiner Struktur nach; es ist sogar in zwei gleich große Abschnitte unterteilt und schafft Raum für eine Pause. In der Mitte, nach der Episode von den Schweinen von Gerasa, die einem Horrorfilm gleicht, und nach den Wundern, wie der Heilung eines Kranken, erreicht Markus in der Manier eines großen Dramaturgen den entscheidenden Punkt: Jesus offenbart sich als Christus. In den letzten acht Kapiteln verlagert sich dann die Emphase auf die großen Themen der Lehre Jesu, um schließlich in die großartige, abschließende Deklaration des römischen Hauptmanns einzumünden: ‚Wahrhaftig, dieser Mensch war Gottes Sohn!'"

## Vom Jordan nach Cäsarea Philippi (Mk 1–8)

Bei unserem Durchgang durch den Text werden wir besonders auf jene Stellen eingehen, die für Markus und seine Anliegen bezeichnend sind. Die Lektüre des ganzen Evangeliums muss dem Leser vorbehalten bleiben; ratsam wäre, den Text so zu lesen, als hörte man ihn zum ersten Mal, und dabei nicht beim Gedruckten stehen zu bleiben. Interpretieren heißt ja, das Ungesagte, das nicht explizit Ausgesprochene in Worte zu fassen. Wir müssen uns darauf beschränken, die beiden großen Bogen der Erzählung zu verfolgen. Der erste erstreckt sich vom Jordan nach Cäsarea Philippi (8,30). In diesem Abschnitt wird ein klar abgesteckter Weg zurückgelegt, der seinerseits drei kleinere Erzählbogen umfasst. Der Aufbau ist kein Produkt des Zufalls, sondern wurde vom Verfasser mit großer Sorgfalt gestaltet.

### Kafarnaum

#### *Die einführende Trilogie*

Das Evangelium wird eröffnet von einer archaischen Trilogie, die zu den ersten Versuchen gehört, die Frohe Botschaft zu verkünden, und die sich in allen drei Synoptikern findet. Wie gesagt konnte Markus, der die Gattung „Evangelium" geschaffen hat, auf „Mini-" oder „Proto-Evangelien" zurückgreifen, die nur einzelne Elemente des Lebens Jesu umfassten: Wunder, Reden oder sein Leiden und Sterben. Die einführende Trilogie war wohl schon Teil eines Schemas für die Verkündigung. Sie umfasst
- den Täufer, der in den Versen 1,1–8 die Szene betritt;
- die Taufe Jesu an den Jordanufern (1,9–11);
- die Versuchungen (1,12f).

Dieser Aufbau gleicht einer feierlichen Inauguration: Zunächst tritt der Bote auf, der Herold, der den Weg bereitet; dann erscheint der Hauptakteur, der in einer feierlichen Offenbarung am Jordan vorgestellt wird – eine Vorwegnahme der Schlussdeklaration des römischen Hauptmanns. (Es handelt sich um eine typisch semitische „Inklusion": Das zentrale Thema wird am Anfang und am Ende genannt.) Hier ist es der Vater selbst, der erklärt: „Du bist mein geliebter Sohn, an dir habe ich Gefallen gefunden" (1,11). Unmittelbar darauf folgt in der Erzählung von den Versuchungen der Zusammenstoß mit dem Bösen.

Es ist interessant, *wie* Markus die Versuchungen Jesu beschreibt. Der trockene, einfache markinische Stil tritt hier deutlich zutage: Im griechischen Original sind es vier einfache Hauptsätze, die jeweils durch das Bindewort *kai* (und) aneinandergereiht werden. Dennoch gelingt es Markus, in diesen vier Sätzen schon ein Bild vom Geheimnis Jesu zu zeichnen:

> „Und sofort trieb der Geist ihn hinaus in die Wüste.
> Und er (Jesus) war in der Wüste vierzig Tage lang,
> versucht vom Satan.
> Und er war mit den wilden Tieren.
> Und die Engel dienten ihm" (1,12f).

Matthäus und Lukas haben eine andere Szenerie geschaffen: ein kolossales Bühnenbild mit dem Berg, der Heiligen Stadt, der Zinne des Tempels, eine feierliche Atmosphäre, untermalt durch biblische Zitate. Doch trotz seiner Kürze enthält der Markustext ein Element, das bei den anderen fehlt, ein kurioses Detail. Derartige Details sind für die biblische und altorientalische Sprache nicht schmückendes Beiwerk, sondern wichtig für die Aussage. Bei Markus steht: „Und er war mit den wilden Tieren." Warum? Während die anderen Evangelisten den Schwerpunkt darauf legen, dass Jesus, anders als seinerzeit das sündige Volk Israel in der Wüste, die Versuchungen überwindet, erscheint Jesus bei Markus als der neue Adam, der in Harmonie mit allen Tieren lebt. Jesaja hatte das messianische Zeitalter durch eine Landschaft symbolisiert, in der alle Tiere friedlich zusammenleben:

„Kalb und Löwe weiden zusammen,
ein kleiner Knabe kann sie hüten.
Kuh und Bärin freunden sich an,
ihre Jungen liegen beieinander.
Der Löwe frisst Stroh wie das Rind.
Der Säugling spielt vor dem Schlupfloch der Natter,
das Kind streckt seine Hand
in die Höhle der Schlange.
Man tut nichts Böses mehr …" (Jes 11,7–9).

Christus lebt inmitten der wilden Tiere, in Frieden und Eintracht; er weiht das neue Paradies ein und öffnet den messianischen Horizont der neuen Welt.

*Die erste Verkündigung Jesu*

An die Trilogie Täufer-Taufe-Versuchungen schließt sich die erste Predigt Jesu an. Es ist ein grundlegender Text, der eine nähere Betrachtung und exegetische Analyse verdient.

Hier begegnen wir Jesu Wort, seiner Verkündigung, seinem „Kerygma". Bei Markus spricht Jesus gleich zu Beginn Themen an, die charakteristisch für ihn sind, wobei sich die Formulierung an die Katechese in der markinischen Gemeinde (vielleicht in Galiläa, vielleicht auch in Rom) anlehnt. Man erkennt vier Themen urkirchlicher Katechese, die gewissermaßen pyramidal aufgebaut sind: zwei „Flächen" markieren die Seite Gottes, die beiden anderen die des Menschen:

„Nachdem man Johannes gefangen genommen hatte, ging Jesus wieder nach Galiläa; er verkündete das Evangelium Gottes und sprach:
Erfüllt ist die Zeit,
und nahegekommen ist das Reich Gottes.
Kehrt um, und glaubt an das Evangelium!" (Mk 1,14f).

– Das erste Thema: „Die Zeit ist erfüllt." In der Übersetzung verliert der Originaltext viel von seinem Gehalt. Auf Griechisch heißt es *peplerotai ho kairos. Kairos* ist nicht *chronos* (= Zeit). Das Wort *Chronos* (von dem sich „Chronologie, chronologisch" ableiten) bezeichnet die physikalische Zeit, die uns von außen vorgegeben ist und sich in Stunden und Minuten zählen lässt. Sie ist keine „vitale" Größe, sondern eine sehr praktische Festlegung. Die wahre Zeit ist der *kairos*, der auch in der Sprache der Bibel den eigentlichen Gehalt des *chronos* ausmacht. Eine Stunde, in der man einen langatmigen Vortrag hört, und eine Stunde, in der man mit der oder dem Verlobten beisammen ist, sind „chronologisch" gesehen identisch, doch wie sehr unterscheiden sie sich in der Perspektive des *kairos*! Wie verschieden sind eine Stunde tiefer Gemeinschaft und eine Stunde trostloser Langeweile! Markus verwendet hier den Begriff *kairos*. Jesus möchte sagen: Jetzt hat die Zeit einen vollen Gehalt.

*Peplerotai* meint nicht ein bloßes „Erfüllen", in dem Sinn, dass sich etwas verwirklicht hat. Das griechische Verb signalisiert vielmehr Fülle, Totalität. Mit anderen Worten können wir Jesu Aussage so ausdrücken: Mit meiner Präsenz ist endlich innerhalb der Geschichte eine Wirklichkeit angebrochen, die Fülle schenkt, die *alles* schenkt. Die Zeit besitzt nunmehr die Fülle des Seins.

– Das zweite Thema: „Und nahegekommen ist das Reich Gottes", griechisch: *kai engiken he basileia tou Theou. Basileia tou Theou,* das Reich, die Königsherrschaft Gottes, bezeichnet den Plan, den Gott mit der Geschichte hat. Die *basileia* ist eine heilbringende Aktion, besser: eine Idee Gottes, die er verwirklichen will, und diese Idee beinhaltet Harmonie, Hoffnung, Frieden und Freude. Sie ist die Frohe Botschaft, das Evangelium. Ist dieser Plan Gottes nun schon Wirklichkeit oder noch nicht? Die gängige Übersetzung „Das Reich Gottes ist nahe" legt den Schluss nahe, dass die *basileia* noch nicht wirklich begonnen habe, geschweige denn realisiert sei. Im Griechischen steht etwas anderes: *engiken*, eine Perfektform des Verbs „nahe sein". An sich verweist „nahe sein" auf etwas Zukünftiges, etwas, das noch nicht verwirklicht ist, etwas, worauf man wartet. Doch Markus nimmt nicht das Präsens oder Futur, sondern das Perfekt, und diese Zeitform bezeichnet im Griechischen eine Aktion der Vergangenheit, die in die Gegenwart hinein weiterwirkt. Die Nähe ist also bereits Realität geworden, und dieses Geschehen behält seine Wirkung auch in der Gegenwart. Zugleich aber zeigt das Verb an, dass etwas noch nicht ganz „gekommen" ist. Das Reich, das Projekt Gottes umgreift die drei Dimensionen von Zeit und Geschichte: Es ist eine Vergangenheit, die hinter uns liegt (es ist in Jesus von Nazareth gekommen); es ist eine Gegenwart, etwas immer noch Aktives, weil das Kommen Christi in unsere Zeit weiterwirkt; es ist die Erwartung seines Kommens in Fülle, die Erwartung der vollen Verwirklichung.

– Das dritte Element: „Kehrt um!" Bislang haben wir zwei Seiten der Pyramide betrachtet: die Aktion Gottes, Gott, der die Zeit zu ihrer Fülle bringt und der Geschichte einen umfassenden Inhalt gibt; Gott, der einen Plan hat, welcher fortlaufend im Werden ist. Auf den gegenüberliegenden Seiten steht unsere Antwort.

Der erste Imperativ lautet *metanoeite*, was gewöhnlich mit „Kehrt um!" oder „Bekehrt euch!" wiedergegeben wird. Das griechische Verb steht für einen radikalen Wandel, für eine innere Kehrtwendung um 180 Grad. Wer sich für den Weg des Evangeliums entscheidet, weiß, dass er sich auf keine Kompromisse einlassen kann. Es geht um einen entschiedenen Bruch mit der Vergangenheit, den Jesus in den Evangelien immer wieder verlangt: Man kann nicht zwei Herren dienen!

– Das vierte Element: „Glaubt an das Evangelium!" Das Thema „Glauben" kommt ins Spiel: Bekehrung und Glaube, Ethik und Theologie. Auch hier enthält das griechische Original eine wichtige Bedeutungsnuance, die in der Übersetzung verloren gegangen ist. Markus schreibt: *kai pisteuete en to euangelio.* Der Anschluss mit *en* ist eine Konstruktion, die es im Griechischen sonst nicht gibt; es ist ein Anklang an einen semitischen Satz, der mit „etwas (oder: an etwas) glauben" nicht richtig wiederzugeben ist. Man müsste es umschreiben als ein glaubendes Vertrauen, das daraus erwächst, dass man in jemand, in einer Botschaft oder einer Person einen festen Grund gefunden hat, auf dem man stehen kann. Ein treffendes Bild dafür ist das vom Haus, das auf Fels gebaut ist. Dieses vierte Wort sagt also mehr als: „Glaubt an das Evangelium!"; es fordert uns auf, zu glauben, indem wir uns auf das Evangelium „gründen".

### *Ein Tag Jesu in Kafarnaum*

An dieser Stelle beginnt der erste Erzählbogen. Nach der Eröffnungstrilogie und der ersten Verkündigung Jesu präsentiert Markus uns nun den geografischen Hintergrund und ein Ereignis, das man exemplarisch herausgreifen kann.

Zunächst zum geografischen Rahmen, zu den raum-zeitlichen Koordinaten. Der Ort des Geschehens ist Kafarnaum. Wer einmal in Israel gewesen ist, erinnert sich vielleicht an die übliche Bootsfahrt von Tiberias über den See von Galiläa, die zu den Ausgrabungen von Kafarnaum führt. Unvergesslich dürfte die großartige Synagoge mit ihren mächtigen Säulen sein. Zwar stammt sie aus einer späteren Epoche, doch befindet sie sich an derselben Stelle wie die alte Synagoge zur Zeit Jesu. In den ärmeren Vierteln stehen noch viele einfache kleine Häuser aus Basaltgestein. Kafarnaum war einst eine bedeutende Stadt an der Durchgangsstraße nach Syrien; es gab dort eine Zollbank, wo Levi-Matthäus saß.

In einem der kleinen Häuser haben die Archäologen ein wertvolles Zeugnis zutage gefördert, ein Bindeglied zur Vergangenheit, das uns zu den Ursprüngen der Christenheit zurückführt. Einige Christen, Nachfahren jener Bewohner Kafarnaums, die Jesus noch durch die Straßen der Stadt hatten ziehen sehen, umgeben von der ihn begleitenden Volksmenge, Christen, die Petrus gesehen und gut gekannt hatten, die wussten, wo er wohnte, haben in einem der Häuser (wahrscheinlich war es das Haus des Petrus) Gottesdienst gefeiert. In die Wände dieses Raumes haben sie Anrufungen Petri und Christi eingraviert. Über diesem Haus wurde später ein Oktagon errichtet, eine kleine Kirche in byzantinischem Stil. Darunter, in der Armut des antiken Hauses, sind gewissermaßen die Spuren Jesu, der sich dort aufgehalten hat, erhalten geblieben. Jene ersten Judenchristen haben also ihre Kirche-Synagoge auf einen authentischen denkwürdigen historischen Ort gegründet.

Markus nennt nicht nur den Ort, sondern gibt auch eine chronologische Notiz; er legt großen Wert darauf, den Ablauf verschiedener „Tage" im Wirken Jesu zu beschreiben. Werfen wir einen kurzen Blick auf den „Tag in Kafarnaum", und betrachten wir die Zeitangaben:

– „Und sie gingen hinein in (den Ort) Kafarnaum, und sofort, am Sabbat, trat er in die Synagoge" (1,21).

– „Und als sie aus der Synagoge herausgingen, gingen sie sofort in das Haus des Simon und Andreas" (1,29). – Es folgt eine Alltagsszene aus dieser Zeit: Jesus hat Hunger, und es ist keine Frau bei ihnen, die das Essen vorbereiten würde. Petrus weiß nicht recht, was er tun soll; seine Schwiegermutter liegt mit Fieber danieder. In der rabbinischen Tradition heißt es: Die Hitze des Fiebers ist ein Feuer, das trinkt und brennt. – Wer Fieber hat, muss sich schonen. Jesus richtet die Frau auf; das Fieber geht zurück, und sie kann sie bedienen.

– „Als der Abend gekommen war, nachdem die Sonne untergegangen war, brachten sie zu ihm alle, denen es schlecht ging, und die Besessenen. Die ganze Stadt war vor der Tür versammelt" (1,32f). – Noch heute spielt sich in den Dörfern und Kleinstädten des Vorderen Orients ein Großteil des Lebens draußen vor der Haustür ab; ein kleiner Rechtsstreit wird dort entschieden, und auch die Verkäufe werden da getätigt. Abends ist die ganze Stadt auf den Straßen; die Leute wollen diesen Jesus sehen, der sich so von den anderen abhebt, der anders spricht und ein ungewöhnliches Verhalten an den Tag legt; er ist einer von ihnen, und doch ist er nicht wie sie.

– „Und frühmorgens, als es noch dunkel war, ging er hinaus" (1,35). Damit ist ein ganzer Tag beendet. In dieser ersten Erzähleinheit, die vor der Kulisse von Kafarnaum spielt, stoßen wir auf erste Spannungen; Kafarnaum ist der Ort, in dem es zu den ersten negativen Reaktionen kommt: Jesus beginnt lästig zu werden.

Vier „Kontroversen", Debatten und Abgrenzungen lassen sich unterscheiden, die Markus trotz seiner einfachen Sprache packend wiedergibt. Wenn man die Nuancen seiner Darstellung wahrnimmt, jene typischen markinischen Züge, wird man als Leser begeistert sein. Es kommt darauf an, die „Pointe" zu erfassen, das entscheidende Element, das durch die Atmosphäre gegeben sein kann oder – zumeist – in einem Detail der Erzählung, in einem lapidaren Wort, in einem Merksatz besteht. Solche Merksätze dienten dazu, sich leichter an etwas Wichtiges zu erinnern bzw. es anderen einzuprägen. Wir dürfen sie als echte Jesusworte ansehen, als – wie es in einer unschönen neulateinischen Wortschöpfung heißt – *ipsissima verba Jesu*.

*Die erste* spannungsgeladene *Szene* steht nur im Markusevangelium. Sie hat ein besonderes palästinensisches Gepräge: Wir befinden uns in einem ärmlichen Haus mit vier Mauern und einem rohrbedeckten Dach, das mit etwas grasbewachsener Erde abgedichtet ist. Es hat sich eine solche Menschenmenge versammelt, dass es nicht möglich ist, einen Kranken durch den kleinen Hauseingang zu Jesus zu bringen. Kurzerhand deckt man das Dach ab, um den Gelähmten auf einer Bahre hinunterzulassen (vgl. Mk 2,1–12). Die lebendige Erzählung ist ganz ausgerichtet auf einen Satz Jesu, ein Wort, das die Zuhörer entsetzen musste, weil es nach einer ausgesprochenen Gotteslästerung klang. Für Markus besteht das eigentliche Wunder nicht so sehr in der Heilung des Gelähmten; diese ist vielmehr ein Zeichen, das zum Glauben an etwas anderes führen soll: „Damit ihr seht, dass der Menschensohn die Macht hat, auf Erden Sünden zu vergeben – er sprach zu dem Gelähmten – sage ich dir: Steh auf! Nimm deine Matte und geh nach Hause!" (2,10). Der Menschensohn hat die Macht, Sünden zu vergeben – eine skandalöse Behauptung! Der Bibel nach kann nur der ewige Gott Sünden vergeben, nur er kann sie weiß machen wie Schnee.

*Zweite Szene*: Levi, ein beim Zoll beschäftigter Funktionär, hat sich bekehrt und lädt Jesus sogleich zum Mittagessen ein. Jesus nimmt das freundschaftliche Angebot ohne Zögern an. Die entsprechenden Reaktionen lassen nicht lange auf sich warten; denn Jesu Verhalten ist in der Tat unrechtmäßig: Durch das Mahl – ein Zeichen der Gemeinschaft – mit einem „Dieb" macht er sich selbst unrein. Jesus antwortet lapidar (einige Exegeten glauben, dass er ein Sprichwort zitiert oder für seine Zwecke umformuliert): „Nicht die Gesunden brauchen den Arzt, sondern die Kranken. Ich bin nicht gekommen, Gerechte zu rufen, sondern Sünder" (2,17). – Denen, die sich für gerecht halten und stolz sind auf ihre Frömmigkeit, erteilt Jesus damit eine unmissverständliche Abfuhr.

*Dritte Szene.* In dieser Auseinandersetzung spielen drei Symbole eine wichtige Rolle: die Hochzeit, der Stoff und der Wein (2,18–21). Wir beschränken unsere Erläuterung auf die Verse 19 und 20, auf das entscheidende Jesuswort. Die Jünger Jesu fasten nicht wie die praktizierenden frommen Männer. Bei einer anderen Gelegenheit sagte Jesus: Wenn du Buße tust, wasche dich, pflege dein Gesicht, sei heiter und ruhig; kümmere dich nicht um das, was die anderen denken, kehre dein geistliches Leben nicht nach außen. Jesus bejaht also das „Buße-Tun", sofern es in rechter Weise geübt wird. – Hier aber kommt ein anderer Aspekt in den Blick: „Können denn die Hochzeitsgäste fasten, solange der Bräutigam bei ihnen ist? Solange sie den Bräutigam bei sich haben, können sie nicht fasten" (2,19). Dieses Wort geht aller Wahrscheinlichkeit nach auf Jesus selbst zurück. Der folgende Satz hingegen ist ein Kommentar von Markus und der Kirche: „Es werden aber Tage kommen, da wird ihnen der Bräutigam genommen sein; an jenem Tag werden sie fasten" (2,20). Jesus will verdeutlichen: Wenn der Menschensohn da ist, wenn der Messias unter uns ist, muss Freude herrschen; denn die Befreiung ist geschehen und hat uns erreicht. Er sagt gewissermaßen: Ich bin nicht gekommen, um eine langweilige oder beschwerliche Botschaft zu verkünden, sondern eine *frohe* Botschaft! Darum soll Freude auf euren Gesichtern liegen. Ich bin gekommen, um *die* Neuigkeit zu bringen (man denke an die Bilder vom Stoff und den Schläuchen: 2,21f); ich bin nicht gekommen, um eine kleinliche Religiosität zu bringen, sondern eine Botschaft der Freiheit. – Bekanntlich hat die Kirche später das Fasten als Zeichen der Buße und Bekehrung akzeptiert. So wurde in Vers 20 der Satz angefügt, das Fasten sei erlaubt, wenn Christus nicht mehr sichtbar bei uns ist. Es handelt sich um einen deutenden Zusatz, eine Aktualisierung der Botschaft Jesu, gewissermaßen um eine ganz knappe Homilie, die sein Wort interpretiert und an die aktuelle Lebenssituation anpasst.

*Die vierte Szene* handelt von der Auseinandersetzung wegen des Abreißens von Ähren am Sabbat. Nach den Vorschriften des Talmuds waren am Sabbat neununddreißig

Handlungen, die ihrerseits nochmals in viele Untergruppen aufgeschlüsselt waren, verboten. Darunter fiel auch das Abreißen und Essen von Ähren, das als Arbeit galt. Die Jünger halten sich nicht an das Verbot, sie werden ertappt, und Jesus wird zur Rede gestellt. Er antwortet kurz und bündig mit der berühmten Erklärung: „Der Sabbat wurde für den Menschen gemacht, nicht der Mensch für den Sabbat" (2,27). In diesem Satz wird deutlich, welche Sicht Jesus von der Religion hat: Verehrungen, Brauchtum, Liturgien sind nicht Ziel, sondern Mittel; wehe, wenn wir zu ihren Sklaven werden! Wir wären wie jene „Gerechten", von denen oben die Rede war, Menschen, die alle möglichen frommen Übungen vollziehen, aber nicht die Freiheit des Geistes besitzen. Ihr Beten ist mechanisch und freudlos, es kommt nicht aus dem Herzen; ihr Sabbat besteht aus einer Reihe von Pflichten, nicht in der Freude über die Gemeinschaft mit dem Ewigen und Unendlichen.

*Das Unverständnis der Menschen*

Der erste Erzählbogen mündet ein in eine Beschreibung der Blindheit der Menschen. Sie verstehen Jesus nicht. Die „Erleuchtung" erfolgt nach Markus allmählich; Schritt für Schritt tasten sich die Menschen vor, und nicht jeder hält durch bis zum Ziel. Markus führt den Leser wieder in die Synagoge, die schon in Mk 1,21 der Ausgangspunkt für Jesu Wirken war. An einem Sabbat heilt Jesus einen Mann, dessen Hand „verdorrt" war. Und wieder die gleiche kleinliche Reaktion der „Frommen", der „Gerechten", die eine unterdrückende und nicht eine befreiende Religiosität verkörpern. „Und er (= Jesus) sah sie der Reihe nach voller Zorn an, traurig über die Verstocktheit ihres Herzens, und sagte zu dem Mann: Streck deine Hand aus! … Sofort gingen die Pharisäer hinaus und hielten zusammen mit den Anhängern des Herodes Rat gegen ihn, um ihn umzubringen" (3,5f).

Markus erweist sich als sensibler Erzähler: Er nennt zwei Empfindungen, die einen beim Anblick einer offenkundigen Ungerechtigkeit überkommen können: zum einen die zornige Entrüstung – eine menschliche, edle Regung, die uns schon bei den Propheten begegnet und die auch Jesus nicht fremd ist. Es ist kein unkontrollierter Zornausbruch, sondern die typische Reaktion eines Menschen, der sich nicht mit allem und jedem abfindet und nicht ständig Kompromisse macht. Zum anderen das Gefühl der Trauer, der Ohnmacht und Niedergeschlagenheit. Wir würden sagen, dass Jesus mit seinem Latein am Ende ist; seine Gesprächspartner sind vollkommen blind. Es herrscht äußerste Finsternis.

## Am See von Tiberias (3,7–6,6a)

Der zweite Erzählbogen reicht von 3,7 bis 6,6a. Den Hintergrund bildet der See von Tiberias, auch See von Galiläa oder Gennesaret genannt, 212 Meter unter dem Meeresspiegel, einer der malerischsten Seen der Welt. Mit einer Länge von 21 und einer Breite von 12 Kilometern ist er nicht sehr groß. Er ist bekannt für seinen enormen Fischreichtum; nicht von ungefähr verwendet Jesus die Bilder von Fischen und Fischern.

Wer heute zu diesem See kommt, empfindet unwillkürlich einen Zauber: Viele Orte sprechen immer noch von der Gegenwart Jesu. Noch heute heißt ein Dorf Migdol (Magdala), ein anderes Zentrum ist Kefarnahum (Kafarnaum).

### *Die Familie Jesu*

An diesem See, der hebräisch *Kinneret* heißt (seine Form erinnert an eine Harfe oder Gitarre, hebräisch: *kinnor*), vollbringt Jesus eine Vielzahl von Taten. Wir wählen eine der bedeutendsten aus: die Wahl der Zwölf, der Apostel, und allgemein der Jünger. Für Jesus sind sie seine eigentliche Familie.

In zwei Bildern zeigt Markus, wie die Zwölf, die namentlich aufgelistet werden, und alle wahren Jünger sein müssen. Zunächst beschreibt er negativ, wer nicht dazu zählt, sodann erläutert er positiv, was die wirkliche Familie Jesu auszeichnet. Das erste, negative Bild hat sehr harte, geradezu sarkastische Untertöne; Markus geht entschieden auf Distanz zu der „falschen Familie" Jesu. Man kann darin auch eine (vielleicht unbewusste) Spitze gegen die Judenchristen erkennen, verbunden mit einer Art Genugtuung:

„Jesus kam in ein Haus, und wieder kamen so viele Menschen zusammen, dass sie (er und die Jünger) nicht einmal Brot essen konnten. Als die Seinen davon hörten, machten sie sich auf den Weg, ihn zu ergreifen; denn sie sagten: Er ist verrückt geworden" (3,20f).

Dass nicht die Blutsbande über die Zugehörigkeit zur Familie Jesu entscheiden, wird in den folgenden Versen deutlich: „Und es kamen seine Mutter und seine Brüder (‚Brüder' bezeichnet Mitglieder der Großfamilie; im Hebräischen wird damit auf die ganze Verwandtschaft hingewiesen); draußen stehend, ließen sie ihn herausrufen. Um ihn saß eine Volksmenge, und sie sagten ihm: Sieh, deine Mutter und deine Brüder draußen suchen dich. Und er antwortete ihnen: Wer ist meine Mutter, und wer sind meine Brüder?" (3,31–33). Es folgt die Definition der wahren Familie Jesu: „Und er blickte ringsum auf die Menschen, die im Kreis um ihn herumsaßen, und sagte: Sieh, meine Mutter und meine Brüder! Wer immer den Willen Gottes tut, der ist mein Bruder und (meine) Schwester und Mutter" (3,34f).

Denen, die zur eigentlichen Familie gehören, die nicht durch Blutsbande, sondern durch den Geist mit ihm verbunden sind, widmet Jesus eine Unterweisung in Form von Gleichnissen. Gleichnisreden kennen alle Evangelien, doch jeder Evangelist hat seine eigene Note eingebracht. Betrachten wir die Begründung, die Markus für Jesu Reden in Gleichnissen gibt und die schwer zu verstehen ist. Einige

Übersetzungen versuchen die Perplexität, die der Text hervorruft, dadurch zu beheben, dass sie ihn abschwächen. Jesus sagt:

„Euch (den Zwölf) ist das Geheimnis des Reiches Gottes gegeben; denen aber, die draußen sind, wird alles in Gleichnissen gesagt, damit
Sehende sehen, aber nicht schauen;
Hörende hören, aber nicht verstehen,
damit sie nicht etwa umkehren
und ihnen nicht vergeben wird" (4,11f).

Eine überraschende Erklärung: „*damit* Sehende sehen, aber nicht schauen". Bereits Matthäus hat die Aussage abgemildert: „... *weil* sie sehen und doch nicht sehen" (Mt 13,13). Für ihn liegt es an der menschlichen Begrenztheit, dass die Geheimnisse des Gottesreiches nicht verstanden werden. Anders bei Markus: Hier ist es Gott selbst, der diese Offenbarung nicht will.

Markus gibt die Vorstellung der ursprünglichen Tradition wider, einen in typisch semitischer Manier ausgedrückten Gedanken. Ihm steht das große Drama des Unglaubens Israels vor Augen, ein Drama, das die Urkirche mitten ins Herz traf. Sie sind dem Fleisch nach Brüder, wie Paulus sagt, aber sie haben Christus nicht akzeptiert. Eine Deutungsrichtung aus der Urkirche, die sich in der Markusstelle niederschlägt, ging dahin, dass der Unglaube vieler Juden schon in Gottes Plänen lag. Gott habe schon gewusst, dass es zu dieser Verweigerung kommen würde; doch seine *Basileia* würde fortdauern mit einem „wahren Israel", das auf die Stimme Christi, auf die Stimme der Gerechtigkeit und Wahrheit hört. Und zu diesem Israel gehören Menschen aus der heidnischen Welt, an die sich Markus richtet.

Es steht außer Frage, dass hier das Geheimnis der Freiheit Gottes wie auch das Geheimnis der Freiheit des Menschen hineinspielen. Doch wenn man in der semitischen Denkweise ausdrücken wollte, dass Gottes Pläne nicht hinfällig geworden sind, musste man eine finale Formulierung wählen, in der die menschliche Freiheit außer Acht bleibt: „damit sie nicht schauen". Es sollte wohl so sein. Gott, der ein Geheimnis ist, hat auch das Nein in Betracht gezogen und zugelassen. Im semitischen Sprachgebrauch wird das damit ausgedrückt, dass Gott die Verweigerung „gewollt" hat. Der Grund der ablehnenden Haltung Israels wird aus der Sicht Gottes gedeutet: Er wusste darum und „wollte" es; die Sendung seines Sohnes war kein Misserfolg.

*Die Gleichnisse*

In den Gleichnissen begegnen uns einige Bilder, die Markus sehr schätzt. Wenn wir vom Reich Gottes sprechen, denken wir in der Regel allzu schnell an uns selbst – eine naheliegende Versuchung: Das Gleichnis vom Sämann ist für uns zunächst und vor allem das Gleichnis vom unterschiedlichen Erdreich, das heißt, wir richten unser Augenmerk auf die vielfältigen Antworten seitens der Menschen. Die ursprüngliche, die erste Bedeutung dieses Gleichnisses ist eine andere: Sie ist mit dem Samen verbunden. Ohne den Samen bringt selbst der fruchtbarste Boden nichts hervor. Es geht um den Primat der Gnade. Markus veranschaulicht dieses Thema in zwei weiteren Gleichnissen. Das erste handelt vom Samen, von der Saat, die von selbst aufgeht:

„So ist das Reich Gottes, wie wenn ein Mann Samen auf die Erde wirft und schläft und wieder aufsteht; es wird Nacht und wird Tag, und der Same keimt und wird lang, und der Mann weiß selbst nicht, wie" (4,26f).

An dieses Gleichnis, das großes Vertrauen ausstrahlt, fügt Jesus ein weiteres an: das vom winzigen Senfkorn (4,30–32). Das Reich Gottes ist nicht wie eine gigantische Kathedrale oder ein starkes Heer, der Messias ist kein Triumphator. Das Gottesreich ist das kleinste unter den Samenkörnern; in der Erde entfaltet es seine Kraft. Es wächst und wird ein Baum, ein großer Baum, sodass „unter seinem Schatten die Vögel des Himmels zelten können" (4,32).

*Die Blindheit der Menschen*

Es folgen weitere Erzählungen von Taten Jesu: der Sturm auf dem See, die Heilung des Besessenen von Gerasa, die Auferweckung der Tochter des Jaïrus und die Heilung einer kranken Frau. Am Ende dieses zweiten Abschnitts begegnen wir erneut der Blindheit der Menschen. Mit dem Licht, das von Jesu Worten ausgeht, mit der Gruppe derer, die sich davon begeistern lassen und in seine Nachfolge treten, kontrastiert die Blindheit der anderen. In diesem Zusammenhang ist wieder von Jesu leiblicher Familie die Rede:

„Und er ging von dort (= dem Haus des Synagogenvorstehers, dessen Tochter er auferweckt hatte) hinaus und kam in seine Vaterstadt; und es folgten ihm seine Jünger. Und als es Sabbat geworden war, begann er in der Synagoge zu lehren. Und viele, die zuhörten, waren außer sich und sagten: Woher hat er das alles? Was ist das für eine Weisheit, die ihm gegeben ist? Und was sind das für Kräfte, die ihm gegeben sind, (was sind das für große Dinge,) die durch seine Hände geschehen! Ist das nicht der Zimmermann, der Sohn der Maria und der Bruder von Jakobus, Joses, Judas und Simon? Und sind nicht seine Schwestern hier bei uns? Und sie nahmen Anstoß an ihm" (6,1–3).

„Sie nahmen Anstoß", auf griechisch *eskandalizonto* (*skandalon* ist der Stolperstein); ihr Glaube ist so schwach, dass er gleich ins Wanken kommt. Jesus löst einen Skandal aus – nicht wegen seiner Größe, sondern weil er ein einfacher Mensch ist, einer wie alle; man kennt ihn, er hat eine ganz gewöhnliche Verwandtschaft.

Fast hat es den Anschein, als würde Markus an dieser Stelle eine alte Tradition aufgreifen und Fragen, die unter den Leuten kursierten, wiedergeben: Erinnert ihr euch nicht an ihn? Er hat doch diese Arbeit getan; er war der Sohn Marias, die da hinten wohnte; seine Verwandten leben hier … – Man versteht die Reaktionen der Menschen, wenn man sich das Netz von Beziehungen vergegenwärtigt, das noch heute das Leben in den kleinen Dörfern prägt, das Dorfgeschwätz, die versteckten Eifersüchteleien, aus denen leicht Neid und Missgunst erwachsen.

Jesus spricht einen lapidaren Satz aus: „Ein Prophet ist nicht ungeehrt, außer in seiner Vaterstadt und bei seinen Verwandten und in seinem Haus. Und er konnte dort nicht irgendeine Krafttat tun, außer dass er einigen wenigen Schwachen die Hände auflegte und sie heilte. Und er staunte über ihren Unglauben" (6,4–6a).

Wahrscheinlich zitiert Jesus hier ein Sprichwort („Ein Prophet …"). Wie ist es möglich, dass sie nicht glauben? Markus versteht es zu veranschaulichen, was in Jesu Psyche vorging, und unterstreicht die Enttäuschung Jesu: Er, der viele Jahre dort gelebt hat und vom Sehen alle kennt, macht die bittere Entdeckung, was es heißt, angefeindet zu sein. Damit schließt der zweite Bogen der Erzählung.

### Das Symbol der Brote (6,6b–8,30)

Der dritte Bogen, in dem das Symbol des Brotes eine vorherrschende Rolle spielt, ist deshalb wichtig, weil er uns einen tieferen Einblick gibt in das Geheimnis der Person Jesu, auch wenn seine Gestalt immer noch Rätsel aufgibt. Es handelt sich um eine Texteinheit, die von zwei großen Erzählungen über Brotvermehrungen bestimmt wird. Den Rahmen bildet weiterhin Galiläa, genauer: der See von Tiberias. Gegenüber dem zweiten Abschnitt bewegen wir uns etwas weiter nach Norden.

Erneut ist von der Blindheit der Menschen die Rede, diesmal mit einer neuen Note: Die Trennungslinie verläuft nicht nur innerhalb der Menge, sondern durchzieht auch die Gruppe derer, die Jesus gefolgt sind. Es kommt zu einer Scheidung, zu einer Art Schisma. In diesem Zusammenhang spricht man von der „galiläischen Wende (oder Krise)". Jesus muss feststellen, dass es selbst unter den Seinen Unglauben und Blindheit gibt. Doch fehlt nicht ein kleiner „Lichtblick", eine erste, noch schwache Erleuchtung.

*Die beiden Erzählungen eines Brotwunders*

Markus überliefert zwei Erzählungen von einem Brotwunder (6,34f und 8,1–10), doch die Experten sind überzeugt, dass es sich um zwei unterschiedliche Fassungen derselben Episode handelt. Die erste Fassung hat ihren Ursprung wahrscheinlich in der jüdischen Welt, wo man zum ersten Mal davon erzählte. In der Folgezeit wurde das Brotwunder dann auch im griechischen Sprachraum bekannt.

Die Gründe, die Markus bewogen, beide Erzählungen aufzunehmen, sind für uns schwer nachvollziehbar; eine solche Wiederholung käme für uns kaum in Frage. Markus empfindet sie nicht als störend; er verfolgt ein ganz bestimmtes Anliegen. Im semitischen Raum hat man eine Vorliebe für Wiederholungen; etwas wiederholen bedeutet, eine Gegebenheit zu vertiefen, zu versuchen, ihr Geheimnis zu ergründen.

*Die erste Erzählung* beginnt in 6,34 mit einer Bemerkung, die für Markus typisch ist: Jesus sieht, dass die Volksmenge einer Herde ohne Hirten gleicht, dass die Leute Hunger haben. Er hat Mitleid mit ihnen und lehrt sie vieles. Bevor er ihren physischen Hunger stillt, möchte er sie innerlich sättigen. Das Wort ist das erste Brot, das Jesus den Menschen reicht.

Die Struktur und der Inhalt der Erzählung weisen charakteristische jüdische Züge auf. Vor der Brotvermehrung spricht Jesus den Segen. Der Ausdruck „segnen" verweist zweifellos auf einen Ritus jüdischer Prägung; es ist ein Hinweis auf die Segnung des Brotes, ein Segen, den Jesus am Abend des letzten Tages seines Lebens über das Brot und den Wein aussprach. In den „zwölf Körben" dürfen wir wahrscheinlich einen symbolischen Verweis auf die zwölf Apostel sehen; es ist gewiss keine bloße Sachinformation.

*Die zweite Erzählung* (8,1–10) gibt eine andere Darstellung des Brotwunders. Ihre stärker griechische Prägung erkennt man beispielsweise daran, dass nicht von „segnen" die Rede ist, sondern von „danken": „dankend brach er sie (die Brote)" (8,6). Aus dem hebräischen *berakah,* Segnung, wird *eucharistesas,* Danksagung, ein im griechischen Sprachraum gängiges Wort, mit dem später auch das letzte Abendmahl Jesu bezeichnet wird. Wenn in dieser Erzählung nicht von zwölf, sondern von sieben Körben gesprochen wird, so lässt das an die sieben Diakone denken, die in der Urkirche mit der Aufgabe betraut wurden, die bedürftigen Brüder und Schwestern mit Brot zu versorgen, mit materiellem und zunehmend auch mit dem „Brot" der Liebe.

In beiden Fassungen steht also das gleiche Symbol im Mittelpunkt: das Brot, das auf die Eucharistie anspielt. Sie erzählen dasselbe Ereignis, einmal aus jüdischer, ein andermal aus griechisch-römischer Perspektive.

Zwischen beiden Erzählungen, in der Geschichte von der Erhörung der Bitte einer syrophönizischen Frau (7,24–30), finden wir ein Wort Jesu, das uns zur vielleicht tiefsten Bedeutung führt, die Markus dem Brotwunder geben will: Die Verse 27 und 28 sind ein indirekter Hinweis darauf, dass auch die Heiden Zugang zum großen messianischen Festmahl haben werden. Zunächst sagt Jesus zu der Frau: „Lass zuerst die Kinder satt werden; denn es ist nicht recht, das Brot der Kinder zu nehmen und es den kleinen Hunden vorzuwerfen" (7,27). Die Syrophönizierin antwortet: „Ja, Herr, aber auch die kleinen Hunde unter dem Tisch essen von den Brotkrumen der Kinder" (7,28). Als Jesus ihren Glauben sieht, erfüllt er ihre Bitte; auch für die Heiden deutet sich damit die Möglichkeit an, am Festmahl Jesu teilhaben zu können.

Jesus spricht in diesem Abschnitt zutiefst als Jude; sein Wort entspricht ganz der Denkweise seiner Zeit, für die die Ungläubigen, jene, die außerhalb der jüdischen Gemeinschaft standen, „Hunde", „Hündlein" waren. Uns erscheint es als ein hartes Wort, aber darin scheint die Sprache des historischen Jesus durch.

Die Reaktion der Jünger auf das Zeichen des Brotes wird in 8,14ff beschrieben, wo die beiden Fassungen verbunden werden: „Sie vergaßen, Brote mitzunehmen; außer einem hatten sie nichts mit sich im Boot. Und er (Jesus) trug ihnen auf: Gebt Acht, hütet euch vor dem Sauerteig der Pharisäer und dem Sauerteig des Herodes! Sie aber machten sich Gedanken, weil sie kein Brot bei sich hatten. Er merkte das und sagte zu ihnen: Was macht ihr euch darüber Gedanken, dass ihr kein Brot habt? Begreift und versteht ihr immer noch nicht? Ist denn euer Herz verstockt? Habt ihr denn keine Augen, um zu sehen, und keine Ohren, um zu hören? Erinnert ihr euch nicht: Als ich die fünf Brote für die Fünftausend brach, wie viele Körbe voll Brotstücke habt ihr da weggetragen? Sie antworteten ihm: Zwölf. Und als ich die sieben Brote für die Viertausend brach, wie viele Körbe voll trugt ihr da weg? Sie antworteten ihm: Sieben. Da sagte er zu ihnen: Versteht ihr denn immer noch nicht?" (8,14–21).

Jesus klagt über ihren Mangel an Verständnis. Immer noch beschäftigt sie der Gedanke an das materielle Brot. Während sie sagen: Wir haben kein Brot!, spricht Jesus vom Sauerteig der Unreinheit, vom Sauerteig der Scheinheiligkeit und der äußerlichen Religiosität der Pharisäer.

### *Die Blindheit der Menschen und der Weg zum Licht*

Auch der „Brotabschnitt", wie die Kapitel 6 bis 8 manchmal genannt werden, mündet ein in eine Beschreibung der Blindheit. Doch hat Markus in diesem dritten Erzählbogen an zwei strategisch wichtigen Stellen (eine ziemlich zu Beginn, die andere am Ende) gezielt zwei Heilungen eingefügt, die auf einen neuen Horizont hindeuten. Es handelt sich nicht um bloße Heilungswunder; sie haben vielmehr „Zeichencharakter" im johanneischen Sinn: Wie ein ausgestreckter Zeigefinger weisen sie uns auf ein größeres Geheimnis hin.

Im 7. Kapitel wird von der Heilung eines Taubstummen erzählt (7,31–37). Wenn wir das aramäisch überlieferte Jesuswort *Effata*! (Öffne dich!) vernehmen, verstehen wir sofort, dass darin mehr mitschwingt als die Öffnung des Mundes im Sinne einer Heilung von einem physischen Defekt. Es ist vielmehr ein Mund gemeint, der von sich aus nicht das große Geheimnis verkünden kann. Doch mit Christi Hilfe ist er dazu imstande.

Auf der gleichen Linie ist auch die zweite Episode zu sehen: die Heilung des Blinden in Betsaida (8,22–26), in der gleichsam das Licht durchbricht. Langsam öffnen sich seine Augen dem Licht; es ist ein mühsamer Prozess, keine plötzliche Erleuchtung, keine Epiphanie, die den Menschen schlagartig trifft. Übrigens ist es das einzige Mal, dass Jesus ein Wunder in mehreren Etappen wirkt. Der Blinde sieht zunächst alles verschwommen: „Ich sehe Menschen; denn ich sehe etwas, das wie Bäume aussieht und umhergeht" (8,22). Erst allmählich wird ihm alles licht. Das ist in symbolischem Gewand die Geschichte der Jünger selbst. Markus möchte, dass die Leserinnen und Leser die tiefere Bedeutung, die in den Taten Jesu liegt, entschlüsseln: Ihre Augen sollen sich schließlich dem Licht der Wahrheit öffnen, ihre Lippen endlich den Glauben bekennen. Der Schlusspunkt des ersten Teils des Markusevangeliums (8,27–30) eröffnet somit zugleich den zweiten Teil.

## Vom Berg der Verklärung zum Kalvarienberg (Mk 9–16)

### In Cäsarea Philippi

Vergegenwärtigen wir uns kurz den Rahmen dieser Szene. Wir befinden uns an den Jordanquellen, am Fuß des Berges Hermon. Vor uns liegen Wasserfälle, eine malerische Landschaft, die heute ein Nationalpark ist. Dort beginnt der Jordan seinen Lauf hin zum Toten Meer. Heute heißt der Ort „Banias", eine Ableitung vom arabischen „Paneas", das heißt „Stadt des Gottes Pan". Nach dem Tod Herodes' des Großen hatten die Römer dessen Herrschaftsgebiet unter seinen vier Söhnen aufgeteilt; eines dieser vier Territorien („Tetrarchien") fiel an Philippus. An der Stelle des heutigen Banias gründete dieser die Hauptstadt seines Gebietes, die er zum Dank für dieses Geschenk des Kaisers Augustus und ihm zu Ehren „Cäsarea" nannte.

Der einstige arabische Ort ist untergegangen, nur ein kümmerliches Minarett hat den Sechs-Tage-Krieg überstanden, in dem die Israelis 1967 den Ort dem Erdboden gleichmachten und bis Kuneitra auf den Golanhöhen vorstießen. Nur die heidnische Pan-Grotte erinnert an die antike Vergangenheit. Den Wassern des Jordans mit ihren kleinen Stromschnellen wurde eine wundertätige, heilende Kraft zugeschrieben; man sah darin den Naturgott am Werk, den man in den Quellen und in der grünen Vegetation zugegen glaubte. Noch heute erkennt man die Inschriften zu Ehren dieses Gottes in der Grotte. Die apokryphe, volkstümliche Tradition hat den Ort mit Christus verbunden: Die Frau, die an Blutfluss litt und von Jesus in den menschenüberfluteten Straßen Kafarnaums geheilt wurde, ließ – so die Legende – nach ihrer Heimkehr in Banias die erste Statue ihm zu Ehren aufstellen. Doch das ist Legende; die Aufrichtung eines solchen Standbilds war dem Judentum fremd.

Markus schreibt: „Jesus ging mit seinen Jüngern in die Dörfer bei Cäsarea Philippi. Unterwegs fragte er seine Jünger: Für wen halten mich die Menschen? Sie sagten zu ihm: Einige für Johannes den Täufer, andere für Elija, wieder andere für sonst einen von den Propheten. Und er fragte sie: Ihr aber, für wen haltet ihr mich? Petrus antwortete ihm: Du bist der Christus!" (8,27–29).

Das Bekenntnis des Petrus ist die erste große Definition Jesu: „Du bist der Christus!" Wie gesagt, ist es noch nicht die vollständige Offenbarung seiner Person. Markus führt den Leser schrittweise zu einer tieferen Kenntnis Jesu. Dagegen legt Matthäus, der diese pädagogischen Rücksichten nicht kennt, dem Petrus die Worte in den Mund: „Du bist der Christus, *der Sohn des lebendigen Gottes.*" Für Matthäus ist in Cäsarea Philippi alles klar, während Markus dort in Jesus nur den Messias erkennt, jenen Menschen, der aus dem Schoß Israels hervorgegangen ist und eine außerordentliche Mission zu erfüllen hat: Er ist das definitive Wort Gottes, das Heil für die Nationen. An dieses Bekenntnis schließen zwei Sequenzen an, die wir nun durchlaufen werden. „Durchlaufen" – denn die Erzählung ist in der Form einer regelrechten „Reise" mit festen Etappen aufgebaut. Schon in der Einführung haben wir darauf hingewiesen, dass Markus immer wieder, mehr als ein Dutzend Mal, von „Weg" und „Jesus folgen" spricht. Jesus ist in Bewegung, er ist „unterwegs", und zwar nicht nur im geografisch-räumlichen Sinn.

## Leidensankündigungen und eine Unterweisung über die Freiheit (Mk 8–10)

Jesus durcheilt die Gegend und lädt uns, die Kirche, ein, ihm zu folgen, ihn auf dem „Weg von Galiläa nach Jerusalem" zu begleiten. Es ist ein symbolischer Weg, wie wir sehen werden.

Der erste Abschnitt umfasst die Kapitel 8 bis 10. Hier treten vor allem zwei Elemente in den Vordergrund: die Leidensankündigungen und eine Belehrung über die Freiheit.

*Die drei Leidensankündigungen*

Zunächst stoßen wir auf drei Ankündigungen der Passion Jesu. Sie sind gewissermaßen eine Korrektur der messianischen Sicht, die das Petrusbekenntnis in 8,29 nahelegt. „Du bist der Christus!", hatte Petrus gesagt, ein Bekenntnis, das die Vorstellung eines Triumphators beinhaltet, der das versklavte Volk Israel in die Freiheit führt. Jesus entmythologisiert diese messianische Sicht; praktisch sagt er: Ich werde dadurch der Messias sein, dass ich in den Abgrund des Todes und des Leidens stürze – genau das Gegenteil von dem, was ihr euch vorstellt. Jesus erntet nichts als Unverständnis; auf jede Leidensankündigung lässt Markus einen Hinweis auf die Blindheit der Jünger folgen.

– *Die erste Leidensankündigung:* „Und er begann sie zu lehren: Der Menschensohn muss vieles erleiden und von den Ältesten, den Hohepriestern und den Schriftgelehrten verworfen werden; er muss getötet werden und nach drei Tagen auferstehen. Und er redete ganz offen darüber. Da nahm ihn Petrus beiseite und begann, ihn anzufahren. Jesus wandte sich um, sah seine Jünger an und fuhr Petrus an mit den Worten: Weg mit dir, Satan, geh mir aus den Augen! Denn du hast nicht das im Sinn, was Gott will, sondern was die Menschen wollen" (8,31–33).

– *Die zweite Leidensankündigung:* „Der Menschensohn wird den Händen von Menschen ausgeliefert, und sie werden ihn töten; doch drei Tage nach seinem Tod wird er auferstehen. Aber sie verstanden das Wort nicht, fürchteten sich jedoch, ihn zu befragen" (9,31f). Die Jünger sind so blind für das, was Jesus ihnen sagen will, dass sie unterwegs darüber diskutieren, wer von ihnen der Größte sein wird (vgl. 9,33–37). Immer noch träumen sie von einem politischen Messias.

– *Die dritte Leidensankündigung:* „Wir steigen jetzt nach Jerusalem hinauf; dort wird der Menschensohn den Hohepriestern und den Schriftkundigen übergeben, und sie werden ihn zum Tod verurteilen und den Heiden übergeben; sie werden ihn verspotten, anspucken, geißeln und töten, und nach drei Tagen wird er auferstehen“ (10,33f). Unmittelbar darauf treten die Söhne des Zebedäus, Jakobus und Johannes, vor und bitten, zu seiner Rechten und zu seiner Linken sitzen zu dürfen. Sie wollen sozusagen die wichtigsten Ministerposten im künftigen messianischen Reich einnehmen. Jesus muss tief enttäuscht feststellen, dass sie nichts begriffen haben.

Auch wenn man weiß, dass Jesus der Messias ist, ist es möglich, ihn mit einem großen Revolutionär zu verwechseln, mit einem wichtigen Politiker, mit einem mächtigen Herrscher.

### *Eine Unterweisung über die Freiheit*

Das zweite Element ergibt sich aus dem ersten. Angesichts des Unverständnisses für *seine* messianische Identität gibt Jesus eine lange Unterweisung, die zur inneren Freiheit führen will. Die menschliche Freiheit ist eine große Herausforderung; man könnte sagen, dass Gott selbst sich ihr zunächst selber stellt. Denn er zieht sich zurück und lässt zu, dass der Mensch sich frei und ganz persönlich für ihn entscheiden kann. Mit Jesu Unterweisung über die Freiheit sind eine Reihe von Fragen verbunden, in denen es um die Nachfolge Jesu geht: Wie soll man ihm folgen? Wie sollen wir seine Messianität verstehen? Welche Konsequenzen ergeben sich für unser Handeln?

„Wenn einer mir nachfolgen will, verleugne er sich und trage sein Kreuz und folge mir! Denn wer sein Leben retten will, wird es verlieren; wer aber sein Leben um meinetwillen und um des Evangeliums willen verlieren wird, wird es retten. Denn was nützt es, dass ein Mensch die ganze Welt gewinnt, dabei aber sein Leben einbüßt? Um welchen Preis könnte ein Mensch sein Leben zurückkaufen?" (8,34–37).

Das erste Thema ist die Notwendigkeit der *„Selbstverleugnung"*, die in 9,35 mit einem zweiten, dem *Dienen*, verbunden wird: „Wer der Erste sein will, soll der Letzte von allen und der Diener aller sein." In 10,42–45 wird das gleiche Thema nochmals mit Nachdruck aufgegriffen: Jesus rief die Jünger zu sich und sagte: „Ihr wisst, dass die, die als Herrscher gelten, ihre Völker unterdrücken und dass die Mächtigen sie vergewaltigen. Unter euch aber ist es nicht so, sondern wer bei euch groß sein will, der soll euer Diener sein, und wer bei euch der Erste sein will, soll der Sklave aller sein. Denn auch der Menschensohn ist nicht gekommen, um bedient zu werden, sondern um zu dienen und sein Leben zu geben als Lösegeld für viele." Es geht darum, sich zu verleugnen, zu dienen, den letzten Platz einzunehmen, jemand zu sein, der sich verschenkt.

Das dritte Thema begegnet uns in der bekannten Episode von dem reichen Mann (10,17–31; die anderen Evangelisten sprechen von einem reichen „jungen" Mann; Markus sagt von ihm nur, dass er „viele Güter hatte"): Um Jesus folgen zu können, ist es notwendig, sich vom Reichtum zu trennen; Nachfolge Jesu setzt *Armut* voraus. Jesus „schaute ihn an und liebte ihn", doch für diesen ist es unmöglich, in die Nachfolge Jesu zu treten; denn er hat zu viele Güter. Jesus prägt hier jenen berühmten Satz, der freilich auch schon ein Sprichwort gewesen sein könnte und später in abgewandelter Form im Judaismus vorkommt: „Leichter geht ein Kamel durch das Loch einer Nadel hindurch, als dass ein Reicher in das Reich Gottes hineinkommt" (10,25). Ein hartes Wort! Immer wieder hat man versucht, es abzuschwächen. Doch der Vergleich ist eindeutig. In typisch semitischer Manier werden zwei Antipoden genommen, um unmissverständlich zu verdeutlichen: Reichtum ist mit dem Evangelium nicht vereinbar. Auf die Frage, ob sich dann überhaupt ein

Reicher retten könne, antwortet Jesu: „Für Menschen ist es unmöglich, doch nicht für Gott; denn alles ist möglich bei Gott" (10,27). Die Rettung des Reichen ist nur durch Gottes Eingreifen möglich.

Wir dürfen den krassen Gegensatz nicht abmildern, wie es gelegentlich geschieht, wenn man auf einen ähnlichen griechischen Ausdruck verweist, der das „Seil eines Seemanns" bezeichnet. Zwischen einem Faden, der durch ein Nadelöhr hindurchgeht, und einem Tau besteht nur ein gradueller Unterschied; doch das ist nicht gemeint. Andere meinen, Jesus würde auf ein Jerusalemer Stadttor, das „Tor der Kamele" anspielen, doch das ist eine reine Mutmaßung, für die es keine historischen Zeugnisse gibt. Auch dies ist nichts anderes als ein Versuch, dem drastischen Bild Jesu die Schärfe zu nehmen. Der spätere Judaismus kennt wie gesagt ein entsprechendes Bild – in einem anderen Zusammenhang und in etwas abgewandelter Form: „Ein Elefant kommt nicht durch ein Nadelöhr hindurch!"

Die Loslösung von den Dingen, die Armut, ist konstitutiv für das Christentum, obwohl es in der Geschichte nie an Versuchen fehlte, dieser Forderung ihre Härte zu nehmen. Der Kampf gegen die Vergötterung der Güter bleibt eine grundlegende Aufgabe, die wir uns immer wieder in Erinnerung rufen müssen. Besonders Lukas macht uns dies nachdrücklich bewusst, doch auch in den anderen Evangelien begegnet uns dieses Thema, das zweifellos auf Jesus selbst zurückgeht.

Worum es geht, könnten wir uns am Beispiel des „kleinen Prinzen" vergegenwärtigen. Antoine de Saint-Exupéry präsentiert uns im kleinen Prinzen die Gestalt eines freien Menschen, der sich nicht zu sehr um die Dinge kümmert, um einen Blick für die Schönheit zu haben. Er sieht alles mit den reinen, unschuldigen Augen eines Kindes: „Ich kenne einen Planeten, auf dem ein puterroter Herr haust. Er hat nie den Duft einer Blume geatmet. Er hat nie einen Stern angeschaut. Er hat nie jemanden geliebt. Er hat nie etwas anderes als Additionen gemacht. Und den ganzen Tag wiederholt er wie du: Ich bin ein ernsthafter Mann! Ich bin ein ernsthafter Mann! Und das macht ihn ganz geschwollen vor Hochmut. Aber das ist kein Mensch, das ist ein Schwamm" (Der Kleine Prinz, Karl Rauch Verlag, Düsseldorf, Neuauflage 1979, S. 21). „Das ist kein Mensch", schreibt Exupéry, und schon gar nicht ist das ein Christ.

Ein weiteres Thema liegt Jesus sehr am Herzen, und auch diesmal muss seine Denkweise auf seine Zeit provozierend gewirkt haben: die Einschätzung der Kinder. Im Alten Orient waren die Kinder nicht sehr geschätzt. Während wir aus den Kindern einen regelrechten Mythos gemacht haben und die Kinder heute manchmal zu kleinen Herrschern werden, die ihre Familie geradezu tyrannisieren können, geschah im Orient das Gegenteil: Die Kinder zählten nicht; sie wurden nicht registriert. Erst durch den Ritus des Bar Mizwa wurden sie als mündige Glieder in die Gemeinschaft aufgenommen. Jesus provoziert seine Zuhörer mit einer sehr gewagten Äußerung: Die Kinder, die ihr geringachtet, können uns in Wahrheit vieles lehren!

„Und er stellte ein Kind in ihre Mitte, umarmte es und sagte zu ihnen: Wer ein solches Kind um meinetwillen aufnimmt, der nimmt mich auf; wer aber mich aufnimmt, der nimmt nicht nur mich auf, sondern den, der mich schickt" (9,36f).

Kurz darauf erwähnt Markus eine andere Episode, in der erneut die Kinder im Mittelpunkt stehen: „Und sie brachten Kinder zu ihm, damit er sie berühre. Die Jünger aber (die die gängige Mentalität verkörpern) fuhren die Leute an. Als Jesus das sah, wurde er unwillig und sagte zu ihnen: Lasst die Kinder zu mir kommen! Denn [und nun folgt der entscheidende Vers:] *Menschen wie ihnen gehört das Reich Gottes*. Amen, das sage ich euch: Wer das Reich Gottes nicht aufnimmt wie ein Kind, wird niemals in es hineinkommen.

Und er umarmte die Kinder, legte ihnen die Hände auf und segnete sie" (10,13–16).

Man kann sich vorstellen, wie Jesus den Kindern begegnet, wie er mit ihnen spielt und nochmals unterstreicht, dass die Kinder unsere Lehrmeister sein können. Er berührt hier nicht das Thema der kindlichen Unschuld, ein uns geläufiges Motiv (wobei übersehen wird, dass die Kinder gar nicht immer so unschuldig sind!). Jesus sieht sie als Verkörperung der Freiheit, des Vertrauens und des wahren Glaubens. Wir sollen das Gottesreich annehmen wie Kinder, mit einem Vertrauen, wie die Kinder es den Großen entgegenbringen. Wir können von den Kindern lernen, deren Spielen Ausdruck einer schier grenzenlosen Freiheit und Kreativität ist: Es ist ein Sinnbild der Mystik; denn im Spiel ist das Kind ganz versunken in sein Tun, eingetaucht in die Freude.

Ein Abschnitt der Vita der seligen Umiliana de' Cerchi (1219–1246), die Vito von Cortona verfasst hat, könnte ein trefflicher Kommentar zu Jesu Umgang mit den Kindern und seiner Sicht der Kinder als einer „lebendigen Lektion" sein: „Während Umiliana in ihrer Zelle, eingeschlossen im Turm, auf ihrem Bett lag, kam plötzlich ein kleines, etwa vierjähriges Kind. Es hatte ein wunderschönes Gesicht. Mit großem Eifer spielte es vor ihr in ihrer Zelle. Als sie ihm zuschaute, verspürte sie große Freude; sie wandte sich zu ihm hin und sagte: Mein liebes, kleines Kind, kannst du denn nichts anderes tun als spielen? Das Kind blickte sie ruhig an und erwiderte: Was möchtet Ihr, das ich sonst tun soll? Umiliana sagte voller Demut: Ich möchte, dass du mir etwas Schönes von Gott erzählst. Darauf sagte das Kind: Glaubst du, es ist gut, dass jemand von sich selber spricht? Und mit diesen Worten verschwand es."

Gott, ein Kind; Gott, der spielt ... Im 8. Kapitel des Buchs der Sprichwörter wird die Weisheit Gottes beschrieben, die tanzt. Gott, dargestellt als spielendes Kind, ganz eingenommen vom Spiel – ein originelles, aber klassisches Motiv in allen großen Religionen.

Die Quintessenz dieses Abschnitts des Markusevangeliums könnten wir in folgenden Begriffen ausdrücken: Der Weg der Nachfolge Jesu ist der Weg des Dienens, der Weg der Hingabe, der Weg der Selbstverleugnung, der Weg der Armut, der Weg geistlichen Kindseins, wie Therese von Lisieux sagte.

*Eine doppelte „Erleuchtung“*

Dieser Abschnitt spricht von einer doppelten Erleuchtung. Die erste geschieht im Geheimen, im Verborgenen: Es ist die Verklärung Jesu „auf einem hohen Berg“ (9,2–10). Nur Petrus, Jakobus und Johannes sind Zeugen. Jesus lässt vor ihnen für einen Augenblick „aufblitzen“, wer er in Wahrheit ist: Er ist weit mehr als ein bloßer Messias. Seine Größe scheint auf in dem Satz, den wir bereits bei der Taufe vernommen haben: „Das ist mein geliebter Sohn, hört ihn!“ (9,7). Bei der Taufe wird es angekündigt, auf halbem Wege wird es wiederholt, am Ende schließlich, bei der Kreuzigung, bekennt es auch der römische Hauptmann.

Der Berg wurde in der volkstümlichen Tradition mit dem Berg Tabor identifiziert, einer einsamen Erhebung inmitten der Ebene von Izreel in Galiläa. In der Stille lässt Jesus sein Geheimnis aufleuchten; dann steigt man wieder hinab, und die Schwierigkeiten kehren zurück.

Die zweite „Erleuchtung“ ist dagegen allen bestimmt. Sie nimmt Gestalt an in der Person eines Blinden, der von Jesus geheilt wird – eine weitere Blindenheilung. Die zahlreichen Blindenheilungen Jesu hat man damit zu erklären versucht, dass es in der Region Palästinas viele krankheitsbedingte Erblindungen gab. Doch diese Erklärung ist banal und bleibt an der Oberfläche. Die tiefere Bedeutung wird ersichtlich, wenn man bedenkt, dass der Messias nach dem Alten Testament seinen Auftritt mit einer großen Tat beginnen muss: Er wird den Blinden das Augenlicht zurückschenken. Die Blindheit ist das Symbol für jede Art von Dunkelheit, für inneres wie für körperliches Leid. Jemandem die Augen zu öffnen bedeutet, ihm einen weiten, grenzenlosen Horizont zu erschließen, ihm die Möglichkeit zu geben, den Himmel zu sehen.

Die Erzählung spielt in der herrlichen Oase von Jericho. Im Mittelpunkt steht eine Person namens Bartimäus, das heißt „Sohn des Timäus". Jericho ist ein blühender Ort inmitten des wüstenähnlichen Jordangrabens, eine große Oase mit einem Durchmesser von fünf Kilometern, ein Zeichen des Lebens im Angesicht des Todes. Wo die Oase endet, beginnt die Salzwüste, die von der sengenden Hitze verbrannte Erde.

„Und sie kamen nach Jericho. Als er mit seinen Jüngern und einer großen Menschenmenge Jericho wieder verließ, saß an der Straße ein blinder Bettler, Bartimäus, der Sohn des Timäus. Sobald er hörte, dass es Jesus von Nazareth war, begann er zu schreien: Sohn Davids, Jesus, hab Erbarmen mit mir! Viele fuhren ihn an, er solle schweigen. Er aber schrie noch viel lauter: Sohn Davids, hab Erbarmen mit mir! Jesus blieb stehen und sagte: Ruft ihn her! Sie riefen den Blinden und sagten zu ihm: Hab nur Mut, steh auf, er ruft dich. Da warf er seinen Mantel weg, sprang auf und lief auf Jesus zu. Und Jesus fragte ihn: Was soll ich dir tun? Der Blinde antwortete: Rabbuni, ich möchte wieder sehen können. Da sagte Jesus zu ihm: Geh! Dein Glaube hat dich gerettet. Und sofort sah er wieder, und er folgte ihm (Jesus) auf seinem Weg" (10,46–52). Damit endet der Abschnitt, in dem die Nachfolge eine beherrschende Rolle spielt. Bartimäus ist ein Jünger geworden. Er ist aus seiner Blindheit herausgekommen und ans Licht getreten. Anders als der Blinde, von dessen Heilung wir vorhin erfuhren, begnügt sich Bartimäus nicht damit, in sein Dorf zurückzukehren, um die Heilung zu verkünden; er möchte Jesus folgen.

## Der neue Tempel (Mk 11–16)

Der nächste große Abschnitt umfasst die Kapitel 11 bis 16. Es lassen sich deutlich voneinander abgegrenzte Erzähleinheiten unterscheiden. Wir werden uns an dieser Stelle darauf beschränken, den roten Faden der Erzählung ausfindig zu machen; auf die Passion gehen wir später eigens ein.

– Kapitel 11 und 12: der Einzug Jesu in Jerusalem. Ähnlich wie in den „Auseinandersetzungen in Galiläa", die wir oben behandelt haben, kommt es auch hier sofort zu Kontroversen und Spannungen.

– Kapitel 13: die Endzeitrede über den letzten Sinn der Geschichte. Es handelt sich um eine sehr schwierige Rede voller Bilder, Symbole und Ausdrucksweisen, die für die apokalyptische Literatur typisch sind.

– Kapitel 14 bis 16: das Leiden und die Auferstehung. Der Abschnitt als Ganzer zeigt einen klaren, einfachen Aufbau: der feierliche Einzug Jesu in Jerusalem, weitere Unterweisungen der Jünger und – innerhalb der Passion – die größte Epiphanie, die höchste Offenbarung seiner Person.

### *Der neue Tempel*

Das Leitmotiv begegnet uns hier und da in einem Symbol, auf das Markus großen Wert legt: im Symbol des neuen Tempels, der an die Stelle des alten tritt. Es ist ein „österlicher Tempel", der nunmehr allen Menschen offen steht.

Der erste explizite Hinweis auf den Tempel findet sich in 11,15–19: in der Erzählung von der „Tempelreinigung". Im Hof des herodianischen Tempels haben sich Geldwechsler und andere Händler ausgebreitet. Sie hatten die Aufgabe, die Münzen für das Tempelopfer zu wechseln, da die kaiserlichen Münzen, auf denen ein Mensch abgebildet war, nach den biblischen Vorschriften nicht geopfert werden durften.

Wieder einmal tritt uns eine undurchsichtige Mischung von Macht, Politik, Wirtschaft und Religion entgegen, durch die der Tempel verunreinigt wird. Jesus nimmt eine gewaltsame Reinigung vor: „Er ging in den Tempel hinein und begann, die im Tempel Verkaufenden und die Käufer hinauszuwerfen, und die Tische der Wechsler und die Sitze der Taubenverkäufer stieß er um" (11,15). Mit sarkastischem Unterton zitiert er Jesaja: „Ist nicht geschrieben: Mein Haus wird Haus des Gebets genannt werden für alle Völker?", und er fährt fort mit dem harten Jeremiawort: „Ihr aber habt es zu einer Höhle von Räubern gemacht!" (11,16).

Die zweite Stelle handelt von der kommenden Zerstörung des Tempels (13,1–4). Der jüdisch-römische Geschichtsschreiber Flavius Josephus schreibt, dass man den herrlichen herodianischen Tempel schon von Weitem sehen konnte. Er habe ausgesehen wie ein großer weißlicher Berg; denn er war ganz aus Marmor. Sein Glanz sei bereits von der Küste aus zu sehen gewesen (dies ist natürlich eine idealisierende Übertreibung). Auch die Jünger sind überwältigt; einer sagt zu Jesus: „Meister, sieh, was für Steine und was für Bauten!" (13,1). Jesus aber antwortet ihm: „Siehst du diese große Bauten? Kein Stein wird auf dem anderen bleiben, alles wird zerstört werden" (13,2). Markus knüpft daran eine andere Szene an: „Und als er (Jesus) auf dem Berg der Ölbäume gegenüber dem Tempel saß, fragten ihn Petrus, Jakobus, Johannes und Andreas, die mit ihm allein waren: Sag uns, wann wird das sein? Und was ist das Zeichen, dass all dies in Erfüllung geht?" (13,3f). Es geht um die Zerstörung des alten Tempels aus Stein.

Die dritte Stelle: Jesus wird vom Hohen Rat verhört. Die Zeugen erklären: „Wir hörten ihn sagen: Ich werde diesen von Menschenhand gemachten Tempel zerstören, und in drei Tagen werde ich einen anderen, nicht handgemachten Tempel bauen" (14,58). Beim Vergleich mit den entsprechenden Stellen in den anderen Evangelien fällt auf, dass diese ein Detail auslassen, das bei Markus entscheidend ist: Markus fügt zweimal ein Adjektiv hinzu; er spricht von einem „handgemachten“ (*cheropoieton*) und, parallel dazu, von einem „nicht handgemachten“ (*acheropoieton*) Tempel. Nur bei Markus hebt Jesus diesen Gegensatz hervor. Der Evangelist sieht in Jesu Werk die „Erbauung“ eines nicht materiellen, neuen Tempels.

Die vierte Stelle, die vom Tempel handelt, führt uns zum Höhepunkt. Jesus hängt am Kreuz; das Geheimnis seiner Person enthüllt sich immer mehr. In 15,29 heißt es: „Die Leute, die vorbeigingen, verhöhnten ihn und sagten: Ha, du, der du den Tempel zerstörst und in drei Tagen wieder aufbaust, rette dich! Steig runter vom Kreuz!“ Erneut geht es um das Thema der Tempelzerstörung und -errichtung, doch jetzt leuchtet dem Leser deutlicher auf, um welchen Tempel es sich handelt: um einen „inneren“ Tempel, um den Tempel des verherrlichten Leibes Christi.

In 15,38f ist ein letztes Mal vom Tempel die Rede. Der Weg ist abgeschlossen. Der wahre Tempel kommt nun zum Vorschein; die große Offenbarung, die den vollkommenen Glauben hervorbringt, kann zelebriert werden. Jesus ist tot, doch der Augenblick seines Todes ist der Beginn der Auferstehung. Markus lässt unmittelbar auf Jesu Tod den Satz folgen: „Und der Vorhang des Tempels wurde von oben bis unten in zwei Stücke gespalten“ (15,38). Der Vorhang des Tempels verhüllte das Allerheiligste, das heißt das Geheimnis Gottes. Jetzt kann man Gott sehen; er ist nicht mehr verborgen hinter jenem schweren Stoff, der der Abschirmung diente. Was aber kommt dahinter zum Vorschein? Markus sagt es uns in den Worten des römischen Hauptmanns: „Als der Hauptmann, der dabeistand, gegenüber von ihm, sah, dass er so aushauchte, sprach er: *Alethos houtos ho anthropos hyios Theou en* – Wahrhaft, dieser Mensch war Sohn Gottes“ (15,39). Wichtig ist das *alethos*, „wahrhaft, in Wahrheit“. Die Wahrheit ist in der Sprache der Bibel der Glaube, die Erleuchtung durch Gott, nicht eine bloß mit dem Verstand erfasste Wahrheit.

Dieser Mensch war wirklich Gottes Sohn: Der neue Tempel steht, der Vorhang ist offen. Im Fleisch dieses Menschen Jesus ist uns der Sohn Gottes begegnet.

### *Die universale Erleuchtung*

Der Weg, auf den Markus uns geführt hat, ist abgeschlossen. Aus der Finsternis sind wir zum vollen Licht gelangt. Einige Hinweise auf den Zielpunkt hat er uns schon unterwegs gegeben, aber sie waren eher verborgen. Im Nachhinein wird deutlich, dass sie alle zum Kreuz Jesu Christi hinführen.

Bereits als Jesus sein öffentliches Wirken begann, verkündeten die Dämonen: „Du bist der Sohn Gottes" (3,11). „Jesus, Sohn des höchsten Gottes!", schrie der Dämon, der einen Mann aus Gerasa befallen hatte (5,7). Ein erstes Licht war bei der Taufe Jesu am Jordan erschienen, aber nur Jesus hatte es gesehen: „Du bist mein geliebter Sohn" (1,11). Bei der Verklärung vernahmen nur einige Jünger: „Das ist mein geliebter Sohn" (9,7). Jetzt, unter dem Kreuz, können alle „die Wahrheit" erkennen. Nicht von ungefähr ist es nicht ein Jünger Jesu, sondern ausgerechnet ein römischer Centurio, der das Bekenntnis ausspricht. Er verkörpert die ganze Menschheit, die im Tod Jesu am Kreuz das Leben sieht.

## Resümee

Die Grundlinien des Markusevangeliums, die wir herausgearbeitet haben, zeigen, wie dieses Evangelium zu lesen ist: als eine Bekehrungsgeschichte, als Geschichte einer Erleuchtung.

Darin spiegelt sich die innere Entwicklung, die ein jeder durchlaufen muss. Zu Christus hinzufinden ist ein oft mühsamer Weg zum Licht. Man kommt nicht umhin, mit vielen festen Schemata zu brechen, unterwegs vieles aufzugeben, sich vom lieben Geld zu trennen, das eigene Ich, das einem noch viel teurer ist, zu vergessen und sich selbst zu verleugnen, transparent und einfach zu werden wie die Kinder. Man muss fähig werden, die lichtvollen Fragmente, die Jesus uns sehen lässt, wahrzunehmen, und vor allem geht es darum, schließlich einzutreten in jenen lebendigen „Tempel" des verherrlichten, österlichen Christus, der schon in seinem Tod offenbar wird.

Angesichts des Todes Christi stellt sich die Frage nach dem Sinn des Sterbens überhaupt. Mancher Tod ist so bitter, wie ihn der sizilianische Schriftsteller Leonardo Sciascia (1921–1989) in seinem Werk *Der Ritter und der Tod* (P. Zsolnay Verlag, Wien/Darmstadt 1990) beschreibt: „Der Tod als ein Quid und ein Quantum, das zwischen Knochen, Muskeln und Drüsen im Blut umherschwamm, bis es eine Vertiefung, eine Nische, einen Nistplatz fand, wo es explodieren konnte. Eine kleine Explosion, ein Brandherd, eine zunächst noch ungleichmäßige Glut und schließlich der unaufhörliche, übermächtige Schmerz, der wuchs und wuchs, bis der Körper ihm nicht mehr standzuhalten schien, und der alles überflutete." Der Tod: eine eisige Realität, die immer mehr vom Menschen Besitz ergreift, bis sie ihn erstarren lässt und alles verzehrt. Doch wir haben auch den lichtvollen Tod Christi vor Augen, den von Hoffnung geprägten Tod von Christen. Ein wirklich Glaubender oder ein Mensch mit aufrichtigem Herzen kann in den Worten, die der Hauptmann an jenem Nachmittag vor den Toren Jerusalems auf der kleinen Erhebung namens Golgota ausgesprochen hat, eine tiefe Hoffnung finden: „Wahrhaft, dieser ist Gottes Sohn." Allein Jesus vermag uns dem elenden Tod zu entreißen und die Freude über ein Sterben zu schenken, das Vorspiel der Auferstehung ist.

## Die Wunder Jesu bei Markus

### Vorbemerkungen

Nach diesem Überblick über das Markusevangelium können wir uns einem Aspekt zuwenden, der immer schon Naturwissenschaftler, Psychologen und Theologen beschäftigt hat: dem Problem der Wunder. Wundererzählungen sind charakteristisch für alle Evangelien. Würde man sie aus den Evangelien entfernen, wäre es, wie einmal treffend gesagt wurde, als würde man aus Shakespeares *Hamlet* den König streichen.

Die Wunder der Evangelien sind nicht irgendwelche Taten eines Wundertäters oder ein aufsehenerregendes Spektakel. Vielmehr haben sie, wie besonders im Johannesevangelium deutlich wird, Zeichencharakter: Sie sind Zeichen par excellence. Die zugrunde liegenden geschichtlichen Fakten können schwerlich isoliert herausgearbeitet und beschrieben werden. Ein „Wunder" kann schon von seinem Wesen her nicht bewiesen werden, weil es die üblichen Abläufe der Natur und die Gesetzmäßigkeiten des Verstandes übersteigt; die geschichtliche Wirklichkeit ist stets Zeichen, Hinweis auf eine sie übersteigende Dimension. In den Evangelien werden die Wunder Jesu vor allem als Taten der Liebe dargestellt. Und die Liebe wirkt Wunder.

Markus ist der Evangelist, der Jesu Taten am stärksten in den Vordergrund rückt. Die Hände Jesu, die Wunder wirken, erscheinen noch wichtiger als die Worte, die er sagt. Während Matthäus den Schwerpunkt auf die Reden Jesu legt, kommen wir bei Markus zu folgendem statistischem Befund: 209 der 666 Verse, das ist fast ein Drittel des Gesamttextes, sind Wundererzählungen gewidmet. Das Zeichen, dass Jesus das Reich Gottes aufrichtet, ist in seinen Wundern zu finden. Schon deshalb dürfen wir sagen, dass die Wunder auch für Markus – den vordergründig am wenigsten theologischen Erzähler – nichts Mirakulöses sind. In gewissem Sinn sind die Worte Jesu „wundersamer" als seine Taten. Die Wunder dienen als eine Art Ergänzung zu seinem Wort; sie sind der Beweis (nicht im mathematisch-naturwissenschaftlichen Sinn), dass das Reich Gottes gekommen ist, dass sich ein neuer Horizont auftut und ein neuer Morgen anbricht. Im Lukasevangelium steht ein Jesuswort, das die Bedeutung der Wunder, besonders der Dämonenaustreibungen, gut zusammenfasst: „Wenn ich aber die Dämonen durch den Finger Gottes austreibe, dann ist doch das Reich Gottes schon zu euch gekommen" (Lk 11,20).

Markus gibt in 1,32–34 eine Zusammenfassung des Wirkens Jesu. Der Schwerpunkt liegt auf den Wundern, besonders auf den Dämonenaustreibungen:

„Am Abend, als die Sonne untergegangen war, brachte man alle, denen es schlecht ging, und die Besessenen zu Jesus. Die ganze Stadt war an der Tür zusammengekommen. Und er heilte viele, denen es schlecht ging aufgrund aller möglichen Krankheiten, und viele Dämonen trieb er aus. Und er ließ die Dämonen nicht reden, weil sie ihn kannten" (1,32–34). Im letzten Satz begegnet uns das bereits besprochene „Messiasgeheimnis". Die Wundertätigkeit Jesu – theologisch verstanden, nicht oberflächlich im Sinne eines spektakulären Agieren eines „Stars" – ist nicht nur ein fester struktureller Bestandteil der Evangelien, sondern war auch für die geschichtliche Gestalt Jesu charakteristisch. Auch außerhalb der Evangelien gibt es eine Tradition, in der Jesus dargestellt wird als jemand, der merkwürdige Zeichen vollbringt. Dies bestätigen uns zwei Zeugnisse von Menschen, die ihm und der Kirche nicht wohlgesonnen waren und folglich nicht das geringste Interesse hatten, Jesus als etwas Besonderes herauszustellen. Das erste Zeugnis ist ein jüdischer Text, ein Abschnitt des Talmuds über den Hohen Rat (43a): „Am Vorabend des Pesachfestes haben sie Jesus gehängt. 40 Tage zuvor hatte der Herold ausgerufen: Dieser geht hinaus, um gesteinigt zu werden, weil er Zauberei getrieben und Israel verlockt und abtrünnig gemacht hat. Jeder, der etwas zu seiner Verteidigung zu sagen hat, komme und sage es. Aber sie fanden nichts zu seinen Gunsten und hängten ihn am Vorabend des Pesachfestes." Jesus wird zweier Vergehen bezichtigt: der Aufwiegelung des Volkes und der Magie. Der Vorwurf magischer Praktiken ist ein kritischer, polemischer Hinweis auf seine Wundertaten.

Der zweite Text ist heidnischen Ursprungs. Er ist uns überliefert in einem Werk eines berühmten christlichen Schriftstellers der ersten Jahrhunderte: Origenes von Alexandrien in Ägypten. Origenes zitiert aus einer Schrift des platonischen Philosophen Celsus, eines vehementen Gegners der Christen. Origenes' Werk *Gegen Celsus* ist eine apologetische Abrechnung mit dessen Schrift *Alethos logos* (Die wahre Lehre), die verloren gegangen ist. In dieser war von einer volkstümlichen heidnischen (vielleicht auch in einigen jüdischen Kreisen kursierenden) Tradition die Rede, nach der Jesus ein uneheliches Kind Marias gewesen sei, die vor der Eheschließung mit dem Handwerker Josef von einem römischen Soldaten namens Pandera schwanger geworden sei. Josef habe sie verstoßen, und so habe sie ihren Sohn in der Wüste zur Welt gebracht. Jesus sei ein kräftiger junger Mann geworden und schließlich nach Ägypten ausgewandert, um zu überleben. Dort „versuchte sich Jesus an einigen Zauberkräften und kehrte darauf wieder zurück, wobei er sich wegen jener Kräfte öffentlich als Gott erklärte" (Gegen Celsus I,38). Auch in diesem Text ist von Magie die Rede, das heißt von den wunderbaren Taten Jesu. Dass Jesus solche außergewöhnlichen Zeichen vollbracht hat, war also auch außerhalb der Evangelien anerkannt. Doch er hat sie nicht mit Hilfe magischer Praktiken gewirkt und auch nicht, um erfolgreich und berühmt zu werden, sondern damit die Menschen an das Gottesreich glauben.

Wir können an dieser Stelle nicht auf all die Fragen eingehen, die die Wunder Jesu aufwerfen, zum Beispiel die Frage nach der jeweiligen Historizität (dafür muss auf spezielle Untersuchungen verwiesen werden). Wir werden uns auf eine Art von Wundern beschränken, die uns vielleicht die größten Schwierigkeiten bereitet: die Heilung bzw. Befreiung der Besessenen von den Dämonen. Dabei werden wir den biblischen Text nicht, wie es manchmal geschieht, buchstäblich auslegen; denn dies würde ihm nicht gerecht.

## Die Heilung von Besessenen

Die Evangelien haben eine ganz bestimmte Sprache, die im engen Bezug zu einer konkreten Umgebung steht und Ausdruck einer konkreten Erfahrung ist. Am Beispiel dreier Heilungen von Besessenen werden wir verschiedene Gesichter des Dämonischen und des Bösen verdeutlichen.

### *Der Besessene aus Kafarnaum (1,21–28)*

Die erste Erzählung spricht am ausdrücklichsten von der Gestalt eines Dämons, der wie eine „Person" mit Jesus selbst spricht. Eine Parallele zu dieser Erzählung des Markus findet sich nur bei Lukas.

„Und sie gingen nach Kafarnaum hinein, und sofort, am Sabbat, trat er in die Synagoge und lehrte. Und sie waren außer sich über seine Lehre; denn er lehrte sie wie einer, der (göttliche) Vollmacht hat, nicht wie die Schriftgelehrten. Und da war in ihrer Synagoge ein Mann, der von einem unreinen Geist besessen war. Er schrie auf: Was haben wir mit dir zu tun, Jesus von Nazareth? Bist du gekommen, uns zu vernichten? Ich weiß, wer du bist: der Heilige Gottes. Und Jesus fuhr ihn an: Schweig und komm heraus aus ihm! Der unreine Geist zerrte den Mann hin und her und kam mit lautem Geschrei aus ihm heraus. Und sie erschraken alle, sodass sie untereinander stritten: Was ist das? Eine neue Lehre, mit Vollmacht verkündet! Er befiehlt den unreinen Geistern, und sie gehorchen ihm. Und sein Ruf drang hinaus, überallhin in das ganze Gebiet von Galiläa" (1,21–28).

Bei einer aufmerksamen Lektüre erkennt man, dass im Mittelpunkt der Erzählung das Wort, die Lehre Jesu steht: Dreimal wird davon gesprochen (1,21.22.27). Die Macht des Wortes Jesu hat den Evangelisten am stärksten beeindruckt. Diese Beobachtung ist wichtig angesichts neuerer Tendenzen, das Hauptaugenmerk wieder auf den Dämon, auf den Teufel zu richten. Doch dieser spielt in der Erzählung nur eine Nebenrolle; im Zentrum steht Christus. Für den christlichen Glauben ist nicht der Glaube an die Existenz des Teufels das Entscheidende, sondern der Glaube an Christus, der vom Bösen befreit. Der Akzent liegt auf der Frohen Botschaft; das Evangelium von Christus, sein wirkmächtiges Wort sind die Mitte.

Neben diesem Wort ist in dem Abschnitt ein anderes Element von großer Bedeutung: das Glaubensbekenntnis des Dämons, die Erklärung, Jesus sei „der Heilige Gottes". Dieser ist in der biblischen Sprache das Geheimnis schlechthin. Jesus reagiert in der für das Markusevangelium typischen Weise: mit einem Schweigebefehl. Das Bekenntnis ist eine satanische Epiphanie, aber nichtsdestoweniger ein Bekenntnis authentischen Glaubens: Sogar das Böse erkennt Jesus, es wird überwältigt von dem Wort des Evangeliums. Über diese Epiphanie breitet sich der Schleier des Geheimnisses, das Jesus hüten möchte.

Zu jenem mysteriösen Wesen, das Markus zwölf Mal als „unreinen Geist" und ebenso oft als „Dämon" bezeichnet, sei hier nur gesagt, dass es nicht rückführbar auf die Person des Besessenen selbst ist. Es besitzt eine Kenntnis des Christusgeheimnisses, die den Menschen noch nicht gegeben ist, die Jesus ihnen noch nicht offenbart hat. Wie dem auch sei, wichtig ist, dass an diesem „Wesen" das Wort Gottes seine

Wirkmacht entfaltet. Das laute Schreien signalisiert den Todesschrei des Dämons.

Auch wenn es nicht das entscheidende Thema der Erzählung ist, müssen wir doch festhalten, dass in diesem Fall der Dämon offenkundig nicht ganz allgemein das unsagbare Böse oder die Bosheit des Menschen symbolisiert. Wir stehen vielmehr vor einer ganz bestimmten Realität, die die menschliche Person übersteigt. Freilich gibt es in den Evangelien auch Stellen, in denen der „Dämon" in einer anderen Richtung interpretiert werden muss, wie das nächste Beispiel zeigt.

### *Der Besessene von Gerasa (5,1–20)*

Jerash (Gerasa) ist eine herrliche Stadt mit bedeutenden archäologischen Überresten im heutigen Jordanien. Die einst reiche griechisch-römische Stadt bietet mit ihrem alten römischen Forum, dessen Säulen einer großen geöffneten Blüte gleichen, und all den anderen alten Monumenten immer noch einen malerischen Anblick. Jerash liegt also nicht, wie die Erzählung des Markus nahelegt, am See von Galiläa. Es könnte freilich sein, dass sich das Gebiet von Gerasa bis dorthin erstreckte. Interessanter als diese geografische Frage ist die Tatsache, dass es der Name einer heidnischen Stadt ist. Gerasa gehörte zur berühmten „Dekapolis", einem zehn griechisch-römische Städte umfassenden florierenden Bündnis, auf das auch im Evangelium Jesu Bezug genommen wird. Kein strenggläubiger Jude hätte diese heidnischen Städte, die als unrein galten, betreten.

Matthäus siedelt die Erzählung im Gebiet von Gadara an (Mt 8,28), in einigen Textzeugen des Lukasevangeliums ist von Gergesa die Rede (vgl. Lk 8,26). Die Archäologen tendieren heute dazu, Gerasa mit einer Lokalität namens Kursi in einem Tal, das in den See von Galiläa einmündet, zu identifizieren. Dieser arabische Name könnte eine Ableitung von Gerasa sein. Wie dem auch sei, die Ortsbezeichnungen treten zurück hinter der eigentlichen Absicht der Evangelisten, die uns schließlich keine exakte Landkarte Palästinas bieten wollten.

Die Erzählung ist gespickt mit allem, was ein Jude als böse oder unrein betrachtete: „Sie kamen an die gegenüberliegende Seite des Meeres, in das Land der Gerasener. Als er aus dem Boot stieg, kam ihm sogleich von den Gräbern ein Mann mit einem unreinen Geist entgegen. Seine Behausung waren die Grabhöhlen; nicht einmal mit einer Kette konnte ihn jemand festbinden. Schon oft war er mit Fußfesseln und Ketten gefesselt worden, aber er hatte die Ketten zerrissen und die Fesseln zerrieben, und keiner konnte ihn bändigen. Die ganze Zeit, bei Tag und Nacht, war er in den Grabhöhlen und auf den Bergen, er schrie und schlug sich mit Steinen. Als er Jesus von Weitem sah, lief er zu ihm hin, fiel vor ihm nieder und schrie mit lauter Stimme: Was habe ich mit dir zu tun, Jesus, Sohn des höchsten Gottes? Ich beschwöre dich bei Gott, quäle mich nicht! Jesus hatte nämlich zu ihm gesagt: Komm heraus aus diesem Menschen, du unreiner Geist! Und Jesus befragte ihn: Wie heißt du? Er antwortete: Mein Name ist Legion; denn wir sind viele. Und er flehte Jesus an, sie nicht aus dem Land wegzuschicken. Nun weidete dort bei dem Berg gerade eine große Herde von Schweinen. Da baten ihn die Dämonen: Schick uns in die Schweine, damit wir in sie hineinfahren! Und er erlaubte es ihnen. Und da fuhren die unreinen Geister heraus, hinein in die Schweine, und die Herde raste den Abhang hinunter in das Meer, etwa zweitausend Tiere, und sie ersoffen im Meer. Die, die sie geweidet hatten, flohen, und sie meldeten es in der Stadt und auf den Höfen; und die Leute kamen, um zu sehen, was passiert war" (5,1–14). Der Mann war befreit, er „saß da, bekleidet und bei Sinnen" (5,15).

Die Auflistung der symbolischen Elemente in diesem Abschnitt gibt ein eindrucksvolles Bild:

– Dreimal ist von Gräbern die Rede, dem unreinen Ort par excellence (5,2.3.6).
– Die Schweine sind sozusagen die Verkörperung des Unreinen.
– Die aufgewühlten Wasser des „Meeres" (gemeint ist der See) sind ein Symbol für das Böse, für das Chaos. In der Offenbarung des Johannes heißt es, im himmlischen Jerusalem gebe es kein Meer, weil es nichts Böses mehr gibt.
– Im Gebiet der Dekapolis wohnen heidnische Völker.
– Der eigentümliche Name des Dämons bzw. der unreinen Geister lautet „Legion", eine römische Heeresbezeichnung. Man vergegenwärtige sich, wie sich nach der Offenbarung des Johannes im Römischen Reich das Böse bündelt!

Wenn wir die Beschreibung des Besessenen genauer betrachten, stellen wir fest, dass es die typische Beschreibung einer Geisteskrankheit ist. Im Talmud wird ein Geistesgestörter wie folgt beschrieben: „Er schläft nachts zwischen den Gräbern, er zerreißt seine Kleider und ist versucht, sich selbst und anderes zu zerstören."

Auch die „Berge" haben eine Bedeutung. In der Sprache der Bibel sind sie äußerst ambivalent: Da ist der Berg Zion, der Berg des Heils, aber da sind auch andere, gefährliche Berge, die der heidnischen und kanaanäischen Kulte. Wenn in der Geschichte des alten Israel ein gerechter König erscheint, trägt er die Erhebungen, die „Berge", ab.

Eine Auswertung dieser Beobachtungen ergibt: Die Geschichte von dem Besessenen von Gerasa ist zunächst die Erzählung von der Heilung eines Geisteskranken. In diese Heilungsgeschichte ist freilich eine weitere Dimension hineingewoben: In typisierter, gebündelter Form begegnet uns die geschichtliche Wirksamkeit des Dämonischen. Auf einen Begriff gebracht, könnten wir sie als Götzendienst bezeichnen. Dafür spricht eine Jesajastelle, in der die Götzendiener beschrieben werden: „Sie sitzen in Grabkammern und verbringen die Nächte in Höhlen; sie essen das Fleisch von Schweinen und haben Brühe von verdorbenem Fleisch in ihren Töpfen ... Weil sie auf den Bergen Weihrauch verbrannten und mich auf den Hügeln verhöhnten, messe ich ihnen ihren Lohn zu und zahle ihnen heim, wie sie es verdienen" (Jes 65,4–7). Hier finden wir die wichtigsten Symbole wieder, mit denen auch Markus die Situation charakterisiert. Während in Mk 1,21–28 der Dämon als eine Größe mit einer eigenen Identität erschien, zeigt er in 5,1ff keine „personalen" Züge; er steht für die in der Geschichte wirksamen bösen Kräfte. Es geht um den Götzendienst, um das Böse, das der Mensch selber schafft.

Markus präsentiert uns eine *Relecture* der Erzählung von der Heilung eines geistig Gestörten: Er sieht darin den Sieg Jesu über den Dämon, der hier in einem weiten Sinn als Götze verstanden wird. Der Sieg Jesu wird verkündet in dem Glaubensbekenntnis: „Jesus, Sohn des höchsten Gottes". Dieser Triumph Christi über das Böse und den Götzendienst wird in der Geschichte von den Schweinen eindrucksvoll in Szene gesetzt.

### *Die Heilung eines besessenen Jungen bzw. Epileptikers (9,14–29)*

Der Begriff „Dämon" ist ein analoger Begriff, der vielerlei bezeichnen kann. Die vielleicht schwächste Bedeutung hat er in der Geschichte von der Heilung eines Jungen, die Markus an die Verklärung Jesu auf dem Berg anschließt. Nachdem Jesus und die drei Jünger vom Tabor hinabgestiegen sind, sehen sie eine große Menschenmenge um die Jünger versammelt. Einer aus der Menge hat seinen kranken bzw. besessenen Sohn mitgebracht.

Die meisten Exegeten sind überzeugt, dass in diesem Abschnitt zwei ursprünglich getrennte Erzählungen miteinander verschmolzen wurden: die Heilung eines Epileptikers und die Erzählung von einem Besessenen. Im Vordergrund steht an sich die Heilung von der Epilepsie, doch in der Verbindung (und in der Intention des Markus) wird das Ganze zur Erzählung von der Heilung eines Besessenen. Dass es sich um einen Epileptiker handelt, ergibt sich aus den beschriebenen Symptomen: „Wo immer er (der stumme Geist) ihn (den Jungen) packt, reißt er ihn nieder, und dem Jungen tritt Schaum vor den Mund, er knirscht mit den Zähnen und wird starr" (9,18). Auch die Krämpfe werden beschrieben: „... auf die Erde fallend, wälzte er sich mit Schaum vor dem Mund" (9,20); „... oft hat er (der Geist) ihn sogar ins Feuer oder ins Wasser geworfen" (9,21).

Im Alten Orient wies man diese physische Krankheit dem Wirken von Dämonen zu; so ist verständlich, dass Elemente einer Dämonenaustreibung in die Erzählung eingewoben wurden. Auch wir werden beipflichten, dass es mit den physischen Krankheiten, mit dem Leiden und unserer Begrenztheit etwas Geheimnisvolles auf sich hat. Unsere Begrenztheit und unsere von Leid durchzogene Existenz sind an sich nichts Böses, nichts „Dämonisches"; aber es sind Aspekte unseres kreatürlichen Seins, die mit der menschlichen Unvollkommenheit und Unvollendetheit zusammenhängen; und wo etwas nicht vollendet ist, ist nicht Gott. In diesem Sinn können wir sagen, dass der Abschnitt über die Heilung des Epileptikers ein Versuch ist, den Sieg Christi auch über das körperliche Leid zu deuten, wobei dieses als etwas Dämonisches beschrieben wird. Freilich müssen wir uns hüten, hier eine enge Beziehung herzustellen. Jesus hat es abgelehnt, in der Krankheit eine Folge des Bösen zu sehen: „Weder er noch seine Eltern haben gesündigt", sagt er im Johannesevangelium über den Blindgeborenen (Joh 9,3). Schon Ijob hat sich beharrlich geweigert, das ethisch-moralische Böse unmittelbar mit körperlichen Übeln in Zusammenhang zu bringen, wenn auch in der geschöpflichen Unvollkommenheit in gewisser Hinsicht die Folgen der Sünde sichtbar werden.

Die Grundthese des Markusabschnitts lautet: Jesus ist der Sieger über die Finsternis der Krankheit. Darüber hinaus möchte Markus uns deutlich machen: Christus ist auch der Sieger über das – ganz weit verstanden – satanische Böse überhaupt.

Und noch eine Bedeutung verbirgt sich in der Geschichte: Es gibt einen versteckten Hinweis, dass es um sehr viel mehr geht als um die Heilung eines Epileptikers oder um die Befreiung von einem Dämon. In den herrlichen Schlussversen 26 und 27 ist eine Anspielung enthalten, die nur im griechischen Original aufscheint: Der Junge „wurde wie tot (*nekros*), sodass die vielen Leute sagten: Er ist gestorben (*apethanen*). Jesus aber ergriff seine Hand, richtete ihn auf (*egeiren*), und er stand auf (*aneste*)". Wer das neutestamentliche Griechisch, das christliche Credo oder die kurzen Glaubensformeln in den paulinischen Briefe kennt, wird bemerken, dass die Begriffe, die Markus hier wählt (*nekros, apethanen, egeiren, aneste*), exakt das Vokabular sind, mit dem Jesu Tod und Auferstehung beschrieben werden: *Egeiren* heißt nicht nur „aufrichten", sondern auch „auf(er)wecken", und *aneste*, eine Form von *anistemi*, bedeutet „aufstehen, auferstehen". In einem einzigen Vers werden grundlegende Verben des christlichen Glaubensbekenntnisses gebündelt, sodass man in dem geheilten Kranken wie in einer Doppelbelichtung deutlich das Bild einer anderen Person erkennt: die des auferstandenen Christus.

Die Kernbotschaft dieser Erzählung ist also im Letzten die Botschaft von der Auferstehung von den Toten, von der Überwindung der Grenzen des Menschen, genauer: jener Grenze, die „Tod" heißt und – im weitesten Sinn des Wortes – „dämonische" Züge hat.

## Exkurs: Der Teufel

Wenn in den biblischen Texten von „Besessenen" die Rede ist, dürfen wir nicht automatisch auf die Präsenz eines Dämons schließen. Die Bibel bemüht sich zu zeigen, dass die Vorstellung vom Diabolischen und Dämonischen sehr facettenreich ist: Sie bezieht sich auf eine geheimnisvolle „personale" Realität, zugleich aber auf den Götzendienst, das Böse der Geschichte, das Böse des Menschen und seiner Entscheidungen und schließlich jene Spur des „Dämonischen", die im Leiden enthalten ist.

Von Leonardo Sciascia stammt das Wort: Der Teufel war „dermaßen müde, dass er alles den Menschen überließ, die es besser konnten als er" (*Der Ritter und der Tod*, a. a. O., S. 82). Schon Goethe schrieb im Faust, der große Böse sei verjagt worden, und die kleineren Bösewichte seien alle geblieben.

Einerseits sollten wir jede exzessive Sicht des Dämonischen entmythologisieren, andererseits finden sich in der Heiligen Schrift klare Aussagen über den Teufel, so diese Stelle im Ersten Petrusbrief: „Euer Widersacher, der Teufel, geht wie ein brüllender Löwe umher und sucht, wen er verschlingen kann. Leistet ihm Widerstand in der Kraft des Glaubens! Wisst, dass eure Brüder in der ganzen Welt die gleichen Leiden ertragen müssen!" (1 Petr 5,8f).

Wir sollten Übertreibungen in beide Richtungen vermeiden: Weder darf das Diabolische so hervorgehoben werden, dass es schließlich eine echte dämonische Versuchung wird, d. h. eine Verschlimmerung der Gestalt des Teufels; noch sollten wir der anderen dämonischen Versuchung erliegen und die Unhaltbarkeit und Inexistenz des Teufels erklären. Es gibt biblische Aussagen, die wir nicht einfach streichen oder aus dem Glauben entfernen können. Zugleich müssen wir festhalten, dass in die Gestalt des Diabolischen oder Dämonischen zahlreiche Elemente einfließen, die nicht theologisch sind und die es auszusondern gilt: Magie und Aberglaube, krankhafte Elemente gewisser Sekten und Spiritualitäten (auch christlicher!) spielen hier hinein. Es ist ein Phänomen, das unter kulturellen, anthropologischen, psychologischen und theologischen Gesichtspunkten zu betrachten ist. Denken wir etwa an die Faszination, die der Film „Der Exorzist" ausübte, oder an „Rosmaries Baby" (1967) von Polanski, dessen Frau von einer satanischen Sekte ermordet wurde; denken wir an die Zusammenkunft von Fachleuten verschiedener Provenienz 1989 in Turin, die sich mit dem Thema Teufel beschäftigt haben. In allen Deutungsversuchen sollten wir eine Ausgewogenheit bewahren, ohne uns zu allzu einfachen Extrempositionen verleiten zu lassen.

In der Aufklärung wurde der Teufel mit großem Optimismus als reines Fantasieprodukt primitiver Menschen erklärt. In die andere Richtung schlug das Pendel zur Zeit der Romantik aus: Satan wurde zum Symbol des Helden, der es wagt, Gott herauszufordern; er war der kühne Held, der unterwegs ist zur Freiheit und Schönheit – gegen jenen Gott, der dem Menschen die Flügel stutzt. (Denken wir an Nietzsche oder an die „Hymne an Satan" des Italieners Carducci!)

Wenn wir in der Frage nach dem Teufel weiterkommen möchten, müssen wir sorgsam reflektieren und abwägen. Wer verstehen will, muss unterscheiden können. Nur Gott vermag in einem Augenblick alles zu erfassen; wir Menschen eignen uns die Wahrheit schrittweise, analytisch an, um dann vielleicht zu einem intuitiven Erfassen zu kommen. Doch Intuitionen haben wir selten: Sie scheinen ein Privileg der Genies, der Dichter und der Heiligen zu sein.

Zunächst einige thesenartige Vorbemerkungen zu dem dunklen Geheimnis des Bösen:

1. Vor allem ist die zentrale Bedeutung des Teufels abzulehnen. Wer unter diesem Albdruck leidet, der das Resultat einer bestimmten religiösen Erziehung ist, sollte versuchen, sich davon zu befreien; denn es ist keine christliche, son-

dern eine heidnische Sicht. Für die Christen steht Christus, steht Gott im Mittelpunkt. Wir dürfen keinen „theologischen Satanismus" pflegen und müssen jede manichäische und dualistische Sicht, nach der es einen Gott und einen „Antigott" gibt, entschieden ablehnen. Der Dämon steht in jeder Weise unter Gott; es gibt nicht zwei Prinzipien, das des Guten und das des Bösen, die die Geschichte beherrschen und leiten. Die christliche Tradition bekennt, dass der Teufel eine Kreatur ist; das aber heißt, dass er auf eine Weise, die für uns nicht fassbar ist, in einen Bereich hineingehört, der an die menschliche Realität angrenzt.

2. Wir müssen jede Vorstellung ablehnen, die den Teufel zum Alibi nimmt, um von der Freiheit und Verantwortlichkeit des Menschen abzulenken. Wir sollten zuerst den Zeigefinger gegen uns selbst erheben, statt die Schuld bei anderen zu suchen und uns damit zu trösten, dass andere uns mitgezogen und gebrochen hätten. Zunächst gilt es, den Menschen mit seiner Freiheit zu sehen, die ein faszinierendes und zugleich erschreckendes, tragisches Risiko darstellt.

3. Wir müssen die Vorstellung zurückweisen, dass die Erlösung, die Christus gewirkt hat, allein dazu diente, die Untaten des Teufels oder die Vergehen des Menschen zu beheben. Die Erlösung ist weit mehr. Paulus trifft diesbezüglich ein klares Urteil: „Wo die Sünde mächtig wurde, da ist die Gnade übergroß geworden" (Röm 5,20).

4. Wir dürfen nicht der Versuchung verfallen, das Böse mit physischen oder psychischen Erkrankungen zu verwechseln und in diesen immer etwas Dämonisches zu sehen.

### *Das Diabolische in der Bibel*

Die Bibel stellt uns recht deutlich einige Punkte vor Augen, die wir zum Teil soeben angesprochen haben und die mit unterschiedlichen Akzentuierungen auch in die Tradition Eingang gefunden haben. Beim Umgang mit der Tradition ist wichtig, dass wir nicht eine bestimmte Erklärung, ein einziges Dokument zum alleinigen Maßstab nehmen; vielmehr muss sie in ihrer globalen Entwicklung gesehen werden, so wie wir ja auch in der Bibel nicht in einem einzigen Vers der ganzen Wahrheit ansichtig werden.

In der Bibel begegnet uns auch Gott als Versucher. Eine kuriose Erzählung steht in 2 Sam 24: Hier ist es der Herr, der David in die Versuchung führt, eine Volkszählung vorzunehmen (24,1). Diese Geschichte zeigt, dass in der Versuchung nicht nur das Prinzip des Bösen am Werk ist. Eine Versuchung kann durchaus etwas Edles und Wertvolles sein, wenn es stimmt, dass selbst der Sohn Gottes nicht davon verschont blieb. Wahrscheinlich ist sie nichts anderes als eine Aktivierung des Spiels der Freiheit. Gott selbst, der uns die Freiheit gegeben hat, ist es, der in der Versuchung die Freiheit aktiviert.

Andererseits fällt auf, dass es in der Parallelstelle im ersten Buch der Chronik, in der dieselbe Geschichte erzählt wird, heißt: „Der Satan … reizte David, Israel zu zählen" (1 Chr 21,1). Offenkundig variieren die Vorstellungen über die Versuchung; sie kann aus unterschiedlichen Perspektiven betrachtet werden.

Im Buch Ijob ist Satan ein Engel des göttlichen Kronrats, mehr noch: Er ist der Staatsanwalt, der die Rechte Gottes zu verteidigen hat. Deshalb provoziert er den Menschen, um zu prüfen, ob dieser treu ist oder nicht. Hier handelt es sich geradezu um eine „positive" Sicht Satans, des Versuchers.

Später begegnet uns freilich auch der diabolische Geist; es kommt zu einem Umschwung ins Negative, vom Licht in die Finsternis. Im letzten Buch des Neuen Testaments, in der Offenbarung des Johannes, sind der Drache, die Schlange, der Teufel vor allem die Verkörperung der politischen Macht, welche die Kirche verfolgt. Dies ist noch ein anderes Verständnis des Dämonischen: das Dämonische in der Geschichte als degenerierte menschliche Freiheit, die zur

„Sünde der Welt" wird. In dieser Sicht ist das Dämonische nicht notwendigerweise die Person des „Teufels", sondern eine Personifizierung des Bösen.

Aber es gibt, wie gesagt, auch biblische Stellen, in denen der Teufel als mysteriöse Gestalt erscheint, als „Schatten Gottes", der in der verworrenen, geheimnisvollen Geschichte am Werk ist. Kurz: Die Bibel zeigt uns im Zusammenhang mit der Kategorie des „Teufels" ein breites Spektrum möglicher Bedeutungen.

Es bleibt festzuhalten, dass nicht alles auf ein dämonisches Wesen außerhalb von uns zurückzuführen ist. Es gibt auch etwas Dämonisches, das durch uns entsteht, es gibt etwas Dämonisches in der Geschichte, und es gibt etwas „Diabolisches", das geradezu „gut" und notwendig ist zur Läuterung und Bewährung im Glauben (denken wir etwa an die „Versuchung" Abrahams, seinen Sohn zu töten, was ihm ermöglichte, schließlich ein großes Zeugnis seines Glaubens zu geben).

*Ein* Element in diesem Zusammenhang ist der „Teufel" als „Person", dessen Existenz in der biblischen Linie von der ältesten christlichen Tradition wie in päpstlichen Erklärungen jüngeren Datums immer wieder betont wurde. Paul VI. hat sich dazu 1968 in seinem „Credo des Gottesvolks" eindeutig geäußert, ebenso eine Studie der Glaubenskongregation über den christlichen Glauben und die Dämonenlehre aus dem Jahre 1975, und auch in päpstlichen Lehräußerungen wird wiederholt auf den Dämon Bezug genommen. Immer wieder wird freilich auch gesagt, das es daneben eine andere Form des „Dämonischen" gibt: das Böse in uns und in der Geschichte.

Wenn in der Bibel und in der Tradition vom Teufel oder Satan die Rede ist, ist das oftmals eine Typisierung: Das Böse der Welt wird personifiziert. Das sollten wir als Faktum anerkennen. Zugleich sollten wir aber auch anerkennen, dass in der traditionellen kirchlichen Lehre wie schon in der

Bibel von einer Größe die Rede ist, die nicht in das Böse der Welt oder in das Böse, das in meiner Freiheit gründet, aufgelöst werden kann. Jesus hat in der oben erwähnten Heilung des Besessenen aus Kafarnaum (Mk 1,21–28) den Dämon deutlich wie eine Person angeredet. Er „vergisst" für einen Augenblick den Kranken und spricht mit jemand, der ihm entgegensteht, wenn auch auf einer niedrigeren Ebene. Es handelt sich also nicht um ein vages Konzept, sondern um eine geheimnisvolle Wirklichkeit. Ist dieses mysteriöse Etwas eine Person? Der Ausdruck „Person" oder „personales Wesen" ist aus theologischer Sicht keine allzu glückliche Bezeichnung für den Teufel. Joseph Kardinal Ratzinger schrieb schon vor Jahren: „Wenn man fragt, ob der Teufel Person sei, so müsste man richtigerweise wohl antworten, er sei die Un-Person, die Zersetzung, der Zerfall des Personseins" (Dogma und Verkündigung, München-Freiburg i.Br., 1973, S. 233). Denn der Personbegriff ist ein eminent positiver Begriff, der die volle Verwirklichung des Menschseins bezeichnet. In der Theologiegeschichte hat man die griechische Kategorie der Person auf Gott selbst bezogen: Die Rede von den drei göttlichen Personen verweist auf die Fülle des Seins. Satan ist in diesem Sinn die Antiperson schlechthin, eben die „Zersetzung, der Zerfall des Personseins". Martin Luther nannte ihn die *simia Dei,* den Nachäffer Gottes. Wir könnten ihn auch als Nachäffer des Menschen, der menschlichen Person bezeichnen; eben darin liegt die große diabolische Täuschung. Diese „personale" Bedrohung spielt hinein in unsere Freiheit, sie entbindet das Drama dieser Freiheit und die negative Seite der Menschheitsgeschichte.

Dieser kurze Abriss, der weiter vertieft werden müsste, soll genügen. Denn es ist weitaus wichtiger, von Jesus Christus zu sprechen.

Ich möchte schließen mit zwei Zeugnissen, die den Blick über den Horizont des Bösen hinauslenken. Der russische

Theologe Pavel Evdokimov (1901–1970) sieht den Menschen in der Schwebe zwischen zwei Möglichkeiten: „Entweder ist der Mensch ein Engel des Lichts, eine Ikone Gottes, sein Ebenbild, oder er trägt das Bild der Bestie in sich und macht sich zum Affen."

Ambrosius gibt uns zu verstehen, dass das Wichtigste die Hoffnung, die Vergebung, die Erlösung ist. Christus ist weit stärker als das bzw. der Böse in uns und außerhalb von uns. Im letzten Kapitel des *Hexaemeron*, seiner Meditation über die Schöpfung, schreibt er: „Doch jetzt zum Schluss unseres Vortrags! Schon ist ja der sechste Tag vorüber und die Weltschöpfung in vollem Umfang abgeschlossen, da der Mensch fertig da ist, der in sich die Herrschaft über alle Lebewesen trägt, gleichsam summarisch das Universum verkörpert und die Schönheit der ganzen Schöpfung widerspiegelt. Ja, wir wollen Ruhe geben; denn auch Gott ‚ruhte aus von allen Werken der Welt'. Er ruhte aber im Inneren des Menschen, er ruhte in dessen Geist und Willen; denn er hatte den Menschen zu einem vernunftbegabten Wesen gemacht, zu seinem eigenen Nachbild … Ich danke dem Herrn, unserem Gott, der ein solches Geschöpf geschaffen hat, in dem er ruhen konnte. Den Himmel hat er geschaffen; doch ich lese nicht, dass er ruhte. Die Erde hat er geschaffen; doch ich lese nicht, dass er ruhte. Die Sonne und den Mond und die Sterne hat er geschaffen; doch auch da lese ich nicht, dass er ruhte. Wohl aber lese ich, dass er den Menschen geschaffen und dann geruht hat, weil er nun jemand hatte, dem er die Sünden vergeben konnte" (*Hexaemeron* VI, 75f).

# Leiden und Auferstehung Jesu nach Markus

## Vorbemerkungen

Die markinische Darstellung der Passion und Auferstehung Jesu zeichnet sich durch einen straffen, geradezu transparenten Erzählstil aus: Man kann sagen, dass die Ereignisse selbst sprechen. Eine Interpretation dürfte nicht mehr sein als eine hauchdünne Folie; zu lebendig sind die Ereignisse selbst, zu viel haben sie selber zu sagen. Während Johannes eine tiefere Deutung des Geschehens bietet und auch Matthäus tiefer schürft, lässt Markus den Ereignissen ihre wortlose Sprache.

In diesem Zusammenhang sei nochmals daran erinnert, wie wichtig bei der Lektüre der Evangelien die rechte Zuordnung von Geschichte und Glaube ist. Die Evangelien sind ja keine Chronik, sondern vor allem Texte des Glaubens. Aber die Geschichte durchwirkt diese Glaubenszeugnisse, und dies gilt ganz besonders für die Passion und Auferstehung.

Das klassische Schema der letzten Ereignisse im Leben Jesu lag Markus bereits vor. Sie waren Gegenstand der großen urchristlichen Verkündigung, des „Kerygmas“: Als die Christen begannen, die christliche Botschaft zu verkündigen, haben sie zunächst von der Passion, dem Tod und der Auferstehung Christi gesprochen. Sie hatten verstanden, dass dies der Dreh- und Angelpunkt ist.

Markus gibt diese Verkündigung, die er, wenn man eine Verbindung mit Petrus bejaht, von diesem vernommen haben dürfte, mit besonderer Strenge wieder; seine Darstellung ist aufs Wesentliche beschränkt, transparent und ohne Umschweife. Ein solcher trockener Text verleiht dem Gesagten ungleich mehr Nachdruck als eine lange, feierliche Erzählung. Er vermag zu provozieren. Denken wir beispielsweise an die Tragödien des Franzosen Jean Racine (1639–1699): In *Athalie* genügt ihm ein Vokabular von 1000 französischen Wörtern, um eine Fülle von Gefühlen und Emotionen in feinsten Schattierungen wiederzugeben. Da zeigt sich die Kunst eines Genies: mit einem Minimum an Wörtern alles zu sagen; im Fragment das Ganze, das Unendliche aufleuchten zu lassen.

### Erstes Bild: Die Gefangennahme Jesu und die Flucht des jungen Mannes (14,43–52)

In der Beschreibung der Gefangennahme Jesu (14,43–52) finden sich viele Elemente, die allen synoptischen Evangelien gemeinsam sind und zum Teil auch von Johannes erwähnt werden: der Kuss des Judas; das Schwert; der Sklave des Hohepriesters, dem ein Ohr abgehauen wird; die Bemerkung, dass Jesus täglich im Tempel lehrte. Der Verweis auf die Schrift („damit die Schriften erfüllt werden": 14,49) steht bei Matthäus im selben Zusammenhang. Wir werden im Folgenden nicht so sehr die Erzählung als solche betrachten, sondern die charakteristische Note, die Markus der Passionsgeschichte gegeben hat.

In 14,50–52 gibt Markus eine kuriose, leicht ironisch gefärbte Notiz, die die anderen Evangelisten weggelassen haben: „Und alle, ihn verlassend, flohen. Und ein junger Mann folgte ihm, umworfen mit einem Leinentuch auf nacktem Leib, und sie ergriffen ihn; der aber ließ das Tuch fallen und entfloh nackt."

Was hat Markus wohl bewogen, diese Episode zu überliefern? Auf diese Frage wurden viele Antworten gegeben. Einige vermuten, es sei ein Hinweis auf einen Zeugen, der sich für die Angaben des Markus verbürgen könnte. Andere sehen in dem „jungen Mann" Markus selbst. Ein Kommentator schreibt: „Es ist das Gleiche, was wir in vielen berühmten Gemälden finden: die ewige Versuchung des Urhebers, irgendwo am Rand seines Werkes sich selber darzustellen. Markus hat hier seine Unterschrift eingefügt." Wieder eine andere Interpretation deutet die Stelle symbolisch: Markus habe die Geschichte frei nach Amos komponiert und inszeniert: „Selbst der Tapferste unter den Kämpfern, nackt muss er fliehen an jenem Tag" (Am 2,16). Auch das Wort Jesu aus der Endzeitrede könnte im Hintergrund stehen: „Wer auf dem Feld ist, soll nicht zurückkehren, um sein Gewand zu holen" (Mk 13,16). Nach dieser Deutung wäre es ein rein symbolischer Hinweis auf das Ende der Zeiten, eine beiläufige, vage eschatologische Aussage.

Meines Erachtens ist es wahrscheinlicher, dass eine historische Begebenheit zugrunde liegt, auch wenn wir nicht wissen, wer der Akteur war. Wie dem auch sei, Markus hat die Szene in einer Weise beschrieben, dass sie auch symbolischen Charakter gewinnt. „Sie ergriffen ihn" (*kratousin auton*) ist das gleiche Verb, das für Jesu Festnahme verwendet wird (*kratesate*: V. 44; *ekratesate*: V. 48). Der junge Mann ist in ein Leinentuch (griechisch: *sindon*) gehüllt, wie der Leichnam Jesu bei seinem Begräbnis (15,46). Und schließlich erscheint auch bei der Verkündigung der Osterbotschaft ein „junger Mann ..., der mit einem weißen Gewand bekleidet war" (16,5).

Nach orientalischem Stil, der hier im Markustext nachklingt, wird in der Geschichte vom fliehenden jungen Mann eine geschichtliche Erinnerung nicht nur zum Zweck der bloßen Berichterstattung wiedergegeben. In dem unscharf bleibenden Ereignis wird vielmehr bereits auf das Leinentuch Jesu angespielt; schon bei der Gefangennahme Jesu gibt Markus eine Vorahnung der Osterbotschaft, die von einem „jungen Mann" verkündet wird: Christus hat das Leinentuch im Grab gelassen und ist auferstanden.

Wir westlich geprägten Menschen tun uns nicht leicht, solche Überblendungen vom Geschichtlichen zum Symbolischen nachzuvollziehen, doch für die Autoren des Alten

Testaments und für die jüdische Welt beinhaltete dies keine Schwierigkeit. Sie hatten geradezu das Bedürfnis, auch im Alltäglichen verborgene Zeichen zu entdecken.

### Zweites Bild: Der jüdische Prozess (14,53–72)

Die nächste Szene spielt vor dem *Synhedrium* (ein ursprünglich griechisches Wort für den „Rat", das in der aramäischen Transkription zu *sanhedrin* geworden ist). Das *Synhedrium,* der Hohe Rat, bestand aus 70 Mitgliedern sowie dem Hohepriester, der den Vorsitz innehatte. Der Hohe Rat hatte fest umrissene, eingeschränkte politische und administrative Aufgaben, die ihm von Rom zugestanden worden waren. Er setzte sich aus drei Bevölkerungsschichten zusammen, sodass er eine Art jüdischer Senat unter der Macht Roms darstellte:

– Eine erste Gruppe bestand aus den ehemaligen Hohepriestern und dem hohen „Klerus". Dies war der aristokratischste, konservativste Flügel, dessen Mitglieder alle zur Partei der Sadduzäer gehörten (der Name leitet sich vielleicht von einem Hohepriester der salomonischen Zeit namens Zadok ab).

– Eine zweite Gruppe waren die Ältesten, welche die – wenn man so will – „laikale Landaristokratie" vertraten, begüterte Männer, die ebenfalls zu den Konservativen gehörten und vorwiegend aufseiten der Sadduzäer standen.

– Die „Schriftgelehrten" schließlich bildeten den, wie wir heute sagen würden, „linken Flügel". Sie waren gewöhnlich Intellektuelle und Vertreter einer wirtschaftlich aktiven bürgerlichen Schicht und gehörten der offensten und spirituell hochstehendsten Gruppe an: den Pharisäern, die in den Evangelien einseitig negativ beschrieben werden. Dass ihre Spiritualität wesentlich ausgeprägter war, als es dort den Anschein hat, wissen wir durch eindrucksvolle Schriften, die von einer hohen moralischen Qualität und mystischen Tiefe zeugen.

Lukas ist vielleicht der Einzige unter den Evangelisten, der als echter Historiker schreibt, wenn er von zwei Sitzungen des Hohen Rats in Sachen Jesus berichtet: einer nächtlichen, die wahrscheinlich eine informelle Voruntersuchung war, und der eigentlichen, Beschluss fassenden Zusammenkunft am Morgen. Das Synhedrium durfte sich nämlich nur vom Sonnenaufgang bis zum Sonnenuntergang treffen. Archäologen haben den wahrscheinlichen Tagungsort gefunden: die sogenannte „Quaderhalle" des Tempels.

Jesus und Petrus werden von Markus zu Beginn (14,54) und am Schluss des Abschnitts (im Kontext der Verleugnung Jesu: 14,66–72) erwähnt. Wenn man die Entstehung des Markusevangeliums mit Petrus in Verbindung bringt, könnte man dahinter ein persönliches Zeugnis des Apostels vermuten. Die entscheidende Stelle freilich ist die Erklärung Jesu in Vers 58: „Ich werde diesen von Menschenhand gemachten Tempel zerstören, und in drei Tagen werde ich einen anderen, nicht handgemachten Tempel bauen" (14,58). Wie gesagt, findet sich die Unterscheidung „handgemacht"–„nicht handgemacht" nur bei Markus. In der griechischen Bibel verweist das Adjektiv *cheiropoieton* (handgemacht) auf ein Götzenbild, ein Machwerk der Menschen, das nicht der wahre Gott ist.

Jeremia polemisierte gegen den Jerusalemer Tempel, der zu einer „Räuberhöhle" geworden sei. Es hat keine Bedeutung, dass es ein geweihter Ort ist; ohne das „Herz" wird er zu einem Gebäude wie jedes andere: Er reduziert sich auf Steine, Marmor und eine architektonische Gestalt, doch in spiritueller Hinsicht hat er keine Bedeutung.

Hier leuchtet ein Grundzug auf, der gerade für das Christentum wichtig geworden ist: Als Ort der göttlichen Offenbarung gebührt der Vorrang der Geschichte und der Existenz, nicht einer bestimmten Lokalität. Die Urchristenheit hatte keine Kirchen; die Gläubigen trafen sich in der sogenannten „Hauskirche“: in den Familien, was ihnen vonseiten der Heiden den Vorwurf der Gottlosigkeit einbrachte. Sie waren sich bewusst, dass der wichtigste „Tempel“ Christus ist und dass auch unser Leib Tempel Gottes und des Geistes ist, wie Paulus schreibt (vgl. 1 Kor 3,16; 6,19).

Jesus meint mit „Tempel“ etwas grundlegend anderes als einen Neubau: jenen großen „Tempel“, den die Propheten besungen haben, den verklärten Tempel der Zukunft und Hoffnung, von dem Ezechiel (Ez 40–48) spricht, den in Licht gehüllten Tempel, von dem in Jes 2 und 60 die Rede ist, den Tempel, wie er später auch in der Offenbarung des Johannes erscheint. Es ist ein Tempel des Geistes, dessen Umrisse sich langsam abzeichnen.

Die Verse 61 und 62 markieren den Höhepunkt des Prozesses. Der Hohepriester fragte Jesus, ob er zu den Vorwürfen nicht Stellung nehmen wolle. Jesus „aber schwieg und antwortete nichts. Wieder befragte ihn der Hohepriester: Du bist der Christus, der Sohn des Gelobten?“ – „Der Gelobte“, *eulogetos*, ist eine auch von Markus, der für Römer oder zumindest für Heiden schreibt, gebrauchte typisch semitische Umschreibung des unaussprechlichen Namens Gottes. Jetzt antwortet Jesus.

Die verschiedenen Evangelienredaktionen kennen nicht die Sorge, Jesu Worte möglichst buchstabengetreu wiederzugeben; ihnen geht es darum, sie *neu* zu hören und zu vermitteln. Nach Markus antwortet Jesus auf die Frage des Hohepriesters: „Ich bin (es)!“, nach Matthäus: „Du hast es gesagt!“ (Mt 26,64) – eine distanziertere Antwort – und nach Lukas: „Auch wenn ich es euch sage – ihr glaubt mir ja doch nicht“ (Lk 22,67). Markus ist der Einzige, der Jesu entschiedenes Bekenntnis zu seiner Gottessohnschaft hervorhebt.

Ungeachtet der historischen Frage, was Jesus selbst geantwortet hat, wird das Anliegen des Markus deutlich: Er möchte zeigen, dass in der Passion das verborgene Geheimnis Jesu von Nazareth durchbricht und sichtbar wird. Bis zu diesem Augenblick hatten wir Jesus kennengelernt als einen Menschen, der mächtig war „in Tat und Wort"; dann erkannten wir ihn als den Messias. Nun aber erfahren wir noch mehr, wir entdecken endlich das große Geheimnis seiner Person: ausgerechnet hier, wo er einbricht, wo er in die Leere, ins Nichts stürzt! Im Elend, in der Schwäche, in seiner Vernichtung und im Tod leuchtet seine Göttlichkeit auf.

Jesus fügt an sein Bekenntnis die berühmte Erklärung an: „Und ihr werdet den Menschensohn zur Rechten der Macht sitzen und mit den Wolken des Himmels kommen sehen" (14,62). In diesem Wort werden der königliche und der apokalyptische Messianismus miteinander verbunden. Ersterer kommt in der Formulierung „zur Rechten Gottes sitzen" zum Ausdruck, einem Bild aus Psalm 110, der messianisch gedeutet wurde. Die geheimnisvolle apokalyptische Messiasvorstellung, die die Juden gewöhnlich nicht näher zu beschreiben wagten, geht zurück auf eine Stelle des Buches Daniels. Im 7. Kapitel dieser apokalyptischen Schrift erscheint die mysteriöse Gestalt eines Menschensohnes, der auf den Wolken des Himmels kommt und dem die Macht Gottes selbst zuteil wird.

Die Verbindung musste blasphemisch erscheinen. Wenn sich einer als bloßer Messias und Nachkomme Davids ausgab, so mochte man darüber diskutieren und es womöglich verurteilen. Doch wenn er darüber hinaus sagte, dass er jener sei, der auf den Wolken des Himmels kommt, jene transzendente Gestalt, die in Dan 7 beschrieben wird, blieb nur der Fluch. Der Hohepriester zerriss in einer rituellen Geste sein Gewand, das im Orient ein Symbol der Würde der Person und der ihr übertragenen Aufgabe war: ein Zeichen für die tiefe Verletzung, die Jesu „Gotteslästerung" ihm zugefügt hatte.

## Drittes Bild: Der römische Prozess (15,1–15)

Markus geht nur kurz auf den römischen Prozess ein; es fehlen viele Einzelheiten, von denen Matthäus berichtet. Dieser hatte andere Anliegen: Er wollte Pilatus nicht gänzlich negativ zeichnen, sondern – gewissermaßen als Gegenbild zu der damaligen jüdischen Volksmenge, die sich von Christus entfernte und ihn ablehnte – einige positive Aspekte herausstellen. Die matthäische Darstellung spiegelt die harte Auseinandersetzung zwischen Synagoge und Kirche wider, die Spannungen, die durch die Trennung der christlichen Kirche von der Synagoge noch zugenommen hatten. Markus dagegen bietet uns eine straffe Erzählung. Von der Frau des Pilatus ist ebenso wenig die Rede wie von besonderen Gesten des Pilatus.

Pilatus war den Juden verhasst. Es mag sein, dass er in Wahrheit nicht so niederträchtig war, wie er in der jüdischen Tradition erscheint. Der jüdische Philosoph Philo von Alexandrien beschreibt ihn wie folgt: „Ein von Natur aus unbeugsamer Mensch, nicht nur arrogant, sondern auch noch hart. Zu nichts fähig außer zu Erpressungen, Gewalttaten, Brutalität, Folterungen, Hinrichtungen ohne Prozess und erschreckenden, grenzenlosen Grausamkeiten." Dass die römische Herrschaft als bedrückend erfahren wurde, steht außer Frage. Doch diese Ansammlung negativer Attribute dürfte eher polemisch sein, als dass sie ein wirklichkeitsgetreues Bild des Pilatus zeichnet.

Wichtig ist, dass Pilatus eng mit dem Schicksal Jesu verbunden ist. Wir dürfen nicht vergessen, dass – auch wenn von jüdischer Seite alles darangesetzt wurde, Jesus zu verurteilen – das Vollstreckungsurteil, das diesen Wunsch umsetzte, römische Handschrift trägt.

Alle Glaubensbekenntnisse, vom Apostolischen bis zum Nizäno-Konstantinopolitanum, nennen Pilatus: „... gelitten unter Pontius Pilatus, gekreuzigt und gestorben" bzw. „Er wurde für uns gekreuzigt unter Pontius Pilatus, hat gelitten und ist begraben worden ...". Pilatus verdankt seine Berühmtheit einzig der Kreuzigung Jesu; sonst wäre er ebenso in Vergessenheit geraten wie seine vielleicht fähigeren Vorgänger und Nachfolger: Coponius, Rufus, Portius Festus und Felix. Pilatus bleibt der offizielle Zeuge für jenen besonderen Moment, in dem die Geschichte des Menschen sich mit dem Geheimnis Gottes kreuzt; seine Person steht für die Historizität Jesu Christi, für die Inkarnation. Jesus stirbt innerhalb der Koordinaten des Römischen Reiches, er stirbt „registriert", wie er – nach Lukas – auch bei seiner Geburt unter einem anderen römischen Funktionär, Quirinius, aufgezeichnet wurde. Jesus Christus ist ein Same des Unendlichen und Ewigen inmitten unserer Geschichte.

Schon Markus erwähnt das Pascha-Privileg: eine Amnestie, die, so heißt es, anlässlich des Paschafestes gewährt wurde. Man hat viel darüber diskutiert, da wir keine genaueren Zeugnisse besitzen. Immerhin wissen wir, dass es die Praxis gab, an imperialen oder auch lokalen Festtagen eine Amnestie zu gewähren. Das Interesse der Evangelisten richtet sich auf einen anderen Gesichtspunkt: Ihnen ist vor allem die Entscheidung wichtig, die Israel trifft. Israel hat die Wahl zwischen Jesus und Barabbas. Dieser war kein „Räuber", aber vielleicht ein Anhänger der revolutionären Zeloten. Jesus und Barabbas werden von der römischen Macht auf eine Stufe gestellt; in den Augen des Statthalters gab es zwischen ihnen keinen großen Unterschied.

Die von den Hohepriestern aufgehetzte Volksmenge (Mk 15,11) verlangt die Freilassung des Barabbas, der sich für den Weg der Gewalt entschieden hat. Die Evangelisten wollen durch die Gegenüberstellung der beiden das tragische Schicksal dessen herausstellen, der die Fülle des Heils anbietet, wozu auch die Befreiung der Völker gehört. Diese Entscheidung Israels war für die aus dem Judentum kommende urchristliche Gemeinschaft besonders schmerzlich.

In der Gegenüberstellung Jesus – Barabbas wird das eindrücklich sichtbar. In einigen alten griechischen Handschriften ist „Barabbas" der Zuname eines anderen Mannes namens Jesus. Auch wenn diese Lesart sicher nicht die ursprüngliche ist, ist sie interessant, weil hier die Alternative noch dramatischer klingt: „Wollt ihr Jesus von Nazareth oder Jesus Barabbas?"

Noch eine Randbemerkung: Markus bedient sich gelegentlich latinisierender Formen. So auch in diesem Abschnitt; *fragelloun* (= geißeln, vgl. 15,15) ist eine Gräzisierung eines ursprünglich lateinischen Worts. Markus atmet auch etwas von der römischen Sprache.

### Viertes Bild: Die Kreuzigung (15,16–41)

Der erste Abschnitt umfasst die Verse 16 bis 32: die Torturen, die Jesus erleidet, den Kreuzweg, die Verspottung am Kreuz. Es ist ein Leidensweg, „die Passion Christi", wie er in der Tradition genannt wird. Seine Etappen werden noch heute in Jerusalem mit einer bestimmten Wegstrecke verbunden: mit der „Via Dolorosa". Im Laufe der Jahrhunderte hat man das Augenmerk vor allem auf die physischen Schmerzen Jesu gerichtet, auch wenn dies eigentlich nicht das bestimmende Element war. Die Evangelien haben den Schmerz herausgestellt, um deutlich zu machen, dass Jesus wirklich Mensch war, dass er, der Messias und Gottessohn, wie wir gelitten hat und gestorben ist. Später wurde das Mitleid mit Jesus hervorgehoben, das fromme Gefühle und Reue wecken sollte.

In den Versen 33 bis 41 wird der Tod Jesu am Kreuz beschrieben. Der Gipfelpunkt des Kalvarienbergs ist in den Worten des römischen Hauptmanns zu sehen: „Wahrhaftig, dieser Mensch war Gottes Sohn" (15,39). Dies ist das große Glaubensbekenntnis angesichts des toten Christus. Vor dem

Gekreuzigten blüht der Glaube auf, ein österlicher Glaube: „Gottes Sohn". Die Epiphanie Gottes in Jesus ereignet sich nach Markus auch im Grab, doch am Kreuz ist sie schon vorweggenommen – ein Gedanke, der besonders deutlich im Johannesevangelium zutage tritt: Die „Erhöhung" am Kreuz ist eine Weise, von Jesu Auferstehung und Verherrlichung zu sprechen.

Ich möchte an dieser Stelle kurz innehalten und aus der eindrucksvollen Erzählung des argentinischen Schriftstellers Jorge Luis Borges *Das Evangelium nach Markus* zitieren, die ein gänzlich unerwartetes Ende nimmt (in: Jorge Luis Borges, Erzählungen 2 [1949–1970], Gesammelte Werke Bd. 3/II, [Hanser] München 1981). Borges erzählt von einem jungen, skeptischen Medizinstudenten, Baltasar Espinosa, der zu einem Ferienaufenthalt in die argentinische Pampa, zu den Gauchos, aufbricht. Er wohnt auf einem großen, etwas verwahrlosten Gut, wo nur wenige Personen leben, unter anderen die Familie des Aufsehers, die Gutres: „Die Gutres waren zu dritt: der Vater, der Sohn, der besonders ungehobelt war, und ein Mädchen von ungewisser Vaterschaft. Sie waren groß, stark, knochig, mit rötlich schattierter Haut und indianischen Gesichtszügen. Sie sprachen kaum. Die Frau des Aufsehers war vor Jahren gestorben."

Ihre Vorfahren waren aus England eingewandert und hatten sich mit den Indios vermischt. Espinosa stößt beim Durchstöbern ihres Hauses auf eine alte englische Bibel, aus der er ihnen, die selbst des Lesens und Schreibens nicht mächtig sind, vorliest: „Er blätterte in dem Band, und seine Finger öffneten ihn zu Beginn des Evangeliums nach Markus. Um sich im Übersetzen zu üben und vielleicht herauszufinden, ob sie etwas verstanden, beschloss er, ihnen diesen Text nach dem Essen vorzulesen. Es überraschte ihn, dass sie erst aufmerksam, dann mit stummem Interesse zuhörten. Vielleicht verliehen ihm die goldenen Lettern auf dem Buchdeckel zusätzliche Autorität. Sie haben es im Blut, dachte er. Auch fiel ihm auf, dass die Menschen durch alle Zeiten hindurch immer wieder zwei Geschichten wiederholt haben: die eines verirrten Schiffs, das auf den mittelländischen Meeren eine ersehnte Insel sucht, und die eines Gottes, der sich auf Golgatha kreuzigen lässt." Der Autor spielt hier auf die These aus Erich Auerbachs *Mimesis* an (Francke, Bern, 7. Aufl. 1982), nach der praktisch die gesamte Literatur des Abendlandes von nur zwei Werken abhängig ist: der Odyssee und der Bibel.

„Die Gutres schlangen das gebratene Fleisch und die Sardinen herunter, um die Verlesung des Evangeliums nicht aufzuhalten." Das Ende der Ferien naht. Nach anhaltenden Regenfällen, die die Zufahrtswege überflutet haben, geht das Wasser langsam zurück, sodass der junge Mann bald mit dem Boot den Fluss hinunterfahren und in die Stadt wird zurückkehren können. Die Gutres bitten ihn, ihnen immer wieder und nur aus dem Markusevangelium vorzulesen. Am Ende seines Aufenthalts stellen sie dem Studenten stets dieselbe Frage: Ist Christus gestorben, um uns alle vor der Hölle zu retten? „Ja, um alle von der Hölle zu erlösen", antwortet der junge Mann. Darauf fragt Gutre: „‚Was ist die Hölle?' ‚Ein Ort unter der Erde, wo die Seelen brennen und brennen werden.' ‚Werden auch die erlöst werden, die ihn mit Nägeln festgenagelt haben?' ‚Ja', erwiderte Espinosa, dessen Theologie unsicher war. (...) Nach dem Mittagessen baten sie, er möge die letzten Kapitel vorlesen. Espinosa hielt einen langen Mittagsschlaf, einen leichten, von hartnäckigen Hammerschlägen und unbestimmten Vorahnungen unterbrochenen Schlaf. Gegen Abend stand er auf und trat auf den Flur hinaus. Er sagte, als dächte er laut: ‚Das Wasser sinkt, es fehlt nicht mehr viel.' ‚Es fehlt nicht mehr viel', antwortete Gutre wie ein Echo. Die drei waren ihm gefolgt. Sie beugten auf dem Steinboden die Knie und baten um seinen Segen. Dann lästerten sie ihn, spieen ihn an und stießen ihn zum Hinterhaus. Das Mädchen weinte. Espinosa begriff, was ihn jenseits der Tür erwartete. Als sie sie öffneten, sah er das Firmament. Ein Vogel schrie; er dachte: es ist ein Distelfink. Der Schuppen war ohne Dach; sie hatten die Balken herausgerissen für den Bau des Kreuzes."

Sie hatten das Evangelium in dem Fremden, der es ihnen vorgelesen hatte, verkörpert gesehen, und bereiteten sich, ihn zu kreuzigen, die erlösende Passion Christi zu wiederholen.

## Fünftes Bild: Ostern (16,1–8)

Die Frauen, die Zeugen des Begräbnisses Jesu waren, kommen, um Jesus zu salben, und werden Zeugen der Auferstehung. In dieser ganz knappen Erzählung, die nur acht Verse umfasst, gibt es einen zentralen Satz: die Worte des engelhaften „Jungen". Er wiederholt und verkündet die Worte der Kirche: „Auferweckt wurde er, er ist nicht hier" (16,6).

Die Christen dieser ersten Jahre wussten, dass in der Erklärung des Engels ihr Glaubensbekenntnis enthalten war: Sie waren überzeugt, dass ihr Glaube an den Auferstandenen das war, was Gott ihnen offenbart hatte.

Ostern ist nicht rückführbar oder auffindbar innerhalb einer außerordentlichen Szenerie, sondern will vor allem in der Verkündigung des Glaubens gesucht werden: Markus möchte sagen, dass man zu Ostern vor allem durch den Glauben gelangt. Auch wenn es geschichtliche Zeichen gibt – der Stein an der Tür des Grabes ist weggewälzt, es ist kein Leichnam da –, kann man nur durch das Geschenk des Glaubens die Auferstehung Christi annehmen und erfahren.

„Ich werde in das Grab hinabsteigen
und am dritten Tage auferstehen,
und wie die Flöße den Fluss hinunterfahren,
einem Geleitzug von Kähnen gleich,
so werden aufgrund des Gerichts
die Jahrhunderte aus der Finsternis
hinströmen zu mir, um erleuchtet zu werden."

So lautet eine Strophe aus Boris Pasternaks Gedicht *Der Garten Getsemani*. Alle Jahrhunderte fließen in diesem Punkt zusammen, für den es aus historischer Sicht nur einige dürftige Zeichen gibt. Und doch ist er immer noch die Wurzel der Hoffnung für Millionen von Menschen, die überzeugt sind, dass dort die Achse ist, um die sich alles dreht, der Dreh- und Angelpunkt für die Wiederherstellung der Geschichte.

Das Markusevangelium endet wahrscheinlich mit 16,8. Die anschließenden Verse bereiten den Exegeten große textkritische Probleme. Der verstümmelte Schluss des Markusevangeliums weist darauf hin, dass die Gefahr bestand, dass es als Ganzes hätte verloren gehen können (wir sprechen hier aus historiografischer Sicht), ähnlich wie einige sogenannte apokryphe Evangelien und die alten Kindheitsevangelien und Passionsgeschichten, die den uns bekannten Evangelien wohl vorlagen. Zumindest scheint es, dass die ursprünglich letzte Seite des Markusevangeliums zerstört wurde. Die alten Handschriften, die uns vorliegen, überliefern verschiedene Abschlüsse. Der als kanonischer Abschluss gewählte Abschnitt (16,9–20) stammt höchstwahrscheinlich nicht von Markus selbst. Er wurde von der Kirche hinzufügt, damit das Evangelium nicht mit Vers 8 endet: „Und keinem sagten sie (die Frauen) etwas; sie fürchteten sich nämlich" – … *ephobounto gar.* Im griechischen Text ist das letzte Wort *gar* (= denn, nämlich), ein unmöglicher Abschluss.

Die Verse 9 bis 20 fehlen in den wertvollsten Handschriften des Neuen Testaments: im Codex Vaticanus und im Codex Sinaiticus aus dem Katharinenkloster auf dem Sinai. Andere Handschriften haben einen kürzeren, zweifellos sehr spät entstandenen Schluss: „Und sie (die Frauen) erzählten kurz den Gefährten des Petrus, was ihnen verkündet worden war. Danach sandte Jesus selbst durch sie vom Osten bis in den Westen die heilige und unvergängliche Botschaft vom ewigen Heil. Amen." Dies ist bereits spätere kirchliche Sprache. Bei einigen Textzeugen sind die beiden Zusätze verschmolzen, bei wieder anderen werden zwischen den Versen 14 und 15 weitere Sätze und Erzählungen über Erscheinungen eingefügt. Es sind Bemühungen der frühen Kirche um einen geeigneten Schluss des Markusevangeliums. Aus theologischer Sicht ist dies freilich von untergeordneter Bedeutung; denn Markus hatte die Auferstehung Christi, des Sohnes Gottes, schon am Kreuz vorgezeichnet. Das letzte, große Zeugnis der Auferstehung ist nichts als das Siegel.

## Schlussbemerkungen

Ich möchte schließen mit einigen zusammenfassenden Bemerkungen, die auch eine Art Leitlinie für eine fortlaufende Lesung der Evangelien sein könnten.

1. Unser Durchgang beschränkte sich auf das Wesentliche, er war kurz und schematisch. Ich habe versucht, einige Zugänge zum Text zu eröffnen. Das kann eine vollständige Lektüre und Untersuchung des Evangeliums nicht ersetzen. Ein Exeget kann nur versuchen, die alten Worte zu erklären, indem er sie aktualisiert und „inkarniert". Ein treffendes Motto für seine Arbeit könnte ein Vers aus Shakespeares 76. Sonett sein: „So kleid ich altes Wort mit neuer Zier / und schreib, was oft geschrieben, wieder hin."

Die alten Worte sind die grundlegenden; das Gewand, in dem sie dargeboten werden, ist in diesem Fall nebensächlich. Kehren wir also zu den Worten des Evangeliums zurück, widmen wir uns intensiv dem Text selbst, und versuchen wir, ihn auch und vor allem in seiner Realität als *textus*, als „Gewebe" (so die ursprüngliche Bedeutung dieses schönen lateinischen Wortes) zu betrachten. Der Text selbst ist nie Zufallsprodukt; er enthält immer auch Wegweiser, die uns auf ganz bestimmte Wege führen möchten.

2. Unser Durchgang war keine philologische Analyse einer neutestamentlichen Schrift (auch dies ist eine faszinierende Materie!). Die Lektüre sollte nicht zuletzt der spirituellen „Provokation" dienen und veranschaulichen, dass das Evangelium keine ferne, tote Vergangenheit ist, sondern etwas Lebendiges und Nahes, vor allem für Gläubige. Es ist unabdingbar, die Seiten des Evangeliums meditierend zu betrachten, sie hineinfallen zu lassen in unser schweigendes Inneres. Wir müssen die Kraft der tiefen Meditation wiederfinden.

In diesem Zusammenhang möchte ich einen großartigen chinesischen Text zitieren, ein Meisterwerk chinesischer Literatur. Es ist ein Text, der mystisch und zutiefst menschlich ist: spirituell und leiblich, Suche und Eroberung. Die Hauptfigur ist ein großer Weiser und Lehrer, Zhuang-zu. Seine Schüler haben seine Geschichte festgehalten, in der unter anderem von der Notwendigkeit der Meditation die Rede ist. Um einen Funken Erleuchtung zu erwerben, muss man nach Zhuang-zu eine lange Lehrzeit, ein mühsames Noviziat, durchlaufen. Es ist eine erhebende Erfahrung, doch die Meditation, das heißt die Suche nach dem letzten Sinn der Dinge, die innere Reflexion, verlangt viel Zeit: „Eine der vielen Fähigkeiten von Zhuang-zu war seine Gewandtheit im Zeichnen. Der König bat ihn eines Tages um die Zeichnung einer Krabbe. Zhuang-zu sagte, dass er fünf Jahre Zeit und ein Haus mit zwölf Dienern brauche. Nach fünf Jahren kam der König, doch die Zeichnung war noch nicht begonnen: ‚Ich brauche weitere fünf Jahre', sagte Zhuang-zu. Widerwillig rang sich der König durch, ihm dies zu gewähren. Als die zehn Jahre abgelaufen waren, kam der König wieder. Die Wand war immer noch unberührt. Da nahm Zhuang-zu vor den Augen des Königs einen Pinsel, und in einem einzigen Augenblick, mit einer einzigen Bewegung, zeichnete er eine Krabbe: die vollkommenste Krabbe, die man je auf dem Erdenrund gesehen hat."

## Anregungen zur weiteren Vertiefung

1. Das Markusevangelium gibt uns Gelegenheit, die Entstehungsgeschichte der Evangelien in ihren wesentlichen Etappen zu verfolgen: vom geschichtlichen Jesus über die apostolische Verkündigung bis zum endgültigen schriftlichen Text. In diesem Zusammenhang liegt eine Vertiefung der Frage nach der Historizität, aber auch des Problems des „Kerygmas", der Verkündigung des Glaubens, nahe. Geschichte und österlicher Glaube verknüpfen sich dabei: Wie einerseits mithilfe historischer Kriterien der geschichtliche Ausgangspunkt der Tradition ermittelt werden kann, hilft uns andererseits die Theologie, tief in den Sinn, in die transzendente Dimension der Ereignisse einzudringen. Die gängigen „Einführungen" in die Evangelien bieten in der Regel die notwendigen Informationen, um die Etappen der Evangelienentstehung und die Verbindung von Geschichte und Kerygma nachzuvollziehen.

2. Das Markusevangelium gibt uns ein Modell für die Katechese und die Verkündigung der christlichen Botschaft. Sein klares Programm, das sich in den Aspekten der Menschheit Jesu, seiner Messianität (Christus) und Göttlichkeit (Sohn Gottes) artikuliert, kann ein ideales Schema für einen stufenweisen, pädagogischen Zugang zum wahren Antlitz Christi darstellen. Markus ist ein meisterhafter Katechet; er kann uns zeigen, wie man die Unterweisung auf dem Glaubensweg richtig dosiert. Es ist ein Weg, der Geduld, Treue in der Nachfolge, Überwindung von Krisen und die Erwartung der Epiphanie Gottes beinhaltet.

3. Das Markusevangelium gibt uns zudem Anstöße, die Christologie zu vertiefen: Die beiden Dimensionen des Menschlichen und des Göttlichen, die das Wesen Jesu Christi ausmachen, müssen in enger Verbindung gehalten

werden. Schon die Struktur des Evangeliums nötigt uns, der Menschheit Jesu als unersetzlicher Grundlage die gebührende Aufmerksamkeit zu schenken, doch gleichzeitig scheint darin stets das transzendente Geheimnis Christi durch. Im Zusammenhang mit der Frage nach der wahren Realität Jesu sind andere theologische Themen zu behandeln: Was ist das Reich Gottes? Was bedeutet Nachfolge? Was beinhaltet der Weg des Kreuzes? Welche katechetische Absicht verfolgt Markus mit den Wundererzählungen, denen er breiten Raum gibt? In welcher Perspektive deutet Markus das Pascha des Herrn?

4. Das Markusevangelium, in dem Wunder an Besessenen viel Raum einnehmen, führt uns zur stets dramatischen Frage nach dem Geheimnis des Bösen. Die Verbindung Sünde–Freiheit–Satan und wie die positive von Gnade–Glaube–Christus enthalten eine Vielzahl von Anfragen und Anstößen, die zu einer intensiven theologischen Untersuchung anregen könnten.

# Das Evangelium nach Lukas

## Einführung

Unser Thema ist das Lukasevangelium, das dritte Evangelium, wie es traditionell genannt wird. Die Evangelien sind für die Gläubigen, aber auch für viele Nichtglaubende ein so gewichtiger Bezugspunkt, dass der Einstieg in die Lektüre nicht beliebig sein kann. Besonders Christen bedeuten diese Texte sehr viel, sie wissen um ihren tiefen Gehalt, und viele Gedanken schwingen mit, wenn man darin zu lesen beginnt. Doch sie gehören auch zum menschlich-kulturellen „Gepäck" in unserer Gesellschaft. Denn auch wer nicht im christlichen Glauben beheimatet ist, wurde von einer Tradition geprägt, aus der die Evangelien nicht wegzudenken sind. Über die Jahrhunderte hinweg haben sie ihre Spuren in der westlichen Zivilisation hinterlassen, und nicht nur in dieser. Wenn wir uns im Folgenden mit dem Lukasevangelium beschäftigen, sollten wir diesen Hintergrund nicht vergessen. Die Lektüre kann einen nicht unbeteiligt lassen; es sollte eine, ich möchte sagen: „provokatorische" Lektüre werden, wie sie einem Evangelium angemessen ist.

Wir werden nicht auf alle Einzelheiten, nicht auf alle 1151 Verse eingehen können; es bleibt die lohnenswerte Aufgabe jedes und jeder Einzelnen, das Lukasevangelium einmal ganz zu lesen. Hier soll eine didaktische Einführung gegeben werden, ein Rahmen von Erkenntnissen und Anregungen, die helfen, sich selbst mit größerem Gewinn dem Text zuzuwenden.

Diese literarisch gesehen unscheinbaren Bücher der Heiligen Schrift bergen eine besondere Kraft, etwas, das sie unsterblich macht. Franz Kafka stellte einmal die Frage, weshalb wir ein Buch überhaupt lesen, wenn es uns nicht trifft wie ein Hammerschlag. Wir wären weiß Gott auch ohne Bücher glücklich. Und Bücher, die uns glücklich machen, könnten wir auch selbst schreiben. Hingegen bräuchten wir Bücher, die uns aufwühlen und erschüttern, die einschneiden in unseren Alltag. – Nach solchen Büchern sollten wir Ausschau halten, und Bücher dieser Art sind die Evangelien.

Unser erster Zugang zum Evangelium nach Lukas führt uns noch nicht unmittelbar an den Text als solchen heran. Den Einstieg könnten wir überschreiben: „Ein Mann, ein Buch". Wir sprechen von dem Menschen Lukas, vom Verfasser, sodann von seinem Werk. Die Perspektive ist zunächst der Blick aus der Höhe, eine Überschau, die den eigentlichen Durchgang vorbereitet.

## Das Lukasevangelium: Verfasser und Kennzeichen

### Lukas und sein Evangelium

In der Ambrosianischen Bibliothek in Mailand wird der Kanon Muratori aufbewahrt, ein wertvolles Dokument der frühchristlichen Tradition, das nach seinem Entdecker Antonio Maria Muratori benannt ist. Dieser Kanon aus dem 2. Jahrhundert enthält eine Zusammenstellung der Heiligen Bücher der Kirche von Rom. Wir stehen somit vor einem ganz frühen Zeugnis, fast aus der Ursprungszeit des Christentums. Die Kirche von Rom stellt darin ihre Heiligen

Schriften, das Fundament ihres Glaubens, vor und kommentiert sie in aller Kürze. Über das Lukasevangelium heißt es: „Das dritte ist das Evangelienbuch nach Lukas. Dieser Lukas ist ein Arzt, den Paulus nach Christi Himmelfahrt mit sich genommen hat als Reisegefährten. Er hat es in seinem Namen aufgrund des Gehörten verfasst; er hat den Herrn nicht selbst im Fleisch gesehen, deswegen hat er geschrieben, was ihm an Quellen zugänglich war, und mit der Geburt des Johannes begonnen."

In aller Kürze werden hier einige Informationen über den Autor und sein Werk gegeben. Als Verfasser wird ein gebildeter Mann, ein Arzt, genannt. Dieser war nicht mehr Augenzeuge dessen, worüber er schreibt, sondern gibt die Überlieferung wieder.

Das spärliche Porträt lässt sich durch einige wenige neutestamentliche Stellen ergänzen. In der Apostelgeschichte wird nach der Erzählung von Paulus' Weggang aus Antiochien seitenweise in der ersten Person Plural berichtet (Apg 16). Paulus wendet sich neuen Horizonten zu: Nach der nächtlichen Vision eines Mazedoniers – Sinnbild für alle Menschen auf der Suche –, der ihn zu sich einlädt, betritt Paulus mit seinem Gefährten Europa. Dieser Gefährte, der Tradition zufolge Lukas, notiert Ereignisse und Begebenheiten, die er miterlebt hat. Lukas erscheint somit als Paulusschüler, der mit dem Völkerapostel die Straßen des Römischen Reichs durcheilt. Er trägt einen griechischen Namen, wahrscheinlich eine Kurzform von Lukanos oder Lukianos; er kommt wohl aus dem „Heidentum", ist hellenistischer Herkunft. Paulus seinerseits lässt den Weggefährten nicht unerwähnt. Drei Verse der Paulusbriefe sprechen von einem Lukas. In dem kurzen, aber gehaltvollen Brief an seinen geschätzten Freund Philemon, in dem er sich für dessen entflohenen Sklaven Onesimus einsetzt, heißt es in Vers 23f: „Es grüßen dich Epaphras, der mit mir um Christi Jesu willen im Gefängnis ist, sowie Markus, Aristarch, Demas und

Lukas, meine Mitarbeiter." Eine weitere Nennung findet sich im Kolosserbrief: „Auch der Arzt Lukas, unser lieber Freund, und Demas grüßen euch" (Kol 4,14). Der griechische Ausdruck *agapetos* beinhaltet tiefe Freundschaft und Zuneigung; Lukas ist der besonders geliebte Arzt, nicht nur eine Person des Vertrauens, sondern ein geschätzter Freund. Die dritte Stelle schließlich stammt aus einem der sogenannten Pastoralbriefe, die nach heutigem Kenntnisstand von Paulusschülern verfasst wurden. In 2 Tim 4,10f wird mit einer gewissen Schwermut gesagt, dass alle den alten Paulus verlassen hätten, „nur Lukas" sei noch bei ihm.

Der Evangelist Lukas ist so in die Tradition eingegangen als treuer Mitarbeiter des Paulus, als verlässlicher Freund und gebildeter Arzt. Bekanntlich hat er nicht nur das nach ihm benannte Evangelium verfasst, sondern auch die Apostelgeschichte. Im Vorwort der „Taten der Apostel", so die Bezeichnung seit dem 2. Jahrhundert, knüpft er bewusst an sein „erstes Buch" an: „Im ersten Buch, lieber Theophilus, habe ich über alles berichtet, was Jesus getan und gelehrt hat, bis zu dem Tag, an dem er (in den Himmel) aufgenommen wurde" (Apg 1,1f).

Da nicht alle Angaben in der Apostelgeschichte mit dem überstimmen, was wir aus den Paulusbriefen wissen, haben in den letzten Jahrzehnten viele Forscher Zweifel angemeldet, ob der Verfasser des dritten Evangeliums und Lukas, der Mitarbeiter des Paulus, wirklich ein und dieselbe Person gewesen sein können, wie man lange Zeit angenommen hatte. An dieser Stelle können wir die Frage nicht weiter vertiefen; letztlich spielt sie auch keine entscheidende Rolle.

Aufgrund der traditionellen Gleichsetzung mit dem Arzt des Paulus wurde der Verfasser des dritten Evangeliums zum Patron der Ärzte. Dass er zudem Maler gewesen sei, ist bloße Legende. Im übertragenen Sinn könnten wir freilich dieses Attribut Lukas durchaus zuerkennen, denn er versteht es, mit seiner Feder auf außerordentliche Weise plastische Bilder zu „zeichnen". Er hat manche Szenen so einfühlsam und eindringlich wiedergegeben, dass man sie schwerlich vergisst. Denken wir nur an die abendliche Episode von den Emmausjüngern. Man hat förmlich vor Augen, wie die Jünger beim Sonnenuntergang den Herrn bitten: „Bleib doch bei uns; denn es wird bald Abend, der Tag hat sich schon geneigt" (Lk 24,29).

Die Legende schreibt Lukas viele Mariendarstellungen zu; es gibt weit über 200 „schwarze Madonnen", die er gemalt haben soll. Dies hängt gewiss mit Marias Rolle im Lukasevangelium zusammen. Darstellungen einer „schwarzen Muttergottes" sind das Herzstück großer Marienheiligtümer: *S. Maria Maggiore* in Rom, *San Luca* in Bologna, das polnische Tschenstochau und zahlreiche andere Kirchen bewahren eine solche Mariendarstellung. Dahinter steht auch eine mariologische Deutung eines Verses aus dem Hohenlied: „Schwarz bin ich, aber schön", sagt die Liebende (Hld 1,5). Diese Darstellungen sind ein Zeugnis, wie Menschen sich Maria, von der Lukas mehr als die anderen Evangelisten spricht, vorstellten. Auf die Gestalt Marias bei Lukas werden wir noch zurückkommen.

Von den Evangelisten erfahren wir übrigens kaum etwas über sie selbst. Im Matthäusevangelium ist von der Berufung des Matthäus die Rede, doch in recht distanzierter Weise, in der dritten Person. Von Johannes lässt sich nicht mit Gewissheit sagen, dass er mit dem „geliebten Jünger" identisch ist. Die Evangelisten haben andere Anliegen: Wie Johannes der Täufer möchten sie auf einen anderen hinweisen, ihre Schriften sind wie ein „ausgestreckter Zeigefinger"; es geht den Evangelisten nicht um sie selbst. Auch Lukas hat kein Interesse, seinen Lesern etwas von sich mitzuteilen. Doch wenn er von dem Menschen spricht, auf den es ihm ankommt, spricht er von ihm auf *seine* Weise, aus seiner ganz persönlichen Sicht. Es ist wichtig, dass wir bei der Lektüre seines Evangeliums den *Schriftsteller Lukas* nicht aus den

Augen verlieren; denn wenn der Jesus des Lukasevangeliums ganz bestimmte Nuancen und Züge aufweist, so ist dieses Bild durch das Denken und den Stil des Lukas mitgeprägt.

Martin Luther schrieb 1520 den bezeichnenden Satz: „Primum et solum verbis dei studendum esse …“, als Erstes und Einziges müsse man sich den Worten Gottes widmen. Dem *Wort* wird eine entscheidende Bedeutung beigemessen. Zu Recht erinnert Luther uns daran, dass es unerlässlich ist, sich ans Wort der Schrift zu halten. Es genügt nicht, sich mit seinem ungefähren, vagen Sinn zu begnügen. Wenn man nicht versucht zu verstehen, was im Text steht – und dabei können exegetische Untersuchungen helfen –, erfasst man auch nicht seine Botschaft. Der reiche Gehalt des Evangeliums verflüchtigt sich rasch zu einem oberflächlichen Gesamteindruck, in dem das Eigentliche verblasst.

Die „Worte Gottes“, denen wir uns zuwenden wollen, sind im Lukasevangelium von besonderer Schönheit. Der Kirchenvater Hieronymus, ein großer Kenner nicht nur der Bibel, sondern auch der griechischen wie der lateinischen Sprache, kam zu dem Urteil: „Unter allen Evangelisten verfügte Lukas über die größte Bildung in der griechischen Sprache.“ Lukas schreibt das geschliffenste Griechisch aller Evangelisten, seine Prosa ist die beste des ganzen Neuen Testaments. Sein Stil gleicht nicht einem glühenden Lavastrom wie der des Paulus; Lukas schreibt ruhig, flüssig und präzise, nie wirkt der Text überfrachtet.

## Adressaten, Entstehungszeit und Quellen

Bereits die Sprache zeigt, dass Lukas sich an gebildete Personen aus dem hellenistischen Raum wendet, an Heiden bzw. Heidenchristen. Palästina hat Lukas wohl nicht gekannt; sowohl die Beschreibung von Gebräuchen wie manche geografischen Angaben weisen darauf hin, dass hier ein Hellenist über ein anderes, ihm fremdes Land schreibt. Lukas könnte das Evangelium in einer der paulinischen Gemeinden abgefasst haben, vielleicht in Griechenland, vielleicht in Kleinasien; Genaueres wissen wir nicht.

Die Entstehungszeit kann einigermaßen eingegrenzt werden: Man nimmt an, dass das Lukasevangelium zwischen 70 und 80 n. Chr. geschrieben wurde, möglicherweise auch etwas später. Wenn in der sogenannten Endzeitrede davon gesprochen wird, dass „Jerusalem von einem Heer eingeschlossen wird" (21,20), ist dies keine allgemeine Formel, sondern setzt die Kenntnis der Einnahme und Zerstörung der Stadt durch die Römer voraus. Aus diesem Grund, wie auch wegen der theologischen Konzeption des Lukas, ist sein Evangelium sicher nach dem Jahr 70 zu datieren. Das Markusevangelium lag ihm bereits vor; über weite Strecken hat er es als Grundlage verwendet. Dazu kommt Material aus der sogenannten Logienquelle („Q"), die auch Matthäus kannte, sowie reichlich lukanisches „Sondergut", das sich in keinem anderen Evangelium findet. Vor allem in den beiden größeren Blöcken, die Lukas in die Markusvorlage eingeschoben hat, greift er auf Q und eigenes Material zurück (man spricht von der „kleinen Einschaltung" in Lk 6,20 bis 8,3 und der „großen Einschaltung", die von 9,51 bis 18,14 reicht). Aus diesem Material hat Lukas „sein" Evangelium geschaffen, mit einem eigenständigen Aufbau und einer besonderen Botschaft. Bevor wir dies näher betrachten, werfen wir vorab einen Blick auf das grundlegende Konzept, das sein Evangelium bestimmt.

### Die Bedeutung der Geschichte für Lukas

Das Lukasevangelium ist, um es auf einen Begriff zu bringen, das „Evangelium der Geschichte". Lukas will ein Evangelium schreiben, das sich in seiner Zeit als Geschichtsschreibung sehen lassen kann und historische Ereignisse und Gegebenheiten ernst nimmt. Wenn wir seinen berühmten Prolog (Lk 1,1–4) im griechischen Original lesen, fällt die ausgefeilte Sprache auf. Der sorgfältige, kunstvolle Aufbau knüpft an die Einführungen der klassischen Geschichtsschreibung an (vgl. auch die Einführung des Historikers Flavius Josephus, fast ein Zeitgenosse des Lukas, in „*Contra Apionem*").

Keine Übersetzung vermag das Original unverkürzt wiederzugeben; sie ist bestenfalls eine „umgepflügte Scholle", wie der spanische Schriftsteller Cervantes es in einem eindrücklichen Bild umschrieb. Um Nuancen des griechischen Textes zu erfassen, werden wir deshalb an einigen Stellen kurz auf den griechischen Urtext eingehen.

Lukas beginnt sein Evangelium mit den Worten: „Schon viele haben es unternommen, einen Bericht über all das abzufassen, was sich unter uns ereignet und erfüllt hat (*pepleroforemenon* steht für die Verwirklichung in Fülle, für eine glanzvolle Manifestation). Dabei hielten sie sich an die Überlieferung derer, die von Anfang an Augenzeugen und Diener des Wortes waren (das griechische *hyperetai*, das hier mit „Diener" wiedergegeben ist, bezeichnet die „Ruderer", die die Aufgabe haben, das „Schiff" der christlichen Botschaft durch alle Stürme hindurch voranzubringen; es ist die mühsame, oft schwer zu steuernde Übermittlung dieser Botschaft). Nun habe auch ich mich entschlossen, allem von Grund auf sorgfältig nachzugehen, um es für dich, hochverehrter Theophilus (so der Name des Adressaten), der Reihe nach aufzuschreiben. So kannst du dich von der Zuverlässigkeit der Lehre überzeugen, in der du unterwiesen wurdest" (Lk 1,1–4).

Lukas geht gleichsam mit der Akribie eines Gelehrten vor. Er begnügt sich nicht mit der unbesehenen Weitergabe der Überlieferung, sondern wägt die Informationen ab und fügt sie zu einer, wie er sagt, geordneten, „wohlgesetzten" (*diegesis*) Erzählung zusammen.

Dies führt uns zu einem ersten wesentlichen Merkmal des Lukasevangeliums: Lukas ist überzeugt, dass Jesus, der Christus, eine verifizierbare Spur in der Geschichte hinterlassen hat. Der lukanische Christus ist keine abstrakt-spirituelle Idee, sondern eine Person, die in den Koordinaten von Raum und Zeit greifbar ist und in sie einschneidet. Ein selbstredendes Zeugnis für diese geschichtliche Einbettung findet sich im 3. Kapitel: „Es war im fünfzehnten Jahr der Regierung des Kaisers Tiberius; Pontius Pilatus war Statthalter von Judäa, Herodes Tetrarch von Galiläa, sein Bruder Philippus Tetrarch von Ituräa und Trachonitis, Lysanias Tetrarch von Abilene; Hohepriester waren Hannas und Kajaphas. Da erging in der Wüste das Wort Gottes an Johannes …“ (Lk 3,1f).

Der Täufer und – darauf läuft die Stelle hinaus – Jesus betreten die Szene. Anders als Markus und Matthäus begnügt sich Lukas nicht mit der unbestimmten Zeitangabe „In jenen Tagen …“. Er situiert das Geschehen im geschichtlichen Zusammenhang: In konzentrischen Kreisen, vom Kaiser des Römischen Reiches bis zu den kleinsten lokalen Funktionären, benennt er die amtierenden Führungspersönlichkeiten, um durch diese Zeitbestimmung zu verdeutlichen: Jesus Christus ist nicht eine Idee, sondern ein Mensch, der in die menschliche Geschichte hineingehört und in dieser wirkt.

Damit stellt Lukas indirekt schwerwiegende Anfragen an Positionen, wie sie in einer oft heftigen Debatte von Exegeten unseres Jahrhunderts vertreten wurden.

Zwei Begriffe, die programmatisch für exegetische Schulrichtungen stehen, sind in diesem Zusammenhang kurz zu erwähnen: die *Formgeschichte* und die *Redaktionsgeschichte*. 1917, kurz vor dem Ende des Ersten Weltkriegs, kam an deutschen Universitäten ein neuer Ansatz zur Erforschung des Neuen Testaments auf: die formgeschichtliche Schule, die manche negativen Folgen hatte, aber auch bedeutende

Erkenntnisse hervorgebracht hat. Diese Exegeten gingen, vereinfacht gesagt, von folgender Annahme aus: Wenn wir ein Evangelium zur Hand nehmen, einzelne Erzähleinheiten betrachten und in einer Art „Röntgenaufnahme" zum Ausgangspunkt dieser Überlieferung vorstoßen, sollte es möglich sein, zum geschichtlichen Jesus von Nazareth zu gelangen, zu seinen Worten und Handlungen.

Rudolf Bultmann (1884–1976), der berühmteste Vertreter der formgeschichtlichen Schule, kam in dieser Frage zu einem auf der ganzen Linie enttäuschenden Ergebnis. Einer seiner Schüler sagte, er sei mit einem Hammer in der Hand an die Evangelien herangegangen und habe sie in kleinste Einheiten zerschlagen. Über diese kleinsten in sich verständlichen Erzähleinheiten gelangt man nach Bultmann zwar zu frühesten Stufen der Tradition, aber eben nicht zu Jesus von Nazareth. Wir könnten lediglich sagen: Am Anfang steht das *Kerygma,* die urchristliche Verkündigung, nicht aber Jesus von Nazareth. Von ihm selber könnten wir nichts wissen; denn in den Evangelien begegne uns nur der österliche Glaube seiner Jünger. So schiebe sich zwischen den geschichtlichen Jesus (den es selbstverständlich gegeben habe) und uns, die wir die Evangelien lesen, die matte, unverrückbare Folie des Glaubens. Historisch wüssten wir nichts über jenen Jesus, wir hätten allein das Zeugnis der Evangelisten.

Bultmanns Ergebnisse haben in der Folge Widerspruch erfahren. Doch haben seine Untersuchungen uns auf einen richtigen und bedeutsamen Aspekt aufmerksam gemacht: Die Evangelisten wollten keine Biografie Jesu, sondern ein „Evangelium" schreiben: eine frohe Botschaft, frohmachende Glaubensverkündigung, die freilich durchaus in der Geschichte verankert ist, in den Taten und Worten Jesu von Nazareth.

In einer Ergänzung und Weiterführung der formgeschichtlichen Schule wird in der redaktionsgeschichtlichen

Untersuchung die schriftstellerische Arbeit und Besonderheit des jeweiligen Evangelisten herausgearbeitet. Allgemein wird es als möglich betrachtet, anhand klarer Kriterien einen historischen Kern auszumachen, der bis auf Jesus zurückreicht.

Lukas zeigt uns in seinem Vorwort, dass die Geschichte Jesu wichtig ist. Zugleich gibt er uns den Schlüssel, um die Perspektive zu verstehen, aus der heraus er sie liest: Er interessiert sich für sie vor allem als Begegnung zwischen dem Unendlichen und dem Endlichen. Das ist ein theologisches Anliegen, aber eingebettet in eine geschichtliche Dimension. Die Geschichtlichkeit ist auf ein letztes Ziel hingeordnet: Es geht darum, Christus zu entdecken. Wir haben es somit durchaus mit der historischen Gestalt Jesu zu tun, doch eben nicht in der Weise einer „strengen" Geschichtsschreibung. Lukas will uns, es sei nochmals gesagt, keine Biografie Jesu und auch kein historisches Panorama Palästinas vermitteln. Er stellt uns die geschichtliche Gestalt Jesu vor, um zum Glauben an Christus, den Sohn Gottes, zu führen bzw. diesen Glauben zu stärken und zu vertiefen.

## Aufbau und Grundstruktur

Da Lukas so sehr auf die Geschichte bedacht ist, würde man erwarten, er folge einem vorgegebenen historischen Rahmen. Doch weil der äußere Handlungsablauf bei ihm unter theologischen, spirituellen Vorzeichen steht, kann Lukas mit der Historie frei umgehen. Die Geschichte ist gegenwärtig, aber er hat sie sozusagen „aufgehen" lassen. Die Struktur, die „Partitur" seines Buches wird bestimmt von dem Programm, das er im Sinn hatte. Diesem Programm des Autors müssen wir nachgehen, um sein eigentliches Anliegen zu erfassen. Der folgende Überblick möchte eine Lese- und Verstehenshilfe geben, die uns dann den Text im Einzelnen erschließt.

Die ersten beiden Kapitel, das sogenannte Kindheitsevangelium, sind eine Art umfangreiches Vorwort. Das eigentliche Evangelium gleicht einem Triptychon: Ein erstes großflächiges Bild erstreckt sich vom 3. Kapitel bis Kapitel 9, Vers 50. Es handelt von Jesu Wirken in Galiläa; im Zentrum steht eine große Rede, die Jesus an einem namentlich genannten Ort hält: in Nazareth (Lk 4). Für Lukas ist diese Rede noch wichtiger als die „Feldrede" mit den Seligpreisungen. Das Bild auf der anderen Seite umfasst die Passion, den Tod und die Auferstehung Jesu. Das größte Bild ist das mittlere: Es umfasst zehn Kapitel. In 9,51 heißt es: „Als die Zeit herankam, in der er (in den Himmel) aufgenommen werden sollte, entschloss sich Jesus, nach Jerusalem zu gehen." Die griechische Formulierung ist ungewöhnlich; sie weist semitische Züge auf: Jesus „richtete das Gesicht auf Jerusalem". Von diesem Augenblick an durchzieht die nächsten Kapitel ein roter Faden, der manchmal deutlich sichtbar wird: Der lukanische Jesus ist unterwegs zur Stadt seiner Bestimmung. Einige Beispiele:

– „Auf seinem Weg nach Jerusalem zog er von Stadt zu Stadt und von Dorf zu Dorf und lehrte" (13,22).
– „Auf dem Weg nach Jerusalem zog Jesus durch das Grenzgebiet von Samarien und Galiläa" (17,11).
– „Jesus versammelte die Zwölf um sich und sagte zu ihnen: Wir gehen jetzt nach Jerusalem hinauf" (18,31).
– „Nach dieser Rede zog Jesus weiter und ging nach Jerusalem hinauf. Als er in die Nähe von Betfage und Betanien kam …" (19,28f).

Der Jesus des Lukas ist auf dem Weg. Er ist ein Nomade, ein Pilger, ein Sohn des „alten" Israel, das immer unterwegs gewesen ist. „Wir sind nur Pilger …, Fremdlinge, wie alle unsere Väter", sagt David (1 Chr 29,15).

Für Lukas muss auch der Jünger, der Christ, ein Pilger sein; er muss diesem Jesus folgen. Was das bedeuten kann, ist in den „Erzählungen eines russischen Pilgers" sehr schön ausgedrückt. An den Hinweis auf Jesu Weg nach Jerusalem schließt sich das Bekenntnis des Pilgers an: „Durch die Gnade Gottes bin ich Mensch und Christ. Durch meine Taten bin ich ein großer Sünder. Durch Berufung bin ich wie Jesus: ein Pilger des ärmsten Schlags, umherirrend von einem Ort zum anderen. Meine irdische Habe sind ein kleiner Sack auf dem Rücken, mit etwas trockenem Brot, und die Heilige Bibel in der Innentasche meines Hemdes. Sonst nichts."

Die „Reise" Jesu nach Jerusalem ist ein Beispiel dafür, dass Lukas mit der Geschichte frei umgeht. Jesus dürfte nicht nur einmal, sondern mehrere Male nach Jerusalem gegangen sein. Mehr denn ein historisches Ereignis ist seine große Reise im Lukasevangelium ein geistiger Weg, ein *itinerarium mentis Iesu*: der innere Weg Jesu hin zu seinem Ziel.

Jesus erreicht schließlich die Heilige Stadt (19,28f), wo er seine letzten Tage verbringt. Wenn wir auf die Frage antworten sollten, wo sein Weg endet, würden wir vielleicht die Auferstehung nennen. Für Lukas hingegen ist der Schlusspunkt seines Evangeliums wie der Reise Jesu der Ölberg, wo Jesus zum Himmel aufsteigt. Dies ist das große Zeichen der letzten Reise, die dann eine Fortsetzung findet in der Apostelgeschichte: Dort erscheint Jesus als der *archegos*, als der, der sein Volk führt und ihm vorangeht auf dem Weg zum Unendlichen, zu Gott.

Das Evangelium endet mit den Worten: „Dann kehrten sie (= die Jünger) nach Jerusalem zurück. Und sie waren immer im Tempel und priesen Gott" (24,52f).

Sein Evangelium hatte im Tempel, wo das Volk des ersten Bundes durch Zacharias vertreten war, begonnen (1,5ff: Zacharias, das Opfer, die Vision). Jetzt ist das Volk des neuen Bundes, die Gemeinschaft der Jünger Jesu, im Tempel. Wenn Jerusalem auch der Zielpunkt seines Evangeliums ist, so hat Lukas uns in der Apostelgeschichte gezeigt, dass die Bestimmung der Jünger Jesu weiter führt: nach Rom, das heißt in die ganze Welt.

Lukas denkt in großen Linien. Christus tritt ein in unseren Erdenraum, er zieht nach Jerusalem und geht ein ins Unendliche; wir treten in seine Fußstapfen und bewegen uns über alle Grenzen hinweg auf den Horizont der Welt zu, in der Erwartung, bei Christus zu sein in der Unendlichkeit Gottes.

## Anliegen und Botschaft

Die grundlegende Botschaft des Lukasevangeliums haben wir in Umrissen bereits skizziert: Lukas bietet uns eine Theologie der Geschichte. Diese gilt es nun ein wenig zu verdeutlichen und zu entfalten.

Die großen Bögen, in denen Lukas die Geschichte deutet, haben einen festen Bezugspunkt: „Bis zu Johannes dem Täufer hatte man nur das Gesetz und die Propheten. Seitdem wird das Evangelium vom Reich Gottes verkündet" (Lk 16,16). Hinter uns liegt das ganze alte Israel, das Alte Testament, das für Lukas bis zum Täufer Johannes, dem letzten Propheten des Alten Bundes, reicht. Im Zentrum der Geschichte steht eine Art Bindeglied, eine Achse, um die sich alles dreht.

Im Jahr 1954 erschien eine der bedeutendsten, heute noch grundlegenden Studien zum Lukasevangelium, verfasst von Hans Conzelmann, einem Bultmann-Schüler. Der bezeichnende Titel bringt die lukanische Sicht der Geschichte auf den Punkt: „Die Mitte der Zeit". Christus ist die Mitte der Zeit, die Achse der Geschichte; alles findet in ihm die Mitte, um die es sich drehen kann. Sonst würde sich die Geschichte in eine disparate Reihe von Tagen und Jahren auflösen, sie wäre keine Heilsgeschichte.

Nach dem ersten Bogen, der auf Christus zuläuft, spannt sich von diesem ein neuer Bogen hinein in die Zukunft. Wir könnten sagen, es ist die Kirche auf dem Weg zur Fülle. Lukas spricht auf besonders entschiedene Weise von der Kirche. Er versucht nicht, uns Genaueres über das Ende der Geschichte mitzuteilen. Ihm liegt vielmehr an der der jetzigen Zeit, der Zeit, in der wir leben. Israel – Christus als Achse – unsere Zeit, die Zeit der Kirche ist das Schema des Lukas.

Die Bedeutung dieses Ansatzes zeigt sich, wenn wir andere, frühere Vorstellungen dagegenhalten. An vielen neutestamentlichen Stellen, besonders bei Paulus (vgl. 1 Thess), stoßen wir immer wieder auf das Zeugnis einer Gemeinde, die in einer hochgespannten Erwartung lebt: Sie bereitet sich vor auf das Ende, die „Parusie", die Wiederkunft Christi.

Der Begriff *parousia* bezeichnete im allgemeinen Sprachgebrauch die Ankunft des Kaisers in den Städten und Provinzen des Reiches. Ein derart großes Ereignis hatte auch konkrete Auswirkungen: So wurden beispielsweise Schulden und Steuern erlassen, Gefangene freigelassen oder eine Amnestie erteilt. Die frühchristlichen Gemeinden erwarteten die „Parusie Christi" als unmittelbar bevorstehende Wiederkunft. An jedem Morgen des Herrentags, des Sonntags, fragte man sich, ob nicht alsbald Christus strahlend erscheine, um das Buch der Geschichte zuzuschlagen.

Als Lukas sein Evangelium schreibt, sind etliche Jahre seit Jesu Tod und Auferstehung vergangen. Die unmittelbare Erwartung des Endes der Zeit mit der Wiederkunft Christi ist verblasst. Lukas stellt seinen Lesern die Worte Jesu, die oft ohne innerweltliche Zukunftsperspektive gelesen wurden, in einer Weise vor, die dieser veränderten Lage Rechnung trägt. Gezielt hat er Sätze des Markusevangeliums verändert und einzelne Passagen ausgelassen. So hatte es bei Markus geheißen: „Und er sagte zu ihnen: Amen, ich sage euch: Von denen, die hier stehen, werden einige den Tod nicht erleiden, bis sie gesehen haben, dass das Reich Gottes in (seiner ganzen) Macht gekommen ist" (Mk 9,1). Lukas schwächt ab: „... bis sie das Reich Gottes gesehen haben" (Lk 9,27). Während Markus wie die ersten Christen in diesem Jesuswort eine Anspielung auf das Ende der Welt sah, ist im lukanischen Verständnis ein „Sehen des Gottesreiches“ auch in „unserer“ Zeit möglich, in dem längeren Zeitraum der Erwartung und Verkündigung des Evangeliums. (Jesus selbst wollte wohl sagen, dass das Reich Gottes mit ihm gekommen ist.)

Im 13. Kapitel bei Markus steht im Zusammenhang apokalyptischer Szenen der Satz: „Diese Generation wird nicht vergehen, bis das alles [d. h. die zuvor genannten Zeichen beim endgültigen Kommen des Menschensohnes: Sonnenfinsternis, Erdbeben usw.] eintrifft“ (Mk 13,30). Lukas nimmt eine unscheinbare Veränderung vor, die aber eine große Tragweite hat: „Diese Generation wird nicht vergehen, bis alles eintrifft“ (Lk 21,32). Statt „bis *das* alles eintrifft“ heißt es jetzt „bis alles eintrifft“: Es geht Lukas nicht um die Zeichen der Endzeit, sondern allgemein um die Verwirklichung des göttlichen Plans in der Geschichte. An die Stelle der apokalyptischen Vision tritt eine heilsgeschichtliche Sicht.

Noch deutlicher als in diesen Auslassungen und Abschwächungen zeigt sich der veränderte Horizont an einigen Stellen, an denen Lukas ausdrücklich auf das Thema eingeht. Er möchte die gespannte Erwartung aufheben, er will beruhigen und einladen, gelassener nach vorn zu blicken. In Lk 19,11 wird das Gleichnis von den „Talenten“, vom anvertrauten Geld, mit folgendem Satz eingeführt: „Weil Jesus schon nahe bei Jerusalem war, meinten die Menschen, die von all dem hörten, das Reich Gottes werde sofort erscheinen.“ Jesus erzählt nach Lukas das Gleichnis, um deutlich zu machen, dass dem *nicht* so ist (anders bei Matthäus: Dort steht das gleiche Gleichnis im Zusammenhang mit der Wachsamkeit, vgl. Mt 25,14–30).

Eine weitere Stelle betrifft die falschen Propheten: „Gebt Acht, dass man euch nicht irreführt! Denn viele werden unter meinem Namen auftreten und sagen: Ich bin es!, und: Die Zeit ist da. – Lauft ihnen nicht nach!“ (Lk 21,8). Hier lässt Lukas Jesus ausdrücklich Stellung beziehen gegen die „Naherwartungspropheten". Sein Evangelium ist somit das Evangelium der Gegenwart, der Ethik, des rechten Verhaltens im Alltag; es ist das Evangelium der Enterbten und Entrechteten, derer, die jetzt arm sind, die jetzt Hunger, die jetzt Durst haben. Darauf wird sich auch das Engagement der Jünger richten, die sich jeden Tag neu bemühen, Jesus zu folgen.

In einem so bedacht und so gewissenhaft ausgearbeiteten Text wie dem Evangelium haben auch solche Nuancen und Details ihre Bedeutung. Betrachten wir etwa die feinen Unterschiede in den Worten über die Jesusnachfolge und das Kreuztragen zwischen Markus/Matthäus einerseits und Lukas andererseits.

In Mk 8,34 (= Mt 16,24) sagt Jesus: „Wer mein Jünger sein will, der verleugne sich selbst, nehme sein Kreuz auf sich und folge mir nach." Lukas fügt ein: „der … nehme *täglich* sein Kreuz auf sich …" (Lk 9,23). Eine bezeichnende Ergänzung: Für Lukas spielt der Alltag eine besondere Rolle, im alltäglichen Leben ereignen sich die großen Epiphanien Gottes. Der heutige Tag zählt; die Zukunft liegt in Gottes Hand. Wir dürfen ihr getrost entgegengehen, denn was „dann" kommt, wissen wir, weil Jesus uns schon vorangegangen ist: die „Himmelfahrt", unser Eingehen in die Welt Gottes.

Lukas hält sich nicht lange damit auf, in diese Zukunft zu blicken. Im ersten Kapitel der Apostelgeschichte ergeht an die Jünger die ausdrückliche Aufforderung, nicht dazustehen und zum Himmel emporzuschauen (Apg 1,11); sie sollen vielmehr nach Jerusalem gehen und den auferstandenen Herrn verkünden. Dies ist das tiefe Anliegen des Lukasevangeliums: uns zu zeigen, dass die Geschichte, die vordergründig wie ein wirres Knäuel verwickelter Ereignisse erscheint, in festen Bahnen verläuft. Sie hat ein Vorher und ein Nachher und eine tragende Mitte. Wir leben noch in der Zeit, und zwar in der Zeit nach Jesus; wichtig ist, sie gut zu nutzen.

Lukas gibt uns alles an die Hand, damit wir gut leben und dem roten Faden folgen können, der zu Gott führt. Implizit gibt er uns zu verstehen, wie wichtig es dabei ist, auf die kleinen, alltäglichen Dinge zu achten. Dies tritt auch in seinem Jesusbild zutage; für ihn haben auch und gerade die „Kleinigkeiten" im Leben Jesu eine große Bedeutung. François Mauriac hat diese Charakteristik sehr schön ausgedrückt: „Lukas hat uns gelehrt, dass wir nie das Recht haben, das Weinen der Kinder zu verachten und zu belächeln; denn alle Schmerzen sind gleich und wichtig für den, der sie durchlebt."

Bei der Lektüre ausgewählter Stellen werden wir immer wieder auch auf Details zu sprechen kommen. Die Evangelien, auch die 24 Kapitel des Lukasevangeliums, haben mit ihrer Sprache, die den großen griechischen Klassikern nicht das Wasser reichen kann, und mit Gedanken, die scheinbar nicht die Höhe etwa des platonischen Denkens erreichen, die Geschichte mehr geprägt als andere Werke. So wollen wir den Text lesen als ein „Buch Gottes". Was man darin findet, hängt auch davon ab, wie offen und intensiv man sucht. Darum kann folgende Geschichte aus den „Apophtegmata" (Spruchsammlung) der Wüstenväter eine Einladung sein, sich in rechter Weise auf dieses Evangelium einzulassen:

Ein Schüler trat zu seinem Meister und sagte: „Meister, ich möchte Gott finden." Der Meister lächelte. Und weil es sehr heiß war, lud er den jungen Mann ein, mitzukommen und im Fluss ein Bad zu nehmen. Der Junge sprang ins Wasser, der Meister ebenso. Als er ihn eingeholt hatte, tauchte er ihn unter und hielt ihn mit Gewalt unter Wasser. Der Junge wehrte sich nach Kräften, bis der Meister ihn nach einigen Augenblicken endlich auftauchen ließ. Dann fragte er den jungen Mann, was er sich am meisten gewünscht habe, während er untergetaucht war. Der Schüler antwortete:

„Luft natürlich!" Da fragte der Meister: „Hast du das gleiche Verlangen nach Gott und nach seinem Wort? Wenn du ihn so stark ersehnst, wirst du ihn und sein Wort finden. Doch wenn du in dir nicht diesen brennenden Durst hast, werden dir all deine Bemühungen und deine Bücher nichts nützen. Du kannst den Glauben nicht finden, wenn du ihn nicht ersehnst wie die Luft zum Atmen."

## Das Kindheitsevangelium (Lk 1–2)

Die ersten beiden Kapitel des Lukasevangeliums umfassen das sogenannte „Kindheitsevangelium". Dieser Text muss gesondert betrachtet werden; er steht für sich, gewissermaßen wie eine Oase. Es ist anzunehmen, dass Lukas ältere Quellen aus Palästina verwendet hat, dass er an dieser Stelle aus einem anderen „Brunnen" schöpft. Matthäus ist übrigens ähnlich vorgegangen (vgl. Mt 1–2).

Wir werden, um diese sehr frühen, von Lukas bearbeiteten Zeugnisse recht zu verstehen, in zwei Schritten vorgehen: Zunächst wollen wir in einer hermeneutischen Untersuchung herausarbeiten, wie diese Kapitel zu lesen sind. Bei ihrer Lektüre merkt man sehr bald, dass sie sich qualitativ vom übrigen Evangelium unterscheiden. Es gilt sozusagen den „Notenschlüssel" zu finden, der vor diesen Texten steht und ohne den wir nicht den richtigen Ton treffen. Im zweiten Schritt werden wir sodann einige der 128 Verse der Kindheitsgeschichte exegetisch untersuchen.

### Hinweise zum rechten Verständnis

In welcher Perspektive ist das Kindheitsevangelium zu lesen? Welches ist der richtige „Notenschlüssel"? Zur Beantwortung dieser Fragen wäre eine genauere Untersuchung nötig. Ich möchte zwei Werke nennen, die sich detailliert mit dem Text auseinandersetzen: zunächst das großartige Buch des amerikanischen Exegeten Raymond E. Brown, „Die Geburt des Messias“ (*The birth of the Messiah*), ein 800 Seiten starkes Opus. Die sorgfältige Analyse will vor allem die Grundfrage klären helfen: Handelt es sich um Geschichte oder Theologie? Sind die Kindheitsevangelien Theologie, die sich nicht um die Geschichte kümmert bzw. sie lediglich zum Vorwand nimmt? Oder sind sie Geschichte in theologischem Gewand, vielleicht gar einfach Geschichte? Dies ist ein wichtiger Fragenkomplex, aber nicht der einzige, vor den uns diese Kapitel stellen.

Das zweite bedeutende Werk zum Thema stammt von dem französischen Exegeten und Mariologen René Laurentin, der sich lange mit den Kindheitserzählungen beschäftigt hat: „Die Kindheitsevangelien“. Meinerseits habe ich einen kurzen Kommentar verfasst unter dem Titel *Videro il Bambino e sua Madre* („Sie sahen das Kind und seine Mutter“). Das Interesse an den Kindheitsevangelien, die auf den ersten Blick so einfach scheinen, ist außerordentlich, die entsprechende Literatur sehr umfangreich. Denn sie beinhalten mancherlei Schwierigkeiten, und hier werden wir nur auf einige Punkte eingehen können. Um es vorab zu sagen: Es handelt sich nicht um Erzählungen für kleine Kinder, auch wenn wir sie in ihre Hand gegeben haben und oft in einer kindlichen Perspektive lesen.

Diese Erzählungen haben einen wahren Sturm von Auseinandersetzungen entfesselt. Als letztes Buch kam 1959 nicht etwa ein allzu freizügiger Roman auf den damals noch existierenden „Index“ verbotener Bücher, sondern ein Werk, das wegen seiner Ausführungen zu den Kindheitsevangelien vom „Heiligen Offizium“ beanstandet wurde: Jean Steinmanns *Vie de Jésus* („Das Leben Jesu“). Der französische Exeget bestritt die Historizität der Anfangskapitel des Matthäus- und Lukasevangeliums; sie seien reine theologische Kommentare im fiktiven Gewand einer geschichtlichen Erzählung. Steinmann hat nicht ganz unrecht, doch seine Deutung geht zu weit.

Um zu veranschaulichen, wie wir die Kindheitsevangelien einordnen müssen, möchte ich mich einer Parabel, eines Beispiels aus unserem Erfahrungshorizont bedienen. Versetzen wir uns einmal in die Haut verschiedener Menschen, die Venedig besuchen. Von „Venedig" zu sprechen, weckt spontan unterschiedlichste Reaktionen; wie die Stadt erlebt wird, hängt wesentlich vom Besucher ab.

*Erster Zugang.* Wir kommen als Touristen, inmitten des Stroms der vielen Besucher. Vom venezianischen Dialekt ist kaum etwas zu hören, die meisten Menschen um uns sprechen Englisch, eine Sprache, die nicht so recht in diese Kulisse passen will. Von Venedig bekommen wir nur einen oberflächlichen Eindruck, die Stadt und ihre Menschen bleiben uns, ob es uns bewusst ist oder nicht, fremd. – Übertragen auf die Kindheitsevangelien hieße das: Wir lesen diese Texte, aber der Zugang zu ihnen ist verstellt durch den Kommerz der Weihnachtsgeschäfte; Neonlampen haben den Stern ersetzt, die Lektüre der Texte ist vorgeprägt durch Gepflogenheiten der westlichen Konsumgesellschaft. Das Weihnachtsfest ist bestenfalls Anlass, Beziehungen zu pflegen. Gewiss ist der Gedanke an die Geburt des Christus nicht ganz entschwunden, aber alles ist verfremdet. Verglichen mit dem tiefen Gehalt der Texte ist Weihnachten zu einer traurigen Angelegenheit verkümmert.

*Zweiter Zugang.* Beim Besuch der Stadt bleiben wir nicht bei einer oberflächlichen Betrachtung stehen, sondern lassen uns vom Zauber Venedigs gefangen nehmen. Wir spüren etwas von der orientalisch geprägten Atmosphäre, die mit dem kulturellen Reichtum des Abendlandes eine gelungene Verbindung eingegangen ist, vergleichbar einer glücklichen Ehe zwischen einer arabischen Frau und einem westlichen Mann. Wer einen adäquaten Ausdruck für diese Harmonie sucht, denkt unwillkürlich an musikalische Meisterwerke wie die von Vivaldi. – Es gibt eine entsprechende Weise, die Kindheitsevangelien zu lesen: einen spirituell-gefühlsmäßigen Zugang, der Emotionen weckt, an die man sich auch später voller Nostalgie erinnert. In unseren Gedanken verbinden sich die Kindheitsevangelien mit vertrauten Weihnachtsliedern, mit liturgischen Gesängen, vielleicht mit dem Weihnachtskonzert in g-Moll von Corelli, mit den bewundernswerten Verkündigungsszenen eines Fra Angelico oder den zahllosen Krippendarstellungen der Kunstgeschichte.

Die Kindheitserzählungen sind, und dies sollten wir nicht vergessen, *auch* Poesie – Poesie, die allerdings auch *geschichtliche* Elemente enthält. Ohne lange darüber nachzudenken, lesen wir die Texte unbekümmert, wie sie dastehen; wir folgen Maria auf dem Weg in eine Stadt in Galiläa, die in der Tradition mit Ain Karim identifiziert wurde ... Diese schlichte, einfältige Lektüre nimmt alles historisch, und in diesen geschichtlichen Ereignissen sucht sie die tiefere geistliche Bedeutung. Ein solcher gefühlsmäßiger Zugang hat, wie gesagt, seine Berechtigung, aber er hat auch seine Grenzen; denn er ist unvollständig.

*Dritter Zugang.* Wir besuchen Venedig, beschränken uns aber nicht darauf, die Atmosphäre dieser Stadt einzuatmen, den Dialekt der Einheimischen zu hören, die immer neue Kulisse zu bestaunen. Wir wollen die Geschichte kennenlernen, von der die Stadt noch heute geprägt ist, wir möchten ihre Bedeutung erfassen. Venedig ist ein Ineinander verschiedener Zeiten, ein steinernes und doch lebendiges Zeugnis früherer Epochen. Wir treten ein in die bewegte Geschichte der Stadt, entdecken ihre Entwicklungen, lernen ihre Handelsbeziehungen und ihren kulturellen Reichtum kennen. Geschichte, Gefühl und Gedanken verschmelzen, verbinden sich zu einer einzigen großen Stickerei. So haben wir etwas mehr von Venedig erfasst. – Ähnlich wollen die Kindheitsevangelien verstanden werden: Sie sind Texte, in denen geschichtliche Elemente, die die Gelehrten herauszuarbeiten sich bemühen, verbunden sind mit theologischer Reflexion. Die Poesie wird nicht verkannt; es ist ein Ineinander von Geschichte und Botschaft, und alles zusammen kündet von der Inkarnation: Geist und Fleisch kreuzen und verbinden sich in ein und derselben Person, in Jesus, dem Christus. Die Kindheitserzählungen können treffend als „Proto-Evangelien" bezeichnet werden. Das Jesuskind ist in Wahrheit schon der Messias im Glanz seiner Herrlichkeit. Wenn wir die Texte durchgehen, stellen wir fest, dass die Titel, mit denen dieser Jesus bezeichnet wird, einer christologischen Litanei der Urkirche gleichkommen. Kaum einer der klassischen Christustitel fehlt: Sohn Davids, Retter, Christus, der Herr, der Heilige, der Große, Sohn des Höchsten, Sohn Gottes, König, Zeichen des Widerspruchs. Hier geht es nicht um die schöne Beschreibung eines außergewöhnlichen Kindes; in der Erzählung der Anfänge ist vielmehr das Ganze präsent: In jenem Kind scheint schon der verherrlichte Herr auf. Die Ostkirche hat dies von jeher sehr klug gesehen, wenn sie Weihnachten nie als Fest eines Kindes oder als Fest für Kinder gefeiert hat, sondern als „Pascha der Geburt des Herrn" (so die Bezeichnung im orthodoxen Festkalender). Treffend wird in den Weihnachtsikonen von Nowgorod (15. Jahrhundert) das Jesuskind in einer „Krippe" dargestellt, die die Form eines Grabes hat. Die Windeln sind die Binden, in die der Leichnam gehüllt ist; im Kind erstrahlt bereits das Licht von Ostern.

Eine solche Lektüre ist anspruchsvoll und erfordert eine gewisse Mühe; denn nicht alle Anspielungen und Querverweise erkennt man auf Anhieb. Der antike Leser hatte eine andere Beziehung zu Zeichen, Symbolen und teils geschichtlichen Erinnerungen als wir. Sie waren ihm mehr als Poesie oder etwas „fürs Gefühl", und schon gar nicht hatte er kommerziellen Nutzen im Sinn. Für ihn hatten sie theologischen Gehalt, in ihnen drückte er seinen Glauben aus. Wenn wir etwa versuchen, die Worte des Engels an Maria in dieser Perspektive zu lesen, geht uns auf, dass der Engel hier schon das Credo der Kirche verkündet, fast im Stil eines liturgischen Glaubensbekenntnisses: „Er wird groß sein und Sohn des Höchsten genannt werden. Gott, der Herr, wird ihm den Thron seines Vaters David geben. Er wird über das Haus Jakob in Ewigkeit herrschen, und seine Herrschaft wird kein Ende haben" (Lk 1,32f).

## Auslegung ausgewählter Stellen

Die Exegese dieser beiden Kapitel ist ein vielschichtiges Unterfangen. Bei der Auslegung einzelner Stellen müssen wir beachten, dass das Kindheitsevangelium bei Lukas ein strukturiertes, klar gegliedertes Ganzes bildet.

Die Erzählung, für die Lukas ältere Quellen aus Palästina herangezogen hat, gliedert sich in sieben Szenen, wobei sieben die Zahl der Vollkommenheit ist. Es ist, als träten wir in eine Kathedrale voller Mosaiken, die nach ganz bestimmten Kriterien angeordnet sind. Wir erkennen:

– zwei Verkündigungen: die an Zacharias (1,5–25) und die an Maria (1,26–38);

– Marias Besuch bei Elisabeth, der als eine Art Bindeglied fungiert (1,39–56);

– zwei Geburten: die Geburt des Täufers (1,57–80) und die Geburt Jesu (2,1–20);

– das Kind Jesus im Tempel (die „Reinigung" der Mutter und die „Darstellung" des Erstgeborenen im Tempel; 2,21–40);

– Jesus als 12-Jähriger im Tempel (2,41–52). So endet die Erzählung, wo sie begonnen hat: im Tempel.

### *Die Verkündigung an Zacharias (1,5–25)*

Die Verheißung der Geburt des Johannes ergeht an Zacharias, als dieser im Tempel das Rauchopfer, wohl das große „Abendopfer" nachmittags gegen 15 Uhr, darbringt. Die Verheißung wird mit einem Moment verbunden, der jedem Juden, der diesem Opfer einmal beigewohnt hatte, viel bedeutete und auch den Judenchristen lebendig vor Augen stand. In der Erzählung von Jesu Geburt und Kindheit, mit der sie ihn als den Christus verkündeten, haben sie diesen feierlichen Augenblick zum Ausgangspunkt genommen.

Zacharias ist ausgelost worden, dem Kult vorzustehen. Angesichts der großen Zahl der Priester war dies ein außerordentliches Ereignis. Nach Joachim Jeremias gab es zur Zeit Jesu in Palästina 18000 Priester, sehr viele für eine recht kleine Bevölkerungsgruppe. Wenn eine der Priesterklassen an der Reihe war, wurde aus ihren Reihen ausgelost, wer an welchem Tag und bei welchem der beiden Opfer den Dienst übernehmen durfte. Einmal ausgelost, musste man warten, bis alle an der Reihe gewesen waren. Der Augenblick, in dem ein Priester diesen Dienst versehen konnte, war für ihn wohl ähnlich bedeutend wie für einen neugeweihten katholischen Priester seine erste Messe. Die ganze Erwartung des Zacharias konzentrierte sich auf diesen Moment. Lukas geht nicht näher auf den Ritus ein, doch aus der jüdischen Überlieferung wissen wir einiges über den Ablauf: Zunächst wurde das Brandopfer dargebracht, dann trug man eine glühende Kohle und eine Schale mit Räucherwerk herbei. Während der Priester das Heiligtum betrat, betete das Volk im Vorhof. Vor dem Tempelvorhang, der das Allerheiligste verhüllte, das nur der Hohepriester einmal im Jahr betreten durfte, legte der Priester die brennende Kohle auf das Räucherwerk, und der Rauch stieg zum Himmel – ein Symbol für Israel, das sich dem Herrn darbringt. In diesem Augenblick ergeht die Verheißung an Zacharias.

Die Darstellung der Verkündigung an Zacharias wie später auch an Maria folgt einem typischen alttestamentlichen Schema. Wir können also nicht davon ausgehen, dass die Geschichte sich tatsächlich so abgespielt hat, wie sie geschildert wird. Vielmehr wird nach einem Schema, das uns beispielsweise aus den Geburtsgeschichten von Simson, Gideon, aber auch von Isaak und anderen bekannt ist, eine Erfahrung beschrieben, die Zacharias im Tempel und Maria in ihrem bescheidenen Haus in Nazareth zuteil wurde. Einige Elemente dieses Schemas seien kurz aufgeführt:

– *Der Engel.* Der Engel Gabriel (d. h. „Mann Gottes“, „mächtiger Mann“) kommt als der große Repräsentant Gottes. In der biblischen Tradition ist er der „Interpret“ unter den Engeln, derjenige, der eine Botschaft überbringt und sie erläutert. Im Alten Testament begegnet er uns in dieser Funktion im 8. Kapitel des Buches Daniel. In der späteren jüdischen Tradition ist er meist der Bote der endgültigen göttlichen Mitteilung. In einem chassidischen Text heißt es: Der Engel Gabriel wurde von Gott gesandt, um denen, die einen Augenblick Zeit hätten, ihn zu empfangen, das Geschenk des ewigen Lebens zu machen. Der Engel begann die Straßen der Welt zu durcheilen. Als er lange unterwegs gewesen war, kehrte er zu Gott zurück und sagte ihm: „Alle standen entweder mit einem Fuß in der Vergangenheit oder in der Zukunft. Ich habe keinen gefunden, der Zeit gehabt hätte.“ In den Geburtsgeschichten verkörpert der Engel den göttlichen Willen und überbringt eine Mitteilung Gottes.

– Ein zweites typisches Element ist *die besondere Situation der Frau, die Mutter werden soll.* Aus verschiedenen Gründen kann sie eigentlich kein Kind bekommen. Elisabeth, so heißt es, war unfruchtbar und in fortgeschrittenem Alter, genau wie die Mutter von Simson (Ri 13); Maria ist Jungfrau. Dabei ist die rein physiologische, biologische Dimension von untergeordneter Bedeutung. Es geht um etwas Tieferes: Die

Unfruchtbarkeit lässt uns verstehen, dass dieses Kind, das geboren werden soll, ein außerordentliches Geschenk ist. Es entsteht nicht aufgrund biologischer Gesetzmäßigkeiten, sondern ist eine gänzlich freie, ungeschuldete Gottesgabe.

– Das Kind, das geboren wird, erhält einen *Namen*. Die Bedeutung der Namen wird in dieser ersten Szene des lukanischen Kindheitsevangeliums besonders deutlich; in ihnen bündelt sich die alttestamentliche Erwartung. Für Lukas ist Johannes der Täufer das Siegel des Alten Testaments: das Gesetz und die Propheten bis zu Johannes, dann die Verkündigung des Gottesreiches (vgl. 16,16). „Johannes" meint das Sich-Herabbeugen Gottes, seine Barmherzigkeit, die „ausstrahlt" auf den Menschen: Johannes ist der, bei dem die Gnade ankommt, ein Mensch, der umgewandelt ist, weil Gott ihn anblickt. „Zacharias" bedeutet: „Der Herr hat sich erinnert", und „Elisabeth" meint „Schwur Gottes" oder auch „Fülle Gottes": Der Eid an die Väter kommt jetzt in Fülle zum Tragen.

– Die Worte des Engels erschließen *den tiefen Sinn des Geschehens*: Der Täufer wird die Aufgabe haben, die sich verströmende Gnade Gottes kundzutun. Johannes, der schon im Mutterleib vom Heiligen Geist erfüllt sein wird (vgl. 1,15), weist voraus auf den Mann des Geistes par excellence: auf Jesus, den Christus. In der dreistrophigen Botschaft des Engels (Verse 13f; 15f; 17) ist die Schlussstrophe die entscheidende: „Er wird mit dem Geist und mit der Kraft des Elija dem Herrn vorangehen, um das Herz der Väter wieder den Kindern zuzuwenden und die Ungehorsamen zur Gerechtigkeit zu führen und so das Volk für den Herrn bereitzumachen" (1,17). Der Täufer ist der große Verkünder und Wegbereiter, den der Prophet Maleachi angekündigt hat (Mal 3,23f). Er wird die Herzen der Menschen einen und ausrichten auf den, der sich anschickt, in unsere Welt zu kommen.

*Die Verkündigung an Maria (1,26–38)*

Im Jahr 1969 wurde in Nazareth die große Verkündigungskirche eingeweiht, in der sich Überreste früherer Kirchen finden, sowohl der monumentalen Kirche aus der Zeit der Kreuzzüge wie der alten jüdisch-christlichen Synagoge, an deren Ausgrabung der Archäologe Bellarmenino Bagatti, ein Franziskaner, maßgeblich beteiligt war. Die kleine Kirche/Synagoge war an jener Stelle errichtet worden, wo vermutlich das Haus der Heiligen Familie gestanden hat. Die Stelle dürfte in den ersten Jahrzehnten, besonders bei den Nachkommen der Verwandten Jesu, bekannt gewesen sein, und so haben Christen an diesem Ort schon früh eine kleine Kirche gebaut. In dem schlichten Gebäude hat man viele Zeichen identifizieren können, so eine Inschrift „Chaire Maria" (Freu dich/Sei gegrüßt, Maria), die von der frühen Marienverehrung der Christen zeugt. Der kleine Raum war eine Stätte der Erinnerung an jenen entscheidenden Augenblick, in dem Gott und Welt einander in einzigartiger Weise begegneten. Weitere Inschriften stammen aus späterer Zeit: „An diesem heiligen Ort habe ich über Maria geschrieben", notierte ein Pilger; in armenischer Sprache wird Maria „schönes Mädchen" genannt, eine Anrufung eigener Art, die in die armenische Liturgie Eingang gefunden hat. Den wichtigsten, grundlegenden Titel aber, den wir Maria geben können, finden wir im Lukasevangelium:

*Chaire, kecharitomene* – „Sei gegrüßt, du Begnadete!"

Oft wird das Partizip wiedergegeben mit „du bist voll der Gnade", eine wenig glückliche Übersetzung, da sie die Vorstellung nahelegen könnte, Maria selbst sei die Quelle der Gnade. Es verwundert nicht, dass dies auf evangelischer Seite auf Ablehnung stößt. Denn das Passiv bedeutet [wie die Einheitsübersetzung treffend schreibt]: „du Begnadete", „du, die du mit Gnaden erfüllt worden bist". Das Subjekt ist

Gott; er bildet in diesem einfachen Geschöpf sein Meisterwerk, das vollkommene „Zelt", das ideale Heiligtum, den neuen, heiligen Zion: Maria.

Auch in der Verkündigung an Maria finden wir, wie gesagt, Elemente des bekannten Schemas, z. B. den Engel, und zwar wiederum Gabriel. Die Aufmerksamkeit aber wird auf zwei neue Elemente gelenkt:

– Nicht von Unfruchtbarkeit, sondern von der *Jungfräulichkeit* Marias ist die Rede. „Wie soll das geschehen, da ich keinen Mann erkenne?", fragt Maria nach der Verheißung des Engels. Wie immer dies zu interpretieren ist, es läuft in jedem Fall auf die Erklärung hinaus: Das in Maria heranwachsende Kind wird „nicht aus dem Willen des Fleisches, nicht aus dem Willen des Mannes, sondern aus Gott geboren" (so im Prolog des Johannesevangeliums, Joh 1,13).

Die Kirchenväter haben in einem interessanten Wortspiel den Schoß Mariens (griechisch: *koilia*) als „Himmel" (*koilon*) bezeichnet. Auf diese Weise unterstreichen sie ihrerseits, was Marias Jungfräulichkeit vor allem meint: Maria empfängt den Sohn Gottes, nicht ein Kind Josefs. Sie legen großen Nachdruck auf die „Überschattung durch den Heiligen Geist". Der Geist hüllt Maria ein, wie die Präsenz des Göttlichen den Tempel und die Bundeslade einhüllte. Wenn Maria als Jungfrau bezeichnet wird, so ist damit etwas Wichtiges, ja Unverzichtbares über Jesus ausgesagt; Jungfräulichkeit ist vor allem eine christologische Aussage.

– Ein zweites charakteristisches Element der Verkündigung an Maria ist ihre Antwort: „Ich bin die Magd des Herrn" (Lk 1,38).

Jesus, der Christus, ist Frucht der „Überschattung" durch den Geist; er wird geboren von *einer Jungfrau*. Aber er ist *in* die Geschichte eingetreten und in sie eingebettet. In dem Wort des Engels in 1,32f wurde auf David Bezug genommen: „Gott, der Herr, wird ihm den Thron seines Vaters David geben ..." Jesus, der Christus, ist Sohn Davids; er begibt sich auf einen Weg, der im Alten Testament vorgezeichnet ist. Auf das Ansinnen Gottes, einzutreten in unsere Geschichte, antwortet Maria mit dem Wort: „Ich bin die Magd des Herrn."

Oft hat man in Marias Antwort ihre Demut betont, ja überbetont. Sicher trifft man damit einen Grundzug Marias, doch nicht dies ist hier entscheidend. Denn die Verkündigung ist die Verheißung einer großen Bestimmung, und Maria hat keinen Grund, ausgerechnet in diesem Moment ihre Demut in den Vordergrund zu stellen. Um ein echtes Ja sagen zu können, muss sie sich bewusst sein, dass sich in ihr etwas Großes, Geheimnisvolles ereignet. Gott möchte nicht ohne ihre Zustimmung handeln. Maria gibt ihr *Fiat*, sie willigt ein: „Mir geschehe, wie du es gesagt hast" (1,38).

Ihre Selbstbezeichnung als „Magd des Herrn" knüpft an die alttestamentliche Tradition an. „Diener Gottes" waren Abraham, Mose, David, jeder Prophet, ja auch der kommende Messias wird als „Knecht JHWHs" bezeichnet. Diener, Knecht bzw. Magd des Herrn, das ist ein Mensch, der um seine wichtige Sendung weiß. Genau das gibt Maria im Augenblick der Verkündigung zu verstehen: Sie ist sich des unfassbaren Geheimnisses, das sich in ihr vollziehen soll, bewusst und besiegelt es mit ihren Worten.

Den Augenblick des Bangens, die Ungewissheit, wie sie wohl antworten wird, hat Bernhard von Clairvaux in einer Predigt über das Hohelied sehr schön in Szene gesetzt: „Der Engel erwartet deine Antwort, Maria. Auch wir warten, o du Herrin. Antworte bald, o Jungfrau. Sprich aus das Wort, das Erde, Unterwelt und Himmel erwarten. So öffne dein Herz dem Glauben, deine Lippen dem Wort, deinen Schoß dem Schöpfer. Sieh, jener, der die Sehnsucht der Völker ist, steht draußen und klopft bei dir an. Steh auf, eile herbei, öffne und antworte: Ja!"

### *Marias Besuch bei Elisabeth (1,39–56)*

Im Mittelpunkt beider Verkündigungen steht jeweils das Kind: das eine Kind als Fingerzeig für das andere, in dem sich das Unendliche und das Endliche verbinden. Der Besuch Marias bei Elisabeth führt die beiden parallel gestalteten Verkündigungen zusammen. Die Wege der Mütter kreuzen sich, es kommt zur Begegnung der beiden Kinder, die innere Zuordnung der zwei Erzählstränge wird deutlich.

Die Begegnung der Mütter und Kinder wird von Lukas „in einer Stadt im Bergland von Judäa" (1,39) angesiedelt. Die Volksfrömmigkeit lokalisiert sie in *Ain Karim* (wörtlich: „Quelle des Weinbergs"), einer ruhigen Gegend vor Jerusalem. Im dortigen Heiligtum werden die Pilger an die Begegnung zwischen Maria und Elisabeth und an die Lieder erinnert, in denen sie ihre Sendung deuten und von der Aufgabe sprechen, die auf ihre Kinder wartet. Es sind frohe Lieder, wie die Atmosphäre insgesamt von Freude bestimmt ist. So heißt es, dass das Kind in Elisabeth zu „tanzen" (*skirtan*) begann.

Das Lied der Elisabeth (Verse 42.45) besteht aus einem Segensspruch und einer Seligpreisung:

Zunächst die *Segnung*: „Gesegnet bist du mehr als alle anderen Frauen, und gesegnet ist die Frucht deines Leibes" (1,42). Segen hat in der Bibel immer mit Fruchtbarkeit zu tun. „Gesegnet bist du unter den Frauen" (so die wörtliche Übertragung) ist ein semitischer Superlativ. Darin klingt der Segen Judits an: „Meine Tochter, du bist von Gott, dem Allerhöchsten, mehr gesegnet als alle anderen Frauen auf der Erde" (Jdt 13,18).

Sodann folgt die *Seligpreisung*; Elisabeth ruft aus: „Selig ist die, die geglaubt hat" (1,45). Im Griechischen heißt es *pisteusasa*, ein Partizip Aorist, das *die Glaubende par excellence* bezeichnet. Glauben besagt in der biblischen Sprache ungeteilte Zustimmung, ein Ja, ein Sich-Gründen auf Gott mit

Leib und Seele. In der Enzyklika *Redemptoris Mater* von Johannes Paul II. wird das Wort „Selig die, die geglaubt hat" geradezu zum Leitmotiv. Es ist die schönste „Definition" für Maria, der schönste Titel, den man ihr in einer Litanei geben könnte.

Woran Maria geglaubt hat, wird im nächsten Halbsatz ausgesagt: „Selig ist die, die geglaubt hat, *dass sich erfüllt, was der Herr ihr sagen ließ.*" Die Stelle ruft einen anderen Passus aus dem Lukasevangelium in Erinnerung: Jesus wird von der Menge umringt. Da ruft eine Frau aus: „Selig die Frau, deren Leib dich getragen und deren Brust dich genährt hat." Jesus entgegnet ihr: Nein, „selig sind vielmehr die, die das Wort Gottes hören und es befolgen" (11,27f). – Maria ist nicht so sehr deshalb selig zu preisen, weil sie die leibliche Mutter des Jesus von Nazareth ist, sondern weil sie „Mutter Gottes" ist, wie das Konzil von Ephesus sagen wird. Um aber Mutter Gottes werden zu können, muss sie eine Glaubende sein, jemand, der auf das Wort Gottes hört. So ist Maria die erste der Glaubenden.

René Laurentin hat auf eine interessante Parallele zur Erzählung von Marias Besuch bei Elisabeth hingewiesen: Diese sei in vielem der Erzählung von der Ankunft der Bundeslade in Jerusalem (vgl. 2 Sam 6) nachgestaltet. Dort wird geschildert, wie David die Lade in seine Hauptstadt bringt. Die Lade bleibt für drei Monate im Haus Obed-Edoms; Maria bleibt drei Monate im Haus des Zacharias. Als David die Bundeslade kommen sieht, ruft er aus: „Wer bin ich, dass die Lade des Herrn zu mir kommt?" Elisabeth sagt: „Wer bin ich, dass die Mutter meines Herrn zu mir kommt?" David tanzt vor der Bundeslade, vor dem Geheimnis des Herrn, zum Missfallen seiner Frau Michal; das Kind „tanzt" im Schoß der Elisabeth (in der Septuaginta-Übersetzung, der griechischen Bibel, wird in 2 Sam 6 dasselbe Verb verwendet wie in Lk 1,44: *skirtan*). Wenn diese Parallele gewollt ist, nimmt Maria mit Jesus in ihrem Schoß die Stelle der Bundeslade ein.

Auf die Seligpreisung durch Elisabeth antwortet Maria mit einem Loblied, dem *Magnifikat*. Dies ist zweifellos das älteste marianische Gebet, das vor allem theologisch-christologisch ausgerichtet ist. Es ist eine Art Psalm, der ganz aus alttestamentlichen Versen zusammengewoben ist und in enger Beziehung zu dem berühmten Danklied der Hanna steht (vgl. 1 Sam 2,1–11).

Das Magnifikat stammt so, wie wir es vor uns haben, sicher nicht aus dem Mund Marias. Es ist ein liturgischer Hymnus, der wohl in Erinnerung an Worte Marias komponiert wurde. Seit fast zwanzig Jahrhunderten singt die Kirche dieses liturgische Lied; es wurde schon in jenem kleinen Zimmer in Nazareth, wo Pilger ihre Inschriften hinterlassen haben, gesungen, und noch heute erklingt es in unseren Kirchen und Kathedralen. Das Magnifikat dürfte im Umfeld einer bestimmten Gruppe entstanden sein, innerhalb jüdisch-christlicher *Anawim*. Die *Anawim*, die „Armen des Herrn", waren eine schon zur Zeit des Alten Testaments bekannte geistlich-mystische Strömung, die auch im frühen Christentum eine Rolle spielte. „Armut" ist für sie, ganz nach dem biblischen Verständnis, nicht aufteilbar in materielle und geistliche Armut; sie umfasst beides, sie beinhaltet materielle wie innere Loslösung. Im Letzten meint sie das ungeteilte, vollständige Ja zu Gott; es geht darum, nur ihm zu gehören, alles von ihm zu erwarten. *Anaw* heißt sich beugen, die Größe des anderen anerkennen. Dies ist nicht als Unterdrückung zu verstehen (dass die Armen oft Opfer der Geschichte sind, steht auf einem anderen Blatt), sondern als innerliche Haltung. Und diese ist selbst bei äußerer Armut und Unterdrückung nicht selbstverständlich; auch dann kann man stolz und überheblich sein.

Der Aufbau des Magnifikat gleicht einer Litanei, sodass es geradezu zu einer musikalischen Umsetzung einlädt. Im Laufe der Geschichte entstanden großartige Vertonungen. Hier sei nur an Monteverdis *Vespri della Beata Vergine* (1610) erinnert, ein Werk höchster Reinheit, das den Geist des Magnifikat auf geniale Weise zum Ausdruck bringt. Die Sprache der Musik könnte uns helfen, einen tieferen Zugang zu diesem Loblied zu finden. Die Eröffnung gleicht einer feierlichen Sopranstimme, einem Solo Marias (Verse 46–50). Hier singt die Mutter, die von Gott mit überreichen Gnaden beschenkte „Magd". Sie ist sich bewusst, wie groß das Werk ist, das Gott in ihr vollbringt:

„Meine Seele preist die Größe des Herrn,
und mein Geist jubelt über Gott, meinen Retter.
Denn auf die Niedrigkeit seiner Magd hat er geschaut.
Siehe, von nun an preisen mich selig
alle Geschlechter.
Denn der Mächtige hat Großes an mir getan,
und sein Name ist heilig ..."

An das feierliche Solo der Mutter Jesu schließt sich der Chor der Armen mit dem Lobpreis auf Gottes Taten an. Alle Verben stehen im Griechischen in der Zeitform des Aorist. Es handelt sich um sieben gewissermaßen überzeitliche Taten Gottes, um sein beständiges Wirken, seine merkwürdigen Entscheidungen ausgerechnet zugunsten derer, die nichts gelten. Gott hat all das gewählt und wählt je neu das, was in den Augen der Menschen keinen Wert hat: Jakob, den Zweitgeborenen nach dem mächtigen, starken Esau; Israel, das kleinste Volk unter allen Nationen; Bethlehem, das „so klein unter den Gauen Judas" ist, wie Micha sagt (5,1); den stotternden Mose; David, den letzten der Söhne Isais, der von seinem eigenen Vater verkannt und vergessen wurde; Debora und Hanna, die Mutter Sauls, und viele andere alttestamentliche Frauen. Dazu passt auch, dass das Reich Gottes „das kleinste aller Samenkörner" ist, wie es im Evangelium heißt.

Das Magnifikat, das dieses Handeln Gottes besingt, ist das Lied von der Umkehrung des Schicksals, das Lied vom umwälzenden Eingreifen Gottes, dessen Entscheidungen stets Entscheidungen für das sind, was nichts ist, um das, was etwas ist, zu zerstreuen:

> „Er vollbringt mit seinem Arm machtvolle Taten:
> Er zerstreut, die im Herzen voll Hochmut sind;
> er stürzt die Mächtigen vom Thron
> und erhöht die Niedrigen.
> Die Hungernden beschenkt er mit seinen Gaben
> und lässt die Reichen leer ausgehen.
> Er nimmt sich seines Knechtes Israel an
> und denkt an sein Erbarmen …" (1,51ff).

In einem Crescendo von Verben wird die Umkehrung der gewohnten Verhältnisse angezeigt. Gott kommt in die Geschichte und stellt unsere Kriterien und Schemata auf den Kopf. Das Magnifikat ist also ein *theologisches* Lied, es spricht von Gott und seinem Handeln. Maria ist Symbol des Erdreichs, in dem Gott ungehindert wirken kann, in dem seine Pläne zum Zug kommen und er seine Liebe ausgießen kann.

In seinem Kommentar zum Magnifikat von 1521 („Das Magnificat verdeutschet und ausgelegt") schreibt Martin Luther in der Widmung an Herzog Johann Friedrich von Sachsen, dieses „heilige Lied der hochgebenedeiten Mutter Gottes" sei „wohl zu lernen und zu behalten". Er sieht in diesem Lobgesang die Gestalt Marias als Verkörperung der Glaubenden; das Magnifikat ist für ihn das große Lied der Armen, ein Lobgesang auf die Armut im tiefsten Sinn des Wortes.

Als anschaulicher Kommentar zum Magnifikat könnte die Antwort stehen, die Franz von Assisi dem Vikar Pietro Cattani gegeben haben soll, als dieser in akuten Geldnöten war und nicht mehr wusste, wie er den Armen helfen sollte: „Was musst du tun, Pietro, um den Armen zu helfen? Ich werde es dir sagen: Räume den Altar der Jungfrau Maria und verkaufe die Geräte, wenn dir wirklich kein anderer

Ausweg bleibt. Glaub mir: Es wird ihr lieber sein, dass das Evangelium ihres Sohnes beachtet und der Altar leergeräumt wird, als dass der Altar mit Reichtümern geschmückt bleibt und ihr Sohn in den Armen verachtet wird."

Das ist eine Antwort im Geiste des Magnifikat. Franziskus hat damit auch die Seele wahrer Liturgie erfasst: Sie bedarf keiner gold- und perlengeschmückten Heiligtümer (für die es auch Gründe geben mag), sondern der Armen, die das wahre „Heiligtum" sind. Ihnen ist Gott zu Hilfe geeilt, sie hat er auserwählt und den Privilegierten der Geschichte und den Geachteten in der Welt vorgezogen.

### *Die Geburt des Täufers (1,57–80)*

Auf die Begegnung zwischen Maria und Elisabeth bzw. den Kindern in ihrem Schoß folgt die Geburtsgeschichte des Täufers, aus der wir hier nur ein Element herausgreifen können. Auch in diesem Abschnitt steht wiederum ein Lobgesang: Zacharias' *Benedictus.* Die ganze lukanische Kindheitsgeschichte ist durchsetzt mit solchen Gesängen. Sie bieten uns fast ein Spiegelbild der liturgischen Lieder der Urkirche, und es scheint mir wertvoll, dass auch unsere heutige Liturgie sie beibehalten hat.

Nach der Geburt seines Sohnes setzt Zacharias bei der Beschneidung durch, dass er Johannes genannt wird. In diesem Augenblick erlangt er die Sprache wieder, die er wegen seines mangelnden Glaubens verloren hatte. Vom prophetischen Gottesgeist erfüllt, beginnt er Gott zu preisen:

„Gepriesen (*lateinisch: Benedictus)* sei der Herr,
der Gott Israels!
Denn er hat sein Volk besucht
und ihm Erlösung geschaffen;
er hat uns einen starken Retter erweckt …
Durch die barmherzige Liebe unseres Gottes
wird uns besuchen

das aufstrahlende Licht aus der Höhe,
um allen zu leuchten, die in Finsternis sitzen
und im Schatten des Todes,
und unsre Schritte zu lenken
auf den Weg des Friedens" (1,68–79).

Das *Benedictus*, der Hymnus auf den Täufer, wird in den Laudes gebetet; es ist das Lied der Morgendämmerung, des bevorstehenden Sonnenaufgangs: „Es wird uns besuchen das aufstrahlende Licht aus der Höhe", das heißt: der Messias.

Das *Nunc dimittis* hingegen, der Lobgesang des greisen Simeon auf den neugeborenen Jesus (2,29–32), auf den wir später näher eingehen werden, ist in das kirchliche Stundengebet eingegangen als Teil der Komplet. Es ist ein Abendlied, aus dem die Freude eines alten Mannes spricht, der sein Ziel erreicht hat. Er nähert sich dem Lebensabend in der sicheren Erwartung eines neuen Morgens.

*Die Geburt Jesu (2,1–20)*

Die fünfte Szene, die Geburt des Herrn, hebt an mit einem Satz, der uns wieder einmal zeigt, wie wichtig für Lukas die Einbettung Jesu in die Koordinaten von Raum und Zeit ist: „In jenen Tagen erließ Kaiser Augustus den Befehl, alle Bewohner des Reiches in Steuerlisten einzutragen. Dies geschah zum ersten Mal; damals war Quirinius Statthalter von Syrien" (Lk 2,1f).

Lukas verknüpft die Geburt Jesu mit den Ereignissen des Römischen Reiches. Wir sollen begreifen, dass Jesus in den Horizont unserer Welt hineingehört. Ob die Angaben aus historischer Warte im Einzelnen richtig sind, spielt für Lukas eine untergeordnete Rolle. Diesbezüglich stehen wir vor einigen ungelösten Fragen. So bereitet der „Zensus", die Steuerfeststellung unter Quirinius, erhebliche Schwierigkeiten. Wir wissen nur von einer solchen Aktion im Jahre 6 n. Chr.; doch damals war Jesus wohl schon etwa zwölf

Jahre alt. Lukas geht es um das Grundsätzliche: Die Inkarnation hinterlässt Spuren in der registrierbaren Weltgeschichte.

Dass Jesus in Bethlehem geboren wird, hat eine Bedeutung, die sich von der Bibel her erschließt. Denn Bethlehem ist die Heimatstadt Davids (vgl. 1 Sam 17,12), die „Davidsstadt", wie Lukas einfach schreibt (Lk 2,4.11). Erstmals bezieht er diesen Begriff, der in der Bibel eigentlich Jerusalem vorbehalten ist, auf Bethlehem. Lukas möchte verdeutlichen, dass Christus eintritt in den großen Strom der messianischen Hoffnung (vgl. auch Mi 5,1: „Du, Bethlehem-Efrata, so klein unter den Gauen Judas, aus dir wird mir einer hervorgehen, der über Israel herrschen soll").

Im Zentrum der Geburtsgeschichte steht also nicht ein rührendes Kind. Es geht um etwas, das für die Weltgeschichte und die Geschichte Israels von herausragender Bedeutung ist: Himmel und Erde begegnen, ja „kreuzen" sich. Die eigentliche Stoßrichtung der „Weihnachtsgeschichte" kommt recht gut in den Worten zum Ausdruck, die im 3. Jahrhundert in einer apokryphen gnostischen Schrift aus Ägypten Jesus in den Mund gelegt wurden: „Ich wurde klein", lässt der Autor Jesus sprechen, „damit ich euch durch mein Kleinsein nach oben bringen könnte, von wo ihr herabgefallen seid." Die Geburt Jesu ist kein gefühlsseliges Weihnachtsmotiv. Sie ist die große Offenbarung eines Gottes, der Mensch und damit Bruder aller Menschen wird. Dabei bleibt er Gott, und so verwandelt er unsere Menschheit, bringt sie von unten und von innen her vor den Unendlichen, den Ewigen.

Das *Gloria* ist ein Hymnus auf diese Liebe Gottes. Leider hat die alte lateinische Übersetzung der Vulgata, die weithin bekannt ist, das Verständnis seiner tiefen Bedeutung verbaut. Da heißt es: „Ehre sei Gott in der Höhe, und Friede auf Erden den Menschen, die guten Willens sind." Der zutiefst *theologische* Gehalt dieses von Gott sprechenden Lobgesangs geht verloren; die Qualität der Menschen rückt in den Blick: Die gutwilligen Menschen werden zur Krippe von Bethlehem gerufen. Dagegen preist der Hymnus eigentlich die zuvorkommende Liebe Gottes:

„Herrlichkeit Gott in der Höhe
und auf Erden Friede
den Menschen *seines*(!) Wohlgefallens!" (Lk 2,14).

Den Menschen seines Wohlgefallens, das heißt: den Menschen, denen seine Liebe gilt. *Das Gloria ist das Loblied auf Gottes Geschenk.* Lukas greift es in abgewandelter Form wieder auf, als Jesus in Jerusalem einzieht. Als Einziger der Evangelisten lässt er die Jünger ausrufen: „Im Himmel Friede und Herrlichkeit in der Höhe!" (Lk 19,38).

Die Engel haben uns den Frieden gewünscht. Als Jesus sich dem entscheidenden Augenblick nähert, als er sich anschickt, in Jerusalem zu sterben und aufzuerstehen, erwidern die Jünger den Wunsch der Engel und richten ihn an den Himmel: Himmel und Erde sind verbunden durch den *Schalom*, den umfassenden messianischen Frieden. Gott hat ihn uns angeboten, und am Ende können auch wir ihn erwidern. Insofern hat auch der „gute Wille" der Menschen seinen Platz: als Antwort auf den Willen, auf das „Wohlwollen" des liebenden Gottes.

Werfen wir abschließend einen Blick zurück auf die beiden Kapitel der lukanischen Kindheitsgeschichte, die fast eine Art „Proto-Evangelium" darstellen. Zwei Anmerkungen zu dieser Botschaft voller Licht und Freude möchte ich noch nachtragen, zwei Aspekte, die auch für die weitere Lektüre des Lukasevangeliums wegweisend sein könnten.

Zum einen fällt als durchgängiges Motiv die *Einfachheit* auf: In diesen Kapiteln begegnen uns Menschen, die einfach sind, und ein Gott, der sich herabbeugt zum Menschen. Von George Sand stammt das tiefe Wort: „Es gibt nichts Schwierigeres auf der Welt als die Einfachheit. Denn sie ist der letzte Zielpunkt der Erfahrung und erfordert die höchste Anstrengung des Genies."

Wir könnten ergänzen, dass die Einfachheit die letzte Offenbarung des Göttlichen ist, denn Gott ist *einer*. In ihm ist keine Zwiespältigkeit, nichts Kompliziertes, keine Falschheit … Im Lukasevangelium sind die einfachen Menschen die „Armen" im rechten, vollen Sinne.

Als zweites möchte ich die *christologische Ausrichtung* des Kindheitsevangeliums nochmals eigens herausstellen. Auch und gerade die besondere Rolle, die Maria darin spielt, ist ein Verweis auf Christus. Maria ist uns Wegweiser, indem sie uns als die *pisteusasa*, als die Glaubende, zu Christus führt.

### Exkurs: Maria

Maria nimmt in den ersten beiden Kapiteln des Lukasevangeliums einen beachtlichen Raum ein. Wir könnten mit ihr gewissermaßen den Text durchlaufen, wobei wir uns zwei Worte von Ambrosius und Martin Luther vergegenwärtigen sollten. Diese beiden großen Gestalten der Christenheit finden sich im Hinblick auf Maria in bemerkenswertem Einklang; sie zeigen uns die rechte Marienverehrung als eine tiefe Verehrung Christi. So sagte Ambrosius: „Maria ist der Tempel Gottes, nicht der Gott des Tempels."

In manchen Ausprägungen einer marianischen Spiritualität läuft man Gefahr, diese grundlegende Unterscheidung zu verkennen. Darauf hat auch Martin Luther in seinem berühmten Magnifikatkommentar hingewiesen. So wollen auch wir auf Maria schauen, auf „das schöne Mädchen", wie die Armenier sagen, vor allem aber auf die Glaubende, auf die Magd des Herrn: „Die Maria will keine Abgöttin sein. Sie tut nichts; Gott tut alle Dinge … [Sie sagt gewissermaßen:] … Ich bin nur die Werkstatt, in der er wirkt … Gott und sein Werk soll man in mir ehren und loben." Maria will uns nicht zu sich führen, sondern möchte, dass wir durch sie zu Gott, zu Christus finden.

Auf ein anderes mögliches Missverständnis Marias weist uns der Theologe Jean-Marie Aubert hin: „Unter den Fehlentwicklungen der Marienverehrung begegnet uns auch die Engführung des Vorbilds Maria auf eine bestimmte Form idealer Weiblichkeit, genauer: eine überzogene Herausstellung von Tugenden, die so präsentiert werden, als wären sie ausschließlich oder vornehmlich der Frau zu eigen: Bescheidenheit, Entsagung, Ergebung in den Willen Gottes. All das sind Dinge, die den Männern gut anstünden. Maria so auf ein Modell der Frau zu reduzieren ist ein sicherer Weg, ihre Verehrung zu entwerten und die Frauen von heute auf Distanz zu ihr zu bringen."

Maria ist nicht nur ein Vorbild für die Frau. Sie versteht es, hinzuhören, zu glauben – Dimensionen, die jeden angehen. Dies gilt auch für einen weiteren Grundzug Marias, der bei Lukas an zwei Stellen aufleuchtet:

„Maria … bewahrte alles, was geschehen war, in ihrem Herzen und dachte darüber nach" (Lk 2,19; vgl. 2,51). Das griechische Original ist noch ausdrucksstärker: „diese Worte … in ihrem Herzen bewegend": *symballusa,* das heißt: zusammenwerfend, -bringend. Von *symballein* leitet sich unser Wort „Symbol" ab. In Symbolen sprechen hat zu tun mit zusammenfügen, Verbindungen herstellen, koordinieren. Im Talmud heißt es: „Lehre durch Symbole, lass verstehen durch Bilder" (Eruvin). Das Symbol hilft, etwas in seiner Gesamtheit in den Blick zu bekommen, die Mitte, die Wurzel einer Botschaft zu erfassen.

Maria sucht meditierend, nachdenkend einen Zugang zu dem, was durch Gottes Wirken geschieht. Als die Glaubende (*pisteusasa*) und „symbolisch Betrachtende" (*symballusa*) ist sie ein Vorbild für jeden, der das Evangelium liest. Ihr

Beispiel spornt uns an, nicht stehen zu bleiben bei der Analyse irgendwelcher Detailfragen, sondern hinzuhören auf das, was Gottes Wort uns sagt, es in uns aufzunehmen und im Herzen zu „bewegen". Maria ist also alles andere als eine altmodische Gestalt für besonders fromme Leute. Wir sollten sie feiern als Frau, die geglaubt hat und das Wort Gottes zu verstehen suchte. Dabei wollen wir uns mit Lukas vor allen anderen Ehrenbezeichnungen, die man ihr hat zuteil werden lassen, an den großen und wichtigsten Titel halten: Maria, „die Mutter des Herrn" (vgl. Lk 1,43).

Das Geheimnis ihrer Gottesmutterschaft beinhaltet für Maria eine einzigartige Erfahrung der Präsenz des Göttlichen: Gott ist Mensch geworden in ihr. Der französische Philosoph Jean-Paul Sartre hat das Einzigartige dieser Erfahrung Marias einmal sehr anschaulich zum Ausdruck gebracht: „Ich denke, dass es auch … Momente gibt, kurze, flüchtige, in denen sie [Maria] … spürt, dass Christus ihr Sohn ist, ihr Kleiner, und dass er Gott ist. Sie betrachtet ihn und denkt: ‚Dieser Gott ist mein Kind. Dieses göttliche Fleisch ist mein Fleisch. Er ist aus mir gemacht, er hat meine Augen, und diese Form seines Mundes ist auch die Form von meinem. Er sieht mir ähnlich. Er ist Gott, und er sieht mir ähnlich.' Und keine Frau hat ihren Gott derart für sich allein gehabt. Einen ganz kleinen Gott, den man in den Arm nehmen kann und mit Küssen bedecken, einen ganz warmen Gott, der lächelt und atmet, einen Gott, den man berühren kann und der lebt" (*Bariona oder Der Sohn des Donners. Ein Weihnachtsspiel für Christen und Nicht-Glaubende, Hamburg 1991, 66f*). Diese Menschlichkeit, diese – fast möchte man sagen: „Fleischlichkeit" zeigt sich besonders im Lukasevangelium als durchgängiges Kennzeichen Jesu, des Christus.

## Jesu Wirken in Galiläa (Lk 3,1–9,50)

### Vorbemerkungen

Blicken wir auf den weiteren Verlauf der Erzählung, so erkennen wir zwei große Bilder. Das erste Bild, das von Kapitel 3 bis 9,50 reicht, hat als Hintergrund Galiläa, eine grüne, sanfte Hügellandschaft im nördlichen Palästina, die ein wenig an die italienische Region Umbrien erinnert. Das zweite Bild (Lk 9,51–19,27) zeigt Jesus auf dem Weg nach Jerusalem.

Betrachten wir diese Bilder, um zu erkennen, wie Lukas die geschilderten Ereignisse sieht. In seiner redaktionellen Arbeit, in der Auswahl, die er getroffen hat, wird deutlich, was ihm besonders am Herzen liegt und welche theologischen Absichten ihn leiten. In der rabbinischen Tradition gibt es das Wort: „Die Augen sind die Fenster, an denen sich die Seele zeigen kann." So werden wir versuchen, mit den Augen des Lukas Jesus auf dem Weg durch Galiläa zu begleiten, aufzuspüren, was ihn dabei bewegt und innerlich treibt.

Eine Eigentümlichkeit des lukanischen Jesus fällt sofort auf: Jesu Augenmerk liegt ausgerechnet auf Dingen, von denen wir unseren Blick gewöhnlich abwenden, auf Ungerechtigkeiten, auf Situationen, die wir als lästig und unangenehm empfinden und allzu gern übersehen.

### Gerechtigkeit und Einsatz für die Armen

Das Thema des gesellschaftlichen Zusammenlebens begegnet uns gleich zu Beginn. Lukas nimmt es sehr ernst mit der Gerechtigkeit, er ist besonders sensibel für die schier unaufhörliche Kette skandalöser Ungerechtigkeiten, welche die ganze Geschichte durchziehen und oft die dominierende Note im gesellschaftlichen und zwischenmenschlichen Bereich sind. Jesus wendet sich diesem Missstand zu. Beim Lesen des Lukasevangeliums kommt mir immer wieder ein Wort des italienischen Schriftstellers Arturo Graf in den Sinn, das als Quintessenz des Ganzen stehen könnte: „Es ist viel leichter, wohltätig zu sein als gerecht." Wie treffend dieses Wort ist, zeigt sich leider öfter an manchen „christlichen" Strukturen, denen die Grundorientierung am Gebot der Gerechtigkeit fehlt.

Der Geist der Gerechtigkeit wird schon im Vorspiel zu Jesu öffentlichem Auftreten beschworen. Lukas hebt in den Dialogen des Täufers Johannes, die sich nur in seinem Evangelium finden, besonders auf soziale Belange ab: „Da fragten ihn die Leute: Was sollen wir also tun? Er antwortete ihnen: Wer zwei Gewänder hat, der gebe eines davon dem, der keines hat, und wer zu essen hat, der handle ebenso. Es kamen auch Zöllner zu ihm, um sich taufen zu lassen, und fragten: Meister, was sollen wir tun? Er sagte zu ihnen: Verlangt nicht mehr, als festgesetzt ist. Auch Soldaten fragten ihn: Was sollen denn wir tun? Und er sagte zu ihnen: Misshandelt niemand, erpresst niemand, begnügt euch mit eurem Sold!" (Lk 3,10–14).

Drei Gruppen ziehen am Täufer vorbei. Und jedes Mal die gleiche Antwort: Gerechtigkeit vor allem anderen.

Gerechtigkeit ist auch das bestimmende Thema der sogenannten „Feldrede" im 6. Kapitel. Diese Rede hat eine bekanntere Parallele im Matthäusevangelium: die Bergpredigt (Mt 5–7). Zwar hat man in der Tradition versucht, den Ort zu identifizieren, wo Jesus diese Rede gehalten haben soll, und dort sogar eine Kirche erbaut, doch wissen wir, dass für Matthäus der „Berg" eher eine theologische denn eine topografische Angabe darstellt: Der „Berg" ist für Matthäus der „christliche Sinai". Nach Lukas, und vielleicht ist dies näher an der historischen Realität, hat Jesus seine Rede *epi topou pedinou*, an einem ebenen Ort, gehalten; bei ihm spielt die theologische Bergsymbolik keine Rolle.

Die Feldrede unterscheidet sich erheblich von der matthäischen Bergpredigt. In dieser werden verschiedene Bereiche christlichen Lebens angesprochen, sodass man von einer Magna Charta des Christentums sprechen könnte. Bei Lukas hingegen konzentrieren sich die Ausführungen Jesu auf die Gerechtigkeit und Barmherzigkeit. Dies zeigt sich zum Beispiel in der Abwandlung eines Satzes, der im Matthäusevangelium so lautet: „Ihr sollt also *vollkommen* sein, wie es auch euer himmlischer Vater ist" (Mt 5,48). Bei Lukas wird daraus: „Seid *barmherzig*, wie es auch euer Vater ist!" (Lk 6,36).

Auch in den Seligpreisungen ist die Akzentverschiebung unverkennbar. Die matthäische Fassung, die gewöhnlich in der Liturgie gelesen wird, ist feierlicher und hat einen stärker weisheitlichen Charakter. Bei ihm stehen die Seligpreisungen in der 3. Person. So beginnt die erste Seligpreisung mit den Worten: „Selig die Armen …", zudem wird sie ergänzt durch den Zusatz: „im Geiste". Diese Formulierung, die an sich die Radikalität und die Bandbreite der Armut anzeigt, kann zu „spiritualisierenden" Interpretationen verleiten. Bei Lukas gilt die erste Seligpreisung schlicht den Armen, die Jesus vor sich hat:

„Selig, ihr Armen, denn euch gehört das Reich Gottes.
Selig, die ihr jetzt hungert, denn ihr werdet satt werden.
Selig, die ihr jetzt weint, denn ihr werdet lachen.
Selig seid ihr, wenn euch die Menschen hassen und aus ihrer Gemeinschaft ausschließen, wenn sie euch beschimpfen und euch in Verruf bringen um des Menschensohnes willen. Freut euch und jauchzt an jenem Tag; euer Lohn im Himmel wird groß sein. Denn ebenso haben es ihre Väter mit den Propheten gemacht" (6,20–23).

Bei Lukas folgen (die bei Matthäus fehlenden) Weherufe:
„Aber weh euch, die ihr reich seid;
denn ihr habt keinen Trost mehr zu erwarten.
Weh euch, die ihr jetzt satt seid; denn ihr werdet hungern.

Weh euch, die ihr jetzt lacht;
denn ihr werdet klagen und weinen.
Weh euch, wenn euch alle Menschen loben;
denn ebenso haben es ihre Väter mit den falschen Propheten gemacht" (6,24–26).

Lukas hat damit die Seligpreisungen neu interpretiert. Die soziale Dimension kommt bei ihm sehr viel stärker zum Tragen. Lukas konzentriert die Seligpreisungen, denen man in der matthäischen Fassung eine gewisse utopische Note nachsagen könnte, auf die konkreten Ungerechtigkeiten, die Jesus vor Augen hat. Das „ihr" wird geradezu eingehämmert: Die Seligpreisungen sind an die Menschen gerichtet, die Jesus (und Lukas) vor sich haben: die Armen, die Hungernden, die Weinenden … Besonderer Nachdruck liegt auf dem wiederholten „Weh euch!", das ausgerufen wird, damit es bis zu den Palästen dringe.

Die Sorge für die anderen, besonders für die Armen, der Kampf gegen das Hängen am Besitz, das sind konstante Themen im Lukasevangelium. Davon zeugen auch kleine Einschübe und Details: Während beispielsweise die anderen Evangelisten bei der Berufung der Jünger am See von Tiberias lediglich erwähnen, dass Jesus vorbeikommt, die Jünger beruft und diese ihm folgen, schreibt Lukas: „Und sie zogen die Boote an Land, *ließen alles zurück* und folgten ihm nach" (5,11). Nur Lukas erwähnt eigens, dass sie „alles zurückließen". So auch in der Erzählung von der Berufung des Levi/Matthäus, der an der Zollstation in Kafarnaum arbeitete, an der Straße, die nach Syrien führte: Während Markus und Matthäus lediglich schreiben, dass der Zöllner auf Jesu Ruf hin aufstand und ihm folgte (vgl. Mk 2,14; Mt 9,9), schreibt Lukas: „Als Jesus von dort wegging, sah er einen Zöllner namens Levi am Zoll sitzen und sagte zu ihm: Folge mir nach! Da stand Levi auf, *verließ alles* und folgte ihm" (5,27f). Lukas stellt besonders heraus, dass Nachfolge Ganzhingabe und Loslösung von allem um der Gerechtigkeit und der anderen willen beinhaltet. Immer wieder hebt er hervor, wie wichtig es ist, alles zu verlassen und frei zu sein von den Dingen, von der Bindung an die Vergangenheit.

Die Bedeutung, die Jesus im Lukasevangelium der Gerechtigkeit gibt, zeigte bereits sein erster großer öffentlicher Auftritt in der Synagoge in Nazareth (Lk 4,16–30). Lukas stellt diese Szene ganz bewusst an den Anfang des öffentlichen Wirkens Jesu. Seine Rede in der Synagoge hat einen ähnlich programmatischen Charakter wie die Bergpredigt im Matthäusevangelium. Aber sie setzt inhaltlich andere Akzente: Bei Lukas steht auch hier der Geist der Armut, die Sorge für die Armen im Vordergrund.

In Nazareth steht heute eine griechisch-katholische Kirche aus der Zeit der Kreuzzüge, die traditionell als „Schule des Messias" bezeichnet wird. Dort, so sagt man, habe einst die Synagoge gestanden, in der Jesus seine Antrittsrede hielt. Malen wir uns die Episode, wie Lukas sie schildert, etwas näher aus.

Wir sind in Nazareth, im Heimatort Jesu. Jesus kommt eines Tages wieder in sein Dorf, und am Sabbat betritt er die Synagoge, um dem Gottesdienst beizuwohnen. Ein Raunen geht durch die Reihen; man spricht inzwischen von diesem Mann, der den Ort bekannt machen sollte. Während des Gottesdienstes las der Rabbiner, der der Liturgie vorstand, aus einer Bibelrolle vor oder bestimmte einen dazu. Da die meisten die hebräischen Texte nicht mehr recht verstanden, mussten sie nach der Lesung ins Aramäische, die Sprache der Zeit, übersetzt oder frei übertragen werden. Dies war Aufgabe des *Methurgeman* (des Rabbiners oder eines der Anwesenden, der die nötigen Kenntnisse hatte; in dem Wort steckt die Wurzel *targum*, Plural *targumim*. So wurden später die aramäischen Übertragungen bzw. interpretierenden Umschreibungen des hebräischen Bibeltextes genannt). Auf die Lesung aus einem Prophetenbuch folgte oft eine Homilie. – Diesmal nun wird Jesus mit der Lesung bzw. dem Targum betraut:

„Als er aufstand, um aus der Schrift vorzulesen, reichte man ihm das Buch des Propheten Jesaja. Er schlug das Buch auf und fand die Stelle, wo es heißt:
Der Geist des Herrn ruht auf mir;
denn der Herr hat mich gesalbt.
Er hat mich gesandt,
damit ich den Armen eine gute Nachricht bringe;
damit ich den Gefangenen die Entlassung verkünde
und den Blinden das Augenlicht;
damit ich die Zerschlagenen in Freiheit setze
und ein Gnadenjahr des Herrn ausrufe.
Dann schloss er das Buch, gab es dem Synagogendiener und setzte sich [*nun folgt der „Midrash", das heißt die Homilie*]. Die Augen aller in der Synagoge waren auf ihn gerichtet. Da begann er, ihnen darzulegen: Heute hat sich das Schriftwort, das ihr eben gehört habt, erfüllt" (Lk 4,16–21).

Jesus gibt eine Erklärung, die gewissermaßen seine „Homilie" ist: eine programmatische Erklärung, eine Art Chiffre für seine Person und seine Sendung. Praktisch sagt er: Ihr habt das Wort des Jesaja gehört, in dem er das Jubeljahr des Herrn ankündigt, ein Jahr der Vergebung, ein Jahr für alle Armen, Blinden, Unterdrückten. Heute hat sich dieses Wort erfüllt! – In Jesus verwirklicht sich die große Verheißung, die allen Armen der Welt gilt.

Nach anfänglichem Beifall nehmen die Dinge einen tragischen Verlauf; die anwesenden Bewohner von Nazareth haben sich von Jesus anderes erwartet, vielleicht eines jener spektakulären Zeichen, die man ihm nachsagte. Er wird aus der Stadt hinausgetrieben – eine Vorwegnahme des Schicksals, das ihn erwartet: „Sie brachten ihn an den Abhang des Berges, auf dem ihre Stadt erbaut war, und wollten ihn hinabstürzen. Er aber schritt mitten durch die Menge hindurch und ging weg" (4,29).

Im Mittelalter hat man an einem Abhang in Nazareth eine Kirche mit dem bezeichnenden Namen *Sancta Maria tremoris* („Hl. Maria der Angst") erbaut: Man stellte sich vor, wie Maria ihrem Sohn nach seinem unglücklichen Auftritt in seinem Heimatdorf folgte, befallen von der schrecklichen Angst, sie könnten ihn in den Abgrund stürzen.

Diese Szene, die Lukas mit Bedacht an den Anfang des Wirkens Jesu stellt, zeigt, worauf er – und Jesus – zunächst schauen. Uns erinnert sie daran, dass wir uns als Christen stets auf die Seite der Armen, der Geringsten stellen müssen, für die Jesus gekommen ist, auch wenn es viel leichter ist, „wohltätig zu sein als gerecht".

## Die Gegenwart leben

Ein zweites Thema, das Lukas gleichermaßen am Herzen liegt und mit dem ersten verbunden ist, ist die Gegenwart, das Leben in der Gegenwart.

In der Eröffnung des galiläischen Abschnitts nennt Lukas ein Datum der Weltgeschichte: das 15. Jahr der Regierung des Kaisers Tiberius (3,1), das nach unserer Zeitrechnung zwischen 27 und 29 n. Chr. zu datieren ist. Sodann werden weitere Beamte und Funktionäre genannt (3,1f). Zu dieser Zeit beginnt der Täufer seine Verkündigung, in diesem zeitlichen Rahmen beginnt auch Jesus sein öffentliches Wirken.

Lukas spricht zunächst vom Täufer und der Taufe Jesu; sodann folgt die Genealogie, der Stammbaum Jesu (3,23–28). Im Matthäusevangelium führt die Genealogie von Abraham über David hin zur Blüte, zu Jesus (vgl. Mt 1,1–16). Lukas wählt den umgekehrten Weg: über Josef zurück zur Wurzel. Und diese Wurzel ist anders. Lukas setzt nicht bei Abraham oder David an, für ihn liegt der Anfang in Adam:

„Enosch, Set, Adam; (der stammte von) Gott" (Lk 3,28). Er führt die Reihe also zurück bis auf den Schöpfer bzw. auf den ersten Menschen, auf Adam, „den Menschen". Jesus ist der Bruder der Menschen, Bürger der Menschheit, nicht nur Israels. So bringt Lukas die Dimension der Menschheitsgeschichte ein, in der Christus das Zentrum ist; er ist, wie gesagt, „die Mitte der Zeit". Der lukanische Jesus lädt uns immer wieder ein, die Bedeutung der Zeit zu erfassen. Der Raum ist uns in gewisser Weise äußerlich; die Zeit hingegen ist in gewissem Sinn in uns; sie ist für jeden verschieden und wird immer anders erlebt. Manchmal vergeht sie im Fluge, wie ein einziger Augenblick; ein andermal scheint sie stillzustehen und wird zu einer „halben Ewigkeit". Sie ist unsere eigentümliche Verfassung, eine Realität, die uns innerlich ist und uns doch fortlaufend aus den Händen gleitet. Lukas gibt uns zu verstehen: Diese Zeit ist der Ort der Offenbarung. Und *in* dieser Zeit müssen wir antworten.

Betrachten wir in dieser Perspektive das 8. Kapitel. Nach der Feldrede (Lk 6,20–49) spricht Lukas vom 7. Kapitel bis 9,50 von verschiedenen Zeichen und Taten Jesu; im 8. Kapitel greift er einige Gleichnisse Jesu mit den dazugehörigen Kommentaren der Kirche aus Mk 4 auf (vgl. auch Mt 13), z. B. das Gleichnis vom Sämann. Bei einer näheren Untersuchung zeigt sich, dass zwischen dem Gleichnis, wie Jesus es erzählt hat, und der anschließenden Deutung Unterschiede bestehen. So hat das Gleichnis Jesu im Kern folgendes Thema, folgende Grundaussage: Das Gottesreich wächst weiter, auch wenn nicht alles Erdreich geeignet ist; denn es wird gewiss ein Stückchen Boden geben, wo die Saat dreißig-, sechzig- oder hundertfache Frucht bringt. Hier steht das Reich Gottes, die theologische Perspektive im Vordergrund. In dem angefügten Kommentar, einer aktualisierenden Erläuterung durch die ersten Christen, kommt es zu einer Akzentverschiebung. Bei Lukas ist sie besonders augenfällig.

Bei Markus endet die Auslegung des Gleichnisses mit den Worten: „Auf guten Boden ist das Wort bei denen gesät, die es hören und aufnehmen und Frucht bringen, dreißigfach, ja sechzigfach und hundertfach" (Mk 4,20). Schon hier ist die inhaltliche Verschiebung gegenüber dem ursprünglichen Gleichnis Jesu deutlich erkennbar. Nicht mehr das allen Widrigkeiten zum Trotz wachsende Gottesreich steht im Mittelpunkt, sondern unser Hören und Annehmen des Wortes, unser Frucht-Bringen.

Lukas hat von Markus nur einen Vers der „Predigt" über das Gleichnis vom Sämann unverändert übernommen. Bei ihm ist die Entwicklung von der theologischen Perspektive zur anthropologischen Perspektive noch weiter vorangeschritten; in seiner Ausdeutung wird noch mehr Nachdruck auf die Antwort des Menschen gelegt. Es geht darum, dass wir die Zeit nutzen, dass wir uns in Treue und mit Ausdauer bewähren: „Auf guten Boden ist der Samen bei denen gefallen, die das Wort mit gutem und aufrichtigem Herzen hören, daran festhalten und durch ihre Ausdauer Frucht bringen" (Lk 8,15).

Lukas legt Wert auf das „gute und aufrichtige Herz". Der Mensch muss das Göttliche, das aufbrechen will, existenziell annehmen; er braucht Geduld und Ausdauer (griechisch: *hypomone*, das heißt standhaftes Ertragen, geduldiges Auf-sich-Nehmen).

Es ist kein Zufall, dass Lukas ans Ende dieses Gleichnisses eine Episode stellt, die bei Markus und bei Matthäus vorangeht: „Eines Tages kamen seine Mutter und seine Brüder zu ihm; sie konnten aber wegen der vielen Leute nicht zu ihm gelangen. Da sagte man ihm: Deine Mutter und deine Brüder stehen draußen und möchten dich sehen. Er erwiderte: Meine Mutter und meine Brüder sind die, die das Wort Gottes hören und danach handeln" (Lk 8,19–21).

Das Schlusswort Jesu ist für Lukas gewissermaßen der treffendste Kommentar zum Gleichnis vom Sämann. Lapidar antwortet Jesus: „Meine Mutter und meine Brüder sind die, die das Wort Gottes hören und danach handeln" (im Griechischen ist das wesentlich prägnanter ausgedrückt: *akouontes kai poiountes*, die „Hörenden und Tuenden"). Es ist eine moralische und existenzielle Weisung, ein Appell, die Zeit gut zu nutzen.

Wie wichtig Lukas die Gegenwart ist, zeigt sich bereits daran, wie oft er die Wörter „jetzt" und „heute" verwendet. Im Lukasevangelium kommt 14-mal das Adverb *nyn* (= jetzt; der Augenblick, den man nicht verlieren darf) vor, in der Apostelgeschichte weitere 25-mal; das Adverb *semeron* (= heute) 11-mal in Lk und 8-mal in Apg. In der Bitte an den Vater um das tägliche Brot (vgl. Mt 6,11) schreibt Lukas mit noch größerer Eindringlichkeit: Unser nötiges Brot gib uns *kat' hemeran*: Tag für Tag; aufs Neue an jedem einzelnen Tag (vgl. Lk 11,3). In den Seligpreisungen heißt es: Selig, die ihr „jetzt" hungert, weint … (vgl. 6,21ff). Der Aufruf, die Bedeutung der Zeit zu erfassen und sich in je neu gelebter Treue zu bewähren, wird immer drängender: Warum begreift ihr nicht diese Stunde?, ruft uns Jesus zu.

Abschließen möchte ich dieses Kapitel mit einer chinesischen Überlieferung aus der Zeit der großen Dynastie der Chin: Um das Jahr 220 v. Chr. gewann der berühmte Herrscher Shihuangdi die Überzeugung, dass angesichts der erreichten kulturellen Blüte im Land kein Fortschritt mehr notwendig wäre. Die Gegenwart war der Höhepunkt, sie war alles. Es galt, das Heute zu leben, und dieses Heute war verkörpert im König und seinem Volk. So versuchte Shihuangti die Zukunft aufzuhalten und die Vergangenheit auszulöschen. Er ließ alle Bücher verbrennen, um jede mögliche Erinnerung zu tilgen; er ließ sämtliche Inschriften entfernen, um die Vergangenheit schweigen zu machen. Dann begann er, den ersten großen Sockel der Großen Mauer zu errichten, damit nicht andere Völker kämen und irgendetwas anderes, etwas Neues brächten. In dieser Oase, so meinte er, sollten die Chinesen in einer vollendeten Gegenwart leben …

Die Erzählung führt uns eine Versuchung vor Augen, vor der uns Lukas warnt. Sein Verständnis von Gegenwart ist ein ganz anderes als das des alten chinesischen Herrschers. Das „Jetzt" des Lukas ist ein je neu „anvisiertes" Jetzt; es ist ein Glied in einer langen Kette, es beinhaltet Entwicklung. Dies zeigt uns insbesondere der zweite große Teil seines Evangeliums: der Weg nach Jerusalem. Das Heute ist wichtig, doch es gibt auch ein Später: Es gibt Jerusalem.

Während Matthäus in der Geschichte von den Versuchungen Jesu an den Anfang die Wüste stellt, dann die Zinne des Tempels und schließlich den Berg, finden wir bei Lukas eine veränderte Reihenfolge: auch hier zunächst die Wüste, dann aber den Berg und erst zum Schluss die Zinne des Tempels. Unter den Versuchungen, von denen Jesus heimgesucht wird, ist Jerusalem der Höhepunkt, der Gipfel. Mit Lk 9,51 beginnt der Weg Jesu hin zur Heiligen Stadt, zur Stadt seiner Aufnahme in den Himmel: „Als die Zeit herankam, in der er (in den Himmel) aufgenommen werden sollte, entschloss sich Jesus, nach Jerusalem zu gehen."

## Der Weg Jesu zur Heiligen Stadt (Lk 9,51–19,27)

### Der universale Horizont des Wirkens Jesu

Die zehn Kapitel von 9,51 bis 19,27 sind charakteristisch für das Lukasevangelium; vor allem hier hat Lukas seine eigenen Quellen über die Gestalt Jesu hineingewoben. Die Gelehrten nennen diesen Abschnitt deshalb die „große lukanische Einschaltung". Da wir im Schlussteil auf einige der schönsten Abschnitte des Lukasevangeliums zurückkommen, beschränken wir uns hier auf einige bezeichnende Stellen.

Nach seiner Predigttätigkeit in Galiläa macht sich Jesus mit Entschlossenheit auf den Weg nach Jerusalem. Während seiner Reise gibt er uns einige wichtige Unterweisungen. Betrachten wir die erste Szene: Jesus „entschloss sich …, nach Jerusalem zu gehen. Und er schickte Boten vor sich her. Diese kamen in ein samaritisches Dorf und wollten eine Unterkunft für ihn besorgen" (9,51f).

Die Samariter wurden vom orthodoxen Judentum als häretische „Sekte" betrachtet; sie standen zu diesem in einer ständigen Spannung. Heute gehören ihr nur noch etwa 400 Personen an; sie sind sehr auf die Wahrung ihrer religiösen und kulturellen Eigenart bedacht. Ihr Zentrum ist die Stadt Nablus, daneben existiert noch eine kleine Gruppe bei Tel Aviv. Sie stammen von jener samaritischen Bevölkerung ab, die nach der Zerstörung Samariens durch die Assyrer im Jahr 722/721 v. Chr. mit den dort von diesen angesiedelten Menschen verschmolz. Obwohl es sich zahlenmäßig um eine winzige Gemeinschaft handelt, bilden sie dennoch eine eigenständige kulturelle Gruppe. Charakteristisch ist insbesondere die Feier des Pascha auf dem Berg Garizim, die noch heute entsprechend den rituellen Vorschriften des Buches Exodus gefeiert wird. Als Heilige Schriften erkennen sie nur die ersten fünf Bücher der Bibel, den Pentateuch, an.

Lukas fährt fort: „Aber man nahm ihn [Jesus] nicht auf, weil er auf dem Weg nach Jerusalem [zum Heiligtum der Juden] war. Als die Jünger Jakobus und Johannes das sahen, sagten sie: Herr, sollen wir befehlen, dass Feuer vom Himmel fällt und sie vernichtet? Da wandte er sich um und wies sie zurecht. Und sie gingen zusammen in ein anderes Dorf" (9,53–56).

Ein lapidarer Satz: Jesus „wandte sich um und wies sie zurecht" – ein treffliches Wort gegen die militanten Fundamentalisten aller Zeiten, die Fluch und Feuer auf alle Andersdenkenden herabrufen möchten.

An dieser Stelle scheint ein Grundzug des Lukasevangeliums auf: *die universalistische Öffnung* über die Grenzen des Judentums hinaus. Lukas hat stets die Bedeutung Jesu für alle Menschen im Blick. Er will zeigen, dass Jesu Botschaft nicht nur Menschen aus Palästina erreichen will, sondern für einen weiten Horizont, für ein riesiges Neuland bestimmt ist. Von den ersten Kapiteln seines Evangeliums an wird dieser Grundzug deutlich. Hier einige Beispiele:

– Als Simeon dem kleinen Jesus seinen Gruß entbietet, ruft er aus: „Meine Augen haben das Heil gesehen, das du vor *allen Völkern* bereitet hast, ein Licht, das die Heiden erleuchtet …“ (2,31f).
– Der Täufer verkündet: *„Alle Menschen* werden das Heil sehen, das von Gott kommt“ (3,6).
– In der Genealogie des Lukas wird Jesus, wie wir gesehen haben, als Nachfahre Adams ausgewiesen (vgl. 3,22–38).
– Lukas, der in Jesus den neuen Elija sieht, erinnert nicht von ungefähr an die Episode der Witwe von Sarepta: Um ihr behilflich zu sein, hatte Elija die Landesgrenzen verlassen. In seiner Rede in Nazareth (Lk 4) ruft Jesus die Geschichte in Erinnerung, zum Zeichen, dass er bestimmt ist, die Grenzen Israels zu überschreiten.
– Denken wir zudem an weitere Stellen, in denen von den Samaritern die Rede ist: Das Gleichnis vom barmherzigen Samariter steht nur bei Lukas;
– in der Geschichte von den zehn geheilten Aussätzigen, von denen nur einer zurückkommt, um sich zu bedanken, bemerkt Lukas: „Dieser Mann war aus Samarien“ (17,16). Er erhält von Jesus mehr als die anderen: Zehn sind geheilt, aber nur er ist zudem „gerettet“. Der Samariter hat eine umfassendere, vollständigere Heilung erfahren: Bei ihm ist das Heil angekommen.

– In der Erzählung vom Hauptmann und seinem kranken Diener, die auch Markus und Matthäus überliefern, spielt Lukas indirekt auf den Hauptmann Kornelius an, von dessen Taufe er dann in der Apostelgeschichte berichtet (Apg 10).

Für den lukanischen Universalismus haben wir zudem einen Beweis *ex silentio*: Bei Lukas *fehlt* die bekannte Erzählung von der Heilung einer syrophönizischen Frau (Mk 7,24–30; Mt 15,21–28). Jesus heilt sie, aber er spricht als Jude zu ihr, mit einem Hauch Geringschätzung gegenüber den Nichtjuden (Jesus ist eben ganz und gar Mensch geworden). Diese wurden wenig freundlich als „kleine Hunde" bezeichnet (was freilich damals nicht so verächtlich klang wie in unseren Ohren). Auf Jesu Frage, ob es recht sei, beim Mahl den Kindern das Brot zu nehmen und es den kleinen Hunden zu geben, erwidert die Frau, man gebe ihnen zumindest die Brotkrumen. Jesus preist daraufhin den großen Glauben der Frau, einen Glauben, wie er ihn in Israel nicht gefunden hat. Lukas hat mit der Geschichte offenbar seine Schwierigkeiten gehabt, weil von den Heiden wie von „Hunden" gesprochen wird, und hat die gesamte Episode kurzerhand ausgelassen.

## Ein wichtiges Thema: Das Gebet

Ein zweites Thema, das im „Reisebericht" wichtig ist und das Lukasevangelium insgesamt durchzieht, ist das Gebet. Jesus wird als der große Beter vorgestellt. Auf dem Weg nach Jerusalem lehrt er die Jünger das Gebet zum Vater. Lukas gibt dieses typisch christliche Gebet im 11. Kapitel in eigener Weise wieder:

„Jesus betete einmal an einem Ort; und als er das Gebet beendet hatte, sagte einer seiner Jünger zu ihm: Herr, lehre uns beten, wie schon Johannes seine Jünger beten gelehrt hat. Da sagte er zu ihnen: Wenn ihr betet, so sprecht:

Vater,
dein Name werde geheiligt.
Dein Reich komme.
Gib uns täglich das Brot, das wir brauchen.
Und erlass uns unsere Sünden;
denn auch wir erlassen jedem,
was er uns schuldig ist.
Und führe uns nicht in Versuchung" (Lk 11,1–4).

Das „Vaterunser" bei Matthäus (Mt 6,9–13) ist länger, es enthält sieben Bitten. Eine exegetische Untersuchung ergibt, dass die kürzere Reihe des Lukasevangeliums die ursprünglichere ist, die auf Jesus selbst zurückgehen könnte. Matthäus hat, wahrscheinlich einer liturgischen Tradition folgend, die Bitten erweitert. Lukas freilich weicht in der Formulierung stärker vom ursprünglichen Wortlaut ab: So hat er beispielsweise das Heidenchristen schwer verständliche Wort „Schulden" (so in Matthäus) durch „Sünden" ersetzt. Authentisch hingegen dürfte der Anfang sein: Das schlichte „Vater" (pater; abba) ist Jesu Weise, in größter Einfachheit und Unmittelbarkeit mit Gott in Beziehung zu treten.

Vom Beten bzw. Gebet ist im Lukasevangelium immer wieder die Rede. Schon bei seiner Taufe wird Jesus „betend" (*proseuchomenos,* Lk 3,21) vorgestellt (so nur bei Lukas!). Nach der Heilung eines Aussätzigen zieht sich Jesus in die Wüste zurück, „um zu beten" (5,16). Vor der Wahl der Zwölf verbringt er auf einem Berg eine ganze Nacht im Gebet (6,12). Vor dem Messiasbekenntnis des Petrus „betete Jesus in der Einsamkeit" (9,18). Vor und während der Verklärung (9,28f) erscheint Jesus geradezu als vollendeter Beter, ganz umfangen vom Geheimnis tiefer Kontemplation.

Die grundlegende Szene in diesem Zusammenhang aber ereignet sich nach Lukas in Getsemani. Lukas hat sie in einer Weise dargestellt, dass alle die Lehre verstehen können, die hier vermittelt werden soll. Jesus möchte uns in diesem

Augenblick das „Gebet in der Dunkelheit“ lehren, das Gebet vor dem Schweigen Gottes. Dies ist das schwierigste, das dramatischste Gebet; es ist das Gebet Ijobs. Gerade hier erweist sich Jesus als der vollkommen Betende. Lukas bedient sich zur Verdeutlichung der typisch semitischen Methode der „Inklusion“: Der entscheidende Gedanke, die Botschaft, auf die es ankommt, steht am Anfang und am Ende; so wird das Ganze zu einer Einheit, das Thema ist klar. Zu Beginn wendet sich Jesus an die Jünger mit den Worten: „Betet darum, dass ihr nicht in Versuchung geratet!“ (Lk 22,40).

Dann beginnt sein dramatisches Ringen mit Gott: Sein Beten ist Kampf, Todeskampf. Paulus hat im Römerbrief die Formulierung geprägt: „Ich bitte euch, meine Brüder, ... *mitzukämpfen* (*synagonisasthai*) mit mir in den Gebeten für mich zu Gott“ (Röm 15,30 in wörtlicher Übersetzung). Das Gebet ist, zumal in dunklen Augenblicken, auch Kampf, *agonia*, und nicht nur Trost. Jesus hat diesen Kampf geradezu physisch durchlebt, wie Lukas in dem eindrucksvollen Bild vom Blutschwitzen herausstellt. Nach seinem Ringen mit dem Vater wiederholt Jesus die Weisung vom Anfang, das vorherrschende Motiv wird erneut aufgegriffen: „Steht auf und betet, damit ihr nicht in Versuchung geratet“ (22,46).

Am Kreuz schließlich spricht Jesus ein einzigartiges Gebet aus. Nach Markus und Matthäus ruft er ein Wort aus Psalm 22 aus: „Mein Gott, mein Gott, warum hast du mich verlassen?“ (Mk 15,34; Mt 27,46), das Gebet des Ringens und des Schweigens Gottes. Bei Lukas hingegen ist Jesu letztes Wort ein Vers aus Psalm 31: „Vater, in deine Hände lege ich meinen Geist“ (Lk 23,46; vgl. Ps 31,6). Dieser Psalmvers ist ein tiefer, geradezu klassischer Ausdruck biblischen Vertrauens, die Übergabe seiner selbst in Gottes Hand, es ist das Gebet der Armen, das Gebet des Kindes (vgl. auch Ps 131).

Die Jünger Jesu zeichnen sich dadurch aus, dass sie stets mit ihrem betenden Meister unterwegs sind. Am Ende seines Evangeliums, im letzten Vers, beschreibt Lukas sie als

Menschen, die gelernt haben zu beten und sich im Tempel zu versammeln: „Sie waren immer im Tempel und priesen Gott“ (24,53). Wie er das Evangelium beschließt, so beginnt Lukas sein zweites Werk, die Apostelgeschichte: mit der betenden Gemeinde (Apg 1,14).

Im Zusammenhang mit dem Thema Gebet liegt es nahe, einen weiteren Abschnitt des „Reiseberichts“ zu betrachten, der häufig irreführend gedeutet wird: *die Episode von Marta und Maria*: „Sie zogen zusammen weiter, und er kam in ein Dorf. Eine Frau namens Marta nahm ihn freundlich auf. Sie hatte eine Schwester, die Maria hieß. Marta aber war ganz davon in Anspruch genommen, für ihn zu sorgen. Sie kam zu ihm und sagte: Herr, kümmert es dich nicht, dass meine Schwester die ganze Arbeit mir allein überlässt? Sag ihr doch, sie soll mir helfen! Der Herr antwortete: Marta, Marta, du machst dir viele Sorgen und Mühen. Aber nur eines ist notwendig. Maria hat das Bessere gewählt, das soll ihr nicht genommen werden“ (Lk 10,38–42).

Immer wieder hat man darin einen Gegensatz zwischen Tun und Betrachtung, zwischen „aktivem“ und „kontemplativem“ Leben sehen wollen. Auf der einen Seite das aktive Leben: Es steht nicht hoch im Kurs. Bedauernswert erscheinen jene, die genötigt sind, in Küche oder Büro, draußen, in Fabriken oder Büros ihr Leben mit Arbeit zubringen zu müssen. Auf der anderen Seite das kontemplative Leben: glücklich, wer sich in edlem Schweigen und Beschauung dem Geistigen widmen kann …

Eine derartige Auslegung geht am Text vorbei. In der Erzählung wird keine Rangordnung zwischen Tun und Zuhören aufgerichtet. Vielmehr gehört beides zusammen. Grundlegend ist die *Haltung* der beiden Frauen; diese, nicht ihre jeweilige Tätigkeit, hat Modellcharakter. So ist auch der Satz zu verstehen: „Maria setzte sich dem Herrn zu Füßen und hörte seinen Worten zu“: Sich dem Herrn zu Füßen setzen und zuhören ist in der Sprache der Bibel geradezu die Definition des Jüngers, der mit innerer Offenheit die Worte des Herrn aufnimmt. Genau dies aber geht Marta ab, weil sie sich von ihrer Geschäftigkeit hat gefangen nehmen lassen.

So stehen wir vor zwei gegensätzlichen Haltungen: sich von den Dingen ganz in Beschlag nehmen lassen, sich so sehr von ihnen beherrschen lassen, dass einem jeder Freiraum genommen ist, und auf der anderen Seite die Offenheit für Gott, die man auch dann bewahren kann, wenn man äußerlich in vieles eingespannt ist. Ein Mönch in einer Einsiedelei kann innerlich mehr von irgendwelchen Dingen in Anspruch genommen sein als jemand, der inmitten des Lärms einer Stadt oder bei der Arbeit tief mit Gott vereint ist.

Gebet, wie Lukas es versteht, schließt das Tun nicht aus, im Gegenteil: Tun und Hören gehören zusammen und „vermählen" sich.

### Zuwendung zu den Ausgegrenzten

Ein weiteres Thema ist im Rahmen der Reise Jesu nach Jerusalem zu behandeln: die Hinwendung zu den Geringsten, zu den Verachteten und Verlorenen. Wiederholt zeigt Lukas, wie Jesus auf dem Weg nach Jerusalem auf diejenigen bedacht ist, die in den Augen der Menschen die „Letzten" sind. Er tut es durch Gleichnisse und Taten. Denken wir nur an die Gleichnisse vom verlorenen Sohn, von der verlorenen Drachme, vom verlorenen Schaf; denken wir an Jesu Zuwendung zu den Zöllnern, zu den Prostituierten und Sündern. Die bezeichnendste Episode ist vielleicht Jesu Begegnung mit Zachäus, die nur Lukas überliefert (Lk 19,1–10): Hier wird ein Mensch herausgerissen aus der Verachtung und Geringschätzung. Obwohl er äußerlich weiterhin seiner verpönten Arbeit als Zollpächter nachgeht, hat sich in seinem Leben eine grundlegende Wende vollzogen: Für das Gottesreich ist er einer der Ersten.

Die Geschichte spielt in Jericho. Als Jesus in die Stadt kommt, will Zachäus ihn sehen und steigt auf einen der Maulbeerbäume, wie sie in der herrlichen Oase von Jericho wachsen, die sich 300 m unter dem Meeresspiegel wie ein Smaragd aus der Wüste von Judäa abhebt. In dieser Stadt, der vielleicht ältesten der Welt (seit 7 000 v. Chr.), bleiben die Pilger noch heute vor einem der wenigen erhaltenen subtropischen Maulbeerbäume stehen und erinnern sich an jenen Zachäus, dessen Leben eine unerwartete Wende genommen hat. Als Jesus in seinem Haus einkehrte, sagte Zachäus: „Herr, die Hälfte meines Vermögens will ich den Armen geben, und wenn ich von jemand zu viel gefordert habe, gebe ich ihm das Vierfache zurück" (19,8).

Dies ist in den Augen Jesu die entscheidende Wende, und er kommentiert: „Der Menschensohn ist gekommen, um zu suchen und zu retten, was verloren ist" (19,10).

Eugenio Montale (1896–1981) hat die Erzählung in einem Gedicht verfremdet: Es handelt von einem Menschen, der – anders als Zachäus – nicht auf einen Maulbeerbaum steigen will, um den Herrn zu sehen. Wer weiß schon, ob er überhaupt kommt …: „Ach, ich bin doch keiner, der auf Bäume klettert; und obwohl ich auf Zehenspitzen stand, hab ich ihn nicht gesehen …" Zachäus dagegen verkörpert den Menschen, der sich nicht scheut, ein wenig Mühe auf sich zu nehmen, um nach dem Herrn Ausschau zu halten. So ist ihm das Glück zuteil geworden, Christus zu begegnen, und diese Begegnung hat ihn befreit aus einem Leben als einem der „Letzten" zum Leben der Ersten im Reich Gottes.

### Jesu Reise: Abschließende Denkanstöße

Die lange Reise Jesu lädt zur Reflexion ein. Es ist ein Weg mit einem tiefen spirituellen Gehalt, ein Gleichnis für den geistigen Weg des Menschen. Aus historischer Warte ist es sehr unwahrscheinlich, dass Jesus nur *eine* Reise nach Jerusalem unternommen hat. Folgt man dem Johannesevangelium, scheint er mindestens dreimal dorthin gegangen zu sein. Wenn Lukas die Geschichte literarisch so strukturiert, möchte er uns etwas lehren, das für jeden Menschen gültig ist, ob gläubig oder nicht: Das Leben ist eine Reise, die Existenz ein Nomadentum, ein langer Weg hin auf ein Ziel. In besonderer Weise gilt dies für das Christsein. Selig die, die den Mut aufbringen, ihr Haus zu verlassen, auf Bäume zu klettern, Jesus zu folgen und sich mit ihm auf den Weg zu machen. Lukas beschreibt die Jüngerinnen und Jünger als Menschen, die Jesus auf seinen Spuren folgen.

Mit dem Bild der Reise möchte ich das Kapitel beschließen. Das Motiv der Reise, des Weges, findet sich in allen großen Religionen, in fast jeder Spiritualität. Als Anregung zum persönlichen Nachdenken mag ein Gleichnis eines großen islamischen Mystikers dienen. In seinem Werk „Die Konferenz der Vögel" (oder „Vogelgespräche") erzählt der Perser Farud Du-Din Attar (auch: Fariduddin Attar, 1136–1220) folgende Geschichte:

Die Vögel scharen sich um den Wiedehopf, das Symbol der Weisheit, und bitten ihn, zum Simurgh zu fliegen [ein Fabelwesen der persischen Mythologie, Sinnbild des Mysteriums, Symbol Gottes, des Unendlichen, das Reich des Unaussprechlichen]. Hunderttausend Vögel beschließen, dem Wiedehopf auf diesem aberwitzigen Flug zu folgen, der dramatisch und sehr anstrengend ist. Hunderttausend Schleier senken sich während des Flugs zum Simurgh herab. Viele Vögel verlassen unterwegs die Kräfte, einige lassen sich auf einem Baum nieder und sterben dort, andere fallen gänzlich ermattet zu Boden, werden von Jägern erschossen oder kommen in den Unwettern um … Und doch hatten alle fliegen wollen. Der Wiedehopf, die Weisheit, wirbt immerfort weiterzufliegen, und schließlich gelangen einige ans Ziel.

Es sind nur dreißig, die den Simurgh erreichen. Dort ankommend, immer noch vorwärtsfliegend, bemerken sie, dass das Geheimnis Gottes ein riesiges, loderndes Feuer ist. Es gelingt ihnen nicht, rechtzeitig anzuhalten; die Wärme des Feuers zieht sie unwiderstehlich an, sie fliegen hinein und werden ganz vom Feuer verzehrt. Doch während sie zu Asche werden, werden sie Gott selbst, und in diesem Augenblick sehen sie dreißig Welten entschwinden und neu erstehen, sie schauen alle erdenklichen Wunder, begreifen den letzten Sinn des Lebens und hören, wie der Wiedehopf, der als Letzter in den Strudel dieses Feuers fällt, ausruft: „Ist es nicht besser, auf der Suche zu sterben, als reglos im Unrat zu ersticken?"

Das letzte Wort trifft das Herz einer Spiritualität des Unterwegssein, des Nomadentums, es trifft den Kern auch unserer langen Reise mit Jesus hin zu dem Ort unserer Bestimmung.

## Leiden, Tod und Auferstehung Jesu (Lk 20–24)

### Vorbemerkungen

In der Passion Jesu berühren wir den bleibenden, entscheidenden Bezugspunkt des christlichen Glaubens. Schon im ältesten christlichen Credo, das uns überliefert ist, wird dies greifbar. Es steht im ersten Korintherbrief; die Gelehrten bezeichnen es als „antiochenisches Glaubensbekenntnis", weil man annimmt, dass Paulus es in Antiochien gelernt hat. Der Apostel sagt selbst, dass er es empfangen und weitergegeben hat; es lag ihm also schon vor. Dieses ganz frühe Credo dürfte in den Jahren 40 bis 42 entstanden sein.

„Christus ist für unsere Sünden gestorben,
gemäß der Schrift, und ist begraben worden.
Er ist am dritten Tag auferweckt worden,
gemäß der Schrift,
und erschien dem Kephas, dann den Zwölf."
(1 Kor 15,3–5)

Es folgt eine Liste von Zeugen des Auferstandenen. Die Struktur dieses Bekenntnisses zeigt einen Rhythmus, der auf zwei grundlegenden Dimensionen aufbaut: einer geschichtlichen und einer transzendenten Dimension.

Sterben ist ein geschichtlich registrierbares Ereignis; Begraben-Werden besiegelt ein Leben, das sich in der Geschichte abgespielt hat. Die Auferstehung hingegen ist eine transzendente Dimension, die nur der Sohn Gottes begründen kann. Das so gestaltete alte Credo enthält die ganze Grundstruktur der Passionsgeschichte, die wir in Auszügen lesen und vertiefen wollen.

Als die Urkirche von Jesus Christus zu sprechen begann, setzte sie bei der Passion, bei seinem Tod und seiner Auferstehung an. Bei der Behandlung des Kindheitsevangeliums (Lk 1–2) haben wir schon darauf hingewiesen, dass die Orientalen das ganze Leben eines Menschen zu umgreifen suchen, indem sie einen Endpunkt darstellen: so in der Kindheitsgeschichte, so in der noch früheren Erzählung von Jesu Leiden, Tod und Auferstehung, dem ersten „Proto-Evangelium" überhaupt.

Von der Passion Jesu sprechen heißt, vom Leben und vom Tod zu sprechen. Ein großer jüdischer Mystiker des 11./12. Jahrhunderts, Bahya Ibn Paquda, dessen Schriften als Meisterwerk arabischer Mystik gelten dürfen (die spanischen Juden sprachen Arabisch), schreibt:

„Das Leben und der Tod sind Geschwister,
die beieinander bleiben, fest verbunden.

Sie verbinden sich, ohne sich wieder zu trennen.
Sie umgreifen die beiden äußersten Enden
der Brücke des Schicksals,
auf der die Karawane der Welt dahinschreitet.
Ihr Anfang ist das Leben, der Tod ist das Ende.
Das Leben baut auf, der Tod zerstört.
Das Leben sät, der Tod entwurzelt.
Das Leben verbindet, der Tod trennt.
Das eine vereint, das andere zerstreut.
Aber du sollst wissen:
Auch der Kelch wird vorübergehen,
wenn der Augenblick der Begegnung kommt.
Unversehens wirst du weggeführt
aus deinem irdischen Zimmer,
in weite Fernen geworfen,
und du findest dich wieder am Ort der Ewigkeit,
umarmt von Ihm."

In dieser Sicht können sich auch Christen wiederfinden; sie weist über das Endliche hinaus und öffnet sich dem Ewigen. Dass Leben und Tod sich verbinden, ohne sich wieder zu trennen, gilt auch für Christus. Paradoxerweise steht das Leben auch und vor allem am Ende, nicht nur am Anfang. Am Anfang steht die Erfahrung der irdischen Existenz, gezeichnet von Leid und Grenzen. Aber der Kelch wird vorübergehen (ein Bild, das wir aus Jesu Gebet im Ölgarten kennen: „Vater, wenn du willst, nimm diesen Kelch von mir!", Lk 22,41). Das ewige Leben kommt hinterher, es ist eingebettet und begründet in jener Erfahrung, die in der christlichen Tradition „Pascha des Herrn" genannt wird.

## Im Abendmahlssaal

Der Hohe Rat hat beschlossen, Jesus „zu beseitigen" (22,1f), Judas hat seine Mithilfe angeboten (22,3–6), das Paschamahl ist vorbereitet (22,7–13). Wir befinden uns im Abendmahlssaal, „einem großen Raum im Obergeschoss (eines Hauses), der mit Polstern ausgestattet ist" (Lk 22,12). Heute steht dort ein Gebäude aus der Zeit der Kreuzzüge, das in der Vergangenheit auch als Moschee diente. Es ist recht wahrscheinlich, dass Jesus an dieser Stelle das letzte Paschamahl seiner irdischen Existenz gefeiert hat.

„Als die Stunde gekommen war, begab er sich mit den Aposteln zu Tisch. Und er sagte zu ihnen: Ich habe mich sehr danach gesehnt, vor meinem Leiden dieses Paschamahl mit euch zu essen. Denn ich sage euch: Ich werde es nicht mehr essen, bis das Mahl seine Erfüllung findet im Reich Gottes. Und er nahm den Kelch, sprach das Dankgebet und sagte: Nehmt den Wein, und verteilt ihn untereinander! Denn ich sage euch: Von nun an werde ich nicht mehr von der Frucht des Weinstocks trinken, bis das Reich Gottes kommt. Und er nahm Brot, sprach das Dankgebet, brach das Brot und reichte es ihnen mit den Worten: Das ist mein Leib, der für euch hingegeben wird. Tut dies zu meinem Gedächtnis! Ebenso nahm er nach dem Mahl den Kelch und sagte: Dieser Kelch ist der Neue Bund in meinem Blut, das für euch vergossen wird" (Lk 22,14–20).

Lukas spricht vom „Paschamahl", zu dessen Ritus die Segnung mehrerer Kelche gehörte. Über einen – wahrscheinlich den dritten – Kelch, den „Kelch des Dankes", spricht Jesus andere Worte als im traditionellen jüdischen Ritus vorgesehen waren.

Über das ungesäuerte Brot sagt Jesus: „Das ist mein Leib, der für euch hingegeben wird" (Lk 22,19). Im semitischen Verständnis ist der Leib Zeichen für die Person als Ganze. Wir können den Satz also sinngemäß wiedergeben: „Das bin ich ..." Zu Symbolen hatten die Menschen im Orient ein unproblematisches Verhältnis; das Symbol ist für sie die bezeichnete Wirklichkeit selbst. Die Frage, ob es sich um eine reale oder metaphorische Präsenz handelt, über die wir diskutieren, stellte sich ihnen so gar nicht. Jesus spricht ganz „realistisch". Daran hat übrigens auch Martin Luther ohne Zögern festgehalten. Er schrieb einmal, wenn jemand ihm sagen würde, das geweihte Brot sei das gleiche wie das vom Bäcker und der Wein des eucharistischen Mahls sei nichts anderes als der aus dem Weinkeller, es sei also nicht Leib und Blut Christi, dann halte er selbst es lieber mit dem Herren Papst.

Jesus fährt fort: „Tut dies zu meinem Gedächtnis!" (ebd.). Die Übersetzung wird dem tiefen Gehalt der biblischen Sprache in keiner Weise gerecht. Das griechische Wort heißt *anamnesis*, hebräisch *zikkaron*. „Erinnerung; Gedächtnis" – das ist im biblischen Denken etwas ganz anderes als ein bloßes Sich-Erinnern, es hat nichts gemein mit patriotischen Gedenkfeiern. Der Aufruf, sich zu „erinnern", beinhaltet eine Verpflichtung für die Gegenwart, es geht um eine Vergegenwärtigung im Vollsinn des Wortes. Die „Erinnerung" ist das goldene Band, das Vergangenheit, Gegenwart und Zukunft zusammenhält. Es ist also nicht ein feierliches Gedenken an den Tod Jesu gemeint, vielmehr wird das vergangene Ereignis neu Wirklichkeit – immer wieder, zu allen Zeiten. Dieses „Memorial", diese „Anamnese", ist gewissermaßen dreidimensional: Es kommt aus der Vergangenheit auf uns zu, es wirkt in der Gegenwart und weist in die Zukunft. Die „Anamnese" schlechthin ist die eucharistische Liturgie. Sie ist die Feier einer Präsenz, die in der Vergangenheit verankert und zugleich Erwartung und Vorwegnahme der letzten, endgültigen Ankunft Christi ist.

Auf das Wort über das Brot folgt das Wort über den Kelch: „Dieser Kelch ist der Neue Bund in meinem Blut" (Lk 22,20). Hier wird ein stehender biblischer Begriff aufgegriffen: der

„Neue Bund" (griechisch: *kaine diatheke*, hebräisch: *berith hadashah*). Der Ausdruck geht auf Jeremia zurück (Jer 31,31); der Prophet kündet einen Bund an, der nicht mehr wie der Sinaibund auf steinernen Tafeln gründet, sondern eingeschrieben ist ins Herz der Menschen: „Ich lege mein Gesetz in sie hinein und schreibe es auf ihr Herz" (Jer 31,33).

Diesen Bezug auf den Neuen Bund finden wir nur bei Lukas und Paulus. Paulus schreibt in seiner Darstellung des Herrenmahls wie Lukas: „Dieser Kelch ist der Neue Bund in meinem Blut" (1 Kor 11,25). Dagegen heißt es in den Einsetzungsberichten bei Markus und Matthäus: „Das ist mein Blut, das Blut des Bundes" (Mk 14,24; Mt 26,28). Wir haben also zwei „Weiheformeln": eine bei Lukas und Paulus, die wahrscheinlich in den ersten heidenchristlichen Gemeinden gebräuchlich war, und eine bei Markus/Matthäus, die auf die Gemeinden in Palästina zurückgeht. Letztere knüpft nicht an den Jeremiatext an, sondern an einen bekannten Text aus dem 24. Kapitel des Buchs Exodus: Mose besiegelt den Bund zwischen Gott und seinem Volk mit dem Blut der Opfertiere. Deren Blut wurde zur Hälfte auf dem Altar, dem Symbol für Gott, versprengt; Gott und das Volk sind durch diesen Blutbund tief verbunden.

Lukas bzw. die hellenistische Interpretation gehen darüber hinaus, indem sie ein weiteres Element hinzufügen. Jener Bund genügt nicht, es braucht den „Neuen Bund", den Bund im Herzen und im Geist, der das Innere des Menschen durchdringt und verwandelt. Die Eucharistie wird verstanden als die Besiegelung des Bundes, den Jeremia angekündigt hat.

### Getsemani und Gefangennahme

Nachdem Jesus gebetet und „Blut geschwitzt" hat, tut sich für ihn endgültig der düstere Horizont des Leidens auf. Lukas ist besonders sensibel für das Leiden der

Menschen, für ihre Bedrängnisse, ihr Elend, für das Geheimnis ihrer inneren Not. Er zeigt uns Jesus als den, der die ganze schmerzbeladene Menschheit aufnimmt, der sich zutiefst davon anrühren lässt. Das Leid ist darum nicht mehr nur Fluch, sondern wird zum großen Zeichen der Offenbarung, zu einer Quelle der Hoffnung, was sich in der Tradition der Kirche ununterbrochen spiegelt. Der jiddische Autor Isaac Bashevis Singer (1902–1991) schrieb einmal: „Ich glaube, dass es irgendwo im Universums ein Archiv geben muss, in dem alle Leiden und alle Opfer der Menschen aufbewahrt werden. Es gäbe keine göttliche Gerechtigkeit, wenn die Geschichte eines Elenden nicht auf ewig die unendliche Bibliothek Gottes zierte." Gottes „Bibliothek" besteht nicht nur aus Büchern über die glorreichen, großen Taten des Menschen und ganz sicher nicht nur aus theologischen Werken; in ihr werden die Bücher des menschlichen Leidens gesammelt. In einem Psalm heißt es:

> „Mein Elend ist aufgezeichnet bei dir.
> Sammle meine Tränen in einem Krug,
> zeichne sie auf in deinem Buch!" (Ps 56,9)

In dieser göttlichen Bibliothek wird als Erstes das Leid, das Christus selbst durchlitten hat, verzeichnet sein.

### *Die Gefangennahme Jesu (Lk 22,47–53)*

„Während er noch redete, kam eine Schar Männer; Judas, einer der Zwölf, ging ihnen voran. Er näherte sich Jesus, um ihn zu küssen. Jesus aber sagte zu ihm: Judas, mit einem Kuss verrätst du den Menschensohn? Als seine Begleiter merkten, was (ihm) drohte, fragten sie: Herr, sollen wir mit dem Schwert dreinschlagen? Und einer von ihnen schlug auf den Diener des Hohepriesters ein und hieb ihm das rechte Ohr ab. Jesus aber sagte: Hört auf damit! Und er berührte das Ohr und heilte den Mann. Zu den Hohepriestern aber, den Hauptleuten der Tempelwache und den Ältesten, die vor ihm standen, sagte Jesus: Wie gegen einen Räuber seid ihr mit Schwertern und Knüppeln ausgezogen. Tag für Tag war ich bei euch im Tempel, und ihr habt nicht gewagt, gegen mich vorzugehen. Aber das ist eure Stunde, jetzt hat die Finsternis die Macht" (22,47–53).

Die Passion beginnt mit einem großen inneren Schmerz für Jesus: mit dem Verrat durch Judas. Ein genauerer Blick auf den Text bei Lukas zeigt, dass der verräterische Kuss selbst nicht geschildert wird. Es heißt lediglich: „Er näherte sich Jesus, um ihn zu küssen" (Vers 47). Jesus scheint ihn aufzuhalten mit den Worten: „Judas, mit einem Kuss verrätst du den Menschensohn?" (Vers 48; nur bei Lukas steht dieses Wort). Lukas möchte, und dies ließe sich auch an anderen Stellen zeigen, allzu große Demütigungen von Jesus fernhalten. Er zeigt uns Jesus als außerordentlich mitfühlsam, als jemand, der sich niederbeugt zu den Menschen; doch dieser Jesus soll nicht zu sehr von der Bosheit der Menschen getroffen werden. Lukas nimmt dem Jesusbild manche harten Nuancen. Deshalb bleibt es bei der bloßen Absicht des Judas, Jesus durch einen Kuss zu verraten.

Die anschließende Szene findet sich auch bei den anderen Synoptikern, doch bei Lukas hat sie ein überraschendes Ende. Die Soldaten kommen, um Jesus zu verhaften. Auch ein Diener des Hohepriesters ist unter ihnen. Die Jünger reagieren auf den Überfall mit der Frage: „Herr, sollen wir mit dem Schwert dreinschlagen?" (22,49), und einer schlägt dem Diener des Hohepriesters ein Ohr ab. Jesus erteilt ihnen daraufhin eine entschiedene Lektion gegen die Gewalt; entsetzt und traurig ruft er ihnen zu: „Hört auf damit!" (22,51).

Etwas Ähnliches war schon im Abendmahlssaal vorgefallen: Jesus sprach über die Stunde der Entscheidung, über den Kampf der Endzeit, wo man sozusagen ein Schwert in der Hand braucht und sich nicht verschlafen und untauglich erweisen darf. Die Jünger missverstehen ihn; sie erheben sich und sagen: „Herr, hier sind zwei Schwerter." Jesus ist fast sprachlos angesichts dieser dummen, abwegigen Reaktion: „Genug davon!" erwidert er ihnen.

Auf die gewaltsame Gegenwehr – nach dem Johannesevangelium war es Petrus, der zum Schwert griff und Malchus, so heißt hier der Diener, ein Ohr abschlug – greift Jesus seinerseits ein: Er berührt das Ohr und heilt den Diener. Nur Lukas erwähnt dies. Selbst in dem Augenblick, in dem Jesus Menschen gegenüber steht, die ihn verhaften wollen und kaum gezögert hätten, ihn zu töten, falls er Widerstand geleistet hätte, ist er darauf bedacht, zu heilen und zu vergeben. Dieser Diener, der ihm feindlich gesinnt ist, ist Opfer einer gewaltsamen Handlung geworden: Auch er ist ein Mensch, der leidet.

### Der jüdische Prozess

In Lk 22,66–71 wird das Verhör Jesu vor dem Hohen Rat geschildert. Die Erzählung ist sehr knapp, Lukas begnügt sich mit einigen wenigen Informationen.

Der Hohe Rat (*sanhedrin,* aramäisch für Versammlung, Rat; griechisch *synhedrion*), war eine von Rom anerkannte Instanz mit begrenzten rechtlichen und politisch-sakralen Befugnissen. Er hatte 70 Mitglieder, dazu kam als Vorsitzender der amtierende Hohepriester. Drei Gruppen stellten den Hohen Rat: die ehemaligen Hohepriester und der hohe „Klerus", sämtlich konservative Sadduzäer; sodann die Ältesten, reiche Landbesitzer, die ebenfalls den Sadduzäern zuzurechnen sind, und schließlich die Schriftgelehrten. Diese waren überwiegend fortschrittlich gesinnte Anhänger der Pharisäer, der offensten und spirituell hochstehendsten Gruppe, die in den Evangelien einseitig negativ beschrieben wird. Die Vertreter aller drei Gruppen kommen zusammen, um über Jesus zu befinden. Jesus wird verurteilt, so lässt der Text erkennen, auch wenn Lukas das nicht ausdrücklich sagt.

„Sie sagten zu ihm: Wenn du der Messias bist, dann sag es uns! Er antwortete ihnen: Auch wenn ich es euch sage – ihr glaubt mir ja doch nicht; und wenn ich etwas frage, antwortet ihr nicht. Von nun an wird der Menschensohn zur Rechten des allmächtigen Gottes sitzen" (22,67–69).

Jesus zitiert und verbindet im letzten Satz Stellen aus dem ersten Vers des Psalms 110 und aus dem 7. Kapitel des Buches Daniel. Psalm 110 handelt von der Inthronisation des priesterlichen Königs, aus ihm spricht die Vorstellung eines königlichen Messianismus. Dieses Zitat konnte nicht anstößig erscheinen; die „Anmaßung", der Messias zu sein, wäre kein Grund gewesen, ihn zum Tod zu verurteilen. Problematisch wurde erst die Verknüpfung mit Dan 7, wo vom Menschensohn die Rede ist, der mit den Wolken des Himmels kommt (vgl. Dan 7,13), einer geheimnisvollen Gestalt, die im himmlischen Bereich angesiedelt ist. Eine solche Selbstbezeichnung konnte Jesus schon eher den Vorwurf der Gotteslästerung einhandeln. Manche Exegeten nehmen an, dass letztlich Äußerungen Jesu über den Tempel zu seiner Verurteilung führten.

Lukas hat, verglichen mit Markus (vgl. Mk 14,62), den Bezug auf die Danielstelle abgeschwächt: Nicht die apokalyptisch-endzeitliche Vorstellung vom Kommen des Menschensohns steht im Vordergrund, sondern das Sitzen zur Rechten Gottes, seine Verherrlichung nach dem Leiden. Außerdem fällt auf, dass Lukas weder das Vergehen beim Namen nennt, dessen Jesus bezichtigt wird (vgl. Mk 14,64: „Ihr habt die Gotteslästerung gehört"), noch das Urteil selbst („Er ist schuldig und muss sterben", Mk 14,64; vgl. Mt 26,65f). Bei Lukas endet der Prozess einfach mit den Worten:

„Da sagten alle: Du bist also der Sohn Gottes. Er antwortete ihnen: Ihr sagt es – ich bin es. Da riefen sie: Was brauchen wir noch Zeugenaussagen? Wir haben es selbst aus seinem eigenen Mund gehört" (22,70f).

In den anderen Evangelien wird von einem nächtlichen Verhör Jesu durch den Hohen Rat gesprochen. Doch nächtliche Prozesse waren ungültig, nachts durften keine offiziellen Sitzungen einberufen werden. Einige Exegeten haben deshalb gemutmaßt, angesichts der Brisanz des Falls Jesus habe es wohl eine informelle nächtliche Beratung gegeben, bei der man den Prozess für den nächsten Tag vorbereitet habe. Lukas weiß von einer solchen Sitzung nichts, ebenso wenig wie vom Verhör durch den Hohepriester Hannas und von der Übergabe an Kajaphas (vgl. Joh 18,12–24). Bei Lukas ist nur von der legalen Sitzung des Hohen Rats am Morgen die Rede. Es ist in der Tat anzunehmen, dass der Hohe Rat bei einer solchen regulären Zusammenkunft in der unlängst entdeckten „Quaderhalle" das Urteil fällte.

Lukas schließt unmittelbar die Auslieferung Jesu an Pilatus an, der „römische Prozess " beginnt (23,1ff).

### Der römische Prozess

Pontius Pilatus, von 26 bis 36 n. Chr. Statthalter über die römische Provinz Judäa, ist vom Namen her allgemein bekannt. Im Folgenden möchte ich auf einen Abschnitt eingehen, der nur bei Lukas steht und im Zusammenhang mit der Verurteilung Jesu neben Pilatus auch Herodes Antipas ins Spiel bringt (vgl. auch Apg 4,27):

„Als Pilatus das [= die gegen Jesus erhobenen Anklagen] hörte, fragte er, ob der Mann ein Galiläer sei. Und als er erfuhr, dass Jesus aus dem Gebiet des Herodes komme, ließ er ihn zu Herodes bringen, der in jenen Tagen ebenfalls in Jerusalem war. Herodes freute sich sehr, als er Jesus sah; schon lange hatte er sich gewünscht, mit ihm zusammenzutreffen, denn er hatte von ihm gehört. Nun hoffte er, ein Wunder von ihm zu sehen. Er stellte ihm viele Fragen, doch Jesus gab ihm keine Antwort. Die Hohepriester und die Schriftgelehrten, die dabeistanden, erhoben schwere Beschuldigungen gegen ihn. Herodes und seine Soldaten zeigten ihm offen ihre Verachtung. Er trieb seinen Spott mit Jesus, ließ ihm ein Prunkgewand umhängen und schickte ihn so zu Pilatus zurück. An diesem Tag wurden Herodes und Pilatus Freunde; vorher waren sie Feinde gewesen" (23,6–12).

Herodes Antipas, der Sohn Herodes' des Großen, war von 4 v. Chr. bis 39 n. Chr. Tetrarch von Galiläa und Peräa. Nach dem Tod seines Vaters hatten die Römer dessen Reich unter seine vier Söhne aufgeteilt. Herodes Antipas war der brillanteste unter ihnen; seine Mutter Maltake, eine der zehn Frauen des Herodes des Großen, stammte aus Samaria. Dieser Herodes Antipas wird im Lukasevangelium sechsmal erwähnt. In 9,9 heißt es, dass er den Wunsch hatte, Jesus einmal zu sehen. Jesus seinerseits hat ihn nach Lk 13,32 als „Fuchs" bezeichnet, als man ihm sagte, Herodes wolle ihn töten: „Geht und sagt diesem Fuchs ..." Dies war im Aramäischen nicht etwa ein Kompliment für politische Schläue, sondern eine eher derbe, fast beleidigende Anspielung auf die geringe Bedeutung oder Unreinheit dieses Mannes. Dass Jesus eine deutliche Sprache sprechen konnte, wissen wir ja auch aufgrund anderer Stellen (man denke etwa an die Weherufe).

Herodes Antipas scheint ein lasterhafter Mensch gewesen zu sein. In die Geschichte ist er eingegangen wegen seiner Verantwortung für die Ermordung Johannes des Täufers, wovon auch der jüdisch-römische Historiker Flavius Josephus berichtet. Johannes hatte Herodes Antipas wegen seiner Ehe mit Herodias, der Frau seines Bruders Philippus, getadelt, was Herodes ihm sehr übel nahm.

Als Jesus vor Herodes Antipas steht, der gern ein Wunder gesehen hätte, gibt er ihm keine Antwort. Jesus lehnt es ab, diesem Mann, der die Leere und Eitelkeit des genüsslichen Lebens der gehobenen Kreise verkörpert, etwas zu sagen.

Wie kommt es, dass diese Episode bei Lukas und nur bei ihm steht? Meines Erachtens könnte eine Stelle aus der

Apostelgeschichte auf die richtige Spur führen: In Apg 13,1 führt Lukas unter denen, die sich bekehrt haben, auch einen gewissen Menaën an, einen Jugendgefährten des Tetrarchen Herodes. Es ist denkbar, dass dieser die Erinnerung an die Begegnung zwischen Jesus und Herodes Antipas in die christliche Überlieferung eingebracht hat.

## Auf dem Kalvarienberg

Wir kommen zum Höhepunkt der Passion. Alle Evangelisten schildern eine Art doppelter Konfrontation: Jesus gegenüber dem Tod einerseits, Jesus gegenüber dem Vater andererseits. Es wird ernst. „A nous deux!", soll Georges Bernanos am 5. Juli 1948 auf dem Sterbebett gesagt haben: Jetzt entscheidet sich alles allein zwischen uns beiden, könnten wir frei übersetzen: zwischen mir und Gott.

Die entscheidende Phase beginnt mit einer Reihe kleinerer Szenen. Wir werden uns auf einige beschränken, die im Lukasevangelium besonders wichtig sind.

*Simon aus Zyrene.* Am Anfang steht bei Lukas die Episode von Simon aus Zyrene (Lk 23,26; vgl. Mk 15,21 und Mt 27,32), der Jesus das Kreuz „nachträgt". Nur Lukas gebraucht dieses Verb, das Simon als Vorbild für die Jünger Jesu ausweist. – Dass er aus Zyrene stammt, ist bezeichnend: In der Apostelgeschichte spricht Lukas von Christen aus Zyrene, dem Athen Afrikas, einer bedeutenden nordafrikanischen Stadt im heutigen Libyen, die durch die 30-jährige Arbeit italienischer Archäologen in neuem Glanz erstrahlt. Simon hat die Geschichte des hellenistischen Afrika mit der Gestalt Jesu in Berührung gebracht.

*Die Frauen.* Sodann spricht Lukas von Frauen, die um Jesus „klagten und weinten" (23,27). Lukas hebt auch an anderen Stellen die Frauen hervor, die um Jesus sind (vgl. z. B. 8,1–3).

Die Begegnung Jesu mit den Frauen (23,27–31) steht in keinem anderen Evangelium. Es handelte sich wohl um Frauen, die zu einer Gruppe gehörten, die Sterbenden – auch den zum Tode Verurteilten – beistand; dass sie Jüngerinnen Jesu im engeren Sinne waren, ist wohl nicht anzunehmen. Jesus gibt ihnen zu verstehen, dass er es nicht nötig hat, beweint zu werden. Lukas lenkt das Gespräch auf allgemeinere Aussagen, die über den Dialog zwischen einem Verurteilten und seinen Tröstern hinausgehen: „Jesus wandte sich zu ihnen um und sagte: Ihr Frauen von Jerusalem, weint nicht über mich; weint über euch und eure Kinder! (...) Denn wenn das mit dem grünen Holz geschieht, was wird dann erst mit dem dürren werden?“ (23,28.31). – Es wird verbrannt werden. Dieses Symbol kennen wir aus dem Buch Ezechiel als Zeichen für das Gericht (vgl. Ez 21,3). Man denkt an ein loderndes Feuer, in dem frisches, grünes Holz verbrennt (ein Symbol für die Unschuld, hier wohl für Jesus), und fragt sich unwillkürlich, wie es dann erst dem trockenen, verdorbenen und schon verfaulenden Holz (ein Symbol für Jerusalem?) am Tag des Gerichts ergehen wird.

*Die Kreuzigung.* Der Kalvarienberg (lat. *calvariae,* das heißt „Schädelhöhe“) war ein fünf bis sechs Meter hoher Felsausläufer außerhalb der Mauern des alten Jerusalem, der jetzt ganz von der Grabeskirche umbaut ist. Dort führt eine kleine Treppe hinauf zur Kalvarienberg-Kapelle.

Lukas hat in die Darstellung der Kreuzigung seine eigene Note eingebracht. Auch in der letzten Phase seines Lebens zeichnet sich Jesus durch einen Grundzug aus, den er nie verloren hat: seine Barmherzigkeit. Dies zeigt sich zunächst in seiner Bitte um Vergebung für die Vollstrecker der Todesstrafe, die nur Lukas uns überliefert. Der *exactor mortis,* der für die Hinrichtung zuständige Hauptmann, hat ihn mit einer kleinen Schar von Soldaten zum Ort der Hinrichtung geleitet (dieser Weg ist zur *Via dolorosa* geworden). Gewöhnlich blieben einige Wachen bei dem Gekreuzigten, bis er gestorben war. Jesus bittet um Verzeihung für die römischen Soldaten und die feindlich gesinnte Menge, die das Schauspiel einer Hinrichtung verfolgen wollen: „Vater, vergib ihnen, denn sie wissen nicht, was sie tun" (23,34).

Barmherzigkeit, bis in die letzten Worte hinein, soll auch den Jünger Jesu auszeichnen, wie Lukas uns in der Erzählung von der Steinigung des Stephanus zeigt. Er hat sie ganz bewusst so dargestellt, dass wir verstehen: Der Jünger soll wie der Meister sterben. Wie Jesus verziehen hat, verzeiht auch Stephanus denen, die ihn steinigen, und wiederholt die Vergebungsbitte Jesu (vgl. Apg 7,60).

Nur im Lukasevangelium steht auch das Zwiegespräch zwischen Jesus und einem der beiden, die mit ihm gekreuzigt werden: „Einer der Verbrecher, die neben ihm hingen, verhöhnte ihn: Bist du denn nicht der Messias? Dann hilf dir selbst und auch uns! Der andere aber wies ihn zurecht und sagte: Nicht einmal du fürchtest Gott? Dich hat doch das gleiche Urteil getroffen. Uns geschieht recht, wir erhalten den Lohn für unsere Taten; dieser aber hat nichts Unrechtes getan. Dann sagte er: Jesus, denk an mich, wenn du in dein Reich kommst. Jesus antwortete ihm: Amen, ich sage dir: Heute noch wirst du mit mir im Paradies sein" (23,39–43).

Dies ist die letzte Tat Jesu. Sein letztes „physisches" Wunder war die Heilung eines Dieners des Hohepriesters gewesen; hier vollbringt er sein letztes „Wunder" im geistlichen Sinn: die Bekehrung eines Übeltäters, dem er Hoffnung und Vergebung zuspricht. Der Bitte um Vergebung für seine Feinde entspricht seine letzte Handlung: die Zulassung eines reuigen Verbrechers zum Reich Gottes. Erneut erweist sich Lukas als leidenschaftlicher *scriba mansuetudinis Christi*, als „Darsteller der Sanftmut Christi" (Dante). Jesus hat Mitgefühl mit den Menschen, er weiß um all ihre Schwächen, aber auch um die Größe, zu der sie fähig sind. Der reumütige Verbrecher tritt jetzt schon in den österlichen Horizont ein. Lukas verwendet wiederum das für ihn so typische Wort „heute". Jetzt – und nicht erst nach der Wiederkunft Christi – beginnt für diesen mit Jesus Gekreuzigten die Zeit der Vollendung, das Paradies in Gemeinschaft „mit mir", wie Jesus sagt. Die Zeit der Vollendung hat bereits begonnen, und dieses „Heute", das mit Christus begonnen hat, findet eine Fortsetzung in der Kirche durch die Vergebung der Sünden.

Der Tod Jesu ist hineingestellt in ein düsteres Szenarium: Finsternis liegt über dem ganzen Land, die Sonne verdunkelt sich, der Vorhang im Tempel reißt mitten durch … (vgl. Lk 23,44–46). Dies darf nicht wörtlich verstanden werden. Jener Nachmittag, an dem Jesus in Jerusalem hingerichtet wurde, war äußerlich wahrscheinlich ein ganz gewöhnlicher Nachmittag. Die Beschreibung der Finsternis usw. ist eher zu deuten im Licht einer Fülle alttestamentlicher Aussagen über den Tag des Gerichts, den Tag, an dem Gott kommt und sich in Macht manifestiert. Dort finden wir die gleichen Bilder. So dürfen wir annehmen, dass hier in der Sprache der Propheten die tiefe Bedeutung dieses Augenblicks aufgezeigt werden soll, die sich nur im Glauben erschließt. Es hätte wenig Sinn, Astronomen zu fragen, ob es um das Jahr 30 in Jerusalem eine Sonnenfinsternis gab; denn darum geht es Lukas und den anderen Evangelisten nicht. Sie wollen uns etwas Tieferes mitteilen: Dieser Moment, der Tod Jesu, markiert ein Ereignis, das die Geschichte von Grund auf neu prägt.

In dieses apokalyptische Bild hinein stellt Lukas das allerletzte Wort Jesu, auf das wir im Zusammenhang mit dem Gebet schon kurz zu sprechen kamen. Es ist sein Abschiedsgruß, der mit den düsteren endzeitlichen Bildern in augenfälligem Kontrast steht: „Vater, in deine Hände lege ich meinen Geist" (23,46).

Jesus ruft Gott an mit einem Wort aus Psalm 31,6. Im Hebräischen besteht die Bitte nur aus drei Wörtern: *bejadka 'afqîd ruhî*, drei Wörter, aus denen ein großes Vertrauen spricht. Lukas zog es vor, Jesus mit diesem Gebet auf den Lippen sterben zu lassen. Bei Markus und Matthäus ist Jesu letzter Ausruf ein Vers aus Psalm 22: „Mein Gott, mein Gott, warum hast du mich verlassen?" (Mk 15,34; Mt 27,46). Auch dieser Psalm, der mit der tiefen inneren Not eines *De profundis* anhebt, endet wie ein freudiges Magnifikat. Lukas, der diesen Psalm gewiss kannte, präsentiert uns Jesus als einen Menschen voller Vertrauen, der sich selbst im Angesicht des Todes ganz der Hand des „Vaters" (so die bezeichnende Erweiterung des Psalmworts) überlässt. In diesem Ausdruck des Vertrauens haben im Laufe der Geschichte viele Gläubige einen Anker für sich selbst gefunden, der ihnen ermöglichte, sich in ihrer Todesstunde ganz Gott zu überlassen: Polykarp in der Frühzeit des Christentums, der große Kirchenvater Basilius aus Kappadokien, Bernhard von Clairvaux, Martin Luther und viele andere sind mit diesem Wort auf den Lippen gestorben. Ein ununterbrochener Faden scheint die Sterbenden mit dem Kalvarienberg zu verbinden. Der Tod ist für sie kein Ungetüm, sie können sich ihm vielmehr überlassen wie einem guten Engel und finden darin das Antlitz Gottes.

Nach der vertrauensvollen Selbstübergabe an den Vater „hauchte" Jesus „den Geist aus" (23,46). Im Tod erweist sich Jesus, der Christus, in letzter Klarheit als wahrer Mensch, als Mensch par excellence. Denn der Tod ist Ausweis des Menschseins, er ist das Ureigenste des Menschen. Spätere gnostische Häresien haben sich gescheut, von Jesu Tod zu sprechen; man meinte, dies würde ihn zu sehr in unsere Nähe rücken. Doch wenn Jesus nicht stirbt, wenn er diesen unseren Weg nicht ganz zu Ende geht, ist er nicht wahrer Mensch. Jesus tritt ein in den Tod. Er ist wahrer Mensch, und doch bleibt er der Sohn Gottes. Im Pascha, im österlichen Übergang aus dem Tod zum Leben, gewinnt der Tod des Menschen ein neues Gesicht. Für uns ist Tod in der

Regel gleichbedeutend mit Grab, Staub, Ende; durch das Pascha, den „Übergang" Jesu Christi, des Gott-Menschen, wird er zum großen Anfang.

## Die Himmelfahrt

Damit kommen wir zur letzten Szene des Lukasevangeliums, zu den Schlussversen, die ich aus didaktischen Gründen noch vor der Erzählung von den Emmausjüngern behandeln möchte:

„Dann führte er [= der auferstandene Christus] sie hinaus in die Nähe von Betanien. Dort erhob er seine Hände und segnete sie. Und während er sie segnete, verließ er sie und wurde zum Himmel emporgehoben; sie aber fielen vor ihm nieder. Dann kehrten sie in großer Freude nach Jerusalem zurück. Und sie waren immer im Tempel und priesen Gott" (24,50–52).

Lukas schließt mit der „Himmelfahrt Jesu". Wie wichtig sie ihm ist, zeigte sich bereits zu Beginn der langen Reise Jesu nach Jerusalem (Lk 9,51): Das eigentliche Ziel seines Weges nach Jerusalem ist nicht die Heilige Stadt, sondern seine Aufnahme in den Himmel, das heißt in Gott. In der symbolischen Sprache der Bibel bezeichnet der Himmel den Bereich Gottes.

Die Erzählung von der „Himmelfahrt Jesu" ist eine tiefe Interpretation des Paschageheimnisses. Es handelt sich nicht um eine traurige Abschiedsszene. Vielmehr sind die Apostel voller Freude: Sie „kehrten in großer Freude nach Jerusalem zurück" (24,52); denn sie haben entdeckt, dass Christus nun in Gott ist und doch – allerdings in anderer Weise als zuvor – gegenwärtig bleibt. Er ist nicht mehr im Horizont unserer Welt; er ist in Gott. Und doch bleibt er auf geheimnisvolle, ganz neue Art und Weise nahe.

Die Erzählung von der „Himmelfahrt" entspricht einer österlichen Erscheinung, das heißt, sie ist eine der Begegnungen Christi mit seiner Kirche, wie jene, die wir anschließend behandeln werden. Diese Begegnung wird gewissermaßen in einer „vertikalen Bewegung" geschildert. Auch im Matthäusevangelium haben wir eine vergleichbare Erzählung, die sein Evangelium besiegelt: Auf dem „Berg", für Matthäus der Ort der Offenbarung, erscheint Christus feierlich wie ein byzantinischer Pantokrator und sagt: „Mir ist alle Macht gegeben im Himmel und auf der Erde ..." (Mt 28,18). Christus scheint zu entschwinden, doch entschwindend spricht er: „Seid gewiss: Ich bin bei euch alle Tage bis zum Ende der Welt" (Mt 28,20).

Die Himmelfahrt ist eine äußerst dichte Versinnbildlichung der Begegnung des auferstandenen Christus mit seiner Kirche. Sie besagt, dies sei nochmals wiederholt: Christus ist in Gott, und er ist doch gegenwärtig. Deshalb gehen wir voll Freude „nach Jerusalem". Wir wissen, dass Christus da ist und da sein wird, wobei er unsere räumlichen Kategorien und den Raum selbst übersteigt, da er in Gott ist.

In byzantinischer Zeit und später während der Kreuzzüge hat man auf dem Ölberg bei Betanien inmitten eines achteckigen Geländes ein Gebäude ohne Dach errichtet. Es sollte eine Kirche sein, die zwar auf Jerusalem bezogen bleibt und dort ihre Fundamente hat, aber zugleich ganz offen ist für den Himmel, in den Jesus aufgefahren ist, eine Kirche, die erfüllt ist von der Präsenz Gottes.

## Die Begegnung mit Jesus in Emmaus

Beschließen möchte ich den Überblick über die Passion und Auferstehung Jesu nach Lukas mit der Emmausgeschichte, die wir als innere Weiterführung der Erzählung von der Himmelfahrt ansehen könnten.

Der österliche Christus ist nicht mehr an den irdischen Horizont gebunden, er übersteigt unser Denk- und Sprachvermögen, ist nicht mehr physisch sichtbar. Und doch ist er wirklich gegenwärtig und erfahrbar. Lukas neigt dazu, dies geradezu „körperlich" zum Ausdruck zu bringen (vgl. bes. 24,42). Doch die Erfahrung seiner Gegenwart ist etwas anderes als die Begegnung der Jünger mit Jesus während seines irdischen Lebens. Einen deutlichen Hinweis auf diesen Unterschied finden wir in den Erzählungen der Erscheinungen: Oft erkennen die Jünger den Auferstandenen nicht. Wie ist das möglich, wo sie doch Jahre mit Jesus zusammen waren? Wie kann eine Maria Magdalena ihn nicht wiedererkennen, ja für den Gärtner halten (so im Johannesevangelium)?

Es ist unbestreitbar eine andere Begegnung mit Jesus, dem Christus, als zuvor. Und dennoch wird mit allem Nachdruck auch das andere festgehalten: Der auferstandene Christus ist präsent, man kann ihn erfahren, er wirkt in der Geschichte und in unserem Leben, er verwandelt das Leben der Menschen (man denke nur an Paulus!). Sicher, seine neue Gegenwart lässt sich auf keinen Fall auf eine bloße geschichtliche Gegebenheit reduzieren. Zwar spielen auch geschichtliche Elemente hinein, wenn es darum geht, ihn zu erkennen (ihn zu sehen, zu berühren ...), es wird eine unmittelbare, wirkliche Erfahrung beschrieben; doch die wahre, die entscheidende Erfahrung ist die des Glaubens.

Nach diesen Vorbemerkungen nun zur Emmausgeschichte, einem von Lukas meisterhaft erzählten Text, der einen Platz in jeder Anthologie großer Texte aus verschiedenen Zeiten verdiente. Es gelingt Lukas, eine lebendige Atmosphäre voller Spannung zu schaffen, ohne dass die Erzählung deshalb irgendetwas von ihrem tiefen theologischen Gehalt einbüßen würde. Die Emmausgeschichte ist voll von Pathos, gespannter Erwartung, überraschenden Wendungen; der Leser wird eingetaucht in die Abendstimmung ... Doch bei all dem sorgt Lukas dafür, dass wir die beiden wesentlichen Elemente nicht aus den Augen verlieren:

– das Gespräch unterwegs, ein Gespräch über die Heilige Schrift (Mose und die Propheten), in dem das Herz zu

„brennen" beginnt. Die Schrift wird nun in einem neuen Licht, in einer neuen Fülle gelesen; der Auferstandene schließt den Jüngern auf, was in diesen Texten ihn betrifft. Dies ist der Moment, der dem *Hören des Wortes* gewidmet ist, der erhebende Moment, in dem das Wort Gottes nicht sachlich-kühl als religiöse Information und auch nicht als bloße „Poesie" empfunden wird, sondern den Menschen im Innersten als Glaubensbotschaft erreicht. Erst allmählich gelingt es den Jüngern, das „Wort" in dieser Weise aufzunehmen und zu verstehen. Der Weg nach Emmaus ist damit ein Sinnbild der Liturgie des Wortes: sich auf den Weg machen, hinhören auf das Wort der Schrift, es sich von Jesus erschließen lassen, sich von ihm treffen lassen;

– sodann, bei Tisch im Haus in Emmaus, das Ziel: Christus bricht das Brot. *Klasis tou artou* heißt es; der gleiche Ausdruck, den wir in der Apostelgeschichte wiederfinden, wo es von der Jerusalemer Urgemeinde heißt: „Sie hielten an der Lehre der Apostel fest und an der Gemeinschaft, am *Brechen des Brotes* und an den Gebeten" (Apg 2,42). Das Brechen des eucharistischen Brotes wird für die Jünger zu einer Offenbarung: „Da gingen ihnen die Augen auf, und sie erkannten ihn" (Lk 24,31).

Lukas zeigt uns in der Erzählung von den Jüngern auf dem Weg nach Emmaus eine Offenbarung des auferstandenen Christus innerhalb der Liturgie des Wortes und der eucharistischen Feier. Viele Exegeten sprechen deshalb von der Liturgie als dem „Sitz im Leben" dieser Episode: Ihr Kontext sei die liturgische Feier früher christlicher Gemeinden. Lukas hat die Erzählung geschrieben, damit sie in den Kirchen bzw. liturgischen Versammlungsräumen gelesen wird. Er möchte den Christen auch späterer Zeiten sagen: Ihr, die ihr gern Jesus persönlich kennengelernt hättet, gebt euch nicht nostalgischen Gedanken hin. Denn heute, in eurer Zeit, könnt ihr Christus begegnen an jedem Herrentag, in jeder Eucharistiefeier. Wenn ihr das Wort Gottes hört, soll euer

Herz brennen; denn er erklärt und verkündet es euch. Wenn ihr das Brot brecht und esst, so wisst, dass ihr ihm begegnet.

Jede eucharistische Feier ist eine österliche „Erscheinung" des Herrn. Denn die Erscheinung des Auferstandenen ist kein parapsychologisches Phänomen, sondern Begegnung mit Christus. So weist Lukas uns am Schluss seines Evangeliums in der packenden Erzählung von den Emmausjüngern nochmals auf seine Kernthese hin: *Christus ist in der Geschichte gegenwärtig,* im Heute, im Jetzt. Er ist nicht begraben in einer fernen Vergangenheit, er wird nicht erst am Ende der Zeiten, wenn die Posaunen zum Gericht erklingen, aus weiter Ferne wiederkehren; seine Stunde ist vielmehr *heute.*

Schließen möchte ich mit einer freien Bearbeitung der Emmausgeschichte durch François Mauriac („Vie de Jésus" – Leben Jesu), der weithin dem Text des Lukas folgt, aber auch eigene Gedanken einstreut:

„Wem von uns ist die Herberge von Emmaus nicht vertraut? Wer ist nicht an einem Abend, an dem alles verloren schien, auf jener Straße gegangen? Christus war für uns gestorben. Sie hatten ihn uns genommen. Die Welt, die Philosophen und die Gelehrten hatten uns unsere Leidenschaft genommen. Es existierte kein Jesus mehr für uns auf der Erde. Wir waren unterwegs auf einer Straße. Und da trat jemand an unsere Seite. Wir waren allein und doch nicht allein. Es war Abend. Da: eine offene Tür, die Dunkelheit eines Saales, in dem das kleine Kaminfeuer nur ein wenig den Boden erhellt und die Schatten zittern lässt. Gebrochenes Brot … Bleib bei uns, denn der Tag hat sich geneigt! Der Tag hat sich geneigt, das Leben endet, die Kindheit scheint in weitere Ferne gerückt als der Anfang der Welt, und von der verlorenen Jugend spüren wir nichts anderes mehr als das letzte Rauschen der toten Bäume in einem unkenntlich gewordenen Park.

Als sie in die Nähe des Dorfes kamen, zu dem sie unterwegs waren, tat er, als wolle er weitergehen. Aber sie nötigten ihn, bei ihnen zu bleiben: Bleib bei uns; denn es wird Abend, und der Tag hat sich geneigt! Er ging ins Dorf, um bei ihnen zu bleiben. Und als sie sich mit ihm zu Tisch gesetzt hatten, nahm er das Brot, sprach das Dankgebet, brach das Brot und teilte es an sie aus. Da gingen ihnen die Augen auf. Sie erkannten ihn. Doch er entschwand. Da sagten sie zueinander: Brannte uns nicht das Herz, während er unterwegs mit uns sprach und uns die Schriften erklärte?"

## Einige der schönsten Abschnitte des Lukasevangeliums

### Vorbemerkungen

Der letzte Abschnitt sei den vielleicht schönsten Stellen des Lukasevangeliums vorbehalten. Ich habe einige ausgewählt, die typisch für Lukas sind und aus denen am meisten seine Sicht aufscheint. Wir sprachen davon, dass Lukas mit besonderen Augen auf Jesus blickt, dass sein Augenmerk auf ganz bestimmte Themen, auf bestimmte Züge Jesu gerichtet ist. Erinnern wir uns an die Bedeutung, die Lukas der Geschichte gibt, an die feinfühlige Liebe Jesu, die Dante veranlasste, ihn als *scriba mansuetudinis Christi,* als „Darsteller der Sanftmut Christi", zu bezeichnen. Erinnern wir uns, wie sehr Lukas an den Themen Barmherzigkeit, Gerechtigkeit, Gebet, Freude usw. gelegen ist.

Einige Passagen, in denen diese Grundzüge besonders deutlich werden, wollen wir nun näher betrachten. Mal schreibt Lukas mit flüssiger Feder, mal fließt der Text inhaltsschwer dahin, je nachdem, welche Gefühle, welche

Stimmung er zum Ausdruck bringen möchte. Lukas offenbart, was ihn innerlich bewegt, und er zeigt auch etwas von der Seele Jesu Christi, so wie er und seine Gemeinde ihn erfahren haben.

In diese kleine Anthologie gehörte selbstverständlich auch die Emmausgeschichte hinein, ebenso die Erzählung von Zachäus, lukanisches Sondergut von besonderer Tiefe. Doch auf diese Stellen sind wir bereits eingegangen. Im Folgenden wollen wir in drei Kapiteln exemplarisch einige weitere Abschnitte betrachten. Es wird nochmals eine Begegnung mit Lukas sein, ein Schlüssel für die Lektüre seines Evangeliums.

### „Nunc dimittis" und eine doppelte Weissagung

Der erste Abschnitt ist dem Kindheitsevangelium entnommen; es handelt sich um eines der sieben „Bilder", von denen oben die Rede war: die Erzählung von Simeon und Hanna (Lk 2,25–38). Diese beiden berühmten Gestalten mögen als Beispiel für jene alten Menschen stehen, die in der Gemeinschaft der Kirche am meisten die Treue leben, die mehr als andere hinhören. Gerade in unseren Tagen verdienen die alten Menschen besondere Beachtung; auch in unserer Mitte gibt es solche gläubigen alten Personen. Ihnen allen sei diese kleine Abhandlung gewidmet.

Von Hanna heißt es, sie sei 84 Jahre alt gewesen, ein beachtliches Alter für die damalige Zeit. Wir erfahren einiges über ihre Person, nicht nur ihren Namen, sondern auch ihre Stammeszugehörigkeit und einiges über ihre Lebensgeschichte. Außerdem heißt es, dass sie regelmäßig im Tempel betete (2,36f).

Den Namen Hanna oder Anna tragen in der Bibel nur drei Frauen: sie, die Mutter Samuels und die Frau von Tobit (dem Älteren), welche vom Autor des Buches Tobit wenig sympathisch beschrieben wird. Das sogenannte Jakobusevangelium, eine apokryphe Schrift, erwähnt eine weitere Anna: Marias Mutter, von der in den Evangelien, die zum biblischen Kanon gehören, nicht die Rede ist.

Die Beschreibung des Simeon und der Hanna weist sie, ohne dass dies ausdrücklich gesagt würde, als *Anawim* aus: als Arme des Herrn, als Menschen, die sich ganz Gott überlassen haben. Mit zunehmendem Alter haben sie den illusorischen Glauben an andere Stützen verloren und setzen ihr ganzes Vertrauen auf Gott.

Simeon und Hanna befinden sich gerade im Tempel. Hören wir, was sie uns sagen. Simeon spricht eine Art Hymnus oder Lobpreis und macht eine doppelte Weissagung. Der Lobpreis ist ganz kurz, ein Minihymnus, gleichsam ein Abendlied. Ein alter Mensch weiß, dass der Lebensabend da ist. Es wäre eine Selbsttäuschung zu glauben, wie ein Jugendlicher noch viele Jahrzehnte vor sich zu haben. Doch dieser Abend ist das Vorspiel auf den Anbruch eines neuen Tages, ein Eintauchen in ein verlöschendes Licht, damit ein helleres, schöneres Licht aufstrahlen kann. Der Lobgesang des Simeon ist das Lied eines Wachpostens in nächtlicher Stunde, der weiß, dass die Nacht nicht das Letzte ist. „Wie lange noch dauert die Nacht?", fragt man den Wächter im Buch Jesaja (Jes 21,11). Unverkennbar ist die Erwartung. Der Morgen wird kommen, der Tag bricht an. So verwundert es nicht, dass das ruhige „Abendlied" sich öffnet für das Symbol des Lichts, für ein geradezu kosmisches Licht, das den ganzen Horizont erhellt. Aus diesem Grund wird der Lobgesang des Simeon im Stundengebet der Kirche in der Komplet gesungen. Er ist der abendliche Gesang des Gerechten, der dem Albdruck der Nacht die Erwartung des Lichtes Christi entgegensetzt.

Der Exeget Simon Jones hat eine eigene Deutung vorgeschlagen: Er meinte, dieses Lied habe man Simeon in den Mund gelegt, doch sei es eigentlich ein Hymnus aus der Begräbnisliturgie der Urkirche, der leise von einer großen

Hoffnung künde. Wahrscheinlicher aber ist, dass es sich um einen messianischen Hymnus handelt: Nach der Nacht scheint das endgültige, unvergängliche Licht des Messias auf, auf das Schweigen folgt das vollkommene Wort. Freudig verkündet Simeon:

> „Nun lässt du, Herr, deinen Knecht,
> wie du gesagt hast, in Frieden scheiden.
> Denn meine Augen haben das Heil gesehen,
> das du vor allen Völkern bereitet hast,
> ein Licht, das die Heiden erleuchtet,
> und Herrlichkeit für dein Volk Israel" (Lk 2,29–32).

Lukas hat in diesem Text eine Spur seiner redaktionellen Arbeit hinterlassen. Alle Völker – die Heiden – Israel: der ganze Chor der Menschheit hat Anteil an diesem Licht, an dieser messianischen Hoffnung. Hier ist bereits die universale Dimension erkennbar, die für Lukas so wichtig ist.

Neben dem Lobgesang macht Simeon eine doppelte prophetische Weissagung. Die erste ergeht an das Kind, an den kleinen Jesus, den er in seinen Armen hält; die zweite an die Mutter (Lk 2,34f).

Das Orakel über Jesus spricht von Spaltung: Dieses Kind „ist dazu bestimmt, dass in Israel viele durch ihn zu Fall kommen und viele aufgerichtet werden, und er wird ein Zeichen sein, dem widersprochen wird. Dadurch sollen die Gedanken vieler Menschen offenbar werden". Hier wird ein Thema berührt, das in der Bibel eine bedeutende Rolle spielt. So stellt uns Jesaja Gott als Stein des Anstoßes vor. Jesus selbst verwendet ein entsprechendes Bild, wenn er von dem Stein spricht, der von den Bauleuten verworfen, dann aber zum Eckstein wurde, an dem die feindlichen Kräfte zerschellen. Christus ist ein Zeichen des Widerspruchs. Er ist keine wankelmütige Gestalt, die sich je nach den Gegebenheiten mal so, mal so verhält. Er hat eine klare

Linie, er äußert sich deutlich und bestimmt, was seiner mitfühlenden, zärtlichen Liebe nicht widerspricht.

Der trefflichste Kommentar zu der Weissagung des Simeon scheint mir ein Wort Jesu zu sein, das Lukas im 12. Kapitel wiedergibt: „Meint ihr, ich sei gekommen, um Frieden auf die Erde zu bringen? Nein, sage ich euch, nicht Frieden, sondern Spaltung (im Griechischen *diamerismos,* das heißt so viel wie: in Fetzen reißen; zerspalten). Denn von nun an wird es so sein: Wenn fünf Menschen im gleichen Haus leben, wird Zwietracht herrschen: Drei werden gegen zwei stehen und zwei gegen drei, der Vater gegen den Sohn und der Sohn gegen den Vater, die Mutter gegen die Tochter und die Tochter gegen die Mutter, die Schwiegermutter gegen ihre Schwiegertochter und die Schwiegertochter gegen die Schwiegermutter" (Lk 12,51–53).

Die „offensive" Kraft des Christentums gilt es vielleicht wieder zu verlebendigen. Immer neu müssen wir der Tendenz entgegentreten, die radikalen Aspekte und Ansprüche des Christentums aufzuweichen und abzuschwächen. Wir dürfen es nicht zu einer philosophisch-religiösen Vertröstungsinstanz verkommen lassen. Simeon ruft uns nachhaltig in Erinnerung, dass Christus ein Zeichen ist, „dem widersprochen wird".

Die zweite, ganz kurze Weissagung ist an Maria gerichtet: „Dir selbst aber wird ein Schwert durch die Seele dringen" (Lk 2,35). Über den Sinn dieses Wortes ist durch die Jahrhunderte hindurch viel diskutiert worden. Simeon spielt wohl auf eine Ezechielstelle an: „Ein Schwert soll durch das Land fahren, ich will Mensch und Tier darin ausrotten!" (Ez 14,17; vgl. auch das „Lied vom Schwert des Herrn", Ez 21). Bei Ezechiel handelt es sich um eine Art großer Antiphon, auf die hin sich das Schwert „in Bewegung setzt", das Schwert des Gerichts Gottes, das alles Verkrustete und Starre wegfegt und die Stolzen, Gewalttätigen und Unterdrücker in aller Welt niedermacht. Das Simeonwort spricht ebenfalls vom „durchdringenden Schwert", doch der Sinn ist gegenüber Ezechiel abgewandelt. Einige Kirchenväter der ersten Jahrhunderte deuteten es als Symbol für einen gewaltsamen Tod. So glaubten manche, Maria habe wie ihr Sohn den Märtyrertod erlitten. Doch das ist Legende, und diese hat keinen anderen Anhaltspunkt als die Weissagung des Simeon. Origenes verstand das Schwert als „Stachel im Fleisch" (Paulus). Als Geschöpf hat Maria im Hinblick auf ihren Sohn das Drama des Glaubens durchlebt. Sie erlebte Momente des Nichtverstehens, der inneren Dunkelheit, wie es dem Glauben eigen ist. Das Schwert ist nach Origenes ein Symbol für diesen „Stachel": an den Sohn zu glauben, der dreißig Jahre lang in der Verborgenheit eines unbedeutenden Ortes in der Provinz Palästina lebt.

Heute sind die Exegeten überzeugt, dass die Weissagung an Maria mit der voraufgehenden verbunden werden muss, um sie recht zu deuten. Maria steht sozusagen mit ihrem Sohn auf dem Schlachtfeld der Geschichte; sie ist mitten in dem Kampf, der gegen ihren Sohn geführt wird. Darum steht sie nach dem Johannesevangelium im Augenblick des entscheidenden Kampfes zwischen dem Licht und der Finsternis beim Kreuz: Da wird auch sie „durchbohrt", wie ihr Sohn durchbohrt wird.

In der Kunst ist dieses Motiv seit dem 18. Jahrhundert häufig aufgegriffen worden: Darstellungen der schmerzensreichen Mutter zeigen Maria durchbohrt von sieben Schwertern (oder auch von einem Schwert). In der Verehrung der schmerzensreichen Muttergottes sind die Simeonweissagung und die Johannesstelle, in der von Marias Stehen unter dem Kreuz gesprochen wird, zusammengeflossen. Denken wir in diesem Zusammenhang an die großartige mittelalterliche Sequenz zum *Stabat Mater,* die die Tradition Jacopone da Todi zuschreibt; denken wir an die großen musikalischen Interpretationen des Schmerzes Marias durch Pergolesi, Dvorak, Verdi u. a.

In der doppelten Weissagung des Simeon wird uns ein ganz bestimmtes Bild Christi und seiner Mutter gezeichnet, das ihnen entspricht: das Bild einer Existenz im Strudel äußerer Widerstände, ein Stehen inmitten von „ent-*scheidenden*“ Entscheidungen, eine Einladung zu einem klaren, schwierigen Schnitt, der Blut kostet.

## Wunder Jesu

Lukas überliefert neben vielen anderen, die Parallelen bei Markus und Matthäus haben, fünf Wunder Jesu, die in keinem anderen Evangelium stehen. Diese Wunder zeugen von einer alten Tradition, in der Christus als jemand vorgestellt wurde, der nicht nur durch die Kraft seines Wortes, sondern auch durch die Kraft seiner Hände wirkt. Darum geht es bei den sogenannten Wundern. Johannes weist gar den Begriff „Wunder“ für die „wunderbaren“ Taten Jesu zurück; er verwendet nicht das Wort *terata* (Wunder), sondern *semeia* und *erga* (Zeichen und Taten): „Taten“ des Vaters in Christus und „Zeichen“ einer letzten Wirklichkeit. Das Wunder als solches ist für Johannes lediglich ein Wegweiser, der uns auf eine andere Bedeutung hinweist. Die Wunder sind Symbole im Vollsinn des Wortes. Simeon der Theologe schreibt zu Recht, dass „das Wunder kein Beweis für den Glauben ist; vielmehr ist es der Glaube, der dazu führt, das Wunder anzunehmen“. Ein Glaube, der sich auf Wunder gründen würde, wäre etwas Erbärmliches. Paulus hat eine solche Vorstellung in aller Deutlichkeit abgewehrt: Wundersame Zeichen suchten die Juden; die Verkündigung Christi, des Gekreuzigten, sei etwas anderes, schreibt er im ersten Korintherbrief (vgl. 1 Kor 1,22). Wenn wir im Folgenden von „Wundern“ sprechen, ist dies stets mitzubedenken.

Folgende Wundererzählungen sind nur im Lukasevangelium überliefert:

– die Auferweckung des Sohnes der Witwe von Naïn (Lk 7,11–17), auf die wir exemplarisch genauer eingehen;
– die Heilung einer Frau mit verkrümmtem Rücken an einem Sabbat (Lk 13,10–17). Als der Synagogenvorsteher empört reagiert, erwidert „der Herr": „Ihr Heuchler! Bindet nicht jeder von euch am Sabbat seinen Ochsen oder Esel von der Krippe los und führt ihn zur Tränke? Diese Tochter Abrahams aber, die der Satan schon seit achtzehn Jahren gefesselt hielt, sollte am Sabbat nicht davon befreit werden dürfen?" (Verse 15.16);
– die Heilung eines Wassersüchtigen, wiederum an einem Sabbat (Lk 14,1–6); auch hier wird die Sabbatfrage zum Streitpunkt, und wieder antwortet Jesus mit einer Frage, auf die sie ihm „nichts erwidern konnten": „Wer von euch wird seinen Sohn oder seinen Ochsen, der in den Brunnen fällt, nicht sofort herausziehen, auch am Sabbat?";
– die Heilung von zehn Aussätzigen (Lk 17,11–19): Nur einer der Geheilten, ausgerechnet ein Mann aus Samaria, kehrt zurück, um zu danken. Wir kamen auf diese Episode schon im Zusammenhang mit dem Universalismus der Botschaft Jesu zu sprechen;
– die Heilung des Dieners des Hohepriesters, dem einer von Jesu Begleitern das rechte Ohr abgeschlagen hatte (Lk 22,50f; vgl. oben S. 273f); ein Zeugnis, dass Jesus jede Not, jedes Leid ernst nimmt, auch wenn es seine Gegner trifft.

*Die Witwe von Naïn*

Die Erzählung von der Auferweckung des Sohnes der Witwe von Naïn (Lk 7,11–17) können wir mit der Erzählung von der Auferweckung des Lazarus im Johannesevangelium (Joh 11) vergleichen. Bei Lukas wie bei Johannes ist in dem Auferweckungswunder das theologische Moment grundlegend. In dieser Erzählung geht es Lukas vor allem um das Bekenntnis des Glaubens an den verherrlichten Christus, nicht in erster Linie um eine Geste des Mitleids mit einer

Witwe, die ihren einzigen Sohn verloren hat (auch das vergisst Lukas in seiner Sensibilität für menschliches Leid nicht zu erwähnen!).

„Einige Zeit später ging er (= Jesus) in eine Stadt namens Naïn ; seine Jünger und eine große Menschenmenge folgten ihm. Als er in die Nähe des Stadttors kam, trug man gerade einen Toten heraus. Es war der einzige Sohn seiner Mutter, einer Witwe. Und viele Leute aus der Stadt begleiteten sie. Als der Herr die Frau sah, hatte er Mitleid mit ihr und sagte zu ihr: Weine nicht! Dann ging er zu der Bahre hin und fasste sie an. Die Träger blieben stehen, und er sagte: Ich befehle dir, junger Mann: Steh auf! Da richtete sich der Tote auf und begann zu sprechen, und Jesus gab ihn seiner Mutter zurück. Alle wurden von Frucht ergriffen; sie priesen Gott und sagten: Ein großer Prophet ist unter uns aufgetreten: Gott hat sich seines Volkes angenommen" (7,11–16).

Eine Bemerkung zum Text vorab: Jesus „hatte Mitleid", griechisch: *splanchnizomai,* d. h. er wurde im Innersten, bis in die „Eingeweide" bewegt. Jesus zeigt in seinem Verhalten die gleiche „Mütterlichkeit" wie der Gott des Alten Testaments; seine Zuwendung zu den Menschen zeigt, dass Gott sich seines Volkes angenommen hat.

Betrachten wir nun zwei Begriffe, die für diese Erzählung wichtig sind. Zunächst fällt auf, dass Lukas Jesus als den „Herrn", als *Kyrios,* bezeichnet: „Als der Herr die Frau sah, hatte er Mitleid mit ihr …" In den Erzählungen des Lukasevangeliums wird als handelndes Subjekt zwanzigmal „der Herr" genannt (bei Matthäus und Markus nur ein einziges Mal!). *Kyrios* ist der feierliche Titel, der Jesus nach Ostern verliehen wurde; es ist dasselbe Wort, mit dem in der christlichen Bibel der Name JHWH übersetzt wird. Wenn Lukas vom „Herrn" spricht, zeigt er von vornherein: Hier betritt nicht ein Wunderheiler oder Wundertäter die Szene; es geht vielmehr um den *Kyrios,* um den Christus, der Grund auch unserer Auferstehung ist.

Damit kommen wir zum zweiten bedeutsamen Begriff. Jesu Befehl an den Jungen, sich zu erheben, wird mit einem besonderen Verb ausgedrückt: „Ich befehle dir, junger Mann: *Egertheti* (Steh auf!)". *Egeiro* ist das charakteristische Verb für die österliche Auferstehung bzw. Auferweckung. Die Wiedergabe mit „Steh auf!" ist recht dürftig, weil dadurch diese Anspielung verloren geht. Man könnte durchaus übersetzen: „Ich sage dir: Erstehe auf!" Lukas hat inzwischen eine klare Vorstellung davon, dass der Tod innerhalb der Geschichte und im Leben des Menschen nicht mehr das letzte Wort hat: Es gibt vielmehr eine Stimme, die Stimme des Herrn, die die Auferweckung proklamiert, das definitive, endgültige „Erwachen".

Eine letzte Anmerkung: Die lukanische Erzählung steht nicht nur in Bezug zu Ostern, sondern weist deutliche Parallelen zu einer alttestamentlichen Stelle im ersten Buch der Könige auf. Lukas spielt gezielt auf die Vergangenheit an; für ihn ist Jesus der neue Elija. In 1 Kön 17,8–24 finden wir die Geschichte vom Sohn einer syrophönizischen Witwe, einer Frau aus Sarepta im heutigen Libanon. Dieser wird vom Propheten Elija in der Kraft Gottes auferweckt. – Lukas sieht in Christus den endgültigen und vollkommenen Elija. Während die anderen Evangelisten Johannes den Täufer als neuen Elija bezeichnen, betrachtet Lukas Christus selbst als den großen, höchsten Propheten. Prophet, das heißt „jemand, der das Wort Gottes hat", ein Mensch, der Gottes wirkmächtiges Wort ausspricht. Jesus verkörpert das definitive Wort Gottes, er ist der große Zielpunkt der Offenbarung.

Es wäre interessant, in dieser Perspektive einmal alle Sätze herauszuarbeiten, in denen Lukas direkt oder indirekt Jesus mit der Gestalt des Elija in Verbindung bringt. Wenigstens eine Stelle sei hier zitiert: „Keiner, der die Hand an den Pflug gelegt hat und nochmals zurückblickt, taugt für das Reich Gottes" (Lk 9,62). Dieses Jesuswort verweist offenbar auf die Berufung des Elischa durch Elija (1 Kön 19,19–21). Elischa ist gerade auf dem Feld seines Vaters beim Pflügen, als in Form einer symbolischen Handlung der Ruf des Elija an ihn ergeht. Er muss den Pflug und die Rinder verlassen und darf nicht mehr zurückkehren. Christus verwendet ebenfalls das Bild vom Pflug, nur dreht er es um: Wer sich auf dem Feld der christlichen Berufung befindet, muss bei seinem Pflug bleiben, und zwar ganz und für immer. Dies ist die Radikalität der christlichen Berufung.

Am Schluss unserer Überlegungen zur Auferweckung des Sohnes der Witwe aus Naïn sei an eine Stelle bei Augustinus erinnert, in der er über das Geheimnis des christlichen Todes und die damit verbundene Hoffnung spricht. Immer wieder sind wir mit der bitteren Erfahrung des Todes konfrontiert, die in dieser Zeit lediglich durch einen kleinen Lichtschimmer erhellt wird. Aber denken wir nicht nur an den Tod, der uns an unserem Lebensende erwartet; denken wir auch an die vielen anderen Tode: das Absterben der Gefühle, das Sterben der Liebe, die inneren Tode der Verzweifelten. Auch das sind Tode, die auf eine Auferweckung warten, eine andere Art von Auferstehung, die nicht weniger wichtig sein dürfte.

Den Text des Augustinus können wir als eine freie Meditation über die Erzählung von Naïn betrachten. Augustinus lässt einen in Christus Verstorbenen in der ersten Person zu einem anderen sprechen:

„Wenn du das unermessliche Geheimnis des Himmels kenntest, wo ich jetzt lebe, diese grenzenlosen Horizonte, dieses Licht, das alles bekleidet und durchdringt, würdest du, falls du mich liebst, nicht weinen. Ich bin nunmehr ganz aufgenommen in die Herrlichkeit Gottes, in seine unendliche Schönheit. Die Dinge von einst nehmen sich im Vergleich dazu so klein aus! Mir ist die Liebe zu dir geblieben, eine noch zärtlichere Liebe, die du dir nicht einmal vorstellen kannst. Ich lebe jetzt in einer ganz reinen Freude. In den

Bedrängnissen der Zeit denke an dieses Haus, in dem wir eines Tages über den Tod hinaus vereint sein werden, wo all unser Durst gestillt wird an der nie versiegenden Quelle der Freude und unendlichen Liebe. Weine nicht, wenn du mich wirklich liebst."

Dies ist eine tief christliche Meditation: Der Schmerz wird nicht geleugnet und einfach wegradiert, Klagen und Tränen werden nicht verborgen. Und doch heißt es: „Weine nicht, wenn du mich wirklich liebst!" Denn jenseits des Todes ist das „Haus" der österlichen Gemeinschaft mit Gott.

### Die Gleichnisse und Beispielerzählungen

Von den lukanischen Gleichnissen und Beispielerzählungen geht eine besondere Faszination aus; sie sind vielleicht die Schmuckstücke des Lukasevangeliums. Lukas, der sich durchweg als sensibler Autor erweist, offenbart vor allem in diesen Gleichnissen seine schriftstellerische Fähigkeit und geistige Tiefe. Sie sind von außerordentlicher Schönheit; die Gleichnisse sind seine Meisterwerke.

Im Folgenden werden wir – nach Themen geordnet – jene in Erinnerung rufen, die lukanisches Sondergut sind, wobei wir uns mit zweien näher beschäftigen.

#### *Beharrlichkeit im Beten*

Zwei Gleichnisse haben die Ausdauer im Beten zum Thema.

Im 11. Kapitel heißt es: „Dann sagte er (= Jesus) zu ihnen: Wenn einer von euch einen Freund hat und um Mitternacht zu ihm geht und sagt: Freund, leih mir drei Brote; denn einer meiner Freunde, der auf Reisen ist, ist zu mir gekommen, und ich habe ihm nichts anzubieten!, wird dann etwa der Mann drinnen antworten: Lass mich in Ruhe, die Tür ist schon verschlossen, und meine Kinder schlafen bei mir; ich kann nicht aufstehen und dir etwas geben? Ich sage euch: Wenn er schon nicht deswegen aufsteht und ihm seine Bitte erfüllt, weil er sein Freund ist, so wird er doch wegen seiner Zudringlichkeit aufstehen und ihm geben, was er braucht" (11,5–8). Das Klopfen zeugt von einer Beharrlichkeit, die keine Scheu kennt.

Im zweiten Gleichnis werden wir in einen Gerichtshof hineinversetzt; es geht es um einen korrupten Beamten und eine schutzlose Witwe ohne Verteidiger, die Gerechtigkeit für sich und ihre Kinder einfordert: „In einer Stadt lebte ein Richter, der Gott nicht fürchtete und auf keinen Menschen Rücksicht nahm. In der gleichen Stadt lebte auch eine Witwe, die immer wieder zu ihm kam und sagte: Verschaff mir Recht gegen meinen Feind! Lange wollte er nichts davon wissen. Dann aber sagte er sich: Ich fürchte zwar Gott nicht und nehme auch auf keinen Menschen Rücksicht; trotzdem will ich dieser Witwe zu ihrem Recht verhelfen, denn sie lässt mich nicht in Ruhe. Sonst kommt sie am Ende noch und schlägt mich ins Gesicht. Und der Herr fügte hinzu: Bedenkt, was der ungerechte Richter sagt. Sollte Gott seinen Auserwählten, die Tag und Nacht zu ihm schreien, nicht zu ihrem Recht verhelfen, sondern zögern? Ich sage euch: Er wird ihnen unverzüglich ihr Recht verschaffen" (18,1–8a).

Die beiden Gleichnisse gehören eng zusammen, sie bilden gleichsam ein Paar. Sie enthalten einen Appell zur Beständigkeit im Beten, sie laden uns ein, mit Nachdruck, ja geradezu „unverschämt" unsere Anliegen Gott vorzutragen. Wie viele solcher Gebete verzeiht Gott den Verzweifelten, wie viele Bittgebete von Menschen, die in Angst und Not sind, nimmt er an!

Das Gleichnis vom ungerechten Richter und von der Witwe endet mit einer gerade in seiner schrecklichen Härte eindrucksvollen Frage: „Wird jedoch der Menschensohn, wenn er kommt, auf der Erde (noch) Glauben vorfinden?" (18,8b). Diese Frage, die die Erwartung einer unmittelbaren Wiederkunft Christi dämpft, bleibt ohne Antwort. Doch sie will nicht pessimistisch verstanden werden, sondern legt uns nochmals nahe, uns in großer Ausdauer und Beharrlichkeit bereitzuhalten für das Kommen des Menschensohnes.

### *Die Gleichnisse von Gerechtigkeit und Gemeinschaft*

Ein zweites Paar bilden die berühmten Gleichnisse vom „dummen Reichen" (12,13–21) sowie von Lazarus und dem reichen Prasser (16,19–31).

„Auf den Feldern eines reichen Mannes stand eine gute Ernte. Da überlegte er hin und her: Was soll ich tun? Ich weiß nicht, wo ich meine Ernte unterbringen soll. Schließlich sagte er: So will ich es machen: Ich werde meine Scheunen abreißen und größere bauen; dort werde ich mein ganzes Getreide und meine Vorräte unterbringen. Dann kann ich zu mir selber sagen: Nun hast du einen großen Vorrat, der für viele Jahre reicht. Ruh dich aus, iss und trink, und freu dich des Lebens! Da sprach Gott zu ihm: Du Narr! Noch in dieser Nacht wird man dein Leben von dir zurückfordern. Wem wird dann all das gehören, was du angehäuft hast? So geht es jedem, der nur für sich selbst Schätze sammelt, aber vor Gott nicht reich ist" (12,16–21). Da hat einer, der sich für besonders klug hält, bestens in die Zukunft investiert; alles ist genau geplant … – und dann kommt des Nachts der Tod, der gerechte Sensenmann, der alle Illusionen zunichte macht! Jesus erteilt eine anschauliche Lektion, was davon zu halten ist, wenn jemand meint, durch das Anhäufen von Reichtum seine Zukunft sichern zu können.

Das zweite Gleichnis (Lk 16,19–31) ist das Einzige, in dem eine der Personen einen Eigennamen hat: Lazarus. Es zeigt uns, um es auf unsere Zeit zu übertragen, den verlassenen Armen, der sich durch die Straßen von Mumbai schleppt, vorbei an den reichen Hotels, unbeachtet von der in Verschwendung lebenden westlichen Zivilisation. Dieser Arme bekommt bestenfalls Brotkrumen zu essen, nur die Tiere haben Mitleid mit ihm. Lukas zeigt in diesem Gleichnis seine ganze Sensibilität für das Thema Gerechtigkeit und seinen Abscheu vor einem geradezu obszönen, unverschämten Reichtum:

„Es war einmal ein reicher Mann, der sich in Purpur und feines Leinen kleidete und Tag für Tag herrlich und in Freuden lebte. Vor der Tür des Reichen aber lag ein armer Mann namens Lazarus … Er hätte gern seinen Hunger mit dem gestillt, was vom Tisch des Reichen herunterfiel. Statt dessen kamen die Hunde und leckten an seinen Geschwüren. Als nun der Arme starb, wurde er von den Engeln in Abrahams Schoß getragen. Auch der Reiche starb und wurde begraben. In der Unterwelt, wo er qualvolle Schmerzen litt, blickte er auf und sah von Weitem Abraham und Lazarus in seinem Schoß. Da rief er: Vater Abraham, hab Erbarmen mit mir, und schick Lazarus zu mir; er soll wenigstens die Spitze seines Fingers ins Wasser tauchen und mir die Zunge kühlen … Abraham erwiderte: Mein Kind, denk daran, dass du schon zu Lebzeiten deinen Anteil am Guten erhalten hast, Lazarus aber nur Schlechtes. Jetzt wird er dafür getröstet, du aber musst leiden …" (16,19–25).

### *Der Pharisäer und der Zöllner – Der kluge Verwalter*

Während das Gleichnis vom klugen Verwalter (Lk 16,1–8) immer schon Schwierigkeiten bereitet hat, liegt der Sinn des Gleichnisses vom Pharisäer und Zöllner (18,9–14) auf der Hand: Es dreht sich um den Gegensatz zwischen einem Menschen, der von sich selber eingenommen ist, und einem, der nur auf Gott vertraut; es geht um den Gegensatz zwischen dem schönem Schein der Gerechtigkeit und der wahren Gerechtigkeit, die nicht unbedingt aus äußeren Taten erwächst, sondern aus dem Herzen, aus dem Gewissen kommt, aus dem ungeschminkten Anerkennen seiner selbst:

„Einigen, die von ihrer eigenen Gerechtigkeit überzeugt waren und die anderen verachteten, erzählte Jesus dieses Beispiel: Zwei Männer gingen zum Tempel hinauf, um zu beten; der eine war ein Pharisäer, der andere ein Zöllner. Der Pharisäer stellte sich hin und sprach leise dieses Gebet: Gott, ich danke dir, dass ich nicht wie die anderen Menschen bin, die Räuber, Betrüger, Ehebrecher oder auch wie dieser Zöllner dort. Ich faste zweimal in der Woche und gebe dem Tempel den zehnten Teil meines ganzen Einkommens. Der Zöllner aber blieb ganz hinten stehen und wagte nicht einmal, seine Augen zum Himmel zu erheben, sondern schlug sich an die Brust und betete: Gott, sei mir Sünder gnädig! Ich sage euch: Dieser kehrte als Gerechter nach Hause zurück, der andere nicht. Denn wer sich selbst erhöht, wird erniedrigt, wer sich aber selbst erniedrigt, wird erhöht werden" (Lk 18,9–14).

Problematischer ist das Gleichnis vom klugen Verwalter: Da wird einer vom Herrn gelobt, weil er die Bilanzen fälscht? Sogar Augustinus hatte mit diesem Gleichnis seine Schwierigkeiten: Da unser Herr selbst es ausgesprochen habe, sei es zweifellos ein gutes Gleichnis; doch sein Sinn sei geheimnisvoll und zwiespältig …

„Jesus sagte zu seinen Jüngern: Ein reicher Mann hatte einen Verwalter. Diesen beschuldigte man bei ihm, er verschleudere sein Vermögen. Darauf ließ er ihn rufen und sagte zu ihm: Was höre ich über dich? Leg Rechenschaft ab über deine Verwaltung! Du kannst nicht länger mein Verwalter sein. Da überlegte der Verwalter: Mein Herr entzieht mir die Verwaltung. Was soll ich jetzt tun? Zu schwerer Arbeit tauge ich nicht, und zu betteln schäme ich mich. Doch ich weiß, was ich tun muss, damit mich die Leute in ihre Häuser aufnehmen, wenn ich als Verwalter abgesetzt bin. Und er ließ die Schuldner seines Herrn, einen nach dem andern, zu sich kommen und fragte den ersten: Wie viel bist du mir schuldig? Er antwortete: Hundert Fass Öl. Da sagte er zu ihm: Nimm deinen Schuldschein, setz dich gleich hin und schreib ‚fünfzig'. Dann fragte er einen andern: Wie viel bist du mir schuldig? Der antwortete: Hundert Sack Weizen. Da sagte er zu ihm: Nimm deinen Schuldschein und schreib ‚achtzig'. Und der Herr lobte die Klugheit des unehrlichen Verwalters …" (16,1–8).

In Wahrheit geht es in diesem wie im zuvor angesprochenen Gleichnis um die Art und Weise, wie wir uns Gott gegenüber verhalten, um unsere Beziehung zu ihm. Während die oben zitierten Gleichnisse die „Horizontale" betreffen, geht es hier um die „Vertikale". Den Sinn der Erzählung vom klugen Verwalter erklärt Jesus am Ende, wenn er sagt, die Kinder dieser Welt seien sehr viel klüger als die Kinder des Lichtes (vgl. 16,8): Der untreue, korrupte Verwalter begreift, dass er dabei ist, alles zu verlieren. Auf keinen Fall will er wieder dort landen, von wo aus er sich mühsam hochgearbeitet hat. Sogleich kommt ihm die rettende Idee … Damit wird er zum Ansporn für die Kinder des Lichts, denen es oft an Entschiedenheit fehlt. Wenn es darum geht, Böses zu tun, kommen die Menschen auf allerlei originelle Gedanken, doch wenn es um das Gute geht, begnügen sie sich mit Mittelmaß. Jesus sagt: Warum begreift ihr nicht? Nützt die Zeit, entscheidet euch; denn das Gottesreich ist nahe!

An dieses Gleichnis schließt Lukas weitere Sätze zum Thema „Reichtum" an: Worte, die einem den Atem verschlagen können, aber verständlich werden, wenn man sie näher betrachtet. Sie verdeutlichen, welche Entscheidung ansteht. So heißt es gleich im nächsten Vers: „Macht euch Freunde mit Hilfe des ungerechten Mammons, damit ihr in die ewigen Wohnungen aufgenommen werdet, wenn es (mit euch) zu Ende geht" (16,9).

Dieses Wort ist typisch lukanisch. Für Lukas ist Reichtum immer gefährlich und „ungerecht". Er sagt gewissermaßen: Wenn ihr nun reich seid, so macht euch Freunde: die Armen. Sucht euch einige von ihnen; sie sind die wahren Freunde Gottes. Wenn ihr alles weggegeben habt, wenn ihr euch nicht auf die Sicherheit und Macht des ungerechten Reichtums stützt, dann werdet ihr in die ewigen Wohnungen aufgenommen („Was ihr für einen meiner geringsten Brüder getan habt, das habt ihr mir getan", heißt es in Mt 25,40). Nutzt also euren ungerechten Reichtum – aber für die anderen, für die Armen; dann werden diese euch groß und reich machen in den Augen Gottes.

*Das Gleichnis vom barmherzigen Vater*

Zwei Gleichnisse, die wohl noch bekannter sind als die bisher aufgeführten, wollen wir nun näher betrachten: das vom „verlorenen Sohn" bzw. vom barmherzigen Vater und das vom barmherzigen Samariter.

Ersteres steht im 15. Kapitel des Lukasevangeliums, das eine Art „Büchlein der Gleichnisse von der Barmherzigkeit" darstellt: zu Beginn die beiden streng parallel gestalteten Gleichnisse vom verlorenen Schaf und von der verlorenen Drachme (15,1–10), sodann das vom „verlorenen Sohn" (15,11–32), das auf so eindrucksvolle Weise für sich spricht, dass man es allenthalben kennt.

Gewöhnlich wird es „das Gleichnis vom verlorenen Sohn" genannt (so auch in der deutschen Einheitsübersetzung). Die Jerusalemer Bibel zieht als Überschrift vor: „Der verlorene und der treue Sohn". Dies ist schon treffender, handelt es sich doch um eine Gegenüberstellung zweier Spielarten von Religiosität, zweier Typen, die eine bestimmte Gottesbeziehung verkörpern. Es ist eine Art Neuauflage des Beispiels vom Pharisäer und Zöllner: diesem entspricht der verlorene, aber umkehrende Sohn, jenem der Sohn, der in kalter Pflichterfüllung lebt.

Am besten freilich würde man vom „Gleichnis vom barmherzigen Vater" sprechen: vom Vater, der Barmherzigkeit walten lässt gegenüber dem Sohn, welcher große Schuld auf sich geladen hat. Denn der eigentliche Akteur in der Erzählung ist der Vater, nicht der Sohn. Entscheidend ist, dass da ein Vater ist, der uns immer erwartet. Sonst würde es keine Rolle spielen, ob man treu bleibt oder sündigt; beides hätte keinen Sinn, man fiele so oder so ins Leere.

Im Alten Testament werden die Verben, die „sündigen" besagen, immer mit dem Dativ konstruiert: Sünde ist immer Sünde *gegen jemand*. Es gibt keine „neutrale" Sünde. Jede Sünde trifft Gott, der Vater ist.

Lukas hat die Geschichte in drei Abschnitte oder Szenen gegliedert. Der erste Teil umfasst die Verse 11 bis 19. Im Vordergrund steht der jüngere Sohn, er ist der Protagonist der Erzählung:

*Erste Szene:* „Ein Mann hatte zwei Söhne. Der jüngere von ihnen sagte zu seinem Vater: Vater, gib mir das Erbteil, das mir zusteht. Da teilte der Vater das Vermögen auf. Nach wenigen Tagen packte der jüngere Sohn alles zusammen und zog in ein fernes Land. Dort führte er ein zügelloses Leben und verschleuderte sein Vermögen. Als er alles durchgebracht hatte, kam eine große Hungersnot über das Land, und es ging ihm sehr schlecht. Da ging er zu einem Bürger des Landes und drängte sich ihm auf; der schickte ihn aufs Feld zum Schweinehüten. Er hätte gern seinen Hunger mit den Futterschoten gestillt, die die Schweine fraßen; aber niemand gab ihm davon. Da ging er in sich und sagte: Wie viele Tagelöhner meines Vaters haben mehr als genug zu essen, und ich komme hier vor Hunger um. Ich will aufbrechen und zu meinem Vater gehen und zu ihm sagen: Vater, ich habe mich gegen den Himmel und gegen dich versündigt. Ich bin nicht mehr wert, dein Sohn zu sein; mach mich zu einem deiner Tagelöhner" (15,11–19).

Die erste Szene ist die Geschichte der Sünde. Im alttestamentlichen Hebräisch heißt Sünde „das Ziel, die Bestimmung verlieren; vom Weg abkommen". Der jüngere Sohn ist vom Weg abgekommen. Doch da ereignet sich die Bekehrung. Die Bibel verwendet dafür das vielsagende Bild vom „Zurückkehren": „Ich will aufbrechen und zu meinem Vater gehen" (Vers 20).

*Die zweite Szene* (15,20–24) handelt vom Vater: Der Vater hält Ausschau nach dem Sohn, läuft ihm entgegen, nimmt ihn auf, verzeiht ihm und ehrt ihn mit einem großen Fest: „Dann brach er auf und ging zu seinem Vater. Der Vater sah ihn schon von Weitem kommen, und er hatte Mitleid mit ihm. Er lief dem Sohn entgegen, fiel ihm um den Hals und küsste ihn. Da sagte der Sohn: Vater, ich habe mich gegen den Himmel und gegen dich versündigt; ich bin nicht mehr wert, dein Sohn zu sein. Der Vater aber sagte zu seinen Knechten: Holt schnell das beste Gewand und zieht es ihm an, steckt ihm einen Ring an die Hand und zieht ihm Schuhe an. Bringt das Mastkalb her und schlachtet es; wir wollen essen und fröhlich sein. Denn mein Sohn war tot und lebt wieder, er war verloren und ist wiedergefunden worden. Und sie begannen, ein fröhliches Fest zu feiern" (15,20–24).

*Die dritte Szene* ist ein notwendiger Bestandteil dieser Erzählung, obwohl sie manchmal in den liturgischen Lesungen ausgelassen wird. Wiederum steht der Vater im Mittelpunkt, diesmal freilich in seiner Beziehung zum anderen Sohn, dem Älteren: „Sein älterer Sohn war unterdessen auf dem Feld. Als er heimging und in die Nähe des Hauses kam, hörte er Musik und Tanz. Da rief er einen der Knechte und fragte, was das bedeuten solle. Der Knecht antwortete: Dein Bruder ist gekommen und dein Vater hat das Mastkalb schlachten lassen, weil er ihn heil und gesund wiederbekommen hat. Da wurde er zornig und wollte nicht hineingehen. Sein Vater aber kam heraus und redete ihm gut zu. Doch er erwiderte dem Vater: So viele Jahre schon diene ich dir, und nie habe ich gegen deinen Willen gehandelt; mir aber hast du nie auch nur einen Ziegenbock geschenkt, damit ich mit meinen Freunden ein Fest feiern konnte. Kaum aber ist der hier gekommen, dein Sohn, der dein Vermögen mit Dirnen durchgebracht hat, da hast du für ihn das Mastkalb geschlachtet. Der Vater antwortete ihm: Mein Kind, du bist immer bei mir, und alles, was mein ist, ist auch dein. Aber jetzt müssen wir uns doch freuen und ein Fest feiern; denn dein Bruder war tot und lebt wieder; er war verloren und ist wiedergefunden worden" (15,25–32). Der ältere Sohn verkörpert eine kalte Gerechtigkeit; er steht für jene unerbittlichen und unversöhnlichen Menschen, die hochmütig auf andere herabschauen.

Jesus hat niemals die Geduld mit Menschen verloren, die treulos und in einer erbärmlichen inneren Verfassung waren; nie hat er sich gescheut, mit Prostituierten und Sündern zu reden. Unerträglich war ihm lediglich eine Art von Leuten: die Heuchler und Scheinheiligen, die sich für gerecht halten. Ihnen gegenüber spricht er eine unmissverständliche Sprache: „Weh euch, ihr Heuchler!" (vgl. Mt 23). Der ältere Sohn ist das typische Beispiel des scheinheiligen „Gerechten". Nicht die stolze Gerechtigkeit, mit der man sich wie mit einer Medaille auf der Brust ziert, sondern jene Gerechtigkeit, die aus dem aufrichtigen Bekenntnis der eigenen Erbärmlichkeit erwächst, wird in dem Gleichnis gepriesen. Es kommt nicht darauf an, dass man sich nichts hat zuschulden kommen lassen, sondern dass man Mut fasst zu sagen: „Ich will aufbrechen und zurück zu meinem Vater gehen."

Allen drei Gleichnissen des 15. Kapitels ist ein weiteres grundlegendes Motiv eigen: *die Freude*. Der Hirt freut sich und feiert, als er das verlorene Schaf wiedergefunden hat: „Freut euch mit mir" (15,6); die Frau freut sich und feiert, weil sie das Geldstück wiedergefunden hat: „Freut euch mit mir" (15,9); der Vater freut sich und lässt ein Fest feiern, als sein Sohn zurückkehrt: „Jetzt müssen wir uns freuen und ein Fest feiern; denn dein Bruder war tot und lebt wieder; er war verloren und ist wiedergefunden worden" (15,32).

Die andern, die neunundneunzig Gerechten, sind immer bei Gott; nicht, dass Gott sich über sie nicht freuen würde. Doch die Freude über sie scheint zu verblassen, sobald der eine zurückkehrt, der verloren war; jetzt sollen sich alle über ihn und seine Rückkehr freuen.

Das Gleichnis vom barmherzigen Vater fasziniert bis heute. In vielen literarischen Texten wird die Liebe des Vaters gepriesen, das Teilen der Freude über „das, was verloren war". Wir dürfen sicher sein, dass Gott die Liebe zu einem Menschen, der „verloren" war und von uns mit offenen Armen aufgenommen wird, als ihm selbst erwiesene Liebe annimmt – auch dann, wenn sie nicht direkt ihm zugedacht war.

### *Der barmherzige Samariter*

Mit dem Gleichnis vom barmherzigen Samariter werden wir unseren Durchgang durch das Lukasevangelium beschließen. Luigi Santucci schreibt in seiner Erzählung „Der apokryphe Samariter": „Ich bin die bekannteste Persönlichkeit des Evangeliums. Oft sprecht ihr von mir. Seit zwanzig Jahrhunderten begleitet mich euer Beifall für jenen Ruck an den Zügeln, mit dem ich mein Pferd anhielt auf der Straße von Jerusalem nach Jericho. Ich habe eurem Gemüt und eurem Verlangen nach einem Happy End tröstliche Bilder geschenkt: meine hinuntergebeugte Gestalt, Öl und Wein, die auf die Wunden des Reisenden tropfen, der von Räubern niedergestochen und – schockierender noch – übersehen wurde von denen, die vor mir des Weges kamen. Sie haben ihm Hilfe verwehrt. Sodann der Verletzte, wie er auf meinem Reittier liegt; die Herberge mit dem Wirt, dem ich zwei Denare lasse, damit er ihn weiter pflegt; und ihr habt, um mich zu ehren, mit diesen Ikonen die Vorhallen der Lazarette und frommer Stätten geschmückt." Wie viele soziale Einrichtungen und karitative Initiativen wurden durch das

Beispiel dieses Samariters angestoßen! Angesichts des Guten, das sie gewirkt haben, sieht man leichter über manche frömmlerischen Aspekte hinweg, die diese guten Werke manchmal begleitet haben mögen. Die Erzählung des Evangeliums hat mit diesen jedenfalls nichts zu tun: Sie ist knapp, sehr dicht und voller Spannung. Den Rahmen bilden zwei Fragen eines *nomikos*, eines Gesetzeskundigen.

Die erste Frage lautet: „Meister, was muss ich tun, um das ewige Leben zu gewinnen?" Jesus stellt eine Gegenfrage: „Was steht im Gesetz? Was liest du dort?" Er stimmt dem Gesetzeslehrer zu, der mit einem doppelten Zitat aus den Büchern Deuteronomium und Levitikus antwortet: „Du sollst den Herrn, deinen Gott, lieben mit ganzem Herzen und ganzer Seele, mit all deiner Kraft und all deinen Gedanken, und: Deinen Nächsten sollst du lieben wie dich selbst" (Lk 10,25–28). Im Matthäus- und Markusevangelium lautet die Eingangsfrage anders; dort wird nach dem wichtigsten Gebot gefragt (Mk 12,28; Mt 22,36). In der rabbinischen Tradition waren die Gebote zu 613 Vorschriften geordnet, davon 248 Gebote (so viele, wie der menschliche Körper nach damaliger Vorstellung Knochen zählt) und 365 Verbote (entsprechend der Tage des Jahres). Lukas verlässt diese innerjüdische Debatte und gibt der Episode eine andere Zielrichtung: Das Thema ist das ewige Leben. Die Antwort Jesu ist unmissverständlich. Im Grunde antwortet er nicht mit einem Gebot, sondern verweist auf eine Haltung: die Haltung der Liebe. Lieben, das ist nicht ein Gesetz, das in bestimmten Situationen einzuhalten wäre. Es geht um eine radikale Grundentscheidung, die alles trägt.

Die zweite Frage lautet: „Wer ist mein Nächster?" Da spricht der Moralist, der Kasuist, der Theologe, der objektive Kriterien haben will, um zu entscheiden, wer als Nächster zu gelten habe. Vielleicht gibt es da Abstufungen: eine Aufteilung der Menschheit in konzentrische Kreise, von den Nächsten hin zu Fernsten … Jesus antwortet mit dem

Gleichnis vom barmherzigen Samariter (10,30–35). Erst am Ende des Gleichnisses greift er die Frage wieder auf und kehrt sie um.

Einige Gelehrte haben angenommen, dass der Erzählung vom guten Samariter eine historische Begebenheit zugrunde liegt. Auszuschließen ist das nicht; es mag ein Vorfall gewesen sein wie der Raubmord am anglikanischen Bischof von Jerusalem, der vor Jahrzehnten Schlagzeilen machte: Im November 1931 wurden er und seine Begleiter auf der 27 Kilometer langen Straße, die von Jerusalem 1100 Höhenmeter hinab nach Jericho führt, von Räubern umgebracht.

Ob im Gleichnis auf ein wahres Geschehen angespielt wird oder nicht, bemerkenswert ist der Farbenreichtum, in dem Lukas die Geschichte schildert. Zur Beschreibung der mitfühlenden Hilfe, die der Samariter jenem Unglücklichen zuteil werden lässt, benutzt Lukas sieben Wörter, die er an keiner anderen Stelle seines Evangeliums verwendet (sog. *Hapaxlegomena*). Er hat die Erzählung, die vor den Bergen von Addumîm („die Rötlichen"; eine Ableitung vom Wort für „Blut") spielt, sorgfältig ausgearbeitet. Ein blutender Körper, Schweigen ringsum, hin und wieder ein Passant …

Unter den Rabbinen wurde die Frage erörtert, ob man einem Heiden oder Samariter, der verletzt auf der Straße liegt, zu Hilfe kommen soll. Die Antwort hieß nein; denn ein solcher Mensch verunreinigte einen gleich zweimal: zum einen, weil er verletzt ist, zum andern als Heide.

Lukas hat für das „Vorbeigehen" des Priesters und des Leviten eigens ein neues Wort geschaffen: *antiparelthen* (= auf die andere Seite, weit weg gehen). Er umschreibt damit plastisch, dass sie jeglichen Kontakt meiden. Ein Priester, der einen Verletzten oder, schlimmer noch, einen Toten berührt hatte, durfte erst wieder vom Zehnten essen, wenn er sich umfänglichen Reinigungsriten unterzogen hatte. Und Jericho, ihr Reiseziel, war eine priesterliche Stadt.

Schließlich kommt ein „feindlicher" Samariter des Weges. Er beugt sich nieder, steht dem Verletzten bei und sorgt sich mit letzter Konsequenz darum, dieses Leben zu retten. Am Schluss der Erzählung stellt Jesus eine Frage, die wie eine Umkehrung der Frage des Gesetzeslehrers klingt: „Was meinst du: Wer von diesen dreien hat sich als der Nächste dessen erwiesen, der von den Räubern überfallen wurde?" (Lk 10,36). Jesus gibt uns zu verstehen: Haltet euch nicht mit Überlegungen auf, wer objektiv euer Nächster ist. Werde du Nächster! Verhalte dich als Nächster gegenüber dem, der in Not ist!

Auch eine moderne Übertragung dieses Gleichnisses kann uns den Sinn der Erzählung vom barmherzigen Samariter vor Augen führen. Es handelt sich um eine Aktualisierung im gesellschaftlichen Kontext der Vereinigten Staaten von Amerika, die sich in einem neuen Kommentar von Vittorio Fusco findet, aber zurückgeht auf eine Predigt von Martin Luther King: „Stell dir vor, weißer Rassist, vielleicht einer vom Ku-Klux-Klan, du, der du dich lautstark bemerkbar machst, sobald ein Schwarzer das Lokal betritt, und keine Gelegenheit versäumst, um deine Verachtung und deinen Abscheu zu demonstrieren, stell dir nur mal vor, dass du auf einer kaum befahrenen Straße an der Peripherie von New York in einen Verkehrsunfall verwickelt bist. Da liegst du, erbärmlich verblutend ... Ganz selten kommt ein Auto vorbei, ein Auto eines Weißen. Er sieht dich und fährt weiter. Jetzt stell dir vor, in einem bestimmten Moment fährt ein schwarzer Arzt vorbei, hält an und eilt dir zu Hilfe. In diesem Moment wirst du begreifen, was das heißt: Nächster sein." Ungeachtet der Hautfarbe, der Rasse und Kultur einzig darauf achten, ob jemand meinen Weg kreuzt und leidet ... – das Gleichnis ist ein eindringlicher Appell, Nächster zu werden.

In der christlichen Tradition hat man im barmherzigen Samariter immer wieder Jesus selbst verkörpert gesehen (so bei Origenes, Ambrosius und Augustinus). Augustinus hat alle Einzelheiten übertragen gedeutet und auf Christus zu beziehen versucht. Jericho, das heißt „Stadt des Mondes“, steht für die Welt, in der wir Sünder sind; der Wirt ist ein Symbol für Paulus … In dieser allegorischen Deutung geht viel verloren vom ursprünglichen Gehalt dieser Beispielerzählung, die zu einer konkreten Liebe anspornt. Sie gehört in jenes große Erbe, das Jesus uns hinterlassen und Lukas überliefert hat. Im apokryphen Thomasevangelium, das auch authentische Jesusworte enthalten dürfte, die in die kanonischen Evangelien keinen Eingang gefunden haben, steht folgendes *Logion,* folgendes Jesuswort (Nr. 26), das gut zum Gleichnis vom barmherzigen Samariter passt: „Liebe deinen Bruder wie deine Seele, schütze ihn wie die Pupillen deiner Augen.“

Am Weg von Jerusalem nach Jericho liegt die „Karawanserei des barmherzigen Samariters“, ein Gebäude aus der Zeit der Kreuzzüge, das denen Schutz bot, die diese gefährliche Straße nehmen mussten. Der Volksfrömmigkeit zufolge ist es der Ort, wo die alte Herberge stand, in die der Samariter den Verletzten brachte, wobei er – konfrontiert mit dem Schmerz eines Menschen – über alle Unterscheidungen und Barrieren hinwegging. Ein mittelalterlicher Pilger hat in lateinischer Sprache einen Satz in den „Stein der Karawanserei“ eingraviert, der eine christologische Deutung des Gleichnisses gibt. Dieser Satz möge uns begleiten, wann immer wir selber in unserem Leben auf einen guten Samariter angewiesen sind: „Wenn sogar Priester und Leviten einfach über deine Angst hinweggehen, wisse: Christus ist der gute Samariter, der immer Mitleid mit dir haben wird und dich in der Stunde deines Todes zur ewigen Herberge bringt.“

## Anregungen zur weiteren Vertiefung

1. Grundlegend bei der Lektüre jedes biblischen Textes ist die Treue zum geschriebenen Wort und seiner Bedeutung. Er will gelesen werden in der Offenheit für das Mysterium der göttlichen Offenbarung und ihre geschichtliche Manifestation. Dies setzt eine geduldige, immer neue exegetische Beschäftigung mit ihm voraus, welche die einzelnen Sätze, die Perikopen und Kapitel eines biblischen Buches erschließt. So wird man seine Originalität, Theologie und die verborgenen Schätze tiefer erfassen. Aus diesem Grund möchte ich am Schluss dieser Hinführung nochmals ausdrücklich dazu einladen, *das Lukasevangelium einmal ganz zu lesen*. Ausführlichere Kommentare sind dabei hilfreich. Ebenso wie vage spiritualisierende Deutungen ist auch ein falsches „wörtliches" Verständnis zu vermeiden; „denn der Buchstabe tötet, der Geist aber macht lebendig" (2 Kor 3,6).

2. Das Lukasevangelium ist *das Evangelium der konkreten, barmherzigen Liebe*. Das kleine Buch der Gleichnisse (Lk 15), das berühmte Gleichnis vom barmherzigen Samariter, die „Feldrede" (6,17–49), das Augenmerk Jesu für die Ausgegrenzten, seine Entscheidung für die Armen und Unterdrückten, die Zuwendung zu den Sündern und die Treue zur Geschichte – all dies ist für den Glaubenden von heute ein Appell zu solidarischem Handeln, zu konkreter Liebe und einem Engagement für mehr Gerechtigkeit, und zwar entsprechend den veränderten Rahmenbedingungen von heute. Das Lukasevangelium ruft uns auf, die soziale Dimension des Glaubens neu zu entdecken, ohne diesen auf bloße politische Optionen zu reduzieren. Die menschliche Geschichte ist ein Ort, wo sich der Christ die Hände schmutzig machen muss, um beizutragen zur vollen Verwirklichung und Entfaltung der von Gott geliebten Menschen.

3. Das Lukasevangelium ist *das Evangelium der Armut*. „Den Armen eine gute Nachricht zu bringen", dazu ist Jesus gekommen (4,18). Die Hirten, die Witwe, die alles gibt, die Jünger, die alles verlassen müssen, die Elenden, denen Jesus unterwegs begegnet ... – sie sind die Bürger des Gottesreiches, während die törichten Reichen (12,13–21), die Pharisäer, die, die am Geld hängen (16,9.14), die Satten und Zufriedenen von Christus abgewiesen werden. Der reiche junge Mann kann Jesus trotz seiner menschlichen Fähigkeiten und seiner frommen Gesinnung nicht dienen, wenn er nicht „alles, was er hat", verkauft und das Geld den Armen gibt (18,22). „Wie schwer ist es für Menschen, die viel besitzen, in das Reich Gottes zu kommen! Eher geht ein Kamel durch ein Nadelöhr, als dass ein Reicher in das Reich Gottes gelangt" (18,24f). Gegen den Götzendienst des Konsumismus und Wohlstands preist Lukas die Loslösung und Hingabe. Er stellt die vorrangige Entscheidung für die Armen heraus, die Christus getroffen hat und die auch von den Christen verlangt ist.

4. Das Lukasevangelium ist *das Evangelium des Gebets*. Jesus wird präsentiert als der vollkommene Beter, der in den wichtigen Entscheidungen seines Lebens das vertraute und vertrauensvolle Gespräch mit dem Vater sucht. Wenn man die zahlreichen lukanischen Texte über das Beten zusammenstellt, erhält man eine Art „Katechismus über das Gebet". Besondere Aufmerksamkeit verdienen die Hymnen der Kindheitsgeschichte, die auch in die christliche Liturgie Eingang gefunden haben (*Magnifikat, Benedictus, Gloria in excelsis, Nunc dimittis*). Eine weitergehende Beschäftigung mit diesen Lobgesängen kann helfen, tiefer in sie einzudringen und im Einklang mit der urchristlichen Gemeinde zu beten.

5. Das Lukasevangelium ist *das Evangelium des Verzichts*. „Keiner, der Hand an den Pflug gelegt hat und nochmals zurückblickt, taugt für das Reich Gottes" (9,62). Um Jesus zu

folgen, bedarf es einer radikalen Entscheidung; man muss sich befreien von allen hinderlichen Bindungen, besonders von der ans Geld. Jeden Tag ergeht die Aufforderung an den Jünger Jesu, sich von allem zu lösen, „alles zurückzulassen" (vgl. 5,11) und „täglich sein Kreuz auf sich zu nehmen" (vgl. 9,23). Lukas lädt uns unablässig ein, uns frei zu machen von der Vergötterung der Dinge und des eigenen Ich, damit wir uns wie Jesus und mit Jesus auf den Weg zur Stadt unserer Bestimmung machen können.

6. Das Lukasevangelium ist *das Evangelium der Freude*. Mit fünf verschiedenen Verben drückt Lukas an 27 Stellen seines Evangeliums die Freude aus. Christus sät durch sein Kommen in die alltägliche Geschichte unseres Lebens und Tuns den Samen der Freude und der messianischen Hoffnung, besonders in den Herzen derer, die „verloren waren und wiedergefunden wurden" (vgl. die Gleichnisse des 15. Kapitels, bes. die Verse 5–10.23.25.32). Lukas lässt uns die freudige Dimension des Gottesreichs und der Glaubenserfahrung neu entdecken. Diese Freude bricht besonders dann auf, wenn ein Bruder oder eine Schwester, die verloren und „tot" waren, wiedergefunden werden und neu zu leben beginnen (vgl. 15,32).

# Das Evangelium nach Johannes

## Einführung: Ein Evangelium voller Rätsel

Das Johannesevangelium ist ein großartiges, aber nicht leicht verständliches Werk. Es verlangt jedem, der sich näher mit ihm befassen möchte, einiges ab. Schon Origenes, der bedeutende Schriftsteller aus der Schule von Alexandrien in Ägypten, kam zu dem Urteil: „Es sei uns … erlaubt, als Blüte der ganzen Heiligen Schrift das Evangelium zu bezeichnen und als dessen Blüte wiederum jenes Evangelium, das uns Johannes überliefert hat." Doch, so stellt er mit einer gewissen Ernüchterung fest, „den tiefen, verborgenen Sinn dieses Evangeliums wird kein Mensch je ganz erfassen". Dass es uns nicht anders ergehen wird, werden wir von vornherein in Rechnung stellen. Das Johannesevangelium stellt uns vor mancherlei Rätsel. Um einen Zugang zu ihm zu finden, sollten wir es gleichsam als etwas Lebendiges betrachten. Es ist die Geschichte einer Person; es geht um Christus, den Johannes als Erster mit den Begriffen *Logos* und „Fleisch" bestimmt hat: Er ist das geheimnisvolle „Wort", das in den Staub des Alltags, in die Geschichte herabgestiegen ist.

## Die Entstehungsgeschichte

Das Johannesevangelium ist nicht in einem Zug geschrieben worden, sondern hat eine längere Entstehungsgeschichte durchlaufen. Beim genauen Hinsehen erkennen wir, dass der vordergründig flüssige Text eher einem Gelände mit Verwerfungen und Bruchstellen gleicht. Ein augenfälliges Beispiel ist der Schluss des 20. Kapitels: „Noch viele andere Zeichen, die in diesem Buch nicht aufgeschrieben sind, hat Jesus vor den Augen seiner Jünger getan. Diese aber sind aufgeschrieben, damit ihr glaubt, dass Jesus der Messias ist, der Sohn Gottes, und damit ihr durch den Glauben das Leben habt in seinem Namen" (Joh 20,30f). Dies ist offenkundig ein Schlusswort, das Evangelium ist damit beendet. Doch blättern wir die Seite um, lesen wir: „Danach offenbarte sich Jesus den Jüngern noch einmal" (21,1). Es folgt ein 21. Kapitel, das wiederum mit einem förmlichen Abschluss endet: „Dieser Jünger ist es, der all das bezeugt und der es aufgeschrieben hat; und wir wissen, dass sein Zeugnis wahr ist. Es gibt aber noch vieles andere, was Jesus getan hat. Wenn man alles aufschreiben wollte, so könnte, wie ich glaube, die ganze Welt die Bücher nicht fassen, die man schreiben müsste" (21,24f). Dieser doppelte Schluss, der aus verschiedenen Federn stammt, ist ein klares Indiz, dass wir es nicht mit einem einheitlichen Text zu tun haben.

Der amerikanische Exeget Raymond E. Brown, Autor eines umfangreichen Johannes-Kommentars, hat fünf Etappen der Entstehungsgeschichte dieses Evangeliums herausgearbeitet:

Am Anfang steht, wie bei allen Evangelien, die *mündliche Überlieferung,* nicht ein schriftlicher Text. Im semitischen Raum hat man eine Vorliebe für die lebendige Kraft des gesprochenen Wortes, in das man viel mehr Wärme und Gewicht legen kann als in einen geschriebenen Text, der nüchtern dasteht. Das lebendige Wort eines Augenzeugen, der nachdrücklich bekundet, Christus mit eigenen Augen gesehen, ja ihn berührt zu haben, ist der Ausgangspunkt des Johannesevangeliums.

Ein zweiter Schritt ist der *Beginn einer schriftlichen Fixierung;* bestimmte Überlieferungen werden in eine literarische Form gebracht. Auch im Johannesevangelium lassen sich selbständige schriftliche Quellen ausmachen (z. B. die sieben Wundererzählungen).

Die nächste Stufe ist die *erste Fassung* des Evangeliums, dessen Autor ich „den Evangelisten Johannes" nennen möchte. Die Mehrzahl der Exegeten ist überzeugt, dass dieser nicht mit dem Apostel Johannes identisch ist. Der Apostel wäre verantwortlich für die mündliche Überlieferung, während der Evangelist auf dieser dritten Stufe in Erscheinung tritt.

In der *zweiten Fassung* wurden kleine Veränderungen vorgenommen, die man noch an einigen grammatikalischen Unstimmigkeiten erkennen kann. Mit diesen Einfügungen oder Eingriffen wollte man einer neuen Situation Rechnung tragen. Dazu ein Beispiel aus der Erzählung vom Blindgeborenen. In 9,22a heißt es: „Das sagten seine Eltern [d. h. die Eltern des Blindgeborenen, die sich von ihrem Sohn distanzieren], weil sie sich vor den Juden fürchteten." Daran schließt sich eine eigentümliche Bemerkung an, die nicht in die Zeit Jesu passt: „Denn die Juden hatten schon beschlossen, jeden, der ihn als den Messias bekenne, aus der Synagoge auszustoßen. Deswegen sagten seine Eltern: Er ist alt genug, fragt ihn doch selbst" (9,22b–23). Dieser Erläuterung, die wohl in die Jahre 80 bis 90 zu datieren ist, liegt eine historische Begebenheit zugrunde: der Ausschluss der als Frevler betrachteten Christen aus der Synagoge. Von diesem Ausschluss zeugt das große Gebet der synagogalen Liturgie, das Achtzehngebet. Der Redaktor wollte das Ereignis festhalten und hat es in die Erzählung eingefügt.

Auf die *Schlussredaktion* geht das 21. Kapitel des Evangeliums zurück. Diese letzte Fassung liegt uns heute vor.

*Entstehungsort und –zeit.* Manche Wissenschaftler glauben, das Johannesevangelium sei in Ephesus entstanden. Doch das lässt sich nicht nachweisen. Sicher ist nur, dass die letzte Fassung bald nach ihrer Fertigstellung nach Ägypten gelangt ist. 1896 stießen Archäologen in der großen Oase von Fajjum, die für die Versorgung Kairos mit Obst und Gemüse wichtig war, in verlassenen Häusern auf kleine, aber wertvolle Zeugnisse über das Alltagsleben. Es handelt sich überwiegend um Notizen, wie es sie in keiner Bibliothek gibt: Rechnungen, Liebesbekundungen, Grüße und Glückwünsche. Die erhaltenen Papyri wurden nach ihrer Auffindung gesammelt, kunterbunt in Kisten verpackt und nach England transportiert, wo sie in der Universität zu Manchester aufbewahrt wurden. Mitte der 1930er-Jahre wurden sie geöffnet, und man fand ein winziges Papyrusfragment, das sog. Fragment p52. Auf diesem wenige Quadratzentimeter großen Stück stehen einige Verse aus dem 18. Kapitel des Johannesevangeliums: die Verse 31–33 und 37f, die von Jesu Prozess vor Pilatus handeln. Eine sorgfältige Analyse ergab, dass das Fragment zweifelsfrei aus dem frühen 2. Jahrhundert stammt, wohl aus der Zeit zwischen 120 und 130 n. Chr. Das Johannesevangelium musste also früher als vielfach angenommen entstanden sein, wahrscheinlich noch im 1. Jahrhundert, vielleicht um das Jahr 90. Wenige Jahre später dürfte es bereits nach Ägypten gelangt sein, wo es um 120 schon im Volk verbreitet war.

Das kleine Papyrusstück hat alle Spekulationen von Bibelforschern des 19. Jahrhunderts hinfällig werden lassen, die überzeugt waren, dass dieses Evangelium nicht so früh entstanden sein könnte: Wegen seines tiefen, – wie oft gesagt wurde – „gnostischen" Gehalts und der ausgebildeten theologischen Lehre hatte man angenommen, es sei zwischen 150 und 200 n. Chr. abgefasst worden.

### Der Verfasser

Bevor wir auf die Verfasserfrage eingehen, ist eine Vorbemerkung zum antiken Verständnis der Autorenschaft angebracht. Während für uns Autor und Verfasser austauschbare Begriffe sind, wurde im semitischen Denken unterschieden zwischen dem Autor als dem mehr oder weniger fernen „Urheber", auf den das Werk zumindest ideell zurückgeht, und dem Verfasser, der es geschrieben hat. Dieser Verfasser tritt oft zurück hinter demjenigen, der ihm ein Thema, ein Motiv geliefert hat, das er dann selbst weiterentwickelt. So empfand man es nicht als problematisch, dass das Buch Jesaja, dessen älteste Teile auf den Propheten Jesaja zurückgehen, über einen Zeitraum von zwei Jahrhunderten durch Schriften anderer ergänzt wurde – ohne einen Hinweis im Text, dass etwa mit dem 40. Kapitel ein anderer Verfasser weiterschrieb, der 180 Jahre später gelebt hat und sich als Jesajaschüler verstand. Oder denken wir an den Pentateuch, die sogenannten Fünf Bücher Moses: Mose wurde als „Autor" dieser Bücher betrachtet, und niemand empfand es als einen Widerspruch, dass darin auch sein Tod und Begräbnis geschildert werden.

In unserer Zeit, in der wir aufs Copyright achten müssen und jeder Autor als Urheber auf der Titelseite genannt werden will, spielt die Frage nach der genauen Verfasserschaft eine ganz andere Rolle.

Als „Autor" des vierten Evangeliums wird traditionell der Zebedäussohn Johannes genannt. Schon um 180 n. Chr. schreibt Irenäus, der Apostel Johannes habe das Evangelium in Ephesus geschrieben. Er wird mit dem Jünger des Herrn, „der an seiner Brust ruhte", identifiziert. Vom Apostel Johannes spricht etwa zur selben Zeit auch Bischof Papias von Hierapolis in der heutigen Türkei, er erwähnt aber zugleich einen anderen Johannes: einen alten Presbyter gleichen Namens. Inwiefern haben beide mit dem Evangelium zu tun? Ist Ersterer der Autor, Letzterer der Verfasser?

Im Evangelium selbst begegnet uns eine anonyme Gestalt, die einfach als „der Jünger, den Jesus liebte", bezeichnet wird. Gewöhnlich wird er mit dem Zebedäussohn Johannes identifiziert: Der Verfasser des Evangeliums habe an dieser Stelle vom Autor in der dritten Person gesprochen. Doch diese Meinung kann nicht in allen Punkten befriedigen. Manche nehmen an, „der Jünger, den Jesus liebte", sei keine historische Gestalt, sondern das Modell des Gläubigen – eine fragliche Interpretation, wird doch dieser Jünger als eigene Person beschrieben. Wieder andere setzen „den Jünger, den Jesus liebte", mit Lazarus gleich; dieser sei, unter Wahrung der Autorschaft des Apostels, der Verfasser gewesen. Doch dies sind willkürliche Spekulationen.

Vereinfachend können wir festhalten: Die wenigen uns überlieferten Zeugnisse deuten darauf hin, dass am Anfang des Johannesevangeliums die Stimme des Zebedäussohnes Johannes steht. Die mündliche Überlieferung, die auf diese angesehene, anerkannte Gestalt zurückging, hat sich über Palästina bis zu den Gemeinden an der kleinasiatischen Küste verbreitet. In diesen Gemeinden fand die Predigt des Johannes einen Jünger, der sie schriftlich niedergelegt hat. Diesen Verfasser nennen wir „den Evangelisten Johannes". Er stammte wohl nicht aus Palästina, wo Johannes, der Sohn des Zebedäus, als Fischer am See Gennesaret arbeitete. Das Evangelium spricht eher dafür, dass er seine Bildung in einer Stadt hellenistischer Prägung erhalten hat.

## Die Adressaten

Wer waren die Adressaten des Johannesevangeliums und des johanneischen Schrifttums insgesamt? Dazu gehören noch andere Schriften, die wahrscheinlich von anderer Hand als das Evangelium verfasst wurden: die Offenbarung und die Johannesbriefe. Wer sind „die Kinder", an die sich diese Texte wenden? Es wurden unterschiedlichste Hypothesen diskutiert, die alle zumindest einen Funken Wahrheit enthalten.

– Einige Gelehrte verstehen das Johannesevangelium als eine mehr oder weniger polemische Schrift gegen die Anhänger Johannes' des Täufers.

Es gab noch längere Zeit Jünger des Täufers, dessen strenge, ernste Botschaft, in der die Stimme der alten Propheten widerhallte, viele in Bann gezogen hatte. Ein Messias mit der Schaufel in der Hand, der sich anschickt, die Spreu vom Weizen zu trennen, machte auf manche Menschen mehr Eindruck als einer wie Jesus, der so barmherzig auftrat. Ist die Vorstellung eines Messias nicht verführerisch, der mit der Axt die Bäume fällt, die keine Frucht bringen? Jesus hingegen war geduldig, bereit, „noch ein Jahr zu warten", bevor er mit Strenge eingreifen würde …

Das Johannesevangelium, so wurde gemutmaßt, habe sich an Täufer-Sekten gerichtet, die Jesus nicht als Messias anerkannten. Man hat besonders auf die ersten Kapitel verwiesen, in denen immer wieder vom Täufer die Rede ist: Dieser sei nicht das Licht, sondern nur die Lampe; er gebe lediglich Zeugnis vom wahren Licht, das in die Welt kam, von Christus. Im 3. Kapitel bekennt Johannes der Täufer ausdrücklich: „Ich bin nicht der Messias"; er ist „der Freund des Bräutigams", nicht der Bräutigam. Der Freund des Bräutigams hatte lediglich eine Mittlerfunktion; er sollte dessen Familie mit der Familie der Braut zusammenführen.

Doch es wäre falsch, das ganze Evangelium auf eine subtile Polemik gegen die Anhänger des Täufers zu reduzieren. Denn gerade im Johannesevangelium stimmt Jesus eine feierliche Lobrede auf den Täufer an. Er preist ihn als „die Lampe, die brennt und leuchtet" (5,35).

– Immer wieder begegnet uns im Johannesevangelium der Begriff „die Juden"; er verkörpert wie in einem Brennpunkt die Verirrung der Welt und die Ablehnung Christi. Einige haben daraus geschlossen, das Johannesevangelium sei in missionarischer Absicht geschrieben worden, und zwar für Juden in der Diaspora, die für die christliche Gemeinschaft gewonnen werden sollten (so W. Cornelis van Unnik, John A. T. Robinson u. a.). Richtig ist, dass das Johannesevangelium viele Anspielungen auf das Alte Testament enthält; wer dieses nicht kennt, findet keinen rechten Zugang zu dem Evangelium. Doch ist kaum vorstellbar, dass es ausgerechnet jene für die Nachfolge Christi gewinnen will, die im 8. Kapitel als „Söhne Satans" bezeichnet werden. Hier ist nichts von einer missionarischen Absicht zu spüren: Wie soll da ein Dialog möglich sein? Wenn Johannes für Juden geschrieben hätte, wäre auch nicht verständlich, wieso das Wort „Messias" (Gesalbter, Christus) der Erklärung bedarf. So interessant die Hypothese in einigen Punkten sein mag, aufs Ganze gesehen bleibt sie unbefriedigend.

– Nach einer anderen Hypothese waren die Zielgruppe die „Heiden". Ein Johannes-Spezialist wie der im Alter von 92 Jahren verstorbene Exeget Charles Harald Dodd, profunder Kenner der griechischen Kultur, hat darauf hingewiesen, welch tiefen Eindruck Formulierungen wie „Ich bin die Wahrheit" oder „Ich bin das Licht der Welt" auf griechische Leser machen mussten. Und wenn Jesus bei Johannes sagt, „wer immer auch zu mir kommt …", zeigt sich darin seine universalistische Öffnung, ebenso wie in wichtigen Symbolen aus dem Alltagsleben: Brot, Wasser, Licht. Dodds Beobachtungen sind wertvoll, doch er vermag nicht überzeugend darzulegen, dass die genannten Begriffe von Johannes in dem Sinne zu verstehen sind, den sie im Griechischen hatten. Es sind ja auch wichtige biblische Wörter, wie wir unten zeigen werden. Die Adressaten dürften also nicht die „Heiden" gewesen sein.

– Die vierte Hypothese wird von vielen geteilt: Das Johannesevangelium sei, ungeachtet seiner Universalität, insbesondere eine polemische Schrift gegen Häretiker gnostischer Tendenz. Gegen diese sei die ausdrückliche Verbindung von Wort, *logos*, und Fleisch, *sarx*, gerichtet.

Allmählich kam es zu einer Umformung des Christusbilds, Christus nahm mehr und mehr verklärte Züge an, verlor an wahrer Menschlichkeit. Dies ging so weit, dass man bestritt, Christus sei je personhaft auf Erden gewesen; der Logos sei nie Fleisch geworden. Gnostische Gruppen, denen der Logos-Begriff lieb und teuer war, konnten sich beispielsweise nicht vorstellen, dass Christus am Kreuz gestorben ist: Der Vater habe ihm diese Demütigung erspart; am Kreuz sei nur scheinbar eine Gestalt des Logos, des Christus, gestorben. – Gegen derartige Auffassungen stellt das Johannesevangelium in aller Deutlichkeit heraus: Der Logos ist Fleisch geworden und hat unter uns gewohnt.

Auch wenn die Frage nach den Adressaten des Johannesevangeliums trotz vieler Studien noch nicht völlig geklärt ist, glaube ich, die treffendste Antwort lautet wohl schlicht und einfach: Es richtet sich an die Gläubigen, an Christen, die schon einen reifen Glauben haben, auf dass ihr Glaube wachse.

Das bestätigt uns auch ein Vers des Evangeliums: Diese Zeichen „sind aufgeschrieben, damit ihr glaubt, dass Jesus der Messias ist, der Sohn Gottes, und damit ihr durch den

Glauben das Leben habt in seinem Namen" (Joh 20,31). – Auf großartige Weise wird hier das Anliegen des Evangeliums zusammengefasst: *hina pisteuete*. Der Konjunktiv Präsens hat eine wichtige Bedeutungsnuance, die in der Übersetzung „damit ihr glaubt" nicht eingefangen wird. Er verweist auf das Weitergehen, auf die Fortsetzung einer Handlung, sodass wir frei übertragen könnten: „damit ihr nie aufhört zu glauben, dass Jesus der Messias ist …, und damit ihr glaubend das Leben in Fülle habt". Das Johannesevangelium steht also im Kontext des Glaubens: Wer es liest, muss bereits auf dem Weg des Glaubens sein. Es ist keine Verkündigung an Fernstehende, sondern will von Gläubigen gelesen werden, z. B. im Rahmen der Liturgie, damit sie tiefer in das Geheimnis Christi eindringen.

### Die Sprache

Das uns vorliegende Evangelium ist in griechischer Sprache abgefasst, in einem wenig organischen, von aramäischen Formen durchsetzten Griechisch, sodass einige Gelehrten geschlossen haben, es sei ursprünglich in aramäischer Sprache geschrieben worden. Doch diese Auffassung wird von den allermeisten Exegeten nicht geteilt.

Das gesamte Evangelium, das insgesamt kaum mehr als 15000 Wörter umfasst, kommt mit einem auffallend kleinen Wortschatz aus (nicht mehr als 1022 Wörter!), dem kleinsten aller bedeutenderen neutestamentlichen Schriften. Ging es dem Verfasser wie einem Schüler, der sich abmüht, seine Gedanken mit den wenigen Wörtern auszudrücken, die er aktiv beherrscht? Keineswegs. Die Sprache des Johannesevangeliums ist nicht die eines Ungebildeten. Der Grund liegt darin, dass es sich um eine „technische" Sprache handelt, vergleichbar der Fachterminologie eines theologischen Handbuchs. Ein solches Werk braucht weit weniger Wörter als ein Roman; wichtig ist, dass die Begriffe klar sind.

Stilistisch handelt es sich um eine wohlgesetzte, bisweilen rhythmisch gestaltete Prosa. Denken wir an den Prolog, an sein wellenartiges Dahinfließen, an die kreisförmige Entfaltung der Gedanken. Wir werden versuchen, die Erzähltechniken dieses Schriftstellers kennenzulernen, der sein ganzes Können und seine Geisteskraft in den Dienst der Verkündigung einer großen Botschaft gestellt hat.

## Zum Aufbau

Das gesamte Evangelium ist nach einer eindrucksvollen „Partitur" gestaltet. Die Exegeten haben verschiedene Anläufe unternommen, um den Aufbau zu beschreiben.

Nach dem Prolog beginnt eine erste große Bewegung, die vom 2. bis zum 12. Kapitel reicht. Der ebenso bedeutende wie umstrittene Gelehrte Rudolf Bultmann hat diesen Abschnitt „Die Offenbarung der Doxa (der göttlichen Herrlichkeit) vor der Welt" überschrieben. Christus betritt die Bühne der Welt; seine Gestalt zeigt geheimnisvolle Züge; er ist dazu bestimmt, Annahme und Ablehnung zu erfahren. Johannes sieht den Menschen vor Christus gestellt, zur Entscheidung herausgefordert: für Christus oder gegen ihn.

In den Kapiteln 13 bis 20 (Joh 21 ist ja ein Epilog) sieht Bultmann „die Offenbarung der Doxa vor der Gemeinde". Die weitere Offenbarung spielt sich nicht auf der Bühne der Welt ab, sondern vor der christlichen Gemeinschaft.

Exegeten wie Charles Harold Dodd und Raymond E. Brown folgen der Einteilung Bultmanns, überschreiben die Abschnitte aber anders: Kapitel 2–12: Das Buch der Zeichen (der Zeichenwunder) Jesu; 13–20: Das Buch der „Stunde", der Passion und Verherrlichung Christi.

Donatien Mollat, französischer Exeget und Verfasser des Johannes-Kommentars in der Jerusalemer Bibel, hebt einen weiteren Erzählfaden hervor, der durch die jüdischen Feste gegeben ist. Sie skandieren das ganze Evangelium:

– zunächst ein Paschafest, während dem Jesus den Tempel „reinigt“ (Kap. 3);
– sodann ein nicht näher bezeichnetes Fest im 5. Kapitel;
– ein weiteres Paschafest (Kap. 6: die Ausführungen über das „Brot des Lebens“);
– das Laubhüttenfest, das drei Kapitel umfasst (Joh 7–9);
– das Fest der Tempelweihe (Kap. 10);
– schließlich das dritte Paschafest, das Pascha der „Stunde“ Jesu, seines Todes und seiner Verherrlichung (Kap. 12–19).

Auf die Feste werden wir noch näher eingehen; denn sie sind wichtig, um die johanneischen Aussagen über Jesus zu verstehen.

Eröffnet wird das Johannesevangelium von einem feierlichen, monumentalen Hymnus, der als wichtiger Bezugspunkt für den Glauben in die Geschichte des Christentums eingegangen ist.

## Der grosse Hymnus des Prologs (Joh 1,1–18)

Der Prolog ist eine Einführung ins Johannesevangelium, ein nachträglich eingefügtes, imposantes Vorwort, das nicht zum ursprünglichen Textbestand gehört. Es ist ganz anders als die oft langweiligen Geleitworte, die bekannte Persönlichkeiten aus Gefälligkeit dem Werk eines unbekannten Autors voranstellen. Der Johannesprolog gehört zu den Perlen des neutestamentlichen Schrifttums. Dem Verfasser ist eine großartige einführende Meditation gelungen, die in synthetischer Form anklingen lässt, was das Evangelium im Folgenden entfaltet. Der Prolog enthält vierzig Begriffe, die uns ausschließlich bei Johannes begegnen. Um das Johannesevangelium als Ganzes zu verstehen, lohnt es sich daher, dem Prolog besondere Aufmerksamkeit zu widmen.

Der Verfasser schreibt *in waves*, „wellenförmig". Der Textfluss gleicht den Wellen am Meeresstrand, die bis zur Strandlinie schlagen; einige gehen darüber hinaus, andere bleiben dahinter zurück, insgesamt aber decken sie eine relativ umgrenzte Fläche ab. Das Spiel einer immer neuen, aber nie gleichen Wiederholung ist ein typisches johanneisches Stilmerkmal.

„Im Anfang war das Wort,
und das Wort war bei Gott,
und das Wort war Gott.
Im Anfang war es bei Gott.
Alles ist durch das Wort geworden,
und ohne das Wort wurde nichts, was geworden ist.
In ihm war das Leben,
und das Leben war das Licht der Menschen.
Und das Licht leuchtet in der Finsternis,
und die Finsternis hat es nicht erfasst" (Joh 1,1–5).

Wörter verknüpfen sich, verbinden sich in einem Spiel thematischer Wellen – ein Stil, der dem Semitischen nicht fremd ist. Schon in den Eingangsversen ist der ganze Prolog vorgezeichnet. „Es handelt sich um einen urchristlichen Hymnus aus johanneischen Kreisen, der entsprechend angepasst wurde, um als Einführung in die Erzählung des Evangeliums vom Leben des inkarnierten Wortes Gottes zu dienen" (Brown). Eine treffende Definition, in der das Thema des Ganzen anklingt: Im Johannesevangelium geht es um das Leben des fleischgewordenen Wortes.

Im Folgenden werden wir drei Strophen dieses Liedes betrachten, das an einigen Stellen nachträglich durch Prosa-Einschübe ergänzt worden ist (Verse 6–8; 15–18).

### *Am Anfang der Logos*

Die erste Strophe umfasst die oben zitierten Verse 1 bis 5. Christus betritt eine Bühne kosmischen, universalen Ausmaßes. Das erste Wort, *en arche* („am Anfang"), ruft das hebräische *bereshit* („im Anfang") in Erinnerung, mit dem das erste biblische Buch beginnt (vgl. Gen 1,1).

Der Prolog macht indirekt deutlich, dass es zwei große „Anfänge" gibt: zunächst jenen fernen, weit zurückliegenden, den Beginn des Seins, den wunderbaren Beginn der Schöpfung, der im ersten Kapitel des Buches Genesis als Sieben-Tage-Werk (ein Symbol der Vollkommenheit) besungen und ausgemalt wird. Die Juden blicken staunend auf das Universum und seine bewundernswerte Architektur, die Gott in einer Woche voller Wunder geschaffen hat. Daneben tritt nun für den Christen ein zweiter großer Anfang, ein neues *bereshit*: der Ursprung der neuen Geschichte, des neuen Kosmos, der Neuordnung des Seins.

Die Anspielung auf Gen 1 geht noch weiter. Dort heißt es: „Im Anfang schuf Gott Himmel und Erde ... Gott sprach ..." Auf das göttliche Wort hin beginnt die Welt zu entstehen. Es ist ein wunderbares Werden im Rhythmus des refrainartig wiederholten mächtigen Wortes: „Gott sprach". Der Johannesprolog greift dieses Motiv auf: „Am Anfang war der Logos", das Wort. Und der Logos ist Christus – eine Aussage von großer theologischer Tragweite.

Wenn der Verfasser Christus als den *Logos* bezeichnet, hat er allerdings nicht nur Gen 1 vor Augen. Einige Kommentatoren verweisen auf außerbiblische Parallelen, etwa auf die ägyptische Theologie von Memphis. Archäologen haben eine berühmt gewordene Stele eines Pharao entdeckt, der Ende des 8. Jahrhunderts v. Chr. lebte: Shabaka. Auf dieser Stele findet sich eine Anrufung, ein Gebet, das auf die erste ägyptische Dynastie, in die Zeit um 2850 v. Chr., zurückgeht. Vom Wirken des Gottes von Memphis, des Schöpfergottes Phtah, ist dort die Rede: „Alle Dinge, die geschaffen sind, haben in ihrem Innern das Herz und das Wort von Phtah." Das Wort Phtahs ist so mächtig, dass es geschaffene Wirklichkeit wird. Die theologische Vorstellung vom wirkmächtigen Wort eines Gottes ist somit sehr alt. In Babylonien gab es den Glauben, dass auf Marduks Wort hin am Himmel die Tierkreiszeichen erschienen.

Aber es genügt, als Hintergrund für die johanneische Logos-Vorstellung den Kulturkreis der Bibel und des Volkes Israel heranzuziehen. In vielen alttestamentlichen Stellen wird die Mächtigkeit des Wortes Gottes eindrucksvoll beschrieben, gelegentlich wird es geradezu personifiziert. So heißt es im Buch der Weisheit:

„Als tiefes Schweigen das All umfing
und die Nacht bis zur Mitte gelangt war,
da sprang dein allmächtiges Wort vom Himmel,
vom königlichen Thron herab als harter Krieger
mitten in das dem Verderben geweihte Land.
Es trug das scharfe Schwert deines unerbittlichen Befehls,
trat hin und erfüllte alles mit Tod;
es berührte den Himmel und stand auf der Erde."
(Weish 18,14–16)

Wie ein Engel steigt das Wort Gottes durch die Himmel herab, fällt in der Nacht auf das ägyptische Land, verbreitet Schrecken und bringt das Gericht Gottes.

Denken wir auch an die Schlussverse Deuterojesajas, jenes einfühlsamen biblischen Propheten und Dichters, der uns nicht namentlich bekannt ist. Seine Lyrik ist in den zweiten Teil des Buches Jesaja (Kap. 40–55) eingegangen. Im Epilog zu seinem Werk (55,10f) beschreibt er die Kraft des Gotteswortes in eindrucksvollen Bildern:

„Wie der Regen und der Schnee vom Himmel fällt
und nicht dorthin zurückkehrt,

sondern die Erde tränkt
und sie zum Keimen und Sprossen bringt,
wie er dem Sämann Samen gibt und Brot zum Essen,
so ist es auch mit dem Wort, das meinen Mund verlässt:
Es kehrt nicht leer zu mir zurück,
sondern bewirkt, was ich will,
und erreicht all das, wozu ich es ausgesandt habe."

Das Wort Gottes ist eine lebendige, allzeit wirksame Realität. Es ist eine unaufhaltsame Kraft, wie Jeremia hervorhebt:

„Ist nicht mein Wort wie Feuer – Spruch des Herrn –
und wie ein Hammer, der Felsen zerschmettert?"
(Jer 23,29)

Wie das Gotteswort im Alten Testament wirkt, so auch der Logos im Johannesprolog: „Alles ist durch das Wort geworden …" Unsere Unterscheidung zwischen Wort und Tat ist dem semitischen Kulturkreis fremd. Christus ist nicht nur Wort, Christus ist auch Handeln, Tat. Wenn Goethe im Faust das Wort als heilbringendes Element der Tat als dämonischem Element gegenüberstellt, entspricht das nicht der Stoßrichtung der Johannes-Stelle. Im Anfang war der Logos, das meint höchste, vitale Kraft; durch den Logos ist alles geschaffen.

Neben dem Gotteswort ist in diesem Zusammenhang ein weiteres alttestamentliches Thema zu nennen: die Weisheit, *hokmah, sophia*. Gott bedient sich der Weisheit, um zu schaffen. Zugleich geht sie aus ihm hervor, ist etwas von ihm.

In Ägypten findet sich eine auffällige Analogie: die Göttin Maat, die aus dem Gott Re hervorgegangen ist. Es gibt Darstellungen in den Tempeln, die Re aufrecht zeigen, ihm zu Füßen ein schönes Mädchen von zarter Gestalt und mit einer Feder auf dem Haupt. Sie ist im Begriff, zu schaffen, die Materie zu formen und zu gestalten. Re, der Sonnengott, handelt durch Maat, die Göttin der Wahrheit und Weisheit.

Im biblischen Buch der Sprichwörter tritt die personifizierte Weisheit auf und stimmt einen Hymnus auf sich selber an. In poetischer Form beschreibt sie, was sie in ihrer großen Werkstatt, der Welt, geschaffen hat, und präsentiert ihre Meisterwerke (Spr 8,22–31). Diese Vorstellung wird nun auf Christus übertragen. In ihm sind Wort und Tat, Plan und Verwirklichung verbunden:

> „Im Anfang war es [das Wort, der Logos] bei Gott.
> Alles ist durch das Wort geworden,
> und ohne das Wort wurde nichts, was geworden ist."
> (Joh 1,2f)

Im Griechischen heißt es lapidar: *choris autou oude en* – außerhalb von ihm: nichts. Außerhalb von ihm, ohne ihn: Schweigen. Das Sein hängt ganz an diesem göttlichen Handeln, ein Motiv, das in Vers 10 wieder aufgegriffen wird: „Die Welt ist durch ihn geworden".

### *Der Logos ist Licht und Leben*

Nachdem der Logos das kosmische Szenarium betreten hat, wird er als „Licht" und „Leben" bezeichnet. In der ersten Schöpfungsgeschichte des Buches Genesis heißt es, dass als Erstes das Licht geschaffen wurde. Im Johannesprolog ist wieder von „Licht" die Rede, diesmal in Verbindung mit „Leben".

> „In ihm war das Leben (griech. *zoe*),
> und das Leben war das Licht (*phos*) der Menschen."
> (Joh 1,4)

In Christus werden das Licht und das Leben Gottes offenbar. Das Lichtmotiv durchzieht den gesamten Hymnus; der Prolog ist hell, von Licht erfüllt:

„Und das Licht leuchtet in der Finsternis,
und die Finsternis hat es nicht erfasst. …
[Johannes] kam als Zeuge,
um Zeugnis abzulegen für das Licht …
Er war nicht selbst das Licht,
er sollte nur Zeugnis ablegen für das Licht.
Das wahre Licht, das jeden Menschen erleuchtet,
kam in die Welt …“ (Joh 1,5–9).

„Licht“ ist ein Bild und Symbol für den ungreifbaren und doch nahen Gott: Er ist ebenso wenig zu fassen wie das Licht, und doch ist er dem Menschen ganz nah, wie das Licht den Menschen trifft, ihn wärmt und erleuchtet. Das Licht wird zum Symbol für den Logos, der wie Gott ist, Quelle des Lebens.

Sogleich folgt die Antithese. Wo Licht ist, denkt man unwillkürlich an Finsternis. *Skotia* (Finsternis) ist ein weiteres wichtiges Motiv im Johannesevangelium. Immer wieder begegnet uns der Dualismus von Licht und Finsternis, die fortwährend im Gegensatz zueinander stehen.

Es ist nicht der Kampf zwischen Licht und Finsternis, wie er von den „Mönchen“ von Qumran besungen wurde. Eine Schrift dieser von den Römern zerstörten Gemeinschaft am Ostufer des Toten Meeres, die sogenannte Kriegsrolle, trug den Titel: „Regel für den Krieg der Kinder des Lichtes gegen die Kinder der Finsternis“. Darin geht es um die endzeitliche Schlacht, in welcher der als sinnlos betrachteten, ganz in Finsternis getauchten Geschichte ein Ende bereitet wird. Bei Johannes hingegen hat die Auseinandersetzung zwischen Licht und Finsternis keinen apokalyptischen Charakter. Für ihn spielt der Kampf *in* der Geschichte. Deren großes Thema ist diese oszillierende Bewegung, dieses Hin und Her zwischen Licht und Finsternis. Und dieses Thema schlägt Johannes schon am Anfang seines Evangeliums an: „Die Finsternis hat es (das Licht) nicht erfasst“ (Joh 1,5b).

Das Verb, das Johannes hier verwendet, *katalambano,* hat mehrere Bedeutungen:
- „verstehen" („Die Finsternis hat das Licht nicht verstanden");
- „ergreifen, aufnehmen" („Die Finsternis hat es nicht aufgenommen"). Beide Bedeutungen schwingen in der [von der Einheitsübersetzung gewählten] Übertragung mit: „Die Finsternis hat es nicht erfasst …";
- und schließlich auch „besiegen" („Die Finsternis hat es nicht besiegt"). Auch diese Übersetzung ist möglich, zumal sie an anderer Stelle bezeugt ist: in den Oden Salomos, einem schönen Text der judenchristlichen Literatur. Darin wird wohl auf ein nächtliches Fest angespielt, das die Judenchristen im 1. Jahrhundert feierten. Bei Anbruch der Dunkelheit verließen die Christen die Stadt; in den Wäldern sangen sie die ganze Nacht hindurch Hymnen, die um das Thema Tod und Passion kreisten. Eine Wache achtete darauf, dass niemand einschlief; alle sollten die Morgendämmerung miterleben. Sobald das Licht des neuen Tages die Dunkelheit durchbrach, zündete die Wache eine Fackel an und rief: „Nie soll das Licht besiegt werden!" – Im Griechischen steht dasselbe Verb wie in dem Vers des Prologs: *katalambano.* Der Ruf war eine Aufforderung zur Hoffnung und Freude. – Christus, das Wort, die Weisheit, das Licht und das Leben, erhebt sich inmitten der Finsternis im Glanz des unbesiegbaren Lichtes.

### *Nicht der Täufer war das Licht, sondern der Logos*

„Es trat ein Mensch auf, der von Gott gesandt war; sein Name war Johannes. Er kam als Zeuge, um Zeugnis abzulegen für das Licht, damit alle durch ihn zum Glauben kommen. *Er war nicht selbst das Licht, er sollte nur Zeugnis ablegen für das Licht*" (Joh 1,6ff). – In diesem Einschub zeigt sich die leicht polemische Tendenz des Johannesevangeliums gegen jene, die auch nach dem Kommen Jesu weiterhin dem Täufer folgten.

Das sich anschließende Bekenntnis ist im griechischen Original von besonderer Schönheit. Der Aufbau dieses Verses ist typisch für das biblische Griechisch der hellenistischen Zeit:

„Das wahre Licht,
das jeden Menschen erleuchtet,
kam in die Welt …"

Der hl. Hieronymus hat in seiner lateinischen Bibelübersetzung den Sinn des Satzes nicht getroffen. Er interpretierte ihn wie folgt: „Er war das wahre Licht, das jeden Menschen erleuchtet, der in die Welt kommt." Doch dies entspricht nicht dem Urtext. Der Vers besteht aus drei Teilen. Am Anfang heißt es: Der Logos „war das wahre Licht"; der zweite Teil greift dasselbe Subjekt auf: Das Licht (der Logos) erleuchtet jeden Menschen; im dritten Teil schließlich haben wir ein Partizip, das wiederum auf das Subjekt, das Licht (= Logos), bezogen ist. Johannes der Täufer ist Zeuge für das Licht, nicht mehr; das Licht, das kommt, die Welt zu erleuchten, ist Christus. Augustinus kommentierte treffend, dass eine brennende Lampe überflüssig ist, sobald die Sonne aufgegangen und das wahre Licht erschienen ist.

Der Täufer selbst stellt sich im 3. Kapitel des Johannesevangeliums als Freund des Bräutigams vor. Wenn der Bräutigam da ist, zieht sich der Freund zurück; bestenfalls führt er noch durch die Feierlichkeiten. Nach orientalischem Brauch kam ihm die Aufgabe zu, die Begegnung zwischen Braut und Bräutigam vorzubereiten, sich um die wirtschaftlichen und sozialen Interessen der beiden zu sorgen; er war ein diskreter Mittler zwischen ihnen und ihren Familien. Sobald Braut und Bräutigam die Ehe geschlossen haben, tritt er in den Hintergrund.

### *Die Welt hat ihn nicht erkannt, die Seinen nahmen ihn nicht auf*

Die zweite Strophe des Prologs ist von Finsternis und Schatten durchzogen. Die negative Reaktion auf das Licht wird in krassen Schwarz-Weiß-Kontrasten geschildert. Das Licht ist erschienen, die Ablehnung beginnt.

> „Das wahre Licht, das jeden Menschen erleuchtet,
> kam in die Welt (*kosmos*).
> Er war in der Welt,
> und die Welt ist durch ihn geworden,
> aber die Welt erkannte ihn nicht.
> Er kam in sein Eigentum,
> aber die Seinen nahmen ihn nicht auf" (Joh 1,9–11).

Der Begriff Kosmos hat im Johannesevangelium eine dreifache Bedeutung:
– das geschaffene Universum (der Logos, das wahre Licht, kam in die Welt),
– die Menschen, die gleichsam als Synthese des Universums verstanden werden, und schließlich
– das Böse, die Ablehnung Gottes.
In einer zunehmenden Verengung nimmt der Begriff *Kosmos* immer mehr negative Züge an, bis hin zu der erschreckenden Aussage: „Die Welt hat ihn nicht erkannt."

„Erkennen" hat in der Sprache der Bibel zahlreiche Bedeutungsnuancen. Es ist mehr als ein bloßes Begreifen, es heißt auch Lieben. „Nicht erkennen" heißt folglich: nicht lieben, bewusst ablehnen, bekämpfen.

Christi Licht greift auch inmitten der Finsternis um sich. Es führt zur Scheidung, zur Spaltung in der eigenen Familie, wie die christlichen Gemeinden jüdischen Ursprungs schmerzlich erfahren mussten: Einige wurden Judenchristen, andere blieben Juden. Das Verhältnis zwischen Synagoge und Kirche wurde immer gespannter. Jesus hatte gesagt, dass es inmitten der Familien Gegensätze geben werde: Der

Vater steht gegen den Sohn, die Mutter gegen die Tochter, die Schwiegermutter gegen die Schwiegertochter, der Bruder gegen die Schwester. Auf diese dramatische Situation spielt das Johannesevangelium an mit der markanten griechischen Formulierung: Christus tritt *eis ta idia,* „in sein Eigentum“, „in sein Haus“, in die eigene Wohnung. Er ist Jude, er kommt in das Haus der Verheißung, in dem er die *idioi* trifft, die Seinen, seine „Verwandten“. Diese aber nehmen ihn nicht auf; sie lehnen ihn ab, bekämpfen ihn.

Im Alten Testament wird das jüdische Volk *segulla* Gottes genannt, Gottes Eigentum. *Segulla* ist ein poetischer Ausdruck, ein Bild aus der Hirtensprache, das die einem Hirten gehörende Herde bezeichnet. Die Hirten gehörten zur untersten Gesellschaftsschicht; sie besaßen in der Regel keine eigenen Tiere, sondern hüteten die Tiere eines andern. Unter großen Opfern konnten sie vielleicht zwei, drei Schafe erwerben. Das war ihre *segulla,* von der sie sagen konnten: Dies ist mein Eigentum, das Kostbarste, was ich habe.

Die *segulla* Gottes, sein kostbares Eigentum, erkennt den Sohn nicht an. Es ist das Drama der Ablehnung: Ausgerechnet die *idioi,* „die Seinen“, nehmen Christus nicht auf, weisen ihn an ihrer Tür ab.

Mit dieser Stelle hebt ein Thema an, das Bultmann eindrucksvoll herausgearbeitet hat: das Thema des Prozesses. Das Johannesevangelium erinnert in seiner Partitur an eine Gerichtsversammlung: Zeugenauftritte, unterschiedlichste Interventionen, das Urteil – alles eingebettet in eine typische Prozessszenerie. Am Ende wird das unerwartete Urteil verkündet, ein zweideutiger Urteilsspruch, der daher auch völlig gegensätzlich interpretiert wird. Die einen sind überzeugt, dass er die endgültige Niederlage Christi bedeutet, die anderen verstehen ihn als seinen größten Triumph. Das Urteil, von dem die Rede ist, heißt: Kreuz. Dort, am Kreuz, erreicht die Ablehnung ihren Höhepunkt.

### *Allen aber, die ihn aufnahmen, gab er Macht, Kinder Gottes zu werden*

Die dritte Strophe handelt von der positiven Reaktion auf das Kommen des Logos:

> „Allen aber, die ihn aufnahmen,
> gab er Macht, Kinder Gottes zu werden,
> allen, die an seinen Namen glauben,
> die nicht aus dem Blut,
> nicht aus dem Willen des Fleisches,
> nicht aus dem Willen des Mannes,
> sondern aus Gott geboren sind.
> Und das Wort ist Fleisch geworden
> und hat unter uns gewohnt,
> und wir haben seine Herrlichkeit gesehen,
> die Herrlichkeit des einzigen Sohnes vom Vater,
> voll Gnade und Wahrheit" (Joh 1,12–14).

Die, „die ihn aufnahmen" (*elabon*), werden in einer typisch johanneischen Formulierung beschrieben als jene, „die an seinen Namen glauben". Im Semitischen steht der Name für die Person; nur einem Menschen des Vertrauens, einem, den man liebt, sagt man seinen Namen. Der Gottesname im Ersten Bund beinhaltet gewissermaßen ein Verschweigen des Namens: JHWH, „Ich bin, der ich bin." In Christus hat Gott nun seinen Namen offenbart. An seinen Namen glauben heißt: sich auf seine Person zubewegen, sich festmachen in ihm. Ein Gelehrter, der sich intensiv mit dem Johannesevangelium beschäftigt hat, Ignace de la Potterie, versteht den Ausdruck als mystische Hineinnahme des Glaubenden in Christus. Der Gläubige nimmt Christus nicht nur auf, sondern tritt in ihn ein, nimmt Wohnung in ihm. Ist er „in" Christus, ist er kein Fremder mehr. Die johanneische Antwort auf die Frage: Wer sind wir? lautet: Wir sind Kinder, Kinder Gottes geworden. Diese Gotteskindschaft wird bewusst mit einem anderen Wort bezeichnet als die Gottessohnschaft Jesu. Nur der Logos wird mit dem klassischen Begriff *hyios* (Sohn) benannt, im ganzen Evangelium ist dieses Wort ihm, dem Sohn schlechthin, vorbehalten. Die Gläubigen werden *tekna* genannt; sie sind angenommen an Sohnes Statt.

Kinder Gottes werden, das vollzieht sich auf geheimnisvolle Weise. Johannes schreibt: „nicht aus dem Blut (im Griechischen steht der Plural, *haimaton*), nicht aus dem Willen des Fleisches, nicht aus dem Willen des Mannes". Hinter diesen Formulierungen stehen altorientalische Vorstellungen. Entscheidend ist die Aussageabsicht: Die Gotteskindschaft kommt nicht von Menschen, sondern ist Frucht eines geheimnisvollen Eingreifens Gottes. *Kinder Gottes* werden wir durch eine „Geburt aus Gott", nicht durch menschliches Wollen und Tun.

Einige Kirchenväter haben den Johannesvers korrigiert und in den Singular übertragen: „Nicht aus Blut, nicht aus Fleisch, nicht aus menschlichem Wollen, sondern von Gott wurde *er* gezeugt ..." Sie wollten darin eine Proklamation des Sohnes Gottes (*hyios*) erkennen. Doch der Wortlaut verlangt, dass wir die Stelle auf uns beziehen, wobei freilich Christus unser „Modell" ist. Unsere Zeugung als Gotteskinder ist von seiner Sohnschaft her zu verstehen.

### *Der Logos ist Fleisch geworden und hat sein Zelt bei uns aufgeschlagen*

Der Prolog erreicht seinen Höhepunkt in einem Schlusswort, das Juden und – vielleicht noch mehr – Muslimen als Blasphemie erscheinen muss. Mohammed klagt die Christen im Koran und im *Hadith*, der Überlieferung seiner Aussprüche und Taten, mehrfach deswegen an: Wieso fahrt ihr „Menschen des Buches" fort zu sagen, Gott sei Fleisch? Für ihn ist dies etwas Unvorstellbares, eine ungeheuerliche Lüge.

„Und das Wort ist Fleisch geworden und hat unter uns gewohnt ..." – „Fleisch" steht im Johannesevangelium für die zerbrechliche menschliche Existenz, für das Menschsein, wie es sich im Alltag zeigt. Der Logos, der am Anfang von Zeit und Kosmos in seiner ganzen Herrlichkeit und Macht erscheint, taucht ein in den Abgrund unserer Erbärmlichkeit. Der göttliche Logos wird vergängliches Fleisch – das ist das große Paradox des christlichen Glaubens: „Die Idee der Philosophie ist die Vermittlung, die des Christentums ist das Paradox", schreibt Kierkegaard 1841 in seinem Tagebuch.

Der Logos „hat unter uns gewohnt (*eskenosen*)". Dieses mit Bedacht gewählte Verb heißt eigentlich „sein Zelt aufschlagen". Es spielt an auf das große Zelt in der Wüste, das Zeichen der Gegenwart Gottes, oder auf Jerusalem, den Zion, den Ort, an dem Gott seinem Volk seine Gegenwart schenkt.

Juden bzw. Judenchristen erkannten in diesem Verb eine weitere Andeutung: Die Wortwurzel besteht aus drei Konsonanten (*skn*), die an die *schekina* Gottes, an seine Gegenwart im Jerusalemer Tempel erinnert. Der Leser beginnt zu verstehen: Christus, der Sohn Gottes, der sein Zelt unter uns aufgeschlagen hat, ist die lebendige Gegenwart Gottes inmitten der Menschen. An die Stelle des „Zeltes" aus Stein, des Tempels, tritt jetzt das „Zelt" aus Fleisch: Christus als Mensch, seine Menschheit ist das Heiligtum, die wahre Bundeslade, der Tabernakel schlechthin. Diese Präsenz bei uns Menschen ist der Zielpunkt seines Weges, der ihn vom Himmel auf die Erde führte. Der Logos ist in die *conditio humana,* in das von Raum und Zeit begrenzte, Krankheit und Tod ausgelieferte Dasein eingetreten.

Dass wir das Geheimnis Christi aus dieser Perspektive betrachten können – als den „Einziggezeugten" vom Vater, den menschgewordenen Logos –, verdanken wir nicht zuletzt Johannes. In diesem Vers wird uns das Herzstück des Christentums enthüllt.

***

Dietrich Bonhoeffer schrieb am 16. Juli 1944, wenige Monate vor seiner Hinrichtung im KZ Flossenbürg, diese Zeilen, die auch ein Kommentar zum Johannesprolog sein könnten: „Gott ist ohnmächtig und schwach in der Welt, und gerade und nur so ist er bei uns und hilft uns. Christus hilft nicht kraft seiner Allmacht, sondern kraft seiner Schwachheit, seines Leidens." Gottes Ohnmacht und Schwäche, die er mit seinem Kommen in die Welt angenommen hat, ist die Voraussetzung, dass er uns nahe bleiben und uns sein Leben schenken kann.

Der Hymnus zu Beginn des Johannesevangeliums kann uns – wie den ersten christlichen Gemeinden – zum Gebet werden. In seiner Schönheit und Tiefe zeigt er uns die Wurzel unserer großen Berufung als Kinder Gottes, den Grund unseres Glaubens, die Quelle, aus der alles christliche Beten schöpft.

## Die Offenbarung der „Herrlichkeit" Christi (Joh 1,19–12,50)

### Der Beginn der Offenbarung Jesu: das Lamm, der Wein, der neue Tempel

Der erste Hauptteil des Johannesevangeliums reicht vom 2. Kapitel (bzw. von 1,19, wenn man die Vorgeschichte des öffentlichen Wirkens Jesu hinzunimmt) bis zum 12. Kapitel. Er handelt, mit Rudolf Bultmann gesprochen, von der „Offenbarung der Doxa vor der Welt". Jesus steht gleichsam auf einer kosmischen Bühne, seine erhabenen Worte scheinen Raum und Zeit durchdringen zu wollen. Er spricht nicht wie in den synoptischen Evangelien, auch wenn die Substanz der Botschaft dieselbe ist. Jesu Sprache ist im Johannesevangelium erhabener, in andere Höhen entrückt, auf größere Horizonte ausgerichtet.

Gleich zu Beginn stoßen wir auf das Schema Aktion–Reaktion: Jesu Worte, sein Verhalten fordern eine Antwort. Das Johannesevangelium ist an keiner Stelle wie ein spröder philosophischer Text zu lesen (leider ist dieses Missverständnis immer noch recht verbreitet!); es ist vielmehr ein dramatisches Werk. Es gleicht einer Gerichtsszenerie. Das alte Palästina wird zum großen Gerichtssaal; die Figuren, die Zeugen werden mehr und mehr zu symbolischen Gestalten. Auch wenn sie einen Namen tragen, geht es nicht nur oder nicht so sehr um Individuen. Wenn von „den Juden" die Rede ist, so ist ein Typus gemeint, ähnlich wie der Begriff Kosmos die Welt in einem ganz bestimmten Sinne bezeichnet. Aus ihrer Konkretheit erheben sich die Figuren zum Sinnbild. Sie bringen das dramatische Geschehen, das sich bis heute unter dem Himmel abspielt, zum Ausdruck. Das Johannesevangelium spricht den Leser fortwährend persönlich an. Was da erzählt wird, ist auch *meine* Wirklichkeit, es betrifft mich unmittelbar. Dieses Phänomen werden wir auch bei den drei „geschichtlichen" Personen beobachten, die wir im nächsten Kapitel betrachten. Man kann sich in ihnen wiederfinden.

Doch zunächst müssen wir den Blick auf Jesus richten. Die dialogische Bewegung, das Schema Aktion–Reaktion, hebt an mit drei bedeutenden Worten und Gesten Jesu. Er betritt die Szene, seine Offenbarung beginnt. Es ist der Anfang seiner im ursprünglichen Wortsinn verstandenen „Apokalypse", seiner großen Manifestation. Die Reaktion darauf wird dann vom Evangelisten im dritten und vierten Kapitel fortschreitend entfaltet. Johannes versteht es, den Leser zu fesseln, seine Erzählung ist nie flach oder eindimensional. Es ist eine Aufstiegsbewegung.

### *Das Lamm und der Knecht: „Seht, das Lamm Gottes“*

Die erste große Offenbarung ist ein auf Jesus gerichteter Zeigefinger. „Am Tag darauf stand Johannes [der Täufer] wieder dort, und zwei seiner Jünger standen bei ihm. Als Jesus vorüberging, richtete Johannes seinen Blick auf ihn und sagte: Seht, das Lamm Gottes! Die beiden Jünger [des Täufers] hörten, was er sagte, und folgten Jesus“ (Joh 1,35–37).

Zwei Formulierungen verdienen besondere Beachtung. Zunächst die Stelle: Johannes *„richtete seinen Blick auf Jesus“*. Im Johannesevangelium gibt es nicht weniger als sieben verschiedene Verben, die ein Sehen, ein Schauen bezeichnen und jeweils einen ganz eigenen Sinn gewinnen. Immer wieder finden wir dieses „Spiel der Augen“, das wir auch aus den Psalmen kennen: „Wie die Augen der Knechte auf die Hand ihres Herrn, wie die Augen der Magd auf die Hand ihrer Herrin, so schauen unsre Augen auf den Herrn, unsern Gott, bis er uns gnädig ist“ (Ps 123,2). – Man denkt an die altägyptische Darstellung eines Schreibers, dessen Augen wie gebannt auf die Lippen seines Herrn starren, der im Begriff ist zu diktieren. So gebannt blickt der Täufer auf Jesus.

Der Evangelist will uns daran erinnern, wie unverzichtbar es ist, dass wir unseren Blick auf Christus richten. Für den letzten Blick auf Jesus, auf den am Kreuz erhöhten Herrn, verwendet er ein spezielles Verb: „Sie werden auf den blicken, den sie durchbohrt haben“ (Joh 19,37). Auf diesen Blick auf Christus kommt es an.

Wichtig ist sodann die Äußerung des Täufers: *„Seht, das Lamm Gottes!“* (Joh 1,36). Welche Bedeutung das Lamm in der alttestamentlichen Theologie hat, wissen wir aus der Paschaliturgie. Johannes hat womöglich noch eine andere Bibelstelle im Sinn: das vierte Lied vom Gottesknecht (Jes 55). Der Täufer zeigt auf Jesus und bezeichnet ihn mit einem Wort, das im Aramäischen (der Sprache Jesu wie des Täufers) ein Doppelbegriff ist: *talya'*.

*Talya'* kann „Lamm" bedeuten. Jesus würde also mit jenem Lamm verglichen, das am Paschafest als Zeichen der geschenkten und immer wieder zu gewinnenden Freiheit geschlachtet wird. *Talya'* heißt aber auch „Knecht". Für aramäisch sprechende Zuhörer überlagern sich die beiden Begriffe, die schon in der Bibel eng verbunden sind. Im vierten Lied vom Gottesknecht wird dieser als das Lamm vorgestellt, das sich ohne Klagen zum Schlachter führen lässt. Dieser Gottesknecht wurde auch in der jüdischen Theologie mehr und mehr als Präfiguration des Messias verstanden. Um Jesus in seinem messianischen Geheimnis vorzustellen, genügte dieses eine Wort: Seht, unser *talya'*. Christus ist das Lamm, das Paschalamm, und er ist der Gottesknecht, der sein Leben gibt, damit das ganze, in alle Welt zerstreute Gottesvolk Israel gerettet wird.

An diesen Abschnitt schließt sich eine Berufungsgeschichte an: die lebendige, eigentümliche Erzählung von Natanaël. Manche Kommentatoren haben ihn mit Bartolomäus gleichgesetzt, andere mit Matthäus, wieder andere mit einem nur Johannes bekannten Jünger, der in den synoptischen Evangelien nicht erwähnt wird.

### *Guter Wein im Überfluss*

Die zweite Offenbarung, wer Jesus ist, begegnet uns in der Erzählung von der Hochzeit zu Kana. Kana, der Ort, an dem Jesus sein erstes „Zeichen" tut, wird von der Volksfrömmigkeit mit Kafr-Kenna identifiziert (manche Archäologen halten einen anderen Ort dieser Gegend für wahrscheinlicher). Kafr-Kenna liegt unweit von Nazareth inmitten eines bezaubernden, fruchtbaren Landstrichs, reich an Feigen, Weinbergen und Granatapfelbäumen.

Wir können hier nicht auf alle Einzelheiten eingehen, etwa auf das kühle Wort Jesu an seine Mutter, das viele verschiedene Deutungen erfahren hat: „Was willst du von mir,

Frau?" (2,4). Für unseren Überblick genügt es festzuhalten, dass Johannes die Hochzeit zu Kana als das erste große „Zeichen" versteht. Immer dann, wenn Johannes von Wundern spricht – es sind sieben Wunder in den Kapiteln 2 bis 12 –, möchte er uns von einem oberflächlichen Wunderglauben befreien. Überspitzt gesagt: Wir sollen trotz der Wunder glauben, wir sollen nicht bei den Wundern stehen bleiben. Das Wunder als wundersame Begebenheit können und dürfen wir vergessen. Deshalb spricht Johannes von „Zeichen" (*semeia*): Sie sind wie Pfeile, die in eine ganz bestimmte Richtung weisen. Wer beim Wegweiser stehen bleibt, erreicht nie das Ziel.

Die Hochzeit zu Kana zielt auf ein Offenbarwerden der Herrlichkeit Jesu, wie aus dem abschließenden Vers ersichtlich wird:

> „So tat Jesus sein erstes Zeichen, in Kana in Galiläa,
> und offenbarte seine Herrlichkeit,
> und seine Jünger glaubten an ihn" (2,11).

Damit hat Johannes den Sinn des Zeichens zusammengefasst. Das Wunder will nicht Staunen erregen; Jesus wollte nicht unter die damaligen Wundertäter eingereiht werden. Seine Wunder sollten vielmehr Zeichen für den Glauben sein. Durch das Zeichen von Kana hat Jesus seine Herrlichkeit offenbart, und die Jünger sind zum Glauben an ihn gekommen.

Der Wein ist in der Bibel ein Symbol der Freude; er „erfreut das Herz des Menschen" (Ps 104,15). Aufschlussreich ist in unserem Zusammenhang besonders der Schluss des Buches Amos. Die dort gebrauchten Bilder für das verheißene künftige Heil (Am 9,11–15) sind der Schlüssel zum Hochzeitssaal von Kana, der Zugang zu einem tiefen Glaubensverständnis. Amos stellt sich vor, dass die Ankunft des Messias, des Langersehnten, des Sohnes Davids begleitet wird von einem Strom von Wein, der sich über die dürren, verbrannten Hügel Palästinas ergießt. Nach dem Wein strömt Öl über das Land und tränkt es mit Schönheit und überreicher Fruchtbarkeit. Das ist die Stunde der endgültigen Freude.

Diese Symbolik findet sich auch im volkstümlichen jüdischen Schrifttum, so im 2. Baruchbuch, das etwa zur gleichen Zeit entstand wie das Johannesevangelium:

> „Alle Reben in Palästina
> werden sodann tausend Zweige tragen,
> jeder Zweig tausend Trauben,
> jede Traube tausend Beeren,
> und jede Beere gibt vierhundertsechzig Liter Wein."

Der überreichlich vorhandene Wein wird zum Sinnbild für das messianische Reich. So auch in der Erzählung von Kana; der Wein, den Jesus reicht, wird charakterisiert als der zuletzt gereichte, als der bessere Wein und als Wein im Überfluss:
– der zuletzt gereichte Wein: Zeichen für den Anbruch der messianischen Zeit;
– der bessere Wein. Er vereint die Geschmacksnoten aller zuvor gereichten Weine: den edlen Geschmack der Weisheitsliteratur, den kernigen, herben der Propheten, den blumigen, lieblichen des Hohenlieds ... Alles wird vereint und überboten vom vollkommenen Wein;
– der Wein im Überfluss: Aller Durst, jedes Verlangen wird gestillt.

Im Zeichen des Weines tritt Jesus als der Messias in Erscheinung. Nicht alle wissen diesen Wein zu schätzen. Im gnostisch geprägten, apokryphen Thomasevangelium wird das ebenso drastisch wie anschaulich dargestellt: Als Jesus seinen Wein anbot, „blickte er sich um und sah, dass alle schon betrunken waren". Niemand war in der Lage, seinen Wein zu kosten und zu würdigen.

*Der neue, vollkommene Tempel*

Den Rahmen der dritten großen Offenbarung bildet der Jerusalemer Tempel. Eine chronologische Angabe erlaubt die Datierung des ersten Paschafestes Jesu in Jerusalem: „Da sagten die Juden: Sechsundvierzig Jahre wurde an diesem Tempel gebaut, und du willst ihn in drei Tagen wieder aufrichten?“ (2,20).

Der Bau des herodianischen Tempels wurde den Angaben des jüdisch-römischen Historikers Flavius Josephus zufolge um 20/19 v. Chr. begonnen und war noch nicht beendet, als die Römer ihn zerstörten. Wenn schon 46 Jahre an ihm gebaut wurde, als Jesus sein erstes Paschafest in Jerusalem feierte, wäre dies in die zweite Hälfte der 20er Jahre zu datieren. Die chronologische Einbettung verdeutlicht das johanneische Bemühen, zu zeigen, dass Jesus kein Mythos, keine ungeschichtliche, vage Idee ist, sondern in klar umrissene geschichtliche Koordinaten hineingehört.

Während dieses Paschafestes macht Jesus durch eine aufsehenerregende Geste auf sich aufmerksam, die auch von den Synoptikern (jedoch an anderer Stelle) berichtet wird: die „Tempelreinigung“. Für Johannes ist die äußere Handlung nur von relativer Bedeutung. Die anderen Evangelisten hatten bei der Ausgestaltung der Episode den Propheten Jeremia vor Augen. Als die Juden sich trotz der übermächtigen Heere Nebukadnezars in eine trügerische Sicherheit wiegten, weil sie ja den Tempel hatten, warf Jeremia ihnen vor, den Tempel zu einer „Räuberhöhle“ gemacht zu haben (vgl. Jer 7,11). In der Tat kamen die Feinde … Der Tempel war nicht mehr der Ort der Anwesenheit Gottes, sondern zu einem verunreinigten Ort, einer Stätte des Schweigens Gottes geworden. Diese Jeremiastelle schwingt auch im Johannesevangelium mit. Auch hier zeigt Jesus die strengen Züge eines Propheten, die so gar nicht zu manchen süßlich-kitschigen Jesusbildern passen wollen. Doch der Schwerpunkt ist anders gelagert. Nach seiner prophetischen Handlung enthüllt Jesus ein Geheimnis: „Da stellten ihn die Juden zur Rede: Welches Zeichen lässt du uns sehen als Beweis, dass du dies tun darfst? Jesus antwortete ihnen: *Reißt diesen Tempel nieder, in drei Tagen werde ich ihn wieder aufrichten*" (2,18f).

Das Unverständnis seiner Zuhörer ist nur verständlich: Ist das nicht absurd, was er da von sich gibt? Johannes hingegen kommentiert: „Er aber meinte den Tempel seines Leibes. Als er von den Toten auferstanden war, erinnerten sich seine Jünger, dass er dies gesagt hatte, und sie glaubten der Schrift und dem Wort, das Jesus gesprochen hatte" (2,21f).

Es ist eine typisch johanneische Interpretation. Im Grunde handelt es sich um die gleiche Aussage, die wir im Prolog fanden: Jesus ist die *schekina,* die Präsenz Gottes; Gott ist „im Fleisch" Jesu zugegen, Jesu Leib ist der neue Tempel.

In der „Erinnerung" durchleben die Jünger aufs Neue jenen Augenblick, in dem sie die sonderbaren Worte Jesu nicht verstanden. Sich erinnern, das ist eng mit dem Glauben verknüpft; es ist mehr als der gedankliche Faden, der die Verbindung zur Vergangenheit herstellt. Das biblische „Erinnern" ist ein lebendiges Glaubensbekenntnis, in dem die Taten Gottes neu gegenwärtig werden. So erinnerten sich die Jünger nach Jesu Tod an sein Wort über den Tempel. Sie entdeckten Christus als den vollkommenen Tempel, in dem der Vater angebetet werden kann.

*Fassen wir zusammen:* In den ersten Kapiteln des Johannesevangeliums tritt Jesus in Erscheinung in den Symbolen des Lammes, des messianischen Weins, des neuen, vollkommenen Tempels. Dabei bringt Johannes wichtige Institutionen und Elemente des Ersten Bundes als lebendige Realitäten zur Sprache und gibt ihnen eine neue Deutung: Ihre volle Verwirklichung finden sie in Christus, der fortan die Mitte der Zeit und Geschichte ist. Um ihn werden sich die künftigen Jahrhunderte drehen, auf ihn richten sich die Hoffnungen der Menschen.

## Drei „typische" Glaubensgeschichten (Joh 3–4)

Auf derselben Bühne, auf der Jesus sich in einer dreifachen Offenbarung gezeigt hat, treten nacheinander drei Personen auf: ein gesetzestreuer Jude, eine Frau aus Samaria und ein königlicher Beamter.

### *Nikodemus: ein gesetzestreuer Jude*

Nikodemus, führender Pharisäer und Mitglied des Hohen Rats, begegnet uns im Neuen Testament nur im Johannesevangelium, und hier gleich dreimal. Sein Name ist gewiss eine griechische Angleichung; ursprünglich wird er wohl *Nagdimon* geheißen haben, ein geläufiger Name zur Zeit Jesu. Nikodemus legt ein Bekenntnis ab, das zwar aufrichtig, aber doch ein wenig verschwommen klingt. Ob Misstrauen hineinspielt? „Rabbi, wir wissen, du bist ein Lehrer, der von Gott gekommen ist; denn niemand kann die Zeichen tun, die du tust, wenn nicht Gott mit ihm ist" (3,2).

Sein Gespräch mit Jesus findet bei Nacht statt (3,1). Die Nacht hat im Johannesevangelium eine besondere Bedeutung; in einer Nacht verließ Judas den Abendmahlssaal: „Als Judas den Bissen genommen hatte, ging er sofort hinaus. Es war aber Nacht" (13,30). Bei Nacht bringt Nikodemus den Dialog mit Jesus in Gang, den er mit der ganzen Selbstsicherheit eines Gesetzeslehrers eröffnet. Nikodemus scheint die Wahrheit genauestens zu kennen: „Rabbi, wir wissen (*oidamen*) …" In dieser feierlichen Einführung lässt Johannes die Stimme der Synagoge aufklingen, mit der er in einer offenen Auseinandersetzung steht. Hier spricht jemand mit absoluter, nicht zu hinterfragender Gewissheit. Doch Nikodemus, der angeblich bestens weiß, was es mit Jesus auf sich hat, versteht im Lauf des Gesprächs immer weniger. Das vermeintliche Wissen entpuppt sich als etwas Nebulöses und entschwindet in der Dunkelheit. Johannes hat die Szene wohl bewusst so komponiert; man hat von „johanneischer Ironie" gesprochen.

Was als Gespräch beginnt, endet als Monolog. Nikodemus spricht immer seltener, schließlich schweigt er gänzlich. Während Jesus, die Hauptfigur, immer leuchtender in Erscheinung tritt, verschwindet Nikodemus in der Nacht, wie er in der Nacht gekommen ist. Wir erfahren weiter nichts über ihn. Ob er zum Glauben kam oder nicht, bleibt offen.

Wahrscheinlich war es eine stürmische Nacht. Jedenfalls spricht Jesus vom „Wind". Er will bei seinem Gesprächspartner Interesse für seine Botschaft wecken, ihn aus der Gleichgültigkeit oder Unentschlossenheit in seine Nachfolge führen. „Der Wind weht, wo er will; du hörst sein Brausen, weißt aber nicht, woher er kommt und wohin er geht" (3,8). Auch die jüdische Literatur kennt das Bild vom Wind: Wenn der Messias kommt, heißt es in einigen Schriften, offenbart er die Bleibe der Winde, den verborgenen Ort, von dem sie ausgehen. Der Wind ist etwas Geheimnisvolles, Faszinierendes, besonders in der Wüste, wo er jedes Mal anders klingt und die Dünen fortträgt. Doch so mächtig und schneidend er ist, nie ist er zu fassen. Sowohl im Hebräischen als auch im Griechischen hat das Wort für „Wind" zugleich die Bedeutung „Geist". Nicht immer fällt es leicht, die richtige Bedeutung zu treffen: Ist die *ruah* Gottes ein starker Wind oder Gottes Geist? Beim griechischen Wort *pneuma* stellt sich die gleiche Frage.

Jesus bedient sich dieser Doppeldeutigkeit, um Nikodemus etwas zu lehren. Das Thema ist die „Geburt aus dem Geist". „Wenn jemand nicht von Neuem [andere Übersetzungsmöglichkeit: von oben] geboren wird, kann er das Reich Gottes nicht sehen" (3,3).

Wir müssen uns ergreifen lassen vom Geist, der wie ein Wind aus einer anderen Welt auf uns zukommt, uns von ihm treffen lassen. Dieser Geist will in den Menschen eindringen, in ihm wirken, ihn umwandeln und erneuern. Er lässt ihm keine Ruhe mehr.

Nikodemus ist wohl zu gleichmütig und gesetzt, als dass er sich von diesem „Wind“ erfassen und aufrütteln ließe. Er vermag den Menschensohn, der wie die heilbringende Schlange „erhöht“, d. h. gekreuzigt wird, nicht mit neuen Augen zu sehen (vgl. 3,14f). Ihm geht die Bedeutung des Jesusworts nicht auf: „Gott hat die Welt so sehr geliebt, dass er seinen einzigen Sohn hingab“ (3,16). Und so entschwindet Nikodemus, der Mensch auf der Suche, der doch nicht die nötige Offenheit mitbringt, aus der Szene. Nikodemus ist ein Modell: Als Mitglied des Hohen Rates steht er für die Haltung des offiziellen Judentums, und zugleich verkörpert er einen Suchenden, von dem man nicht weiß, ob er offen und bereit genug ist, um je etwas zu finden.

### *Die Frau aus Samarien: eine Vertreterin des „häretischen“ Judentums*

Als nächste tritt, gewissermaßen als Gegenpol zu Nikodemus, eine Frau auf. Die Frau ist in der orientalischen Kultur (und leider nicht nur dort) gegenüber dem Mann in vieler Hinsicht benachteiligt. Wenn Gäste kommen, kann es passieren, dass die Frau vor ihnen verborgen wird; sie „gehört“ dem Mann, der frei über sie verfügt. Die Frau, die jetzt auftritt, steht noch weiter unten. Mit Bedacht hat Johannes an diese Stelle eine Frau *aus Samarien* gesetzt. Die Samariter hatten, wie auch aus der Erzählung hervorgeht, keine guten Beziehungen zu den Juden. Sie galten als Irrgläubige, hatten sie sich doch nach dem Fall Samarias unter den Truppen Sargons II. im Jahre 722/21 v. Chr. mit den assyrischen Siedlern vermischt.

Eine samaritische Frau also begegnet Jesus. Die Erzählung ist in eine ganz andere Atmosphäre getaucht als die voraufgegangene: Es ist ein strahlend heller Tag, es ist Mittag, „die sechste Stunde“ – dieselbe Stunde, in der Jesus später gekreuzigt wird. Dies dürfte eine bewusste Anspielung sein. Auch in der christlichen Tradition, in der Liturgie und bei den Kirchenvätern, wurden die beiden Momente des Öfteren zusammengebracht: der Mittag, an dem Jesus sich einer unbeachteten Frau offenbart, und der Mittag, an dem er, am Kreuz erhöht, sich der Menschheit offenbart. Als Beispiel sei ein Vers aus dem berühmten Hymnus *Dies irae* genannt: *Quaerens me sedisti lassus / redemisti crucem passus* – „Müde hast du dich hingesetzt, mich zu erwarten, / erlöst hast du mich, das Kreuz erleidend“.

Das Gespräch zwischen Jesus und der samaritischen Frau spielt am Jakobsbrunnen, der zum Zeichen wird, durch das die Frau das Geheimnis Jesu entdeckt. Er ist der einzige alte Brunnen dieser Gegend, der bis heute erhalten ist. Die herrliche Kulisse bilden zwei Berge, der Berg der Seligpreisungen und der Berg der Weherufe. Auf der einen Seite der grüne Garizim, auf den die Samariter noch heute zur Feier ihres Paschafestes steigen, und auf der anderen der felsige Berg Ebal. Vor diesem Panorama unterhält sich die Samariterin mit Jesus (4,1–26). Sie sprechen über das Wasser.

Jesus sagt: „Wer von dem Wasser trinkt, das ich ihm geben werde, wird niemals mehr Durst haben; vielmehr wird das Wasser, das ich ihm gebe, in ihm zur sprudelnden Quelle werden, deren Wasser ewiges Leben schenkt“ (4,14).

Was ist dieses Wasser? Es ist die Anbetung „im Geist und in der Wahrheit“ (4,21). Dieser Passus hat viele Interpretationen erfahren; oft wurde er im Sinne einer rein innerlichen Religiosität gedeutet, die Gott nur im eigenen Gewissen sucht und den äußeren Kult ablehnt. Was man auch davon halten mag, es ist jedenfalls nicht die johanneische Sicht. Die Begriffe Geist und Wahrheit, die mit dem Symbol des Wassers verbunden sind, meinen das Gleiche, gehören zusammen. Man könnte durchaus übersetzen: *Geist der Wahrheit*. Und damit ist nichts anderes gemeint als das Wort Gottes, als das Wort Christi, seine Selbstmitteilung, er selbst. „Anbeten im Geist und in der Wahrheit" meint also den rechten Gottesdienst, so wie Christus ihn will: einen Gottesdienst nicht in materiellen Tempeln, sondern „in ihm", dem geheimnisvollen „Raum" des neuen Tempels. Unserm Beten eine religiöse Aura zu verleihen genügt nicht. Echtes christliches Beten gründet in Christus: Wir müssen das Wort Jesu, das nach Johannes „die Wahrheit" ist, kennenlernen und darauf hören. Nur so vollziehen wir den wahren, großen Gottesdienst – und zwar auch dann, wenn unser Mund keine Gebetsformel spricht.

Die eindrucksvolle Unterweisung, die Jesus der Samariterin gibt, bricht ab mit einem Wort abgründiger Tiefe, das auf Jesu Göttlichkeit hinweist und das wir später noch eingehender betrachten werden: *Ego eimi* – ICH BIN.

Die samaritische Frau hat mehr verstanden als Nikodemus. Sie hat zum Glauben an Jesus gefunden, wie aus Joh 4,39 hervorgeht: „Viele Samariter aus jenem Ort kamen zum Glauben an Jesus auf das Wort der Frau hin, die bezeugt hatte: Er hat mir alles gesagt, was ich getan habe."

Sie glaubt, doch offenkundig auch aufgrund der außergewöhnlichen Worte Jesu. Ihr Glaube bedarf noch besonderer Zeichen und Stützen; er ist noch unvollkommen. Später wird der Auferstandene sagen: „Selig sind, die nicht sehen und doch glauben" (20,29).

### *Der königliche Beamte: ein Heide*

Die eher flüchtige Begegnung mit einer dritten Person spielt wiederum in Kana: „Jesus kam wieder nach Kana in Galiläa, wo er das Wasser in Wein verwandelt hatte. In Kafarnaum lebte ein königlicher Beamter; dessen Sohn war krank. Als er hörte, dass Jesus von Judäa nach Galiläa gekommen war, suchte er ihn auf …" (Joh 4,46–54).

Der Mann wird nicht mit Namen genannt; die Synoptiker bezeichnen ihn als „Hauptmann", nach Johannes ist er ein königlicher Beamter: ein *basilikos,* wohl ein Funktionär des Tetrarchen von Galiläa, Herodes Antipas. Die Beamten des Königs waren in der Regel keine gläubigen Juden. Wir erfahren nicht viel über diesen *basilikos.* Offenbar gelingt es ihm, Jesus für sich und sein Anliegen zu gewinnen. Sein Mut, sein Glaube können zum Vorbild werden; denn er glaubt, ohne ein Zeichen zu sehen. Er erlebte die Heilung seines Sohnes nicht mit, und doch glaubt er – auf ein einziges Wort Jesu hin. Das genügt ihm; er hat das Vertrauen, dass dieses Wort die Kraft hat, Krankheiten zu besiegen und das Böse in all seinen Formen zu überwinden.

Jesus ist überrascht: Da steht jemand mit einem Glauben vor ihm, der das Risiko nicht scheut, mit einem Glauben ohne Stützen und Sicherheiten. Der Beamte glaubt – einfach so, aufgrund der Begegnung mit Jesus. Und er geht froh, im inneren Frieden weg. Vielleicht wäre er sogar darauf gefasst gewesen, von ferne die Totenklage zu hören oder die traurige Nachricht zu erfahren, dass sein Kind immer noch todkrank ist. Doch der Junge ist geheilt.

In diesen drei Gestalten können sich viele Menschen wiederfinden. Dem, der auf der Suche ist, kann vielleicht Nikodemus etwas sagen, der auch ein Mensch auf der Suche war, einer, der Jesus nicht von vornherein abgewiesen hat.

Ein anderer findet sich wieder in einer Frömmigkeit, die immer wieder Zeichen braucht als Bestätigung und Stütze für den Glauben. Es ist auffällig, mit welcher Aufmerksamkeit sich Jesus diesen Menschen zuwendet. Er bleibt stehen und sucht das Gespräch mit ihnen, wie mit der samaritischen Frau. Er geht auch auf jene Menschen zu, auf welche Gläubige, die ihrer selbst allzu sicher sind, oftmals nur herabschauen.

Schließlich wird uns ein Hauptmann als eindrucksvolles Beispiel für einen ungetrübten, bedingungslosen Glauben vor Augen gestellt. Es ist eine Episode, die einen ungeachtet des eigenen Standpunkts anrühren kann. Pavel Florenski (gest. 1943), russischer Schriftsteller, Theologe und Mathematiker, beschrieb einmal, wie Ikonen, die im Sonnenlicht betrachtet todlangweilig wirken (ein bisschen Gold, eine oder mehrere dunkle Gestalten), im Kerzenschein einer Kirche geheimnisvolle Nuancen entbergen: „Das fremde, überladene Gold, das vor dem Tageslicht flieht, gewinnt Leben im flackernden Schein einer Lampe oder Kerze und gibt einen Vorgeschmack auf andere, nicht-irdische Lichter, welche die himmlischen Sphären erfüllen." Ähnlich beginnt die Erzählung von der Begegnung des königlichen Beamten mit Jesus zu leuchten, wenn wir sie im richtigen Licht betrachten, wenn wir versuchen, innerlich still zu werden und den tiefen Glauben dieses Mannes nachzuempfinden:

„Jesus kam wieder nach Kana in Galiläa, wo er das Wasser in Wein verwandelt hatte. In Kafarnaum lebte ein königlicher Beamter; dessen Sohn war krank. Als er hörte, dass Jesus von Judäa nach Galiläa gekommen war, suchte er ihn auf und bat ihn, herabzukommen und seinen Sohn zu heilen; denn er lag im Sterben. Da sagte Jesus zu ihm: Wenn ihr nicht Zeichen und Wunder seht, glaubt ihr nicht. Der Beamte bat ihn: Herr, komm herab, ehe mein Kind stirbt. Jesus erwiderte ihm: Geh, dein Sohn lebt! Der Mann glaubte dem Wort, das Jesus zu ihm gesagt hatte, und machte sich auf den Weg. Noch während er unterwegs war, kamen ihm seine Diener entgegen und sagten: Dein Junge lebt. Da fragte er sie genau nach der Stunde, in der die Besserung eingetreten war. Sie antworteten: Gestern in der siebten Stunde ist das Fieber von ihm gewichen. Da erkannte der Vater, dass es genau zu der Stunde war, als Jesus zu ihm gesagt hatte: Dein Sohn lebt. Und er wurde gläubig mit seinem ganzen Haus. So tat Jesus sein zweites Zeichen, und zwar nachdem er von Judäa nach Galiläa gekommen war" (Joh 4,46–54).

## Das Zeichen des Brotes und die Brotrede (Joh 6)

„Das Pascha, das Fest der Juden, war nahe“ (6,4): Es ist in der johanneischen Erzählung – nach dem Pascha des neuen Tempels (2. Kapitel) – das zweite Paschafest, das Pascha des Lebensbrotes. Den geografischen Rahmen bildet diesmal nicht der Jerusalemer Tempel, sondern eine Kleinstadt in Galiläa, am „See von Tiberias“, wie der See Gennesaret hier genannt wird. Der See liegt 212 Meter unter dem Meeresspiegel; dort beginnt der Jordangraben, durch den der Fluss ins Tote Meer herabfließt, zum tiefsten Punkt der Erde, auf 392 Meter. In dieser Landschaft spielt der nun folgende größere Abschnitt, der sich in drei miteinander verbundene Akte gliedert.

### *Das Zeichen des Brotes*

*Erster Akt:* „Danach ging Jesus an das andere Ufer des Sees von Galiläa, der auch See von Tiberias heißt“ (6,1). Die Stadt Tiberias ist für die Juden nicht zuletzt deshalb von Bedeutung, weil sich dort die Gräber von großen Frommen, Philosophen und Weisen finden. In Tiberias ist Rabbi Akiba bestattet, der um 130 n. Chr. die Ankunft eines Messias verkündet hatte: Bar-Kochba, keine besonders aufsehenerregende Gestalt, wie sein Name („Sohn des Sternes“) erwarten ließe; die römischen Machthaber haben ihn alsbald ausgeschaltet. Dort ist auch Moses Maimonides bestattet, einer der größten jüdischen Philosophen im Mittelalter, der sich durch seine Offenheit für die griechische und arabische Kultur hervortat. Dort findet sich auch eine der wichtigsten Talmud-Ausgaben, der sog. Jerusalemer Talmud. Nach der Zerstörung Jerusalems im Jahre 70 n. Chr. wurde Tiberias eine Art jüdischer Festung. In Tiberias hat man auch begonnen, den zuvor nur aus Konsonanten bestehenden biblischen Text mit Vokalen zu versehen. Diese geschichtsträchtige Stadt war 18 n. Chr. zu Ehren von Kaiser Tiberius gegründet worden, und zwar von dem „würdigen" Nachfolger Herodes' des Großen, Herodes Antipas, der für die Hinrichtung des Täufers Johannes verantwortlich war.

Von den Juden jener Zeit, und so auch von Jesus, wurde die Stadt gemieden; denn es ging das womöglich bewusst gesäte Gerücht um, sie sei auf einem Friedhof errichtet worden. Darum galt sie als unrein, kein Jude durfte sie betreten.

Wir wissen nicht genau, welches Seeufer in Joh 6,1 gemeint ist. Während einige Gelehrte das gegen die Golanhöhen gelegene Ostufer vermuten, folgt die Volksfrömmigkeit der Erzählung einer Palästina-Pilgerin namens Egeria, die im 4. Jahrhundert den Ort Tabgha angab, wo noch heute die schönsten Mosaiken der Gegend zu besichtigen sind.

Irgendwo am Ufer des Sees Gennesaret kommt es zu der „wunderbaren Speisung" der Volksmenge. Auch diese sogenannte Brotvermehrung soll im Sinne des Evangelisten nicht so sehr als „Wunder" gelten. Im Schlussvers der Erzählung heißt es ausdrücklich: „Als die Menschen das Zeichen sahen, das er getan hatte, sagten sie ..." (6,14). *Als sie das Zeichen sahen* – wie zuvor in Kana, die gleiche Perspektive. Verlieren wir uns also nicht in der Erzählung, sondern versuchen wir zu erkennen, worauf die Szene unseren Blick lenken will.

Wer Jesu Gesten und Worte betrachtet, wird unschwer entdecken, dass uns Johannes in der Erzählung von der wunderbaren Speisung zwischen den Zeilen von etwas anderem erzählt.

Jesus nimmt die Brote und *segnet* sie. Im Griechischen ist das Wort noch bezeichnender: *eucharistesas,* er sagt Dank. Die christliche Gemeinde wusste um das Jahr 90 sehr wohl, was „Eucharistie" meint. Jesus *teilt die Brote aus,* und das ausgeteilte Brot bewirkt, dass am Ende alle gesättigt sind; mehr noch: Es gibt immer noch Brotstücke im Überfluss.

Die gleichen Motive finden wir in einem wichtigen Text aus der Frühzeit des Christentums, der allerdings nicht in den Kanon der Heiligen Schrift aufgenommen wurde: in der Didaché. Die eucharistische Feier und das Offertorium werden mit denselben Begriffen beschrieben, die Johannes hier verwendet. Johannes hat die Schilderung dieses Zeichens nach dem letzten Abendmahl strukturiert. Er hat ja dieses Mahl als solches nicht überliefert; es war seinen Lesern bestens bekannt. Vielmehr möchte er den Sinn dieses Mahls verdeutlichen, und er tut es in diesem 6. Kapitel. In der Episode von der Brotvermehrung reicht Jesus in gewisser Weise das eucharistische Brot, das allen Hunger stillt.

Das heißt nicht, dass die Erzählung in der Abstraktion bliebe. Es werden durchaus konkrete Details genannt, so das grüne Gras, der kleine Junge (*paidarion*: eine griechische Koseform) oder auch die Fische (*opsaria*: kleine, dürftige Fische). Johannes verwendet nicht das klassische Wort *ichtys*. Wie Markus bedient sich Johannes solcher „Pinselstriche", um mit einfachen, volkstümlichen Begriffen einen Bezug zum Alltagsleben herzustellen. Das Alltägliche bleibt im Johannesevangelium erhalten. Das „Zeichen", das Jesus wirkt, ist nicht an großartige, aufsehenerregende Dinge gebunden, es ist verknüpft mit den schlichten Gaben, die uns die Erde seit jeher schenkt. „Befrag die alte Erde, und sie wird dir mit Brot und Wein antworten" (Paul Claudel). Die Gaben der Erde werden zum Zeichen Christi.

Johannes schildert nach seiner gewohnten Art sogleich die Reaktion der Menschen: „Als die Menschen das Zeichen sahen, das er getan hatte, sagten sie: Das ist wirklich der Prophet, der in die Welt kommen soll. Da erkannte Jesus, dass sie kommen würden, um ihn in ihre Gewalt zu bringen und zum König zu machen. Daher zog er sich wieder auf den Berg zurück, er allein" (6,14f).

Für Jesus ist dieses Unverständnis geradezu ein Albtraum. Man hielt ihn für den erwarteten messianischen Propheten: einen Messias, der wortgewaltig in Erscheinung treten und das Prophetengewand alsbald gegen das königliche eintauschen würde, um als Triumphator in Jerusalem Einzug zu halten. Jesus lehnt alles Derartige ab.

Auf der gleichen Linie liegt das Bemühen des Johannesevangeliums um eine „Entmythologisierung" der Wunder: Wir sollen unsere Erwartungen und Hoffnungen nicht auf spektakuläre Aktionen und Wunderzeichen gründen, sondern das Risiko des Glaubens eingehen. Dostojewski schreibt in seinem Roman „Die Brüder Karamasow": „Du bist nicht vom Kreuz herabgestiegen, als dir höhnisch zugerufen wurde: Steig herab vom Kreuz, und wir werden glauben, dass du der Sohn Gottes bist! Du bist nicht herabgestiegen, weil du den Menschen nicht durch ein Wunder knechten wolltest, weil du einen freien Glauben wünschtest, keinen Wunderglauben. Du wünschtest freiwillige Liebe und nicht sklavisches Entzücken des Unfreien ..." Die Zeichen Jesu sind schlicht und bescheiden. Sie zielen weder auf Aufsehen noch auf äußere Macht. Jesus will nicht, dass man ihn zum König macht. Er zieht sich zurück in die Stille, „auf den Berg", er ganz allein.

### *Jesus schreitet über das Wasser*

*Zweiter Akt* (6,16–21): Jesu Gang über das Wasser. – Die Jünger besteigen das Boot und überqueren den See Richtung Kafarnaum.

Vergleichen wir die johanneische Erzählung mit den Parallelen bei Markus und Matthäus, fällt auf, dass diese zusätzlich erwähnen, der Wind sei abgeflaut und die Jünger seien gerettet worden. Bei Johannes ist davon nicht die Rede; für Markus und Matthäus hingegen waren es durchaus wichtige Elemente, bringen sie doch das Wunder von allzu „wundersamen" Aspekten zurück auf die Botschaft des Evangeliums: Es geht ums Retten und Heilen, um die Befreiung vom Bösen. Johannes hebt auf etwas anderes ab, das vordergründig triumphalistisch erscheinen könnte.

„Als es aber spät geworden war, gingen seine Jünger zum See hinab, bestiegen ein Boot und fuhren über den See, auf Kafarnaum zu. Es war schon dunkel geworden, und Jesus war noch nicht zu ihnen gekommen. Da wurde der See durch einen heftigen Sturm aufgewühlt" (6,16–18). – Solche Stürme sind am See von Gennesaret keine Seltenheit. Immer wieder wühlen Nordwinde den zwischen dem Bergland von Galiläa und den Golanhöhen gelegenen See auf.

„Als sie etwa fünfundzwanzig oder dreißig Stadien gefahren waren, sahen sie, wie Jesus über den See ging und sich dem Boot näherte, und sie fürchteten sich. Er aber rief ihnen zu: Ich bin es [eigentlich: ICH BIN]; fürchtet euch nicht! Sie wollten ihn zu sich in das Boot nehmen, aber schon war das Boot am Ufer, das sie erreichen wollten" (6,19–21). Jesus geht wundersamerweise übers Wasser. Warum erwähnt Johannes diese sonderbare, mirakulöse Tat, wo er sonst nie auf spektakuläre Aktionen abhebt?

Die Antwort ergibt sich aus dem Zusammenhang, der ganz von der Eucharistie geprägt ist (vgl. die Ausgestaltung der „Brotvermehrung"). Die Eucharistie, das Herrenmahl, ist *die* Präsenz des österlichen Christus in seiner Kirche, eine wirkliche Gegenwart, die unser Vorstellungsvermögen übersteigt. In Jesu Gang über das Wasser wird diese Präsenz, welche die „Normalität" sprengt, veranschaulicht. Es handelt sich um eine Art Epiphanie, eine Erscheinung des Göttlichen, eine Offenbarung der geheimnisvollen Wirklichkeit des gegenwärtigen Herrn, die mit der Verklärung Jesu auf dem Berg Tabor verglichen werden kann (diese erwähnt Johannes nicht). Der Seewandel Jesu ist, wie treffend gesagt wurde, die „johanneische Verklärung".

Aufschlussreich sind die einzelnen Elemente der Erzählung, besonders das Meer. In der biblischen Symbolik steht das Meer als kosmisches Element für das Nichts, für das

Chaos. Zugleich ruft es den Exodus, den Auszug aus Ägypten und den Durchzug durch das Rote Meer, in Erinnerung. Psalm 77 gibt uns einen Schlüssel zum Verständnis:

„Über das Meer ging dein Weg,
deine Pfade über gewaltige Wasser,
doch deine Spuren blieben unsichtbar" (Ps 77,20).

Gott schreitet über die Wasser, doch seine Spuren sind nicht wahrnehmbar. Es sind die Spuren des Schöpfers und Erlösers, des Herrn, der über das All herrscht.

Jesus gibt mit dem Gang über das Wasser den Jüngern eine Art Lehre, die er unmittelbar darauf in Kafarnaum ausfaltet. Er zeigt, dass er nicht nur physisch zugegen sein kann. Als Mensch unterliegt Jesus den physikalischen Gesetzen, er wäre untergegangen wie jeder von uns. Wenn hier dennoch von seinem Gang über das Wasser die Rede ist, so will das sagen: Wir haben es mit einer wirklichen und doch ganz andersartigen Gegenwart zu tun, die unseren irdischen, raum-zeitlichen Horizont übersteigt.

Diese Stoßrichtung des Abschnitts bei Johannes kommt in Jesu Worten deutlich zum Ausdruck: *Ego eimi* – nicht: „Ich bin es" (das wäre ein blasses Erkennungszeichen), sondern: ICH BIN. Immer dann, wenn sich Jesus im Johannesevangelium in seinem göttlichen Geheimnis zeigt, spricht er dieses Wort aus. „Bevor Abraham war: *Ego eimi.*" *Ego eimi* – so lautet in der griechischen Bibel die Selbstvorstellung Gottes (Ex 3) als der „Ich bin der Ich-bin", „Ich bin der Ich-bin-da". In jenem Augenblick, in dem Jesus zeigt, dass seine Gegenwart nicht mehr durch die Materie eingeschränkt ist, wendet er dieses Wort auf sich selber an. Er überwindet die Gesetze der Schwerkraft, das Meer, das Nichts, das Chaos. Seine Gegenwart ist ein Mysterium; sie will entdeckt werden auf dem langen Weg des Glaubens.

Mit seiner Selbstbezeichnung als der ICH BIN offenbart sich Christus also als Gott. Er lässt das verborgene Licht, das in ihm ist, aufleuchten, und er fügt hinzu: „Fürchtet euch nicht." Auch dies erinnert an die großen Theophanien des Alten Testaments, an die Erscheinungen Gottes, die das Volk Israel erzittern ließen. Er ist der Transzendente.

### *Die Rede in Kafarnaum*

*Der dritte Akt* ist Jesu Rede in Kafarnaum. Die kleine Stadt ist heute ein Feld von Ruinen, ein Zentrum christlicher und jüdischer Archäologie. Im Sommer, wenn die Sonne auf die basaltenen Steine niederbrennt, ist es furchtbar heiß, und doch übt der Ort eine große Faszination auf die Besucher aus. Seit 1894 werden die Ruinen von Franziskanern betreut; Pater Orfali und später Pater Cordo haben viele kostbare Relikte ans Licht gebracht. Jesus liebte dieses Städtchen, mehr als sein Heimatdorf Nazareth, in dem er auf Missgunst und Unverständnis stieß, als er einmal dorthin zurückkehrte. Er predigte gern an belebten Orten wie Kafarnaum. *Kefar-nahum*, „Dorf der Tröstung", war ein bedeutendes Handelszentrum, ein Knotenpunkt am See Gennesaret. Eine Durchgangsstraße führte bis nach Syrien, und Karawanen von Händlern machten in Kafarnaum halt. An der dortigen Zollbank arbeitete Matthäus.

In dieser Stadt voller Leben lagen, wie die archäologischen Funde zeigen, Reichtum und Armut dicht beieinander. Da ist zum einen das vornehme Viertel, das von der eindrucksvollen, auf Jerusalem ausgerichteten Synagoge aus dem 4. Jahrhundert beherrscht wird. Ihre Überreste sind großartig: die kunstvollen Säulen, die Kapitelle, die Empore, das seitliche Atrium. Unter der Synagoge fanden sich Überreste einer älteren, weitaus schlichteren. Zum Ufer hin lag das Armenviertel mit winzigen Häusern aus schwarzem Basalt. Dort stieß man bei den Ausgrabungen auf ein Oktagon in byzantinischem Stil mit einem Mosaik. Noch bedeutender war der Fund einer *domus ecclesiae*, einer Hauskirche von Judenchristen, die in frühester Zeit (2. Jh.) als Ort für das Gebet und den Gottesdienst diente. Womöglich war es das Haus des Petrus, in dem Jesus sich bei seinen Besuchen in Kafarnaum aufhielt und wo er die Schwiegermutter des Petrus vom Fieber geheilt hatte. An diesem Ort hat Jesus, so das Johannesevangelium, die große Rede gehalten, auf die wir nun eingehen.

In einer sorgfältigen Analyse des *Aufbaus* der Rede sind zwei Exegeten, Gärtner und Borgen, zum Schluss gekommen, dass die Rede Jesus nicht einfach in den Mund gelegt worden ist. Vielmehr gehe sie aus von bestimmten Jesusworten, die dann zusammengestellt, erweitert und kommentiert worden seien. Genauer: Die Rede sei eine Art *Pascha-Haggadah* früher judenchristlicher Gemeinden. Die *Haggadah* ist die große Erzählung, in der die Juden bis heute am Vorabend des Paschafests, am Sederabend, während des Paschamahls des Auszugs aus Ägypten gedenken. Wie in einer Homilie wird darin erklärt, welche Bedeutung das Mahl und die einzelnen Riten für die Anwesenden haben. Wenn wir der These dieser beiden Exegeten folgen, müssen wir uns zurückversetzen in die Jahre 80 bis 90 n. Chr., in eine Kirche bzw. in ein Haus von Judenchristen, die gerade ihr Pascha, d. h. die Eucharistie, feiern. Dazu gehörte auch eine Haggadah. Womöglich ist uns sogar noch die Weiheformel, wie sie in den johanneischen Gemeinden verwendet wurde, überliefert (s. u.). Die Rede wäre gewissermaßen Rede Jesu und Rede der Gemeinde, die Jesu Worte neu interpretiert.

Der Hinweis auf das Manna in der Wüste bildet den Ausgangspunkt der Homilie. *Im ersten Teil (6,35–50)* erläutert Jesus, wie er in seinen Gemeinden gegenwärtig bleibt. Zunächst sagt er: *„Ich bin das Brot des Lebens"* (6,35). Dieses Brot, das Leben gibt, wird von Jesus und Johannes an dieser Stelle nicht als das eucharistische Brot verstanden. Es ist in der johanneischen Sprache in erster Linie das Wort Gottes, die Offenbarung. Im 4. Kapitel war vom „lebendigen Wasser" die Rede, das die Offenbarung Christi bezeichnet, und vom „Anbeten im Geist und in der Wahrheit“, vom gläubigen Hören auf sein Wort, auf sein Evangelium.

Das Alte Testament kennt viele Symbole für das Wort Gottes, die auch unsere Johannes-Stelle erhellen. Der Prophet Amos spricht vom Hunger nach dem Wort Gottes und erwähnt in diesem Zusammenhang auch die Begriffe Brot und Wasser (Am 8,11–13):

> „Seht, es kommen Tage – Spruch Gottes, des Herrn –,
> da schicke ich den Hunger ins Land,
> nicht den Hunger nach Brot, nicht Durst nach Wasser,
> sondern nach einem Wort des Herrn.
> Dann wanken die Menschen von Meer zu Meer,
> sie ziehen von Norden nach Osten,
> um das Wort des Herrn zu suchen;
> doch sie finden es nicht.
> An jenem Tag werden die schönen jungen Mädchen
> und die jungen Männer ohnmächtig vor Durst …“

Im Schlusskapitel des Deuterojesaja heißt es:

> „Auf, ihr Durstigen, kommt alle zum Wasser!
> Auch wer kein Geld hat, soll kommen.
> Kauft Getreide und esst, kommt und kauft ohne Geld,
> kauft Wein und Milch ohne Bezahlung!
> Warum bezahlt ihr mit Geld, was euch nicht nährt,
> und mit dem Lohn eurer Mühen,
> was euch nicht satt macht?
> Hört auf mich, dann bekommt ihr das Beste zu essen
> und könnt euch laben an fetten Speisen“ (Jes 55,1f).

Wenig später vergleicht der Prophet das Wort Gottes mit dem Regen, der die Wüste benetzt und den ausgedörrten Boden fruchtbar macht.

Im Buch der Sprichwörter lädt die Weisheit Gottes, das Wort des Herrn, zum Mahl und ruft aus:

„Kommt, esst mein Brot
und trinkt vom Wein, den ich mischte" (Spr 9,5).

Das „Brot" ist Jesu Wort. Er sagt in der „Homilie" gewissermaßen: Ich bin unter euch zugegen durch mein Wort. Eine Eucharistiefeier ohne sein Wort wäre verstümmelt, sie muss beginnen mit der Lesung des Wortes Gottes, des Wortes Christi.

Das Außerordentliche dieses Wortes liegt darin, dass es ewiges Leben schenkt. Wer Jesu Wort hört, wird verwandelt. Es ist das Brot, das vom Himmel kommt – wie der Regen, mit dem Deuterojesaja das alles verwandelnde Gotteswort vergleicht. Jesus zitiert Jesaja mit den Worten: „Alle werden Schüler Gottes sein" (Joh 6,45). Das göttliche Wort will ewiges Leben geben, es wandelt um, vergöttlicht, schenkt Auferstehung. Johannes hat eine besondere Sensibilität für das Thema Ewigkeit. In den, der das Wort Gottes hört, wird ein Same gesät, der Horizonte schauen lässt, die über den Tod hinausreichen. In den Versen 35–50 ist immer wieder von dem „Leben" die Rede, das durch das Wort, das vom Himmel kommt, in die Glaubenden eindringt. Hier besteht ein großer Unterschied sowohl zur alttestamentlichen wie zur griechisch-römischen Vorstellung von einer Unterwelt, von einem nebulösen Scheol oder einem düsteren Hades. Das vierte Evangelium eröffnet eine ganz neue Hoffnung auf ein erfülltes, bleibendes Leben: Ich darf mich vom göttlichen Wort umfangen und durchdrungen wissen, von dem Wort, das ewig ist und ewiges Leben schenkt.

*Im zweiten Teil (6,51–59)* gewinnt die Homilie eine zunehmend eucharistische Prägung. Jesus sagt: „Ich bin das *lebendige* Brot" (6,51). Es verwundert nicht, dass die Zuhörer immer mehr Anstoß nehmen, wenn er fortfährt: „Das Brot, das ich geben werde, ist mein Fleisch" (ebd.). Jesus schenkt sich selbst, in seiner ganzen physischen, sichtbaren Wirklichkeit.

Er selbst wird das Brot für uns sein; sein Fleisch und sein Blut werden uns zur Speise und zum Trank. Dass Jesus von seinem Blut sprach, musste in den Ohren der zuhörenden Juden noch ungeheuerlicher klingen. Denn das Blut ist Zeichen der Unreinheit; man durfte es nicht berühren. Jesus hingegen sagt: Ihr werdet mein Blut *trinken* (vgl. 6,53ff)!

Bedenken wir in diesem Zusammenhang auch, wie negativ der Leib in der griechischen Kultur beurteilt wurde: Der Leib galt als Grab der Seele. Auch im Christentum hat es diese Abwertung und Geringschätzung gegeben, wenn griechisches Gedankengut die Oberhand über ein authentisch christliches Denken gewann. Jesus hingegen nimmt gerade seinen Leib als Zeichen seiner bleibenden Gegenwart unter den Seinen.

Ganz eindeutig ist also jetzt von der Präsenz Christi in der Eucharistie die Rede. Die ersten Christen erlebten ihn dort gegenwärtig. Wenn sie das Brot brachen, wussten sie, dass sie in Gemeinschaft mit ihm traten: in Gemeinschaft mit seinem Fleisch und Blut, mit seiner Person, mit dem lebendigen Christus, der in der Geschichte wirkt.

In diesem Abschnitt findet sich fast beiläufig ein Wort, das die Konsekrationsformel, die Weiheformel der johanneischen Gemeinden gewesen sein könnte. Stellen wir uns vor, wie der Presbyter nach der Homilie über das Wort Gottes, in dem Gott als Brot des Lebens zugegen ist, und über das lebendige Brot, das Fleisch und Blut Christi, die Hände zur Wandlung erhebt und spricht: „Das Brot, das ich geben werde, ist mein Fleisch für das Leben der Welt" (6,51). Eine etwas andere Formel als die von den Synoptikern und Paulus überlieferte, aber gleichfalls eine sehr schöne. In diesem Augenblick feierten die Christen nicht nur „Danksagung", sondern „Kommunion", wie wir in einem gelungenen Begriff sagen: die Gemeinschaft, die *koinonia* (wie Paulus sagen würde) mit dem Leib Christi.

In drei Akten wird dem Leser im 6. Kapitel das Thema der Gegenwart Christi nahegebracht:
– im Zeichen der „Brotvermehrung", das über das Ereignis als solches hinaus auf die Eucharistie verweist;
– in der Erscheinung Jesu auf dem Wasser: Zeichen einer veränderten Gegenwart, die den Rahmen des Physischen, Biologischen übersteigt;
– schließlich in der großen Rede über das Wort und die Eucharistie: Als Gläubige können wir Christus immer dann als gegenwärtig erfahren, wenn wir sein Wort hören und mit seinem Fleisch und seinem Blut „kommunizieren".

Johannes beschließt das Kapitel mit einem provokanten Abschnitt, der zur Entscheidung herausfordert: „Daraufhin zogen sich viele Jünger zurück und wanderten nicht mehr mit ihm umher. Da fragte Jesus die Zwölf: Wollt auch ihr weggehen? Simon Petrus antwortete ihm: Herr, zu wem sollen wir gehen? Du hast Worte des ewigen Lebens. Wir sind zum Glauben gekommen und haben erkannt: Du bist der Heilige Gottes" (6,66–69).

Die Zuhörer sind vor die Entscheidung gestellt. Nachdem Jesus seine Botschaft in aller Deutlichkeit dargelegt hat, stellt er den Jüngern die Frage: „Wollt auch ihr gehen?" Er lässt ihnen die Freiheit, und tatsächlich erfahren wir, dass viele seiner Jünger sich zurückziehen und nicht mehr mit ihm umherwandern. Einige aber bleiben. Gezwungen wird keiner.

### Auf dem Laubhüttenfest in Jerusalem: Licht und Wasser (Joh 7–9)

#### *Das Laubhüttenfest*

„Das Laubhüttenfest der Juden war nahe" (7,2). Nach den beiden Paschafesten bildet jetzt das Laubhüttenfest (*Sukkot*) den Erzählrahmen. Es ist ein besonders feierliches,

„das heiligste und größte aller Feste der Juden" (Flavius Josephus), das im Herbstmonat Tischri (September/Oktober) begangen wird.

Der Herbst mit seiner Farbenpracht ist wohl die schönste Jahreszeit im Nahen Osten, eindrucksvoller und länger als der Frühling, der kaum zwei Wochen dauert. Das Laubhüttenfest war ursprünglich ein Erntefest, insbesondere ein Weinfest. Für die Zeit der Weinlese errichtete man Hütten, in denen die Trauben gekeltert wurden. Wie die Natur für die Orientalen nicht bloß eine malerische Kulisse war, sondern Zeichen einer verborgenen göttlichen Gegenwart, so gab man auch den „Laubhütten" eine tiefere Bedeutung. In Mesopotamien hießen sie *urigallu,* ein Begriff, in dem das Wort für Tempel (*e-gallu*) anklingt. Sie waren gewissermaßen kleine Kapellen, galten sie doch als sakraler Ort der „heiligen Hochzeit" zwischen der Vegetationsgottheit und der Natur. In manchen Kulturen begann damit das neue Jahr; die Babylonier feierten in dieser Zeit ihr *akitu* (Neujahr). Die kultische Vereinigung des Königs oder Stammesführers mit der Vegetationsgöttin sollte das neue Jahr für Menschen, Tiere und Felder fruchtbar machen.

Wenn auch in der Bibel die Anklänge an ein jahreszeitliches Fest noch erkennbar sind, belässt sie es nicht bei dieser Deutung. Nicht der immer gleiche Rhythmus der Jahreszeiten steht im Vordergrund, vielmehr wird das Fest mit dem Menschen und seiner Geschichte in Beziehung gesetzt. Im Buch Levitikus (23,43) wird dieser neue Sinn des Laubhüttenfestes klar herausgestellt: Es ist nicht mehr ein Erntefest, das unter Gesängen und Tänzen zwischen den Weinstöcken gefeiert wird; die Laubhütten werden jetzt zum Symbol jener „Laubhütten", die das Volk Israel während des Auszugs aus Ägypten in der Wüste errichtete.

Damit wird eine geschichtliche Erfahrung der Väter in Erinnerung gerufen, die im ersten Buch der Chronik anschaulich beschrieben wird. In einem feierlichen Gebet zur

Vorbereitung auf die Tempelweihe, die sein Sohn Salomo vollziehen wird, definiert David das Volk Israel wie folgt: „Wir sind nur Gäste bei dir, Fremdlinge, wie alle unsere Väter" (1 Chr 29,15). In diesem Bewusstsein errichten Juden bis heute vor ihren Häusern Hütten oder schlagen Zelte auf. Sie versehen sie mit Rohr und Binsen, stellen eine Lampe, einen Tisch und Stühle auf und halten sich während der sieben Tage des Festes darin auf. Dort lesen und essen sie, manche schlafen sogar in den Hütten: eine nachdrückliche Erinnerung, dass das Haus aus Stein nicht auf ewig ihr Zuhause ist. Sie bleiben Pilger und wissen, dass ihr Leben ein Nomadendasein ist.

Das Fest, wie Jesus es feierte, zeigt noch Spuren des alten Erntefestes, wenn es auch von jedem Anklang an polytheistische und mythische Vorstellungen gereinigt ist. Zugleich ist die geschichtliche Interpretation zu erkennen, die Verbindung mit der Wüsten- und Exoduserfahrung des Volkes Israel. Noch wichtiger aber ist, dass Jesus im Johannesevangelium die großen Symbole des Laubhüttenfestes aufgreift und zum Zeichen eines neuen „Sukkot" werden lässt. Sie dienen einer neuen Selbstoffenbarung Christi.

*Zeichen und Symbole des Laubhüttenfestes.* Ein Zeichen der Natur, der Ernte, in dem die alte jahreszeitliche Feier weiterwirkt, ist der *Lulav,* ein Strauß aus einem Palmzweig, einer Myrte und zwei Weidenzweigen. Dazu kommt der *Etrog,* die Frucht einer fehlerfreien, auf geweihtem Boden gewachsenen Zeder. Dieser Strauß wird gesegnet und den Gläubigen am 15. Tischri, mit dem das Fest beginnt, übergeben. Traditionell finden schon am Vortag Gastmähler in den Hütten statt. Der Segensspruch über den Strauß, ein Zeichen der immer neuen Geschenke Gottes, lautet: „Die Verschiedenheit der Pflanzen, aus denen der heilige Strauß besteht, ist für uns ein Symbol der Gleichheit aller Geschöpfe vor Gott: Der stolze Palmzweig, die wohlriechende Myrte und die süße Frucht der Zeder haben vor Gott nicht mehr Wert als die bittere Weide, die nicht duftet und am Ufer eines kleinen Baches wächst." Alles ist vor Gott wertvoll.

Während der liturgischen Feier werden Psalmen gesungen, in denen die geschichtliche Interpretation des Festes als Fest unseres Pilgerdaseins aufscheint. Es handelt sich um den sogenannten Ägyptischen Hallel (Ps 113–118). Als Beispiel sei Psalm 114 zitiert, der bei Dante Sinnbild des *Purgatorio* ist („Beim Auszug Israels aus Ägypten / sangen alle vereint mit einer Stimme / mit den Worten dieses Psalms"):

„Als Israel aus Ägypten auszog,
Jakobs Haus aus dem Volk mit fremder Sprache,
da wurde Juda Gottes Heiligtum,
Israel das Gebiet seiner Herrschaft.
Das Meer sah es und floh,
der Jordan wich zurück.
Die Berge hüpften wie Widder,
die Hügel wie junge Lämmer.
Was ist mit dir, Meer, dass du fliehst,
und mit dir, Jordan, dass du zurückweichst?
Ihr Berge, was hüpft ihr wie Widder,
und ihr Hügel, wie junge Lämmer?
Vor dem Herrn erbebe, du Erde,
vor dem Antlitz des Gottes Jakobs,
der den Fels zur Wasserflut wandelt
und Kieselgestein zu quellendem Wasser" (Ps 114).

Am Nachmittag des 15. Tischri fand eine große Prozession statt. Der Priester zog mit der ganzen Versammlung hinab zum Teich Schiloach, der auch in Joh 9,7 erwähnt wird. Er stieg in den Teich und füllte ein goldenes Gefäß mit dem „Wasser von Schiloach", dem „ruhig dahinfließenden" Wasser von Jerusalem, das der Prophet Jesaja den gewaltigen Wassern des Ostens gegenüberstellt (Jes 8,6f). Danach zog man durch die sogenannte „Pforte der Wasser" wieder zum Tempel. Trompeten erschallten zum Zeichen, dass sich alle zum Gebet versammeln sollten, und dann wurde das Wasser über dem Altar ausgegossen. Das langsam herabfließende Wasser, so stellte man sich vor, drang ins Erdreich ein und machte die chaotischen Urgewässer unter der Erde fruchtbar; ein Teil floss nach Westen ins Mittelmeer, um es mit Leben zu füllen, ein anderer nach Norden in den See Gennesaret, wieder ein anderer zum Toten Meer, das in der Fülle der Zeiten voller Leben und reich an Fischen sein wird (vgl. Ez 47). Mit dem Wasser verbanden sich in früher Zeit bestimmte Riten, die Regen bringen sollten, z. B. eine Art Regentanz. Der Herbst ist bekanntlich die Jahreszeit, in der in dieser Gegend die ersten Regenfälle einsetzen.

An den Abenden des 15. Tischri und der darauffolgenden Tage wurde eine weitere für das Verständnis des Johannesevangeliums wichtige Zeremonie vollzogen: Auf den Mauern des Tempels entzündete man riesige Fackeln, in deren Lichtschein die Nacht taghell wurde; im Frauenvorhof wurden große Leuchter aufgestellt. Für die ganze Stadt war es ein Fest; alle waren beim großen Fackeltanz zugegen. Dieser Lichttanz, der von Flötenspiel und Gesängen begleitet wurde, hat auch später in einigen geistlichen Strömungen des Judentums eine wichtige Rolle gespielt.

Am siebten Tag, „dem letzten Tag des Festes, dem großen Tag" (Joh 7,37), wurden nochmals alle Riten wiederholt, auch der des Wassers, der wichtigste. Zum Schluss wurde der letzte Psalm des Ägyptischen Hallel, Psalm 118, vorgetragen. Ein Ausruf aus diesem Psalm ist von den Christen aufgegriffen und in die Messtexte aufgenommen worden, in das Sanctus zu Beginn des Hochgebets: „Hosanna!" (*hoshi'ana'*): „Ach, Herr, bring doch Hilfe!" (Ps 118,25). In der Liturgie der Synagoge wurde dieser Vers litaneiartig erweitert: „Hosanna! Eile uns zu Hilfe mit deiner Liebe, du unser Gott. Hosanna! Stütze uns, du unser Schöpfer. Hosanna!

Steh uns bei, du unser Erlöser. Hosanna! Verteidige uns, du unser Beschützer. Hosanna!“

Im Glanz der Lichter in der Nacht und begleitet von Tänzen beschloss dieser Freudenpsalm das Fest. Es war das freudigste, das innigste und tiefste des ganzen Jahres, erinnerte es doch daran, dass alle unterwegs sind zu einem herrlichen Ziel. Darum beschreibt der Prophet Sacharja das Ende der Zeiten, das Ziel, auf das sich die Geschichte zubewegt, jenen Tag, der keinen Anfang und kein Ende mehr kennt, als ein nie endendes Laubhüttenfest (vgl. Sach 14,8). Wie die Nacht des Festes erleuchtet ist, so werden auch wir an jenem Tag auf immer in Licht getaucht sein.

In den Kapiteln 7 bis 9 des Johannesevangeliums werden wir viele Elemente der Liturgie des Festes wiederfinden. Sie helfen uns, den Text des Evangeliums zu erschließen. Betrachten wir die wichtigsten Szenen im Einzelnen.

### *Die Herkunft Jesu (7,14–36)*

Der Abschnitt beginnt mit einer chronologischen Angabe: Jesus ist nicht am Anfang der Festwoche nach Jerusalem hinaufgezogen, sondern als „die Hälfte … vorüber war“ (7,14). Er nutzt die Gelegenheit, zu der im Tempel versammelten Menschenmenge zu sprechen. Seine erste Rede klingt energisch, sie enthält polemische Untertöne gegen „die Juden“, ein Begriff, der von Johannes – wie mehrfach betont – als Synonym für die ungläubige Welt gebraucht wird, die sich dem Kommen Christi nicht öffnet (vgl. den Prolog). Jesus spricht sodann von seinem Geheimnis. Die Zuhörer wenden ein, sie wüssten, woher er kommt: aus Nazareth, einem kleinen, unbedeutenden Dorf. Vom Messias aber sage die Schrift, dass niemand wisse, woher er stammt. Darauf erklärt Jesus: „Ihr kennt mich und wisst, woher ich bin; aber ich bin nicht in meinem eigenen Namen gekommen, sondern er, der mich gesandt hat, bürgt für die Wahrheit. Ihr kennt ihn nur nicht" (7,28). Jesus möchte, dass seine Zuhörer die vordergründige Sichtweise überwinden und durchstoßen zum Begreifen seiner eigentlichen Herkunft: Er ist der Gesandte Gottes. Jesus gibt so das Geheimnis seiner Gottheit kund. Das ganze Johannesevangelium ist eine fortlaufende feierliche Proklamation Christi als des Sohnes Gottes, der sich in der Fülle seiner Göttlichkeit zeigt.

*Das Wasser als Zeichen des Geistes (7,37–52)*

Die nächste Szene spielt „am letzten Tag des Festes, dem großen Tag" (7,37). Erinnern wir uns an den Ritus des Wasserschöpfens und Ausgießens des Wassers über dem Altar, von dessen Seiten es herunterfließt, um die Erde zu befruchten. Jesus knüpft daran an und sagt: „Wer Durst hat, komme zu mir, und es trinke, wer an mich glaubt. Wie die Schrift sagt: Aus seinem Inneren werden Ströme von lebendigem Wasser fließen. Damit meinte er den Geist, den alle empfangen sollten, die an ihn glauben …" (7,37–39). Die hier gewählte Übersetzung ist zweifellos die naheliegende: Christus ist die Quelle, aus der Ströme lebendigen Wassers fließen. Zu dieser Quelle gehen wir, um an ihr zu trinken.

Der Hinweis Jesu auf die Schrift bezieht sich auf alttestamentliche Stellen, die auf das Laubhüttenfest anspielen, besonders Psalm 78,15f:

„Er spaltete Felsen in der Wüste
und gab dem Volk reichlich zu trinken,
wie mit Wassern der Urflut.
Er ließ Bäche aus dem Gestein entspringen,
ließ Wasser fließen gleich Strömen."

Auch der schon zitierte Sacharjatext über das endgültige, vollkommene Laubhüttenfest klingt an: „An jenem Tag wird aus Jerusalem lebendiges Wasser fließen …" (Sach 14,8). Ein entsprechendes Bild findet sich bei Ezechiel (47,1–11). Der Prophet stellt sich vor, dass in der rechten Tempelseite eine Quelle entspringt, deren Wasser durch die Täler der judäischen Wüste bis zum Toten Meer fließt, es mit Leben füllt und schließlich gar das Rote Meer erreicht: Alle Trockenheit, unter der wir leiden, die „Verbrennungen“ vergangener Tage werden von diesem Wasser überwunden, die dürre Erde wandelt sich in ein irdisches Paradies.

Im gnostischen Thomasevangelium, in das alte christliche Quellen Eingang gefunden haben, sagt Christus: „Ihr habt an der sprudelnden Quelle getrunken, die ich aufgetan habe.“ Dieses Wort entspricht unserer Interpretation der Johannesstelle.

Es gibt freilich noch eine andere Deutung. Da der Bibeltext in den sogenannten Majuskel-Kodizes, den alten griechischen Bibelhandschriften, fortlaufend, ohne Punktierung, geschrieben wurde, könnte man auch folgendermaßen übersetzen: „Wer Durst hat, komme zu mir und trinke. Wer an mich glaubt, von dem sagt die Schrift, dass aus seinem Innern Ströme lebendigen Wassers fließen werden.“ In diesem Fall handelte es sich um ein Anakoluth [Satzbruch], d. h. die Satzkonstruktion wird anders weitergeführt, als sie begonnen wurde. Im Semitischen ist dies nicht ungewöhnlich, und es könnte in den griechischen Text eingeflossen sein. Nach dieser Interpretation würde der Gläubige, der von Christus getrunken hat, seinerseits zu einer Quelle lebendigen Wassers. Als Beispiel könnte man an die samaritische Frau denken, die nach ihrem Gespräch mit Jesus in ihr Dorf zurückkehrt und ihn verkündet, also selbst zu einer „Quelle“ wird. Dennoch sollten wir an der ersten Deutung festhalten: Für Johannes ist Christus das Wasser unseres Laubhüttenfestes; er ist die Quelle lebendigen Wassers, das alle Trockenheit beendet und unser „Erdreich“ fruchtbar macht.

Nach einer großartigen Formulierung des hl. Gregor von Nazianz hat Gott einen sehnlichen Wunsch: *Deus sitit sitiri* (nach der lateinischen Übersetzung) – „Es dürstet Gott danach, dass man Durst habe nach ihm." Nicht nur der Mensch sehnt sich nach Gott und findet im Herzen keine Ruhe, bis er ihn gefunden hat (Augustinus), auch Gott empfindet Sehnsucht nach dem Menschen und hat keine Ruhe, solange der Mensch ihn nicht sucht.

### *Das Zeichen des Lichtes (8,12–59)*

Auf den nachträglichen Einschub Joh 7,53–8,11, der bei den zuverlässigsten Textzeugen fehlt, folgt ein längerer Abschnitt mit Streitgesprächen Jesu mit den Juden (8,12–59). Auch hier findet sich eine genaue Ortsangabe: „Diese Worte sagte er, als er im Tempel bei der Schatzkammer lehrte" (8,20). Dort wurden die Opfergaben gesammelt; es ist derselbe Ort, an dem Jesus ein andermal die Witwe beobachtete, die ihre Gabe in den Opferstock warf.

Jesu Rede berührt verschiedene Themen. Offenkundig steht weiter das Laubhüttenfest im Hintergrund; das Wort vom Licht knüpft an die Lichterzeremonie an, bei der am Abend Leuchter entzündet wurden, die Jerusalem erhellen sollten. Jesus sagt: „ICH BIN das Licht der Welt" (8,12). Es ist eines der berühmten Ich-bin-Worte, die an die Offenbarung des Gottesnamens während des Exodus erinnern. Sodann fährt er fort: „Wer mir nachfolgt, wird nicht in der Finsternis umhergehen, sondern wird das Licht des Lebens haben" (ebd.). – Während die Nacht über die Stadt hereinbricht, präsentiert sich Jesus als das Licht, das die Finsternis vertreibt. Schon beim Propheten Sacharja war die Rede von einem nicht endenden Tag, an dem der Abend hell sein wird. Jesus spielt wohl auch auf die Feuersäule an, die die Israeliten beim Auszug aus Ägypten auf ihrem Weg durch die Wüste führte. Er sagt gewissermaßen: Von nun an bin ich auf eurem Lebensweg die Feuersäule und das Licht. Nach diesen Worten vom Licht verfinstert sich die Situation. Jesus äußert sich immer schärfer. Der Evangelist will eine spannungsgeladene Atmosphäre schaffen: „Die Juden", die anfangs von ihm fasziniert waren, stehen am Ende des Abschnitts da mit Steinen in der Hand und wollen Jesus töten (vgl. 8,59). Jesus unternimmt nichts, um die Spannung aufzuheben. Im Gegenteil, er verlangt, dass man sein Geheimnis in seiner ganzen Fülle annimmt. Er gewährt keinen Rabatt. Und er greift zu der harten, für einen Juden brutal klingenden Gegenüberstellung der Kinder Gottes und der Kinder Satans: „Ihr habt den Teufel zum Vater" (8,44). Jesus kennt keine Zurückhaltung. Seine Worte führen zum „Schisma", wie Johannes im 9. Kapitel schreiben wird, zur Scheidung, zur Spaltung. Gotteskindschaft und Satanskindschaft, Licht und Finsternis stehen einander unversöhnlich gegenüber. Jesus lässt frei – mit allen Konsequenzen. Er steht weiterhin zu seiner Offenbarung, wohl wissend, dass seine Worte für einen Juden als Gotteslästerung erscheinen müssen, so vor allem das ungeheuerliche abschließende Wort: „Noch ehe Abraham wurde, BIN ICH" (8,58). Er ist wie JHWH, der über der Zeit steht, der war und ist und kommen wird.

Albert Schweitzer, der Urwalddoktor, ein großer Kenner des Neuen Testaments, hat in einem Vortrag in Anspielung auf diese harten Worte einmal treffend gesagt: „Wenn ihr nie etwas sagt, das irgendjemandem missfallen könnte, werdet ihr gewiss nicht behaupten können, immer die Wahrheit gesagt zu haben."

### *Die Erzählung vom Blindgeborenen (9,1–41)*

In der vierten, der feierlichsten Szene finden wir alle Elemente des Laubhüttenfestes in eine außerordentlich schöne Erzählung eingebettet. Sie handelt von der Heilung eines Blindgeborenen, einem der großen „Zeichen" im Johannesevangelium. Zeitlich ist sie wohl gleich im Anschluss an das Laubhüttenfest anzusetzen. Jesus lässt, wenn man so sagen will, die Zeremonien wirksam werden an der Gestalt dieses Blindgeborenen.

Der Abschnitt hat in der Tradition der Kirche immer schon besondere Wertschätzung erfahren; er war und ist fester Bestandteil der liturgischen Lesungen. Bereits die Kirchenväter, die noch nicht über unser exegetisches Instrumentarium verfügten, haben intuitiv erfasst, dass das eigentliche Wunder nicht darin liegt, dass ein Blinder das Augenlicht geschenkt bekommt. Gewiss, auch dies ist etwas Großes. Jesus hatte eine besondere Sensibilität für die Blinden, war doch die Blindheit eine weitverbreitete Krankheit im damaligen Palästina. Die Heilung der Blinden galt als die charakteristische Tat des Messias: „Dann werden die Augen der Blinden geöffnet", schreibt schon Jesaja (35,5). Doch nicht dies steht im Vordergrund. Zu Recht verstanden die Kirchenväter die Geschichte vor allem als eine *Bekehrungsgeschichte*, die – wie wir sehen werden – sich am Ende in die Geschichte einer *Ver*kehrung wandelt.

Zunächst ist es die Geschichte einer Bekehrung: Ein Mensch kommt zum Licht. Die ersten Christen haben den Text auf die Taufe bezogen. In den römischen Katakomben gibt es nicht weniger als sieben Darstellungen des Blindgeborenen, und alle sieben sind Darstellungen der Taufe. Der Blindgeborene verkörpert den Täufling. Er geht nicht nur zum Teich Schiloach, um das Augenlicht zu erlangen; die Christen der ersten Jahrhunderte sahen das eigentliche Wunder darin, dass er *Christus* sehen kann. Darauf läuft die ganze Erzählung hinaus. Die Heilung wird gleich zu Beginn kurz beschrieben, als wäre sie ein bloßes Detail. Der Sinn der Erzählung erschließt sich erst, wenn man nicht dabei stehen bleibt.

In den einführenden Versen wird eine Deutung des Bösen zurückgewiesen, die bis in unsere Tage immer wieder aufkommt: „Unterwegs sah Jesus einen Mann, der seit seiner Geburt blind war. Da fragten ihn seine Jünger: Rabbi, wer hat gesündigt? Er selbst? Oder haben seine Eltern gesündigt, sodass er blind geboren wurde?" – Dahinter steckt das alte, oberflächliche Denken: „Jeder bekommt, was er verdient!" Jemand leidet? Dann hat er gesündigt. Er müsste nur seine Sünde erkennen und sie eingestehen, dann käme schon wieder alles in die richtigen Bahnen. – Gegen eine derartige kalte Theologie, die für alles eine schnelle Erklärung zur Hand hat und dem Geheimnis keinen Raum gibt, setzte sich schon Ijob mit größter Vehemenz, bis an den Rand der Blasphemie, zur Wehr. Wie absurd dieser Tun-Ergehen-Zusammenhang werden kann, zeigt sich gerade an einem Menschen, der blind zur Welt kommt. Die allzu simplen Erklärungsmuster, die Gott entlasten wollen (als ob Gott es nötig hätte, den Menschen zu demütigen, um selbst mit heiler Haut davonzukommen!), führen zu der unsinnigen Frage, wer denn da gesündigt habe. Doch selbst für diesen Fall hatte man eine Antwort parat: Einige Rabbinen vertraten die Meinung, das Kind sei „verunreinigt" worden, weil die Mutter während der Schwangerschaft gesündigt habe. Andere malten sich aus, das Ungeborene müsse sich selber schuldig gemacht haben und sei deshalb seit der Geburt vom Gericht Gottes gezeichnet.

Jesus hingegen lehrt uns, das Leiden niemals als bloße Folge persönlicher Schuld zu deuten: „Weder er noch seine Eltern haben gesündigt, sondern das Wirken Gottes soll an ihm offenbar werden" (9,3). Diese erbarmungswürdige Kreatur ist sozusagen das Erdreich, in dem Gott sein wunderbares Wirken sichtbar werden lässt. Nie dürfen wir Leid als Zeichen des Fluches oder der Verwerfung betrachten. Christus selbst, er, der Sohn Gottes, wurde zum „Schmerzensmann". Vor dem Leid können wir nur innehalten, es als Anfrage an uns selber begreifen – und schweigen. Zu urteilen steht uns nicht zu.

Nach dieser Klarstellung spricht Jesus vom Symbol des Lichtes, das die ganze Erzählung durchzieht: „Wir müssen, solange es Tag ist, die Werke dessen vollbringen, der mich gesandt hat; es kommt die Nacht, in der niemand mehr etwas tun kann. Solange ich in der Welt bin, bin ich das Licht der Welt" (9,4f).

Die Erzählung vom Blindgeborenen enthält alle wichtigen Elemente des Laubhüttenfestes: das Licht, der Teich Schiloach, das Wasser. Der Blinde geht zum Teich, wäscht sich, steigt wieder zum Tempel hinauf. Im Hebräischen bedeutet Schiloach „er schickt, spendet (Wasser)". Johannes übersetzt es mit „der Gesandte", eine etwas gezwungene Deutung, mit der er dem Leser nahelegen will, dass das Wasser, in dem sich der Blinde wäscht, von dem Gesandten Gottes schlechthin stammt, vom Messias.

Bei einer aufmerksamen Lektüre erkennt man, dass es die Geschichte einer allmählichen Bekehrung ist. Aufschlussreich ist in diesem Zusammenhang, wie der Blindgeborene Jesus bezeichnet: Zunächst spricht er schlicht und einfach von dem „Mann, der Jesus heißt" (9,11), dann bezeichnet er ihn als „Propheten" (9,17), später sagt er, dass er von Gott stammen müsse (9,33), und schließlich bekennt er seinen Glauben an Jesus als „den Menschensohn" (vgl. 9,35–38), ein Wort, das für die Juden eine tiefe, geheimnisvolle Bedeutung hat.

Wie gesagt, steht nicht die äußere Heilung im Vordergrund. Der Geheilte gibt nicht seiner Freude Ausdruck, endlich seine Eltern sehen zu können, die im Übrigen gleich auf Distanz zu dem Geschehen gehen, um keine Schwierigkeiten zu bekommen und nicht ausgestoßen zu werden. Vielmehr wendet er sich Jesus zu. *Darum* geht es. Und die beiden beginnen ein tiefes, ernstes Gespräch. Der Geheilte nennt Jesus „Herr": „Wer ist das, Herr (*kyrie*)? … Ich glaube, Herr (*kyrie*)!". *Kyrios* steht in der griechischen Bibel, der Septuaginta, für das heilige Tetragramm, für JHWH. Der Geheilte erkennt in Christus den Kyrios und wirft sich vor ihm nieder (vgl. 9,38). Er verkörpert den Gläubigen, der sich taufen lässt und aus seiner Nacht, aus der Finsternis und den Fesseln des Bösen, herauskommt, um sich Christus, dem Licht, zuzuwenden.

Mit dem Bekenntnis zu Jesus als dem Kyrios bricht Johannes die Szene ab. Die letzte Aufnahme zeigt auf der einen Seite einen feierlich erscheinenden Jesus, ganz Mensch („der, der mit dir spricht") und doch Kyrios, auf der andern Seite den sehend gewordenen Blindgeborenen, Jesus zu Füßen liegend und erfüllt von der Freude des Glaubens.

Danach wird die Schlussszene eingeblendet: die Geschichte einer „Verkehrung". Die Menschen, die während des lichterfüllten Laubhüttenfestes gesungen und getanzt haben, stehen nun vor Jesus als dem wahren Licht. Jesus kann nur feststellen, dass sie wie Blinde sind. „Blind" sind die, die das Licht verwerfen, die Heuchler, die zu sehen vorgeben und im Finstern sind. Ihnen gelten die harten, eisigen Worte, die Jesus am Ende spricht: „Um zu richten, bin ich in diese Welt gekommen: damit die Blinden sehen und die Sehenden blind werden. Einige Pharisäer, die bei ihm waren, hörten dies. Und sie fragten ihn: Sind etwa auch wir blind? Jesus antwortete ihnen: Wenn ihr blind wärt, hättet ihr keine Sünde. Jetzt aber sagt ihr: Wir sehen. Darum bleibt eure Sünde" (9,39–41).

### Exkurs: Das „Symbol"

Immer wieder haben wir ein Wort verwendet, das in der biblischen Theologie insgesamt, besonders aber für Johannes eine große Bedeutung hat: den Begriff „Symbol". Viele johanneische Symbole, die sich durch ihre Dichte, Schönheit und Unmittelbarkeit auszeichnen, sind in die christliche Tradition eingegangen. Johannes schreibt nicht wie ein nüchterner Berichterstatter; seine Erzählungen sind immer auch symbolisch. Sie haben beispielhaften Charakter, weisen über das Erzählte hinaus und gewinnen so eine umfassendere Bedeutung. Man kann nicht vom Johannesevangelium sprechen, ohne auf die Bedeutung des Symbols einzugehen.

Das Wort „Symbol" ist vom griechischen *synballein* abgeleitet (*syn* = mit, *ballein* = werfen, wohin bewegen). *Symballein* bedeutet also zusammenwerfen, zusammenstellen, zusammenfassen, vereinigen. Wir könnten das Handeln Gottes als im tiefen Sinn „symbolisches Handeln" bezeichnen; Gott ist das „Symbolon" schlechthin. Das Gegenteil von *symbolon* ist *diabolos,* der „Auseinanderbringer", der Versucher, der Durcheinander und Uneinheit stiftet und die Harmonie zerstört. Im Johannesevangelium ist sein Wirken das genaue Gegenbild zum Wirken Christi.

Vor diesem Hintergrund können wir das Symbol nicht oberflächlich als simplen Vergleich oder als Metapher interpretieren. Richtig verstanden, führt das Symbol dahin, etwas in seiner Ganzheit zu entdecken und in der Mannigfaltigkeit einzelner Aspekte die Einheit zu erfassen.

*Das Symbol als „Totalität".* Gott sieht die Dinge „symbolisch", von jedem Blickwinkel aus, er sieht sozusagen 360 Grad der Wirklichkeit. Wir hingegen haben je nur einen Ausschnitt vor uns, müssen die verschiedenen Aspekte nacheinander betrachten. Erst am Ende haben wir den Blick aufs Ganze. Der große Theologe Romano Guardini hat dies einmal am Beispiel des menschlichen Antlitzes entfaltet, ein unmittelbar verständliches Bild, das auch der Exeget Luis Alonso Schökel aufgegriffen hat: Das Gesicht eines Menschen besteht aus mehreren Ebenen, hat viele Schattierungen. Es ist ein räumliches Gebilde, und es kennt die Veränderung in der Zeit. Wer ein Gesicht intensiv betrachtet, entdeckt, dass es „der Spiegel der Seele" ist: Lächeln oder Weinen sind

Ausdruck einer tieferen Realität, die sich den Kategorien des Messbaren entzieht. Nun gibt es verschiedene Weisen, ein Gesicht zu betrachten. Man kann darauf blicken wie auf ein Passfoto, das bloß der Kontrolle dient – eine oberflächliche Betrachtungsweise. Man kann es auch „sym-bolisch" anschauen: Denken wir an den Blick eines Liebenden auf seine Frau. Verliebte können sich lange anschauen. Sie verstehen ein Augenzwinkern, lesen im Gesichtsausdruck, was der andere meint, sie haben den Blick fürs Ganze. Sicher, sie sehen auch das Äußere, doch geht der Blick darüber hinaus. So verhält es sich mit dem Symbol: Ein richtig betrachtetes Symbol lenkt unseren Blick auf Tieferes, aufs Ganze.

Ein Beispiel: das Symbol des Meeres, das uns auch in der Bibel oft begegnet. Für sich genommen, in einer vordergründigen Betrachtungsweise, handelt es sich lediglich um eine mehr oder weniger glatte Wasseroberfläche mit einer bestimmten Ausdehnung etc. Doch für den, der einen Sinn für das Symbolische hat (denken wir an manche Dichter!), ist das Meer etwas Faszinierendes, das mit äußerlichen Beschreibungen und Zahlenangaben nicht zu fassen ist. Luis de León, ein Zeitgenosse Teresas von Avila, schrieb: *En Dios se descubren nuevos mares / cuando mas se návega.* – „In Gott entdeckt man immer neue Meere, je weiter man segelt."

Das Meer, dessen Anfang hinter dem Horizont sich unserem Blick entzieht, wird zum Symbol des Geheimnisvollen, des Unendlichen. Es ist Wasser und bleibt Wasser, aber dieses Wasser wird zum Pfeil, der in eine andere Richtung weist.

Ein anderes Beispiel. In einem Roman von Mario Pomilio, *Natale del 1833* (Weihnachten 1833), sagt Alessandro Manzoni, die Hauptfigur: „Und führe ich auch in entlegenste Meere: Am Ende erleide ich immer Schiffbruch in dem deinen, o Herr." Im Symbol des Meeres verbinden sich Leben und Tod; es ist der Ort des Untergangs und zugleich der Ort der Heimkehr, des Sich-fallen-Lassens in den Frieden im Unendlichen.

Wohl kein anderes Wort ist dem Symbol so nahe wie jenes, für das Johannes eine besondere Vorliebe hat: *Liebe*. Liebe ist die vollkommenste, umfassendste Erkenntnis, die dem Menschen möglich ist. Alle rationale Erkenntnis ist partiell. So großartig die Gabe des Verstandes ist, mit dem Verstand allein kann der Mensch vieles nicht erfassen. Und verfügten wir über alle praktischen Kenntnisse: wie viel bliebe uns verborgen! Nur die Liebe vermag etwas in allen Dimensionen zu umfassen. Im 1. Johannesbrief wird Gott selbst „die Liebe" genannt. Gott ist das grundlegende „Symbol", die umfassende Harmonie von allem.

*Die Kraft des Symbols.* Das Symbol hat eine außerordentliche Aussagekraft. Eine rationale Analyse vermag durch ihre logische Stringenz zu bestechen und bleibt doch kalt, rührt nicht an. Es fehlt die Schönheit des bildlichen Sprechens. Symbole dagegen können bewirken, dass wir etwas lieben. Vor allem Kinder haben einen Sinn dafür: Sie freuen sich am Leben, weil sie sich intuitiv von der Kraft der Symbole, die in der Natur verstreut sind, treffen lassen. Als Erwachsene tun wir uns schwerer zu staunen. Von vielen einzelnen Dingen in Beschlag genommen und gelangweilt, haben wir den Geschmack daran verloren, die Wirklichkeit „lesen" zu lernen.

Antoine de Saint-Exupéry hat das Unglück eines Menschen, dem der Sinn für Symbole abhanden gekommen ist, in ein kurzes Gedicht gefasst, das mehr sagt als eine lange philosophische Abhandlung: Die Menschen arbeiten gelangweilt; „nichts fehlt ihnen, außer dem göttlichen Knoten, der alle Dinge verknüpft. Und so fehlt ihnen alles".

Wer die Fähigkeit verloren hat, zur Mitte der Dinge vorzudringen, ist ein unglücklicher Mensch ohne Orientierung.

In einer kurzen volkstümlichen arabischen Erzählung über die Ausbreitung des Bösen nach dem Sündenfall wird die Kraft des Symbols eindrucksvoll deutlich: „Am Anfang war die ganze Erde ein blühender Garten. Als Allah den

Menschen schuf, sprach er zu ihm: ‚Jedes Mal, wenn du etwas Böses tust, lasse ich ein Sandkorn auf die Erde fallen.' Doch die Menschen, die böse sind, machten sich nichts daraus. Was ist schon ein Sandkorn, was bedeuteten hundert oder tausend in einem so großen blühenden Garten? Die Jahre vergingen. Wie ein Sturzbach brach der Sand herein und überschüttete die Erde. So entstanden die Wüsten. Und die Wüsten wachsen von Tag zu Tag. Noch heute mahnt Allah die Menschen: ‚Lasst meine blühende Erde nicht zu einer riesigen Wüste verkümmern!'"

Schon in den ersten Kapiteln des Johannesevangeliums sind wir auf zahlreiche Symbole gestoßen: Licht, Wind, Wasser, Oben und Unten (Himmel und Erde), Auszug (Wallfahrt) usw. Symbole durchziehen das ganze Evangelium. Wir sollten nicht der Versuchung erliegen, sie definieren zu wollen und zu fragen: Was ist denn nun die Bedeutung dieses oder jenes Wortes? Schon eine solche Bemühung würde davon zeugen, wie sehr uns der Sinn für Symbole abhanden gekommen ist. Wir „wollen es genau wissen" und verstehen gerade deshalb nichts. Denken wir an die eingangs erwähnte Stelle aus Goethes Faust (I, 1224–1237): Faust will den Anfang des Johannesprologs übersetzen und greift spontan zu der gängigen Übersetzung: „Im Anfang war das Wort." Doch „Wort" ist ihm zu wenig. Christus, der Logos, das Heil – nur „Wort"? So versucht er es mit „Sinn". Dadurch aber geht die Prägnanz des biblischen Textes verloren, der die Natur des Christus ausdrücken möchte. Schließlich schlägt er vor: „Im Anfang war die Tat." Jede Definition engt ein. Nur im Zusammenschwingen verschiedener Bedeutungsnuancen erfassen wir etwas vom „symbolischen" Gehalt des Wortes *logos*.

Das Johannesevangelium lädt uns ein, die Bedeutung des Symbolischen neu zu entdecken. Vor diesem Hintergrund betrachten wir nun das zehnte Kapitel, in dem uns weitere Symbole begegnen.

## Der gute Hirt und die Herde (Joh 10)

Im 10. Kapitel, einem Gleichnis, dessen Substanz in den ersten sechs Versen enthalten ist, sind zwei Bildworte ineinander gewoben, zwei Symbole, die sich gewissermaßen vermählen: das von der Tür und das vom Hirten.

„Amen, Amen, das sage ich euch: Wer in den Schafstall nicht durch die Tür hineingeht, sondern anderswo einsteigt, der ist ein Dieb und ein Räuber. Wer aber durch die Tür hineingeht, ist der Hirt der Schafe. Ihm öffnet der Türhüter, und die Schafe hören auf seine Stimme; er ruft die Schafe, die ihm gehören, einzeln beim Namen und führt sie hinaus. Wenn er alle seine Schafe hinausgetrieben hat, geht er ihnen voraus, und die Schafe folgen ihm; denn sie kennen seine Stimme. Einem Fremden aber werden sie nicht folgen, sondern sie werden vor ihm fliehen, weil sie die Stimme des Fremden nicht kennen. Dieses Gleichnis erzählte ihnen Jesus, aber sie verstanden nicht den Sinn dessen, was er ihnen gesagt hatte" (10,1–6).

Johannes hat uns nicht die aus den synoptischen Evangelien bekannten Gleichnisse Jesu überliefert. Sein „Gleichnis" ist dieses hier. Doch es wird von Jesu Zuhörern nicht begriffen; sie waren *dia-bolisch*, sie erfassten das Symbol nicht. Daraufhin erläutert Jesus die beiden Bildworte dieses einen Gleichnisses. Die wesentliche Aussage finden wir im zweiten Vers: „Wer durch die Tür hineingeht, ist der Hirt der Schafe." Zuerst die Tür, sodann der Hirte.

### *Das biblische Symbol der Tür*

In den Versen 7 bis 10 erklärt Jesus die Bedeutung des Symbols „Tür": „Weiter sagte Jesus zu ihnen: Amen, amen, ich sage euch: Ich bin die Tür der Schafe [so wörtlich]. Alle, die vor mir kamen, sind Diebe und Räuber; aber die Schafe haben nicht auf sie gehört. Ich bin die Tür; wer durch mich hineingeht, wird gerettet werden; er wird ein- und ausgehen und Weide finden. Der Dieb kommt nur, um zu stehlen, zu schlachten und zu vernichten; ich bin gekommen, damit sie das Leben haben und es in Fülle haben."

Jesus betrachtet sich selbst als „die Tür". Dieses Bild wird verständlich, wenn wir seine Bedeutung in der Bibel erfassen. Beim Wort „Tür" denkt der Orientale an das Stadttor, das Sicherheit und Schutz bietet. Draußen lauert die Gefahr: die Wüste, die Räuber. Der Wächter muss das Böse draußen halten, damit es sich nicht der Stadt bemächtigt. Nach einem alten orientalischen Brauch schossen die Wächter abends Pfeile in die Dunkelheit, um die bösen Geister zu vertreiben, die die Stadt umschwirrten.

Bei uns hat die Haustür die Bedeutung des Stadttores übernommen. Die mit Alarmanlagen gesicherte, gepanzerte Tür ist gleichsam ein Symbol unserer Zeit, einer von Verschlossenheit, Angst und Enge gekennzeichneten Mentalität. Die Stadttore sind verschwunden, weil die Städte kein lebendiger Organismus mehr sind, sondern eine Summe vieler kleiner Einheiten. In der biblischen Sprache hingegen hat die Tür, das Tor, mit der Stadtgemeinde als Ganzer zu tun. Am Tor spielt sich das alltägliche Leben ab. Denken wir nur an die malerische Beschreibung im Buch Rut: Die Leute versammeln sich um das Tor, es wird gehandelt, Verträge werden geschlossen, einige schauen einfach neugierig zu. Dort pulsiert das wirtschaftliche und gesellschaftliche Leben, Rechtsstreitigkeiten werden am Tor verhandelt. Das Tor ist das Symbol der Stadt: Der Teil steht für das große Ganze. Die Bedeutung der Tore zeigt sich auch in ihren Namen; denken wir etwa an die Tore der Stadt Jerusalem.

Im Islam kannte man folgenden Brauch: Wenn man einem *Ulama*, einem Weisen, begegnete, begrüßte man ihn als *Bab*, d. h. „Tür", als einen, der einführt in das Mysterium Gottes; durch ihn tritt man ein in Gott.

Jesu Selbstproklamation als „die Tür" musste skandalös erscheinen, als eine Provokation seiner Zuhörer. Nicht von ungefähr kommt es zu sehr heftigen Reaktionen. Wenn Jesus sich „die Tür der Schafe" nennt, verstand und versteht ein Bewohner von Jerusalem sofort, was gemeint ist: Ein Tor an der Ostseite der Stadtmauer heißt heute noch *Porta probatica,* Schaftor (nach einer alten Tradition wird es mit dem Martyrium des hl. Stephanus in Verbindung gebracht und heißt deshalb auch „Tor des hl. Stephanus"). Die Araber nennen es *Bab sitti Mariam,* „Tor der Frau Maria", weil Maria nach dem Jakobusevangelium in der Nähe gewohnt hat und oft durch dieses Tor gegangen ist. Durch dieses Tor hatte man Zugang zum Tempel.

Nach der Darstellung des Johannes befindet sich Jesus auf dem Tempelplatz, umgeben von seinen Zuhörern. Sein Blick fällt auf die Menschen, die durch dieses Tor strömen, um zum Tempel zu gehen. Priester kommen, um die kultischen Handlungen zu vollziehen. Jesus betrachtet dieses Volk, die Herde Gottes, die unterwegs ist zum höchsten Hirten, zu Gott. Und er wagt zu sagen: Von nun an braucht ihr dieses steineree Schaftor (das zum Tempel führt) nicht mehr; denn „ich bin die Tür der Schafe".

Hier wird das gleiche Thema wie im Wort über den Tempel aufgegriffen: „Reißt diesen Tempel nieder, in drei Tagen werde ich ihn wieder aufrichten" (Joh 2,19). Jesu Leib ist fortan der neue Tempel und zugleich die lebendige Tür, die zum Tempel führt, ins Geheimnis Gottes. Mit der ihm eigenen theologischen Präzision nimmt Johannes den Faden wieder auf, der sich, ausgehend vom Prolog, durch das ganze Evangelium zieht: „Und das Wort ist Fleisch geworden und hat unter uns gewohnt" (*eskenosen*: er schlug sein Zelt auf in unserer Mitte). Christus ist das Zelt der *schekina,* der Präsenz Gottes. „Ich bin die Tür der Schafe" besagt nichts anderes.

*Das biblische Bild vom Hirten*

Das zweite Bildwort in diesem „Gleichnis" ist das vom Hirten. Dieses Motiv, das den Bewohnern Palästinas geläufig ist, gewinnt durch die Art und Weise, wie Jesus es verwendet, eine provokatorische Note. Denn mit der Aussage „Ich bin der gute Hirt" und der anschließenden Erläuterung ruft er biblische Texte in Erinnerung, die seinem Wort eine besondere Brisanz verleihen. – Jesu Ausführungen gliedern sich in drei Abschnitte:

– „Ich bin der gute Hirt. Der gute Hirt gibt sein Leben hin für die Schafe. Der bezahlte Knecht aber, der nicht Hirt ist und dem die Schafe nicht gehören, lässt die Schafe im Stich und flieht, wenn er den Wolf kommen sieht; und der Wolf reißt sie und jagt sie auseinander. Er flieht, weil er nur ein bezahlter Knecht ist und ihm an den Schafen nichts liegt" (10,11–13).

– „Ich bin der gute Hirt; ich kenne die Meinen, und die Meinen kennen mich, wie mich der Vater kennt und ich den Vater kenne; und ich gebe mein Leben hin für die Schafe" (10,14f).

– „Deshalb liebt mich der Vater, weil ich mein Leben hingebe, um es wieder zu nehmen. Niemand entreißt es mir, sondern ich gebe es aus freiem Willen hin. Ich habe Macht, es hinzugeben, und ich habe Macht, es wieder zu nehmen" (10,17f).

Zwei alttestamentliche Stellen helfen den Text zu erschließen. Zunächst *Psalm 23*: „Der Herr ist mein Hirte, nichts wird mir fehlen …" In diesem Psalm finden wir die beiden Bildworte, die Jesus gebraucht, miteinander verknüpft. Da ist ein Hirte, der mit seiner Herde den Schafstall verlässt und zu einer neuen Oase zieht. Plötzlich befinden sie sich in einer düsteren Gegend, in einem finsteren Tal voller Gefahren. Die Lage ist beklemmend, Räuber könnten über sie herfallen … Doch die Herde weiß sich behütet, denn der Hirte geht mit seinem Stab voran. Sie braucht nichts zu fürchten; er wird sie nicht auf Abwege führen, sie niemals auf todbringende Pfade leiten. Ruhig folgen die Schafe ihm; die Herde weiß, dass der Hirt sie zu „Wassern der Ruhe" bringt, zu einer blühenden, fruchtbaren Oase. Ruhe, das meint in der biblischen Sprache mehr als die idyllische Ruhe, wie sie von Theokrit oder in manchen Gedichten beschrieben wird. Die alttestamentliche *menuha* weist auf die Ruhe par excellence hin, auf jene endgültige Ruhe, die wir finden, wenn wir bei Gott sind. Davon spricht auch das bekannte Gebet: „Herr, gib ihnen die ewige Ruhe …"

Der Psalm schließt dann nicht, wie man erwarten könnte, mit der Ankunft in einer Oase. Am Ziel der Reise ist ein Mahl bereitet (Vers 5). Eine Tierhaut, die den Beduinen als Tisch dient, liegt ausgebreitet am Boden. Man könnte zunächst meinen, es handle sich um eine Rast in der Wüste, doch der Psalmist schließt mit dem Traum von der Rückkehr ins Haus des Herrn. Gemeint ist der Tempel; hier wird das Opfer der Gemeinschaft gefeiert, zu dem ein heiliges Mahl gehört. Der „Hirte", der zum Tempel führt, ist nicht einer von denen, die ihre Herden durch die Wüste führen; es ist der Herr selbst, der uns zur ewigen Begegnung mit ihm in seinem Reich geleitet.

Die gleichen Bilder finden wir im Johannesevangelium: der Tempel und der Hirte, das Haus und die Tür, der Hirte, der uns führt.

Wichtig für das Verständnis der Stelle ist auch das 34. Kapitel des Buchs Ezechiel. Voller Entrüstung und Verachtung stellt der Prophet die Hirten seiner Zeit dem göttlichen Hirten gegenüber – wie Jesus den Tagelöhner dem Hirten.

Für Ezechiel ist der göttliche Hirt ganz anders als „die Hirten", als die Priester, Politiker, die Beamten, die politisch Verantwortlichen. Der Hirte war ein klassisches Bild für die Könige. Homer nannte die Könige der Erde *poimenes laon*, „Hirten der Völker". Sobald diese Hirten sehen, dass ein Schaf verletzt ist, verlassen sie es. Sobald eines fett geworden ist, wird es geschoren. Sie lieben ihre Herde nicht, sondern beuten sie aus. Der Prophet träumt davon, dass diesen untauglichen, unreinen Führern ein Ende gesetzt wird und endlich jener am Horizont erscheint, der – obwohl er der Allmächtige ist – stehen bleibt und auf das zurückgebliebene Schaf wartet, seine Wunden verbindet und die ganze Herde zum Ruheplatz führt.

Die johanneische Erzählung spiegelt dies wider: Den treulosen Hirten entspricht hier der bezahlte Knecht. Jesus spricht auch von Dieben und Räubern (10,8), Griechisch: *lestes*. Dieses Wort kommt in den Evangelien selten vor. Johannes verwendet es sonst nur für Barabbas (18,40). In der Literatur des 1. Jahrhunderts n. Chr., bei Autoren wie Flavius Josephus und Philo, steht *lestes* nicht allgemein für Räuber, sondern meint die Zeloten, die den gerechten Zorn des Volkes gegen die römischen Machthaber schürten und diese mit Gewalt vertreiben wollten. Die Zeloten präsentierten sich als Aushängeschild des neuen Israels.

Wenn Jesus bei Johannes von Räubern und von bezahlten Knechten spricht, so sind zum einen in Anspielung auf Ezechiel jene Vertreter der herrschenden Klasse gemeint, über deren Ungerechtigkeit sich Jesus wiederholt empört äußert (man lese nur Mt 23!); zum anderen liegt eine Anspielung auf die Zeloten vor: Auch sie sind keine wahren Hirten, sondern werden das Volk ins Blutbad führen – wie es im Jahre 70 tatsächlich geschah. Vielleicht hatte der Evangelist dieses historische Ereignis hier mit im Sinn.

*Jesus, der gute Hirt*

Der gute Hirte ist das Gegenbild zum bezahlten Knecht. Er wird durch bezeichnende Verben charakterisiert, die vom Symbol des Hirten her besondere Bedeutung gewinnen:
– *Beim Namen rufen*: „Er ruft die Schafe … einzeln beim Namen" (10,3). Noch heute ist es bei den Beduinen üblich, dass die Hirten ihre Tiere rufen. Der Hirt ist bei seiner Herde, die sein Reichtum, sein Leben ist. Wenn sich ein Schaf entfernt, ruft er es mit dem Namen, den er ihm gegeben hat, als wäre es eine Person. Zwischen dem Hirten und den Schafen gibt es so etwas wie eine personale Beziehung. Für Jesus handelt es sich um eine noch tiefere Realität: Jemanden beim Namen rufen bedeutet, dass er uns mit allem, was wir sind und haben, als sein Eigen weiß. Jesus kennt uns ganz und gar, wir sind in seiner Hand, er „besitzt" unseren Namen, und dies bedeutet im Semitischen, dass wir ganz ihm gehören. Wir lassen uns ja nur beim Namen, beim Vornamen nennen, wenn eine gewisse Vertrautheit gewachsen ist. Johannes sagt uns: Wir sind ihm vertraut, Christus ist der Hirt, der unseren Namen kennt. Er weiß, wer wir sind.
– *Hören*: „Die Schafe hören auf seine Stimme" (ebd.). Das Hören ist die Antwort auf seinen Ruf. Auf Jesus hören, das heißt: ihm gehorchen. Hören und gehorchen sind in der biblischen Sprache gleichbedeutend.
– *Hinausführen*: „Er … führt sie hinaus" (ebd.), hin zur Oase der Ruhe, zu jenem fernen, heiß ersehnten Ruheplatz.
– *„Er geht ihnen voraus, und die Schafe folgen ihm"* (10,4). Der Hirte, der uns führt, bleibt uns nah, er verlässt uns nicht. In einigen Kommentaren wird darauf hingewiesen, dass die Beduinen in der Wüste in der Regel nicht voraus-, sondern hinter der Herde hergingen, um sie unter Kontrolle zu haben. Jesus gehe dagegen voran. In Wahrheit gibt es bei den Beduinen beide Formen; ob der Hirte voran- oder hinterhergeht – entscheidend ist, dass der Hirte und die Herde sich

nie voneinander trennen. Sie brauchen einander, um leben zu können. Nie würde ein Hirt sich erlauben, eine Zuflucht nur für sich zu suchen, wenn ein Unwetter aufkommt; nie würde er für sich allein Schutz vor der sengenden Sonne und Wasser suchen. Hirt und Herde bilden eine Lebensgemeinschaft. Dies ist gemeint; Vorausgehen bedeutet hier nicht, Haupt zu sein, sondern Weggefährte.
– *Kennen*: „Ich bin der gute Hirt; ich kenne die Meinen, und die Meinen kennen mich, wie mich der Vater kennt und ich den Vater kenne" (10,14f). Ein eindrucksvolles Wort: Das gegenseitige Kennen von Jesus und den Seinen korrespondiert mit dem Kennen zwischen ihm und dem Vater. Es ist ein „Kennen", das Liebe beinhaltet. Darum lässt der Evangelist Jesus sagen:
– *„Ich gebe mein Leben hin für die Schafe"* (10,15). Das ursprüngliche Verb entspricht dem lateinischen *tradere,* übergeben. Nur im Johannesevangelium finden wir diesen Ausdruck, und auch hier nur noch einmal: als Jesus am Kreuz erhöht ist. „Jesus gab seinen Geist auf" (19,30), wörtlich: Jesus übergab seinen Geist. Es ist eine Anspielung auf den bekannten Vers im 53. Kapitel bei Jesaja, das vierte Gottesknechtlied. Der Gottesknecht ist bereit, sich selbst aus freien Stücken hinzugeben: „Wie ein Lamm, das man zum Schlachten führt, und wie ein Schaf angesichts seiner Scherer, so tat auch er seinen Mund nicht auf" (Jes 53,7). Das Leben geben ist ein Akt freier Hingabe.

Jesus sagt weiter: Ich gebe mein Leben hin, „um es wieder zu nehmen" (10,17). Sein Leben ist göttliches Leben, ein Leben, das nicht zugrunde gehen und sterben kann. Tod und Auferstehung Jesu bilden den Hintergrund dieser Verse.

### Das Tempelweihfest

Die Verse 22f beschließen den Abschnitt und eröffnen den nächsten: „Um diese Zeit fand in Jerusalem das Tempelweihfest statt. Es war Winter, und Jesus ging im Tempel in der Halle Salomos auf und ab." Jesus hat eine symbolische Unterweisung gegeben: Er ist die Tür, er ist der Hirt, er wird offenbar als Präsenz Gottes. Nun ist wieder vom Jerusalemer Tempel und seinen Festen die Rede, genauer: vom Tempelweihfest, dem Einzigen der großen Feste, das im Johannesevangelium bislang noch nicht vorkam.

Das noch heute gefeierte Fest der Tempelweihe, das *Chanukka,* fällt in den Monat Kislew, der in etwa unserem Dezember entspricht; manchmal fällt es mit unserem Weihnachtsfest zusammen. Das Tempelweihfest ist ein Lichterfest, das an jenes bedeutende Ereignis im Jahr 165 v. Chr. erinnert, als Judas Makkabäus nach siegreichem Partisanenkampf gegen den Seleukidenherrscher Antiochus IV. Epiphanes den Tempel neu weihen ließ (vgl. 1 Makk 4,36–61; 2 Makk 10,1–8). Der Tempel war durch die Verehrung eines Zeusstandbilds entweiht worden. Nun wurde die Verehrung des lebendigen Gottes, des Schöpfers Himmels und der Erden, wiedereingeführt.

Das Fest dauert acht Tage. Ein achtarmiger Leuchter wird entzündet, zur Erinnerung an den Leuchter, den Judas Makkabäus mit etwas Öl anzündete, das er rechtzeitig vor dem Fest im Tempel fand, während in der ganzen Stadt das Öl ausgegangen war. Dieses Öl reichte für acht Tage.

Wenn der Leuchter angezündet wird, spricht man ein Gebet, in dem Gott als der Befreier gepriesen wird, der seit dem Exodus immer wieder Freiheit und Gerechtigkeit schenkt. Gott wird gelobt als der Gott der Liebe, als der Hirte, der sein Volk führt. Das Gebet heißt *Maos Zur,* „Mein starker Fels".

„Mein starker Fels, Herr, meine Burg, mein Hirte.
Du, den wir freudig verehren,
gib deinem treuen Volk seinen Tempel wieder,
damit es dich ehren kann.

Wenn die ruchlosen Feinde und das Böse besiegt sind,
werden wir besingen deinen neu geweihten Tempel,
deinen wieder geweihten Altar.“

Für Johannes und somit für uns bekommt das Fest eine neue Bedeutung. Während die jüdischen Familien sich zur Feier zurückziehen, erinnert Jesus daran, dass für die Glaubenden ein anderes *Chanukka* zu feiern ist: Wir sollen ihn, Christus, als unseren Fels, unseren Tempel, als die sichere Tür und unseren guten Hirten feiern.

### Die Auferweckung des Lazarus und die Salbung in Betanien (Joh 11–12,11)

Im 11. Kapitel erzählt Johannes vom Tod eines Mannes namens Lazarus. Sein Tod wird zum Symbol des Todes Jesu, doch im johanneischen Denken gilt auch umgekehrt: Jesu Tod ist das Symbol für den Tod des Lazarus. Die Ebenen wechseln ständig. Das sonderbare Ereignis weist von innen her auf Aspekte, die unseren Horizont übersteigen, es ist voller transzendenter Zeichen. Kurz: Es will als Symbol verstanden werden. Erneut nimmt der Evangelist eine geschichtliche Gegebenheit zum Ausgangspunkt, um eine tiefe Botschaft zu vermitteln.

In diesen Kapiteln leuchtet etwas auf von der johanneischen Sicht des Todes. Bei uns wird der Tod oft verschwiegen und verdrängt oder nur mit allergrößter Behutsamkeit angesprochen. Er führt in unserem Denken gewissermaßen ein Nomadendasein, taucht nur selten auf, während er doch in Wahrheit in allen Häusern wohnt, jeden Menschen angeht. Wir reagieren mit Verwunderung, wenn wir hören, wie man in der islamischen Welt mit dem Tod umgeht: Wenn der Großvater oder Vater stirbt, werden alle Kinder herbeigerufen. Gespannt und neugierig warten sie auf den Abschiedsgruß. Der Tod kann eingebettet sein in tiefen

Frieden und Gelassenheit. Die Texte, die wir im Folgenden betrachten, sind dazu angetan, uns etwas davon zu vermitteln. Und doch werden auch die anderen, die negativen und schmerzlichen Seiten des Todes in aller Klarheit angesprochen. Gerade deshalb haben sie uns, die wir in einer Kultur des „industrialisierten Todes" (David Maria Turoldo) leben, viel zu sagen.

### *Betanien*

Die beiden Episoden, die lange Erzählung, die mit der Auferweckung des Lazarus endet (Joh 11), und das Mahl Jesu im Haus des Lazarus und seiner Schwestern kurz vor der Passion (Joh 12,1–11), spielen in Betanien.

Betanien ist ein Vorort von Jerusalem, östlich von der Heiligen Stadt vor dem Ölberg gelegen. Betanien bedeutet „Haus der Barmherzigkeit"; in der heutigen arabischen Bezeichnung *Elazaryieh* klingt noch der Name des Protagonisten der johanneischen Erzählung nach: Lazarus. Lazarus ist eine Kurzform von Eleasar, eines geläufigen jüdischen Namens, der in der Bibel wie in der jüdischen Tradition belegt ist.

Betanien ist ein friedliches Dorf. Die Kirche mit dem schönen Glockenturm, zu Beginn der 50er-Jahre von Franziskanern erbaut, heißt in Erinnerung an Jesu Aufenthalte im Haus von Freunden „Freundschaftskirche". Von Betanien aus ging Jesus zu Fuß zum Tempel, auf einem Weg, den man über weite Strecken noch heute gehen kann.

Die christliche Tradition hat in Betanien viele Spuren hinterlassen. Bereits im 4./5. Jahrhundert gab es zwei Kirchen. Reste eines Mosaikbodens finden sich auf dem Hof vor der Freundschaftskirche. Die Kirchen standen auf einem Gelände, das zu einem guten Teil ein schlichter Friedhof gewesen war, vielleicht einer der Friedhöfe Jerusalems. Eine neue Kirche wurde in der Zeit der Kreuzzüge gebaut. Oberhalb, wo sich heute eine byzantinische Kirche und eine

Moschee erheben, stand einst ein befestigtes Benediktinerinnenkloster.

In einem Garten, von Bäumen umgeben, werden die Gedanken der Besucher auf Jesu Aufenthalte in Betanien gelenkt. Eines Tages erhielt er die Nachricht: „Herr, dein Freund ist krank“ (Joh 11,3), und bald darauf erfuhr er, dass Lazarus gestorben war. In dem Garten gibt es noch heute einige Gräber. In eines führt man die Besucher über zwanzig schlüpfrige Stufen hinab; nach einer volkstümlichen Tradition ist es das Grab des Lazarus.

### *Die Erzählung vom Tod und von der Auferweckung des Lazarus*

Die Erzählung umfasst vier Szenen. Die erste (11,1–16), auf die wir hier nicht näher eingehen können, dient der Einbettung der Geschichte; sie handelt von dem sonderbaren Zögern Jesu, ob er seinen kranken Freund besuchen soll oder nicht.

Die Verse 17 bis 27 erzählen von der *Begegnung zwischen Marta und Jesus*. Jesus hatte schon früher mit der Schwester des Lazarus gesprochen (vgl. Lk 10). In diesem Abschnitt überliefert Johannes zwei bedeutende „Glaubensbekenntnisse“ der Urkirche, die man sich gut im Rahmen einer Begräbnisfeier vorstellen kann. Das erste Bekenntnis beinhaltet den Glauben an Jesus, der von sich sagen kann: „Ich bin die Auferstehung und das Leben. Wer an mich glaubt, wird leben, auch wenn er stirbt“ (11,25).

Marta antwortet mit dem Bekenntnis: „Ja, Herr, ich glaube, dass du der Messias bist, der Sohn Gottes, der in die Welt kommen soll“ (11,27).

Hier werden Jesus drei Titel zugesprochen: der messianische, der des Gottessohns und der eschatologische. Johannes knüpft in diesen Versen wahrscheinlich an jüdische Gebete an, in denen allerdings nicht der Messias, sondern Gott angerufen wird als der Einzige, der auferwecken und Leben schenken kann. Im Achtzehngebet, dem Grundgebet jeder synagogalen Liturgie, wird Gott der Herr als mächtig auf ewig bezeichnet, weil er allein den Toten Leben gibt. Es ist ein Bekenntnis des Glaubens an den Gott der Lebenden, den Gott Abrahams, Isaaks und Jakobs. Dieser Gott wird nun in der Gestalt Jesu erkannt.

Der nächste Abschnitt handelt von der *Begegnung Jesu mit Maria, der Schwester Martas* (11,28–34). Es ist die zweite Begegnung in dieser Episode, die dritte wird – in einem weiteren Crescendo – die mit Lazarus sein. „Nach diesen Worten ging sie [Marta] weg, rief heimlich ihre Schwester Maria und sagte zu ihr: Der Meister ist da und lässt dich rufen. Als Maria das hörte, stand sie sofort auf und ging zu ihm. Denn Jesus war noch nicht in das Dorf gekommen; er war noch dort, wo ihn Marta getroffen hatte. Die Juden, die bei Maria im Haus waren und sie trösteten, sahen, dass sie plötzlich aufstand und hinausging. Da folgten sie ihr, weil sie meinten, sie gehe zum Grab, um dort zu weinen. Als Maria dorthin kam, wo Jesus war, und ihn sah, fiel sie ihm zu Füßen und sagte zu ihm: Herr, wärst du hier gewesen, dann wäre mein Bruder nicht gestorben. Als Jesus sah, wie sie weinte und wie auch die Juden weinten, die mit ihr gekommen waren, war er im Innersten erregt und erschüttert. Er sagte: Wo habt ihr ihn bestattet?" (11,28–34).

Auch wenn es nicht das dominierende Motiv ist, fällt auf, wie der Evangelist an einigen Stellen Jesus in seiner ganzen Menschlichkeit beschreibt. So heißt es in Vers 35: „Da weinte Jesus." In den Evangelien ist dreimal vom Weinen Jesu die Rede. In Lk 19,41 weint er als Jude über die Stadt Jerusalem, die bald zerstört werden wird (wir dürfen nicht vergessen, dass Jesus Jude war, dass er in dieses Volk, in eine ganz bestimmte Kultur hineingeboren war). Im Johannesevangelium steht in 12,27 ein Wort, das an das Wehklagen der Orientalen erinnert: Als seine „Stunde", sein Tod kommt, hat Jesus Angst, ist aufgewühlt wie jeder Mensch. Er zeigt sich als unser wahrer Bruder. Dies wird auch hier in der Erzählung vom Tod des Lazarus deutlich: Er „war im Innersten erregt", griechisch: *embrimesthai* (11,33). Wörtlich heißt dies: Er wurde von Zorn gepackt, er wurde wütend. Johannes hätte andere Begriffe wählen, er hätte von Ergriffenheit oder Mitgefühl sprechen können. In den gängigen Übersetzungen geht die bemerkenswerte Nuance verloren, die mir wichtig scheint: Jesus empfindet *Wut und Zorn*. Im Markusevangelium ist ebenfalls davon die Rede: Als Jesus vor einem Aussätzigen steht, wird er zornig (*orghisteis*, ein Wort, das in einigen Handschriften zu *splanchnistheis*, „er hatte tiefes Mitleid", abgeschwächt wurde). Es gibt Situationen, etwa Todesfälle, die so tragisch sind, dass wir mehr als Mitleid empfinden. Verachtung, Wut, Zorn packen uns, Gefühle, die schon Ijob empfunden hat. Auch Jesus kennt diese Empfindungen.

Ein weiteres bezeichnendes Verb ist *tarassein*, erschüttern, erschrecken: Jesus war „erschüttert" (11,33). *Tarassia* meint Unruhe, Erschütterung, eine tiefe Verunsicherung. Der Tod weckt instinktiv Angst. Und schließlich das Weinen Jesu, als man ihm zeigt, wo sie den toten Lazarus bestattet haben (11,34f) ... – Johannes hat eine ganze Reihe von Gefühlen Jesu herausgestellt, auch um zu zeigen, wie sehr Jesus Lazarus, Marta und Maria liebte. Der Tod seines Freundes musste eine harte Prüfung für ihn sein.

*Vor dem Grab* (11,34–44) kommt es zur entscheidenden Szene. Wie in einem Film führt uns Johannes näher heran. Zunächst die Ferneinstellung; dann, an den Toren der Stadt, die Begegnung mit Marta; im Haus das Gespräch mit Maria; und jetzt Jesus vor dem Grab, dem wichtigsten Symbol der Erzählung. Wir werden unser Augenmerk auf die Elemente richten, die über die Schilderung äußerer Ereignisse hinausgehen. Aussagen über die Historizität sind gerade hier mehr als schwierig. Wie sollte man wissenschaftlich und historisch den Tod des Lazarus nachweisen? Johannes lenkt die

Aufmerksamkeit auf etwas Tieferes, Verborgenes. Der Tod und die Auferweckung des Lazarus sind ein Symbol, nicht, weil sie kein geschichtliches Datum sind oder sein könnten, sondern weil Johannes sie so versteht. Sie werden nur verständlich, wenn wir einen anderen Zugang als den historischen wählen: die Perspektive des Glaubens an Christus.

„Jesus sagte: Wo habt ihr ihn bestattet? Sie antworteten ihm: Herr, komm und sieh! Da weinte Jesus. Die Juden aber sagten: Seht, wie lieb er ihn hatte! Einige aber sagten: Wenn er dem Blinden die Augen geöffnet hat, hätte er dann nicht auch verhindern können, dass dieser hier starb?" (11,34–37). Der Hinweis auf den Blinden, der sicher Johannes zuzuschreiben ist, ist aufschlussreich. Seine Erzählung vom Blindgeborenen beschrieb durchaus das geschichtliche Ereignis, dass ein Blinder sehend wurde; sie war aber zugleich eine Art dramaturgische Ausgestaltung einer wichtigen These: *Jesus ist das Licht.* Genauso übersteigt die Erzählung von Lazarus die geschilderten Begebenheiten. Sie ist die erzählerische Umsetzung einer weiteren These: *Jesus ist das Leben.*

„Da wurde Jesus wiederum innerlich erregt, und er ging zum Grab. Es war eine Höhle, die mit einem Stein verschlossen war [der Stein sollte verhindern, dass Tiere ins Grab gelangten]. Jesus sagte: Nehmt den Stein weg! Marta, die Schwester des Verstorbenen, entgegnete ihm: Herr, er riecht aber schon, denn es ist bereits der vierte Tag" (11,38f). Die Entgegnung der Marta möchte die Verankerung der Episode in der Geschichte herausstellen. In Palästina wurde ein Leichnam gesalbt, nicht in der Art der ägyptischen Einbalsamierung, die eine hohe Kunst von Spezialisten war. Vielmehr sollten angesichts der großen Hitze lediglich die Gerüche überdeckt und eine unmittelbare Verwesung verhindert werden. Dass vom „vierten Tag" gesprochen wird, hat einen geschichtlichen Hintergrund. Im Judentum dieser Zeit hatte man andere Vorstellungen von der Zusammensetzung des

Menschen als in der klassischen biblischen Sicht. In der Bibel wird der Mensch als eine Einheit verstanden, Leib und Seele sind ein Einziges. So bezeichnet das hebräische Wort *nefesh* nicht nur die Seele, sondern ein lebendiges Wesen. Unter hellenistischem Einfluss begannen dann im 2. Jahrhundert v. Chr. Rabbinen zu lehren, dass eine vom Leib getrennte Seele existiere, die sich von der Materie lösen, zum Himmel gelangen und göttlichen Lohn empfangen könne. Im Buch der Weisheit ist schon von einer Unsterblichkeit die Rede, im Griechischen steht der Ausdruck (im Hebräischen ist der Begriff nicht eindeutig) „Unsterblichkeit der Seele". Einige lehrten damals, die Seele löse sich vom toten Körper und tanze drei Tage um das Grab, um am vierten Tag in den Scheol, ins andere Leben, zu fahren. Erst am vierten Tag ist also der Tod definitiv. Der Hinweis auf den vierten Tag sollte allen zeigen: Die Begräbnisvorschriften wurden eingehalten; Lazarus war ganz sicher tot.

„Jesus sagte zu ihr [Marta]: Habe ich dir nicht gesagt: Wenn du glaubst, wirst du die Herrlichkeit Gottes sehen? Da nahmen sie den Stein weg. Jesus aber erhob seine Augen und sprach: Vater, ich danke dir, dass du mich erhört hast. Ich wusste, dass du mich immer erhörst; aber wegen der Menge, die um mich herum steht, habe ich es gesagt; denn sie sollen glauben, dass du mich gesandt hast. Nachdem er dies gesagt hatte, rief er mit lauter Stimme: Lazarus, komm heraus! Da kam der Verstorbene heraus; seine Füße und Hände waren mit Binden umwickelt, und sein Gesicht war mit einem Schweißtuch verhüllt" (11,40–44). Dem „Wunder" der Auferweckung sind ganze zwei Verse gewidmet. Der Abschluss wirkt abgebrochen; es folgen keine Diskussionen, kein Wort über erstaunte Reaktionen der Anwesenden. Lapidar heißt es: „Jesus sagte zu ihnen: Löst ihm die Binden, und lasst ihn weggehen!" (11,44). Zwei Details verdienen besondere Beachtung. Zunächst das Gebet Jesu, das mit dem Wort beginnt: *Pater,* Vater, *Abba.* Es ist das Gebet größter Nähe und Vertrautheit, ganz und gar typisch für Jesus: „Wenn ihr betet, sagt: Vater ..." In diesem Augenblick ist Jesus mit Gott so verbunden, ist er ihm so nah, dass durch ihn, Jesus von Nazareth, die Schöpferkraft Gottes zum Zuge kommt. Als Zweites fällt auf, dass Jesus „mit lauter Stimme ruft" (*krazein*: rufen, schreien). Dieses seltene Verb kommt in der ganzen griechischen Bibel lediglich achtmal vor, davon sechsmal bei Johannes: „Am letzten Tag des Festes, dem großen Tag, stellte sich Jesus hin und *rief*: Wer Durst hat, komme zu mir, und es trinke, wer an mich glaubt" (7,37f). Gleich viermal begegnet es uns am Ende des Evangeliums: Die Menge „schreit", Jesus solle getötet werden. Ein Schrei des Todes steigt von der Erde auf. Auch Jesus stößt einen gewaltigen Schrei aus, doch es ist ein Schrei des Lebens: „Lazarus, komm heraus!" Die Parallele zeigt umso deutlicher das Wirken Christi als machtvolles Eintreten für das Leben. *Durch sein Wort* holt er einen Toten ins Leben zurück.

Johannes wollte, dass seine Leser, die Christen damals wie heute, den Kern der Erzählung von der Auferstehung des Lazarus verstehen. Er hatte schon im fünften Kapitel die Quintessenz der Botschaft vorweggenommen: „Die Stunde kommt, in der alle, die in den Gräbern sind, seine Stimme hören und herauskommen werden: Die das Gute getan haben, werden zum Leben auferstehen, die das Böse getan haben, zum Gericht" (5,28f).

Wir haben die katechetische und symbolische Dimension der Erzählung herausgestellt. Der eine oder andere Leser mag sich nach diesen Ausführungen die Frage nach der Historizität der Erzählung stellen: „Müsste ein solches Ereignis, wenn es wirklich stattgefunden hat, nicht mehr Spuren hinterlassen haben, auch außerhalb der Evangelien?" Solche Überlegungen sind nicht abwegig, doch sollten wir nicht vergessen, dass hinter solchen Fragen unsere skeptische Mentalität steht. Wir sind an historische und naturwissenschaftliche Erklärungen gewöhnt und staunen eigentlich nur, wenn etwas aus dem Rahmen der Naturgesetze fällt. Die Menschen im Orient konnten auch über Dinge staunen, in denen wir nichts „Wunderbares“ entdecken. Wunder hatten für sie mit dem Entdecken des tieferen Sinns hinter den Dingen zu tun. Ist nicht auch die Geburt eines Kindes wunderbar? Ist nicht sein Werden ein einziges Wunder? „Denk daran, dass du wie Ton mich geschaffen hast“ sagt Ijob (10,9). Vor diesem Hintergrund relativieren sich unsere neugierigen Fragen, was denn damals „wirklich“ geschehen sei, und der Blick wird frei für das Entscheidende, für den tiefen Sinn der Erzählung. Sie handelt nicht nur von Lazarus, sondern es ist zugleich die Geschichte eines jeden von uns, die Geschichte vom lebendig machenden Ruf, der an einen Menschen ergeht. Christus ruft auch uns.

### *Die Salbung in Betanien (12,1–8)*

Das nächste Kapitel, Jesu Salbung in Betanien, beginnt mit einer Zeitangabe: „Sechs Tage vor dem Paschafest kam Jesus nach Betanien, wo Lazarus war, den er von den Toten auferweckt hatte. Dort bereiteten sie ihm ein Mahl; Marta bediente, und Lazarus war unter denen, die mit Jesus bei Tisch waren. Da nahm Maria ein Pfund echtes, kostbares Nardenöl, salbte Jesus die Füße und trocknete sie mit ihrem Haar. Das Haus wurde vom Duft des Öls erfüllt. Doch einer von seinen Jüngern, Judas Iskariot, der ihn später verriet, sagte: Warum hat man dieses Öl nicht für dreihundert Denare verkauft und den Erlös den Armen gegeben? Das sagte er aber nicht, weil er ein Herz für die Armen gehabt hätte, sondern weil er ein Dieb war; er hatte nämlich die Kasse und veruntreute die Einkünfte“ (12,1–6).

Der Abschnitt gelangt zu seinem Höhepunkt. Es geht immer noch um das Thema Tod: „Jesus erwiderte: Lass sie, damit sie es für den Tag meines Begräbnisses tue“ (12,7). – Die

Übersetzung ist wenig glücklich; allerdings ist schon der griechische Text problematisch. Vielleicht könnte man ihn so wiedergeben: „Lass sie gewähren; sie sollte es aufbewahren für den Tag meiner Einbalsamierung (meines Begräbnisses). Die Armen habt ihr immer bei euch, mich aber habt ihr nicht immer bei euch" (12,7f).

Die Erzählung hat unter Exegeten zu heftigen Kontroversen geführt. Wenn man mehr auf die Erklärung aller Details als auf die Erhellung des Wesentlichen bedacht ist, stellen sich viele Fragen, z. B.: Wer ist die Frau, die Jesus salbte? Im 7. Kapitel des Lukasevangeliums ist von einer „Sünderin" die Rede; in Markus, Kap. 14, von einer nicht namentlich genannten Frau (ob es eine sog. Sünderin war, bleibt offen); Johannes nennt Maria, die Schwester des Lazarus; nach der christlichen Tradition, die bis heute weithin vorherrscht, war es Maria aus Magdala, die von Dämonen besessen war (was nicht bedeutet, dass sie eine Sünderin gewesen ist; dies steht nirgendwo!). Doch Maria aus Magdala wird in keinem Evangelium mit dieser Salbung Jesu in Verbindung gebracht. Für eine Identifikation der beiden Frauen gibt es keinen Grund; der einzige Zusammenhang ist ihre „räumliche" Nähe im Lukasevangelium: Auf das 7. Kapitel (die Salbung Jesu) folgt in 8,2 die Erwähnung der Magdalena. – Wahrscheinlich handelt es sich um zwei unterschiedliche Erzählungen: die markinische und lukanische von einer Frau oder Sünderin; und die johanneische von Maria, der Schwester des Lazarus.

Eine wichtige Rolle spielt in der Geschichte das *Myron*, das wohlriechende Öl, die Salbung mit Nardenöl. Es war, wie wir aus dem Hohenlied erfahren, der kostbarste Duftstoff in Israel. Myron ist ein Destillat, das aus den Ähren einer Pflanze gewonnen wurde, die auf den Bergen Indiens wächst. Es musste zu immens hohen Preisen eingeführt werden. Die Reaktion des Judas verwundert daher nicht; doch ebenso wird die Bedeutung der Salbung verständlich.

Die Frau, die an Christus glaubt, schenkt ihm ein großes Zeichen ihrer Liebe, indem sie ihn mit dem wertvollsten Öl salbt. Für sie ist der Leib Christi von unschätzbarem Wert.

Das wohlriechende Nardenöl hat die Fantasie nicht zuletzt der patristischen Zeit beflügelt; man schrieb vom „Duft Christi“, der die ganze Welt erfülle. Johannes aber lenkt den Blick vom Duftöl weg auf das Grab, auf das Begräbnis Christi. Er lässt Jesus gewissermaßen sagen: Frau, du vollbringst ein prophetisches Zeichen, wie es seinerzeit Ezechiel tat. Deine Salbung ist ein Zeichen meines bevorstehenden Todes.

Für Jesus und für den Evangelisten geht es nicht um eine Wohltat oder einen noch so großen Ehrerweis. Die großen Zeichen von Betanien sind ein Grab und eine Auferweckung, Vorzeichen dessen, was Jesus erwartet. Der Tod prägt den Horizont, doch der Evangelist weist schon darauf hin, dass wir den Tod nicht als Schlusspunkt, sondern als Eröffnung einer neuen Zukunft begreifen können. Im Licht des Todes und der Auferstehung Jesu dürfen wir die Geschichte von Lazarus auch als unsere Geschichte lesen.

Es ist die Liebe, die dem Tod seinen Schrecken nimmt. Der große islamische Mystiker al-Ghazali (11./12. Jahrhundert) schreibt:

„Als der Todesengel zu Abraham [der auch im Islam als das Vorbild des Glaubenden gilt] kam und sich seines Geistes bemächtigen wollte, sagte Abraham: ‚Hast du je einen Freund gesehen, der seinem Freund den Tod gewünscht hätte?‘ [Wie kann Gott seinem Freund Abraham den Tod wünschen?!]

Da enthüllte ihm der Herr: ‚Hast du je einen Liebenden gesehen, der die Begegnung mit dem Geliebten ausgeschlagen hätte?‘

Daraufhin sprach Abraham: ‚Todesengel, nimm mich nur!‘“

## Der letzte Abend, die Passion und die Verherrlichung Jesu (Joh 13–20)

### Der letzte Abend (Joh 13–17)

Jesus ist in Jerusalem eingezogen (12,12–19); es ist das dritte und letzte von Johannes erwähnte Paschafest, das Pascha der „Stunde Jesu". Jesu Stunde ist gekommen, die Stunde seines Todes und seiner Verherrlichung. Sie ist nicht einfach ein Moment in unserer Geschichte, sie ist eingeschrieben ins Buch des Lebens. An diesem Pascha leuchtet die Herrlichkeit Christi in ihrer ganzen Fülle auf, und zwar gerade in dem Augenblick, in dem er in seiner ganzen Ohnmacht erscheint, in der beschämenden Erfahrung eines gedemütigten und erniedrigten Menschen.

Der letzte Abend umfasst zwei große Momente: das Abschiedsmahl und die Ausführungen Jesu beim Mahl, an die sich weitere Reden anschließen. Bevor wir uns dem Text zuwenden, einige Anmerkungen zum Rahmen der Erzählung.

Die Synoptiker sprechen vom Abendmahlssaal als einem „großen Raum im Obergeschoss" eines Hauses, der „für das Festmahl hergerichtet und mit Polstern ausgestattet" war (Mk 14,15 par). Das Haus, in dem Jesus das Paschamahl feierte, ist nicht erhalten; das heutige Gebäude stammt aus der Zeit der Kreuzzüge. Es war zunächst eine Kapelle, wurde aber später in eine Moschee umgewandelt. Weil sich unter dem Gebäude der Tradition zufolge das von den Juden verehrte Davidgrab befindet, hat man keine systematischen Ausgrabungen machen können. Und doch gibt es Hinweise, dass der Ort mit den Ursprüngen des christlichen Glaubens verbunden ist. Untersuchungen des Deutschen Pinkerfeld und franziskanischer Archäologen wie Testa und Bagatti, die seit den 50er-Jahren durchgeführt wurden, brachten alte Inschriften ans Licht, die auf die erste judenchristliche Gemeinde deuten: Anrufungen Christi, des Sohnes Davids: „Siege, Herr, hab Erbarmen", „Jesus, ich möge leben, o Herr Davids". Es ist eine Bitte um Leben, eingraviert an dem Ort, wo Jesus bei der Feier des letzten Abendmahls vom Brot des Lebens gesprochen hat.

Um die Abschnitte, die wir im Folgenden vertiefen, recht zu verstehen, bedarf es einer ganz bestimmten Haltung, die ich mit zwei Fragmenten des Philosophen Heraklit charakterisieren möchte.

„Die innere Natur der Dinge verbirgt sich gern" (80. Fragment). – Einer vordergründigen Lektüre insbesondere der Reden Jesu im Johannesevangelium bleibt sehr viel verborgen, denn der tiefe Sinn versteckt sich gewissermaßen hinter einer Woge sich wiederholender und überlagernder Worte, wie es für den semitischen Stil typisch ist.

„Die Gottheit des Orakels von Delphi spricht nicht und verbirgt nicht; sie gibt nur Zeichen" (86. Fragment). – Nicht sprechen und doch nicht ganz verbergen, das ist die Kraft der großen religiösen Botschaften und aller wahren Poesie. Diese gibt keine didaktischen Erklärungen und lässt doch, im Unterschied zu den leeren Wortspielen einer Pseudo-Dichtung, etwas Tiefes verstehen: Sie gibt Zeichen, besteht aus immer neuen Bildern. Das Gleiche gilt für die großen religiösen Schriften. Sie machen Andeutungen, sie können und wollen nicht alles erklären, weil das Geheimnis Gottes unser Verstehen übersteigt, weil es unaussprechlich, unendlich ist. Und doch wollen sie nicht alles in der Verborgenheit belassen, sondern offenbaren, enthüllen, indem sie Andeutungen machen.

### *Das Abschiedsmahl mit der Fußwaschung*

Vom letzten Mahl Jesu handelt das 13. Kapitel des Johannesevangeliums. Die Datierung des Mahls ist unter den Exegeten umstritten. Johannes weicht in dieser Frage von den

Synoptikern ab: Während es bei diesen mit dem offiziellen Paschamahl zusammenfällt, fand es nach Johannes früher statt. Eine Gelehrte der Pariser Sorbonne, Annie Jaubert, hat die Hypothese ins Spiel gebracht, dass Jesus nicht dem offiziellen, sondern einem populären Kalender gefolgt sei, der auf den Berechnungen und der Liturgie der „Mönche" in Qumran beruhte. Welche Datierung und welche Deutung richtig ist, ist schwer zu entscheiden. Unbestritten aber ist, dass das von Johannes erzählte Abschiedsmahl Jesu einen historischen Hintergrund hat.

Das Mahl, auf das sich Johannes bezieht, wird in den jüdischen Familien am Seder-Abend, dem Abend vor dem Pessah, heute noch so gefeiert wie vor zweitausend Jahren. Es umfasst 14 *Riten*, von denen einige in den Evangelien erwähnt werden. Es ist das Fest der Freude und der Befreiung, bei dem mehrfach ein Kelch gereicht wird (wohl über den dritten Kelch, den Segenskelch, hat Jesus das Wort gesprochen: „Dieser Kelch ist der Neue Bund in meinem Blut"). Wenn das ungesäuerte Brot gebrochen wird, versteckt man einen Teil unter der Tischdecke, und die Kinder müssen raten, wo es ist. Mehrfach wäscht man sich während des Mahls die Hände, ein Ritus, den Jesus durch eine andere Waschung ersetzt: die Fußwaschung. Kein Jude durfte einem anderen die Füße waschen, doch Jesus sagt: „Wenn ich, der Herr und Meister, euch die Füße gewaschen habe, dann müsst auch ihr einander die Füße waschen" (Joh 13,14). Die feierliche Waschung der Hände wird zur Waschung der Erniedrigung.

Ein weiteres charakteristisches Element des *Seder* ist die *Haggadah* („Erzählung"). Sie ist einer der schönsten liturgischen Texte des Judentums, den der Hausvater vorliest. Die Lesung ist eingebettet in einen Dialog mit den Kindern, es handelt sich um eine Art häuslicher Katechese. Die *Haggadah* ist für alle Anwesenden eine Meditation, in der die Riten, die man vollzieht, erläutert und gedeutet werden.

„Warum tust du das?", fragt das Kind. Der Vater antwortet darauf, indem er den großen Augenblick der Befreiung des Volkes Israel in Erinnerung ruft. Beim letzten Abendmahl hat Jesus, der ja kein jüdischer Priester war, in der Versammlung seiner Jünger, d. h. in seiner Familie, die Rolle des Familienvaters eingenommen.

Johannes geht auf das Mahl als solches nicht näher ein. Er hebt ganz auf die *Fußwaschung* (13,1–20) ab. Sie besteht aus drei Abschnitten:
- Waschung der Füße (Verse 1–5);
- erste Deutung (Verse 6–11);
- abschließende homiletische Interpretation (Verse 12–20).

„Es war vor dem Paschafest. Jesus wusste, dass seine Stunde gekommen war, um aus dieser Welt zum Vater hinüberzugehen. Da er die Seinen, die in der Welt waren, liebte, erwies er ihnen seine Liebe bis zur Vollendung" (13,1).

Jesus liebte sie „bis zur Vollendung", griechisch: *eis to telos*. Der Ausdruck meint sowohl „bis zuletzt" als auch „bis zum Äußersten". Es ist die ganze Fülle seiner Liebe, die überströmende Liebe Jesu, die ihren Höhepunkt erreicht. Zugleich ist es die Offenbarung der Liebe Gottes, die im Tod Jesu ihren höchsten Ausdruck findet.

„Es fand ein Mahl statt, und der Teufel hatte Judas, dem Sohn des Simon Iskariot, schon ins Herz gegeben, ihn zu verraten und auszuliefern. Jesus, der wusste, dass ihm der Vater alles in die Hand gegeben hatte und dass er von Gott gekommen war und zu Gott zurückkehrte, stand vom Mahl auf, legte sein Gewand ab und umgürtete sich mit einem Leinentuch. Dann goss er Wasser in eine Schüssel und begann, den Jüngern die Füße zu waschen und mit dem Leinentuch abzutrocknen, mit dem er umgürtet war" (13,2–5).

Das Überraschende, ja Bestürzende dieser Geste zu erfassen fällt uns schwer; sie ist uns gänzlich fremd. Wir kennen die Fußwaschung bestenfalls aus der Gründonnerstagsliturgie, doch da ist es etwas ganz anderes: In einer feierlichen Atmosphäre werden Kindern oder älteren Menschen, die sich darauf vorbereitet haben, die Füße gewaschen.

Zur Zeit Jesu gehörte es zu den Aufgaben der Sklaven, jemandem die Füße zu waschen, ja im rabbinischen Judentum gab es eine Erklärung, die noch darüber hinausging. In einem sog. Midrasch, der sich auf Exodus 21,2 bezieht, wird den Juden geboten: Ihr dürft nie euren Sklaven bitten, euch die Füße zu waschen; denn dies ist eine Demütigung, die ihr von keinem verlangen dürft, auch nicht von einem Sklaven. – Vor diesem Hintergrund begreift man die empörte Reaktion des Petrus.

Erwähnt sei in diesem Zusammenhang auch eine schöne kleine jüdische Schrift, die womöglich um die Zeitenwende abgefasst wurde, die romanhafte Geschichte von Josef und Asenat (oder Asenet). Asenat ist die zweite Frau des Ägypters Josef. Sie ist in Bann gezogen von ihrem Mann und möchte ihm den größtmöglichen Beweis ihrer Liebe, ihrer ungeteilten Hingabe geben. Und sie tut es, indem sie ihm die Füße wäscht. Asenat sagt: „Deine Füße sind meine Füße. Darum werde nur ich dir die Füße waschen dürfen."

Die Fußwaschung ist das Zeichen der Ganzhingabe. Sie ist, von den Kirchenvätern bis zu den Gelehrten unserer Zeit, auf unterschiedliche Weise symbolisch ausgedeutet worden. Oscar Cullmann hat die Auffassung vertreten, Johannes habe in dieser Erzählung den tiefen Sinn der Einsetzung der Eucharistie verdeutlichen wollen (diese hat er ja durch die große Meditation über das Brot des Lebens, Kap. 6, ersetzt): Eucharistie als unüberbietbare Hingabe. Ob Cullmann damit die Absicht des Evangelisten getroffen hat, sei dahingestellt. Jedenfalls ist die Fußwaschung für Johannes keine bloße Demutsgeste, sondern Zeichen der ungeteilten Hingabe Jesu, Zeichen dafür, dass er sich uns ganz schenkt. In den Versen 6 bis 11 finden wir, in Form eines katechetischen Gesprächs, eine weitergehende Deutung der Gemeinschaft zwischen Christus und dem Jünger, entsprechend der johanneischen Mystik: „Als Jesus zu Simon Petrus kam, sagte dieser zu ihm: Du, Herr, willst mir die Füße waschen? Jesus antwortete ihm: Was ich tue, verstehst du jetzt noch nicht, doch später wirst du es begreifen. Petrus entgegnete ihm: Niemals sollst du mir die Füße waschen! Jesus erwiderte ihm: *Wenn ich dich nicht wasche, hast du keinen Anteil an mir.* Da sagte Simon Petrus zu ihm: Herr, dann nicht nur meine Füße, sondern auch die Hände und das Haupt" (13,6–9).

Jesus antwortet mit einem rätselhaften Wort, das schon die Kirchenväter sehr beschäftigt hat: „Wer vom Bad kommt, ist ganz rein und braucht sich nur noch die Füße zu waschen" (13,10). Offenkundig wird hier nicht nur auf die Eucharistie, sondern auch auf die Taufe angespielt. Mit Bedacht sind die Verben gewählt: *louein,* d. h. ein Vollbad nehmen, und *niptein,* d. h. nur einen Körperteil waschen. Mit dem Bad ist wahrscheinlich der Tod Jesu gemeint, verstanden als das reinigende Geschehen, in das alle hineingenommen sind. Dann gibt es noch eine besondere Waschung, vielleicht die Taufe als Weiterwirken des Todes Christi. Paulus spricht in Röm 6 ausdrücklich von der „Taufe auf den Tod" Christi, der auferweckt wurde, damit auch wir mit ihm leben. Hinter der Fußwaschung und ihrer Deutung durch Jesus, womit die „Stunde Jesu" anhebt, stehen die beiden großen, grundlegenden Sakramente: die Taufe und die Eucharistie.

Auf das Wort vom Bad folgt ein Hinweis auf den Verräter: „Auch ihr seid rein, aber nicht alle. Er wusste nämlich, wer ihn verraten würde; darum sagte er: Ihr seid nicht alle rein" (13,10f). In der anschließenden homiletischen Auslegung der Fußwaschung (13,12–20; „Ich habe euch ein Beispiel gegeben, damit auch ihr so handelt") wird dann das Psalmwort zitiert: „Einer, der mein Brot aß, hat mich hintergangen" (13,18; vgl. Ps 41,10). Damit wird die nächste Szene vorbereitet, die *Ankündigung des Verrats durch Judas*, die bei Johannes ausführlicher geschildert wird als in den synoptischen Parallelen.

„Nach diesen Worten war Jesus im Innersten erschüttert und bekräftigte: Amen, amen, das sage ich euch: Einer von euch wird mich verraten. Die Jünger blickten sich ratlos an, weil sie nicht wussten, wen er meinte. Einer von den Jüngern lag an der Seite Jesu; es war der, den Jesus liebte. Simon Petrus nickte ihm zu, er solle fragen, von wem Jesus spreche. Da lehnte sich dieser zurück an die Brust Jesu und fragte ihn: Herr, wer ist es? Jesus antwortete: Der ist es, dem ich den Bissen Brot, den ich eintauche, geben werde. Dann tauchte er das Brot ein, nahm es und gab es Judas, dem Sohn des Simon Iskariot. Als Judas den Bissen Brot genommen hatte, fuhr der Satan in ihn. Jesus sagte zu ihm: Was du tun willst, das tu bald! Aber keiner der Anwesenden verstand, warum er ihm das sagte. Weil Judas die Kasse hatte, meinten einige, Jesus wolle ihm sagen: Kaufe, was wir zum Fest brauchen!, oder Jesus trage ihm auf, den Armen etwas zu geben. Als Judas den Bissen Brot genommen hatte, ging er sofort hinaus. Es war aber Nacht" (13,21–30).

Zwei Details, auf die Johannes Wert legt, seien herausgestellt.

– Zum einen *der Bissen Brot*. Nach einem alten orientalischen Brauch, der bis heute bei den Beduinen fortbesteht, nahm der Hausherr, wenn ein Gast kam, ein Stück ungesäuertes Brot, tunkte es in verschiedene Soßen und reichte es dem Gast, der als Erster zu essen begann. Es war ein Willkommensgruß, ein Zeichen der Gemeinschaft. Dass Jesus Judas einen Bissen Brot reicht, ist also ein Zeichen seiner Liebe zu dem, der im Begriff ist, die Gemeinschaft zu verlassen. Judas nimmt den Bissen, erwidert aber die Intention Jesu nicht; vielmehr – so fährt Johannes fort – fährt Satan in ihn hinein.

– „*Es war Nacht*", vor allem im übertragenen Sinn. Die Finsternis, die *skotia*, von der im Prolog die Rede war, breitet sich aus. Der, der in sein Eigentum kam, wird abgelehnt, ja verraten.

In der feierlichen orthodoxen Liturgie des „Großen Donnerstags" wird der Verrat des Judas in einer Reihe von Dialogen thematisiert; die treue Seele spricht zu Jesus, um ihn angesichts des Verrats durch einen Freund zu trösten; andere wenden sich voll Zorn und Verachtung an Judas; manche Gesänge richten sich an die Gläubigen, an die Kirche, dass sie den Verrat nicht wiederhole. Ein Responsorium hat Eingang in die Mailänder Ambrosianische Liturgie gefunden; am Gründonnerstag wird es nach der Lesung der Matthäuspassion vorgetragen:

„Heute, Sohn des Ewigen,
empfängst du mich als Freund
an deinem wundervollen Tisch.
Ich werde den Unwürdigen
dein Geheimnis nicht anvertrauen,
noch werde ich dir wie Judas
den Kuss des Verrats geben.
Vielmehr flehe ich dich an
wie der Schächer am Kreuz:
Nimm mich auf, Herr, in deinem Reich."

### *Die Reden Jesu*

Die Abschiedsreden Jesu im Johannesevangelium sind das Werk einer ausgefeilten Redaktion und Konstruktion. Bei der Lektüre fällt sogleich auf, dass es sich nicht um eine einheitliche, lineare Rede handelt. In dem außerordentlich dichten und komplexen Text gibt es Sprünge, zuweilen auch paradoxe Aussagen, die auf redaktionelle Bearbeitungen und Ergänzungen hinweisen. In 14,30f heißt es: „Ich werde nicht mehr viel zu euch sagen … Steht auf, wir wollen weggehen von hier", doch dann fährt Jesus fort zu sprechen, und es folgen drei weitere Kapitel mit Reden.

Einer der großen Johannes-Spezialisten, der Exeget Raymond E. Brown, hat diesen Reden Jesu über 300 Seiten seines Johanneskommentars gewidmet. Brown geht besonders auf die vielen typisch johanneischen Begriffe ein, die diesen Teil des Evangeliums (ähnlich wie den Prolog) prägen.

Aus den exegetischen Untersuchungen ergibt sich, dass die Abschiedsreden keine wörtliche Wiedergabe von Worten Jesu darstellen, die der Evangelist aufgezeichnet hat. Wir finden wohl den Kern der Botschaft Jesu wieder, doch im Gewand der Verkündigung des Johannes und der johanneischen Gemeinde.

Um zumindest einen Einblick in diese nicht leicht zu verstehenden Reden zu geben, seien exemplarisch drei wichtige Themen herausgegriffen: das Liebesgebot, der Beistand und das Leben nach dem Tod.

*Das Liebesgebot.* Das Thema der gegenseitigen Liebe wird von Johannes in seinem charakteristischen wellenartigen Stil entfaltet, der uns bereits im Prolog begegnete.

Jesus sagt: „Ein neues Gebot gebe ich euch: Liebt einander! Wie ich euch geliebt habe, so sollt auch ihr einander lieben. Daran werden alle erkennen, dass ihr meine Jünger seid: wenn ihr einander liebt" (13,34f).

Die Neuheit des „neuen Gebots" liegt in dem „wie", das hier eingeführt wird. Die synoptischen Evangelien sagen in Anlehnung an das Buch Levitikus, wir sollen den Nächsten lieben „wie uns selbst", wobei Jesus den Begriff „der Nächste" weiter fasst als Levitikus. Bei Johannes ändert sich der Vergleich. Es heißt „Liebt *einander*", und zwar nicht nur wie man sich selber liebt, sondern „wie *ich* euch geliebt habe". Es ist eine Liebe über alles Maß, die Liebe des Sohnes Gottes. Dieses Gebot der gegenseitigen Liebe, das geradezu ein Emblem des Johannesevangeliums ist, wird im 15. Kapitel erneut aufgegriffen: „Das ist mein Gebot: Liebt einander, so wie ich euch geliebt habe. Es gibt keine größere Liebe, als wenn einer sein Leben für seine Freunde hingibt" (15,12f).

Die „Welle" kehrt zurück. Zunächst deckt sie sich mit der vorigen: „Das ist mein Gebot: Liebt einander, so wie ich euch geliebt habe." Doch dann geht sie darüber hinaus: „Es gibt keine größere Liebe, als wenn einer sein Leben für seine Freunde hingibt." – Das „wie ich euch geliebt habe", wird näher bestimmt. Es ist die Liebe Jesu, die bis zur Lebenshingabe führt, zum Geschenk seiner selbst am Kreuz: ein zentraler, charakteristischer Gedanke des Johannesevangeliums.

*Der Paraklet.* Fünfmal wird vom „Parakleten" gesprochen, wörtlich: Anwalt, Verteidiger, auch: Tröster, Beistand. Johannes sieht uns in einem großen Prozess (auf dieses Symbol kommen wir noch zurück), in dem wir den Eindruck haben können, von den scheinbar übermächtigen Gewalten des Bösen überwältigt zu werden. Doch Jesus gibt uns zu verstehen, dass wir einen mächtigen Anwalt haben, der uns verteidigt: den Beistand, der uns tröstet und stärkt. In den Stürmen der Geschichte spürt der Christ, dass er diesen kraftvollen, wärmenden „Hauch Gottes" im Rücken hat.

Dieser Geist ist es auch, wie Jesus in seinen Verheißungen bekundet, der uns „verstehen" lässt und uns an alles erinnert, was Jesus gesagt hat. Christus erbittet für seine Jünger das volle Verständnis seiner Worte. Sie sollen nicht im Leeren verhallen, sich auch nicht bloß in Büchern niederschlagen, sondern durchdrungen und von innen her erhellt werden. Dazu brauchen wir den Geist, der dieses Verständnis schenkt und so die Kirche beseelt und belebt – bis heute. Während des Zweiten Vatikanums haben die Konzilsväter ihre täglichen Sitzungen ganz bewusst mit einem Gebet Isidors von Sevilla um den Geist begonnen: „Geist, komm in unsere Mitte …" Es ist der Geist, der Hoffnung schenkt. Ein eindrucksvolles Zeugnis dafür hat Romano Guardini gegeben, als er auf dem Sterbebett einen Moment der Versuchung und der Entmutigung angesichts der Lage der Kirche erlebte. Vieles erschien ihm leer, als hätte der Geist sich entfernt; und doch bewahrte er die Hoffnung auf die Glut des Geistes, die alle Kälte, Leere und Heuchelei überwinden kann, die Hoffnung auf den Geist, der immer und trotz allem „bei uns bleibt". Dies ist auch der Grund dafür, dass wir die Kirche mit einem Wort Karl Barths als die „allzeit lebendige Gemeinschaft des lebendigen Herrn Christus" bezeichnen können: Christus ist inmitten dieser Kirche lebendig durch seinen Geist.

*Über den Tod hinaus.* In den Abschiedsreden Jesu reißt der Horizont des Todes auf; eine neue Hoffnung tut sich auf, die über ihn hinausweist. Was „jenseits" des Todes kommt, hat Johannes nicht näher beschrieben, auch Jesus selbst wollte es uns nicht ausmalen. Auf jeden Fall ist es ein Jenseits, in dem unsere Zerbrechlichkeit und Sterblichkeit erlöst sind. Im 16. Kapitel findet sich ein Bild, eher ein Pinselstrich, der die Richtung weist. Jesus sagt: „Wenn die Frau gebären soll, ist sie bekümmert, weil ihre Stunde da ist" (16,21).

Wir wissen, dass unter denen, die Jesus nachfolgten, auch Frauen waren – anders als bei den Rabbinen seiner Zeit, die nicht von Frauen begleitet werden durften, weil diese als ungeeignet oder unrein angesehen wurden. Jesus bricht mit dieser Sicht. Und als „seine Stunde" bevorsteht, vergleicht er sich selber mit einer Frau, die ein Kind zur Welt bringt. Die Geburt eines Kindes wird zum Bild für das, was er durchlebt, der Tod ist nicht Tod, sondern eine Geburt, eine Zeugung. Das Grab der Erde gleicht dem Mutterschoß. Jesu Stunde wird zur Stunde seiner Geburt.

„Wenn sie das Kind geboren hat, denkt sie nicht mehr an ihre Not über der Freude, dass ein Mensch zur Welt gekommen ist" (16,21). Am Ende steht die Freude: „So seid auch ihr jetzt bekümmert, aber ich werde euch wiedersehen; dann wird euer Herz sich freuen, und niemand nimmt euch eure Freude" (16,22).

*Das Abschiedsgebet Jesu.* Die Abschiedsreden Jesu schließen mit einem Gebet, das schon ganz vom Licht der Hoffnung durchdrungen ist. Es ist ein mystisches Gebet. Der johanneische Jesus möchte, dass die verstreuten Kinder alle dort seien, wo er ist, ganz eins geworden mit ihm, eine einzige lebendige Wirklichkeit (Joh 17,20–26):

„Ich bitte nicht nur für diese hier, sondern auch für alle, die durch ihr Wort an mich glauben. Alle sollen eins sein: Wie du, Vater, in mir bist und ich in dir bin, sollen auch sie in uns sein, damit die Welt glaubt, dass du mich gesandt hast. Und ich habe ihnen die Herrlichkeit gegeben, die du mir gegeben hast; denn sie sollen eins sein, wie wir eins sind, ich in ihnen und du in mir. So sollen sie vollendet sein in der Einheit, damit die Welt erkennt, dass du mich gesandt hast und die Meinen ebenso geliebt hast wie mich."

Der Strom der Liebe Gottes weitet sich über den Sohn hinaus auf die, die Jesus „die Meinen" nennt: „Vater, ich will, dass alle, die du mir gegeben hast, dort bei mir sind, wo ich bin. Sie sollen meine Herrlichkeit sehen, die du mir gegeben hast, weil du mich schon geliebt hast vor der Erschaffung der Welt. Gerechter Vater, die Welt hat dich nicht erkannt, ich aber habe dich erkannt, und sie haben erkannt, dass du mich gesandt hast. Ich habe ihnen deinen Namen bekannt gemacht und werde ihn bekannt machen, damit die Liebe, mit der du mich geliebt hast, in ihnen ist und damit ich in ihnen bin."

## Die Leidensgeschichte (Joh 18–19)

Bevor wir uns der Passionsgeschichte zuwenden, vorab eine bibeltheologische Bemerkung, die das johanneische Denken betrifft. Wie Bultmann sehen die meisten Kommentatoren das Johannesevangelium von einer großen Auseinandersetzung durchzogen. Sie beginnt, wie eingangs festgestellt, im Prolog: Das Licht steht der *skotia* (Finsternis) gegenüber, die durch die Begriffe „Welt" (*kosmos*) und dann auch „die Juden" verkörpert wird. Sie stehen für die Ablehnung Christi. In der Auseinandersetzung zwischen Jesus und dem christlichen Glauben einerseits und der ihn ablehnenden Welt andererseits, in diesem großen „Prozess" geht es um die Frage an Jesus: „Wer bist du?" Bultmann hat in diesem Zusammenhang von der „Legitimationsfrage" gesprochen. Zur Debatte steht die Autorität, mit der Jesus seine Taten, seine Zeichen vollbringt und sich als Sohn Gottes ausgibt.

Das Johannesevangelium enthält viele Begriffe aus der Rechtssprache, z. B. *krinein* (urteilen), *krisis* (Entscheidung, Gericht, Urteil), *schisma* (Trennung, Scheidung); denken wir auch an die Gestalt des Parakleten, des Anwalts, des Verteidigers.

Jesus steht im Johannesevangelium vor Gericht. Er soll auf die Legitimationsfrage antworten, und er tut es, indem er Beweise vorbringt. Er scheut die Auseinandersetzung nicht: Wie oft diskutiert er mit „den Juden"! Jesus beruft sich auf den Täufer als Zeugen, auf die Heilige Schrift, auf den Vater, auf die Werke, die er vollbringt und in denen auf geheimnisvolle Weise das Göttliche aufscheint. Später beruft er sich auf den Geist und auch auf seine Jünger. Doch alle Zeugnisse werden unerbittlich verworfen, jeder Versuch, seine Legitimation zu erweisen, wird systematisch abgelehnt. Der Prozess läuft unausweichlich auf den tragischen Urteilsspruch hinaus.

Johannes hat das Urteil mit besonderer theologischer Tiefe dargestellt. Er stellt es auf eine doppelte Ebene.

Zunächst die historische: Die johanneische Passionsgeschichte ist voller Bezüge auf historische Ereignisse. Der Prozess läuft auf einen geschichtlichen Urteilsspruch hinaus: die Niederlage Christi, seine Verurteilung zum Tod am Kreuz, die schlimmste aller Todesstrafen, das *servile supplicium,* den Sklaventod. Es ist ein vollständiges Scheitern, und Jesus ist sich bewusst, was geschieht. Die Legitimationsfrage ist in den Augen der Juden und der Römer nicht zufriedenstellend beantwortet worden. Jesus ist der Gescheiterte schlechthin. Das Kreuz wird aufgerichtet als Symbol des Scheiterns Christi.

Zugleich aber führt uns Johannes unaufhörlich auf eine andere, metahistorische, transzendente Ebene, auf die Ebene des Mysteriums, das über den Augenschein hinausgeht. Und hier zeigt sich: Der Urteilsspruch über Jesus markiert nicht das skandalöse, blamable Ende eines kleinen Propheten in einer unbedeutenden Provinz des Römischen Reiches. Der wahre Urteilsspruch lautet ganz anders: Johannes zelebriert die Niederlage des Bösen, das am Kreuz Christi niedergerungen ist. Das Kreuz ist der große Augenblick, in dem Christus nicht, wie es den Anschein haben könnte, besiegt ist; dort erweist er sich vielmehr als der Sieger, als der verherrlichte Herr, der Auferstandene.

Diese beiden Ebenen müssen wir uns bei der Lektüre der Johannespassion stets vor Augen halten. Sie sind ein Ineinander von Zeichen der geschichtlichen Niederlage und theologischen Zeichen, die ihre Vollendung in der Auferstehung finden. Das abschließende „Es ist vollbracht (*tetelestai*)" gewinnt eine neue Bedeutung. Es heißt nicht: Alles ist zu Ende, sondern: Alles ist zur Fülle gekommen.

Johannes hat die Leidensgeschichte in mehreren Szenen geschildert. Vom „Kreuzweg" zu sprechen würde der Darstellung nicht gerecht. Denn es ist ein Weg des Kreuzes und der Verherrlichung. Die geschichtliche und die theologische Ebene sind bei Johannes so sehr ineinander gewoben, weil sie in der einen geheimnisvollen Realität Christi verschmelzen.

### *Der Konflikt Jesus – Finsternis*

Die erste Szene der Passion umfasst die Verse 18,1–11. Auf der einen Seite wird die geschichtliche Auseinandersetzung geschildert. Da sind die Soldaten, die „Polizei", ein Verräter; da ist ein Mensch, Jesus von Nazareth, der Prophet, der eine Erklärung abgibt, wer er ist und was er gesagt hat. Zugleich werden wir mit einer umfassenderen Auseinandersetzung konfrontiert, die kosmische, übergeschichtliche Dimensionen hat: mit der Auseinandersetzung zwischen dem Licht und der Finsternis, zwischen der Welt und Christus.

In den drei Eingangsversen treten die geschichtlichen Personen auf. Vor allem Jesus, die Hauptperson. Neben ihm, im Hintergrund, die Gruppe seiner Jünger, die in diesen Versen gleich dreimal genannt werden. Ihm und seinen Jüngern stehen diejenigen gegenüber, welche die Finsternis verkörpern: die „Kohorte" (damit sind römische Soldaten gemeint), die jüdische Polizei (die Tempelwache), die mit römischer Genehmigung den Kult und die Funktionäre des Hohen Rats schützte, und schließlich Judas.

Eine sprachliche Eigentümlichkeit ist die Bezeichnung des Gartens: Anders als die Synoptiker spricht Johannes von einem *kepos,* einem „blühenden, grünen Garten". Einige Kirchenväter sahen darin eine Anspielung auf den „Paradiesgarten", in dem unter einem Baum die erste große Auseinandersetzung zwischen Gut und Böse stattgefunden hat (vgl. Gen 2–3). Ein solcher Anklang ist durchaus denkbar, er hat auch eine gewisse Wahrscheinlichkeit für sich, wenn wir bedenken, wie gezielt Johannes symbolträchtige Wörter wählt. Im Prolog hat er in ähnlicher Weise auf den Beginn der Schöpfung angespielt: Deren „Anfang" und der „Anfang Christi" überlagern sich. Der „blühende Garten" wäre in dieser Deutung ein Verweis auf den Garten des Paradieses, auf den Beginn jener unerbittlichen Auseinandersetzung, von der die Geschichte gezeichnet ist.

„Nach diesen Worten ging Jesus mit seinen Jüngern hinaus, auf die andere Seite des Baches Kidron. Dort war ein Garten; in den ging er mit seinen Jüngern hinein. Auch Judas, der Verräter, der ihn auslieferte, kannte den Ort, weil Jesus dort oft mit seinen Jüngern zusammengekommen war. Judas holte die Soldaten und die Gerichtsdiener der Hohepriester und der Pharisäer, und sie kamen dorthin mit Fackeln, Laternen und Waffen" (18,1–3).

Die Erwähnung des Baches Kidron ist ein fragmentarisches Zitat aus der griechischen Version des 2. Buchs Samuel. Dort wird ein schauriger Augenblick im Leben Davids beschrieben. Er flieht aus seiner Stadt, der Hauptstadt seines Reiches, in die Wüste Juda, wo er nach der Rebellion seines Sohnes eine Zeitlang als Nomade leben muss: „Er ging aus der Stadt hinaus, auf die andere Seite des Baches Kidron, um sich auf den Weg zu machen …" David spürt, dass ihm seine schlimmsten Gegner im Nacken sitzen. Er hat in seinem Leben mit vielen Widersachern zu tun gehabt, von den Philistern bis zu Saul. Jetzt trifft ihn ein doppelter Schlag. Als König ist er faktisch abgesetzt, als Vater ist er verraten. Die Truppen, die ihn verfolgen, sind die seines Sohnes Abschalom (vgl. 2 Sam 15).

Wenn Johannes die Passage vom Kidronbach zitiert, bedient er sich erneut der Technik der Überblendung. Wie der Rückverweis auf den Paradiesgarten Jesus als den neuen Adam erkennen lässt, so erscheint Jesus jetzt als neuer David, der von seinen eigenen Leuten, von seinem Jünger Judas verraten wird.

„Jesus, der alles wusste, was mit ihm geschehen sollte, ging hinaus und fragte sie: Wen sucht ihr? Sie antworteten ihm: Jesus von Nazareth. Er sagte zu ihnen: ICH BIN (*ego eimi*). Auch Judas, der Verräter, stand bei ihnen. Als er zu ihnen sagte: ICH BIN!, wichen sie zurück und stürzten zu Boden. Er fragte sie noch einmal: Wen sucht ihr? Sie sagten: Jesus von Nazareth. Jesus antwortete: Ich habe euch gesagt, dass ICH BIN. Wenn ihr mich sucht, dann lasst diese gehen! So sollte sich das Wort erfüllen, das er gesagt hatte: Ich habe keinen von denen verloren, die du mir gegeben hast. Simon Petrus aber, der ein Schwert bei sich hatte, zog es, schlug nach dem Diener des Hohepriesters und hieb ihm das rechte Ohr ab; der Diener hieß Malchus. Da sagte Jesus zu Petrus: Steck das Schwert in die Scheide! Der Kelch, den der Vater mir gegeben hat – soll ich ihn nicht trinken?" (18,4–11).

Das griechische *ego eimi* ist mehr als eine bloße Identifizierung des Angeklagten („Ich bin es"). Für die geschichtliche Ebene ist auch dies richtig, gewiss. Doch Johannes rückt die andere, die theologische Ebene in den Vordergrund. ICH BIN lehnt sich, wie mehrfach erwähnt, an die Selbstvorstellung Gottes im Alten Testament an. Sobald Jesus dieses Wort ausgesprochen hat, passiert etwas, das an eine Theophanie, eine Gotteserscheinung, erinnert: Alle fallen zu Boden, tief erschreckt durch die Offenbarung des Göttlichen. Christus erscheint feierlich in der ganzen Herrlichkeit seiner Gottheit. Die Erzählung wird zu einer Katechese über das Geheimnis Jesu: Er ist so mächtig, das die Finsternis zurückweicht.

Immer wieder werden konkrete geschichtliche Details geschildert. So die Episode, in der Petrus dem Malchus das rechte Ohr abhaut. Dies wird so nur von Johannes berichtet. „Malchus" ist ein damals geläufiger hebräischer Name (wörtlich: „mein König", bei Flavius Josephus ist er fünfmal bezeugt).

Auch hier bleibt Johannes nicht beim vordergründigen Geschehen stehen, sondern lenkt mit dem Schlussvers den Blick erneut auf die theologische Ebene: „Der Kelch, den der Vater mir gegeben hat – soll ich ihn nicht trinken?"

Johannes bietet hier eine Lesart der Passion, die sich von den Synoptikern unterscheidet. Diese schreiben, dass Jesus im Ölgarten betete: „Vater, wenn es dir möglich ist, lass diesen Kelch an mir vorübergehen."

Der volle, überfließende Kelch ist in der Bibel ein mehrdeutiges Symbol. In Psalm 75,9 findet sich die schroffe Aussage:

„Ja, in der Hand des Herrn ist ein Becher,
herben, gärenden Wein reicht er dar;
ihn müssen alle Frevler der Erde trinken,
müssen ihn samt der Hefe schlürfen."

Es ist der Kelch des Zornes Gottes, der Becher des Bösen, der Angst, des Todes. Die synoptischen Evangelien stellen heraus, dass Jesus vor dem Tod Angst hat. Er möchte diesen Kelch nicht trinken. Das Sterben kann sehr bitter sein, ganz anders, als man sich einen „guten Tod" vorstellt. Jesus selbst hat diese dunkle Erfahrung gemacht; nach dem Markus- und Matthäusevangelium ist er mit einem Schrei der Gottverlassenheit gestorben.

Im Johannesevangelium nimmt Christus den Kelch in friedvoller Gelassenheit als Geschenk des Vaters an. Hier ist der „Kelch" positiv zu verstehen, wie in Psalm 23,5: „Du füllst mir reichlich den Becher." Es ist der Kelch der Gastfreundschaft und Gemeinschaft. „Der Kelch, den der Vater mir gegeben hat – soll ich ihn nicht trinken?" Gewiss, es ist auch der Kelch des Todes, doch es ist ein Tod, der sich dem Licht der Auferstehung, der Verherrlichung öffnet.

*Der jüdische Prozess*

Die zweite Szene (18,12–27), meisterhaft geschildert, spielt sich in der Nacht ab. Verschiedene Gestalten tauchen auf, von tragischen Momenten und von Verrat ist die Rede.

Der jüdische Prozess wird anfänglich vor Hannas geführt. Hannas (eine Kurzform von Johannes) war zwischen 9 und 15 n. Chr. Hohepriester. Als er sich von seinem Amt zurückzog, ernannte er – jeweils für kurze Zeit – nacheinander seine fünf Söhne zu Hohepriestern. Schließlich fand er in Kajaphas, seinem Schwiegersohn, die geeignete Person zur Weiterführung dieser Aufgabe. Kajaphas bekleidete das Amt in den Jahren 18 bis 36.

Eine weitere Gestalt, die Johannes auftreten lässt, wird schlicht „ein anderer Jünger" genannt. Es heißt, er sei mit dem Hohepriester bekannt gewesen (18,15); offenbar konnte er sich in dessen Palast frei bewegen. Dieser Palast scheint als Sitz des Hohen Rates identifiziert zu sein; er lag allerdings nicht an dem Ort, wo man ihn traditionell vermutet hatte. Über die Frage, wer dieser Jünger gewesen sein könnte, hat es zahllose Spekulationen gegeben. Judas, der „andere" par excellence, ist genannt worden: Er sei umhergestreift, um zu sehen, welchen Ausgang sein Verrat nehme. Andere bringen Nikodemus ins Spiel, der insgeheim ein Jünger Jesu geworden war. Wieder andere wollen in dem „anderen Jünger" den Evangelisten selbst sehen (bzw. den von Jesus geliebten Jünger), und unter den Vertretern dieser Meinung ist wiederum umstritten, ob er identisch ist mit dem Apostel Johannes, dem Zebedäussohn, oder nicht. Gegen eine solche Gleichsetzung wenden einige ein: Wie hätte ein Fischer aus Nordpalästina Zutritt zum hohepriesterlichen Palast haben können? Darauf wird dann erwidert, dass die Zebedäussöhne Jakobus und Johannes aus einer relativ gehobenen gesellschaftlichen Schicht stammten; in Mk 1,20 wird ja gesagt, Zebedäus habe Diener, „Tagelöhner", gehabt, d. h. er war einer der reichsten Fischer. Außerdem kennen wir die Szene, in der die Mutter Jesus drängt, ihren Söhnen die Plätze zu seiner Rechten und zu seiner Linken zu reservieren – Zeichen eines Stolzes und Ehrgeizes, wie sie eher in höheren Schichten vorkommen. Doch auch nach allen Deutungsversuchen bleibt m. E. die Frage nach der Identität dieses „anderen Jüngers" unbeantwortet: Wir wissen nicht, wer er war.

Schließlich begegnet uns in diesem Abschnitt Petrus. Er zeigt sich in seiner ganzen Erbärmlichkeit und Schwäche, insbesondere in der dreimaligen Leugnung, Jesus zu kennen. Während die Synoptiker sich damit begnügen, die Erzählung mit der Feststellung zu beschließen, Petrus habe bitterlich geweint, entscheidet sich Johannes für eine andere Lösung. Die traurige Geschichte von der Verleugnung, der Engherzigkeit und Schwäche dieses Apostels findet eine Weiterführung in der Begegnung zwischen Petrus und dem auferstandenen Herrn, der ihn dreimal fragt: „Liebst du mich? Liebst du mich mehr als diese?" (vgl. 21,15–23). Es ist eine Frage, mit der Jesus ihm sozusagen die Absolution erteilen möchte. Und dreimal gibt Petrus zur Antwort: „Herr, du weißt, dass ich dich liebe." Das wiederholte Liebesbekenntnis tilgt die Schuld der wiederholten Verleugnung.

### *Der römische Prozess*

Der dritte große Abschnitt der Passion (18,28–19,16), der vom Verhör und der Verurteilung durch Pilatus handelt, ist Johannes besonders wichtig. Eine Analyse ergibt, dass der Text sich in sieben Szenen gliedert. Die ersten und die letzten drei Szenen werden durch Verben der Bewegung eingeleitet:

– „Sie *brachten* Jesus zum Prätorium", „Pilatus *kam* zu ihnen *heraus*" (18,28f); dem entspricht 19,1: Pilatus „*ließ* Jesus *herausführen*";

– „Pilatus *ging* wieder … *hinein*" (18,33, ebenso in 19,9);
– Pilatus „*ging* wieder *hinaus*" (18,38b, so auch in 19,4).
Das Mittelstück ist durch königliche Bilder geprägt: „Darauf ließ Pilatus Jesus geißeln. Die Soldaten flochten einen Kranz aus Dornen; den setzten sie ihm auf und legten ihm einen purpurroten Mantel um. Sie stellten sich vor ihn hin und sagten: Heil dir, König der Juden! Und sie schlugen ihm ins Gesicht" (19,1–3).

Insgesamt spricht Johannes in der Passion zwölf Mal von Christus als König: eine bezeichnende Zahl. Im Bild des Königs werden die unterschiedlichen Ebenen besonders drastisch deutlich:
– auf der geschichtlichen Ebene ist der „König" eine Spottfigur mit einer Dornenkrone, bekleidet mit einem Purpurmantel, von den Soldaten verhöhnt;
– doch in diesem leidenden Christus, der den Spott über sich ergehen lässt, erkennt Johannes den wahren König, der den Menschen alsbald vom Bösen, von Gewalt und Ungerechtigkeit befreien wird.

Der Evangelist lädt den Leser ein, auf den leidenden Herrn zu blicken und zu erkennen, dass sich sein Königtum gerade in der Erniedrigung zeigt.

Betrachten wir noch die zweite Szene: „Pilatus ging wieder in das Prätorium hinein, ließ Jesus rufen und fragte ihn: Bist du der König der Juden? Jesus antwortete: Sagst du das von dir aus, oder haben es dir andere über mich gesagt? Pilatus entgegnete: Bin ich denn ein Jude? Dein eigenes Volk und die Hohepriester haben dich an mich ausgeliefert. Was hast du getan? Jesus antwortete: Mein Königtum ist nicht von dieser Welt. Wenn es von dieser Welt wäre, würden meine Leute kämpfen, damit ich den Juden nicht ausgeliefert würde. Aber mein Königtum ist nicht von hier. Pilatus sagte zu ihm: Also bist du doch ein König? Jesus antwortete: Du sagst es, ich bin ein König. Ich bin dazu geboren und in die

Welt gekommen, dass ich für die Wahrheit Zeugnis ablege. Jeder, der aus der Wahrheit ist, hört auf meine Stimme. Pilatus sagte zu ihm: Was ist Wahrheit?" (18,33–38). Pilatus, der römische Statthalter, ist auch außerbiblisch bezeugt, bei Flavius Josephus und Tacitus wie auch durch eine in Cäsarea gefundene Inschrift, die sich heute im Nationalmuseum in Jerusalem befindet. Johannes konzentriert die Episode auf die Frage nach der Wahrheit. Jesus sagt, er sei gekommen, „für die Wahrheit Zeugnis abzulegen". Er meint nicht die Wahrheit im griechischen Sinn. Die „Wahrheit", die er bringen will, die *aletheia*, wie Johannes sie versteht, ist die Offenbarung: Jesus ist gekommen, um ein definitives Wort, das heilige Wort Gottes zu bringen. Pilatus begreift das nicht; für ihn ist es schon schwierig, sich vorzustellen, dass es überhaupt Wahrheit gibt.

Als Pilatus hörte, Jesus müsse sterben, weil er sich als Sohn Gottes ausgebe, „wurde er noch ängstlicher. Er ging wieder in das Prätorium hinein und fragte Jesus: Woher stammst du? Jesus aber gab ihm keine Antwort. Da sagte Pilatus zu ihm: Du sprichst nicht mit mir? Weißt du nicht, dass ich Macht habe, dich freizulassen, und Macht, dich zu kreuzigen? Jesus antwortete: Du hättest keine Macht über mich, wenn es dir nicht von oben gegeben wäre; darum liegt größere Schuld bei dem, der mich dir ausgeliefert hat" (19,8–11). Die Erklärung Jesu hat lange Zeit als Argument für den göttlichen Ursprung der Macht hergehalten; schon in der antiken Tradition diente sie gelegentlich der Legitimation der römischen Macht. Der wahre Sinn dieses Wortes ist ein ganz anderer. Mit dem großen Johannes-Experten Ignace De la Potterie könnten wir die Stelle frei so wiedergeben: Du, Pilatus, übst in diesem Moment deine Macht an mir aus, weil Gott einen bestimmten Plan in der Heilsgeschichte verfolgt, den ich, Jesus, verwirklichen muss. – Auch die skandalöse Macht des Pilatus wird einbezogen in den großen Plan Gottes.

„Auf diese Worte hin ließ Pilatus Jesus herausführen, und er setzte sich auf den Richterstuhl an dem Platz, der Lithostrotos, auf Hebräisch Gabbata, heißt. Es war am Rüsttag des Paschafestes, ungefähr um die sechste Stunde. Pilatus sagte zu den Juden: Da ist euer König! Sie aber schrien: Weg mit ihm, kreuzige ihn! Pilatus aber sagte zu ihnen: Euren König soll ich kreuzigen? Die Hohepriester antworteten: Wir haben keinen König außer dem Kaiser. Da lieferte er ihnen Jesus aus, damit er gekreuzigt würde" (19,13–16a).

Johannes gibt den Ort an, wo Jesus als Angeklagter vor dem Richter Pilatus stand: den Platz Lithostrotos (Griechisch für Steinpflaster), der Hebräisch Gabbata (Anhöhe) hieß. Im Kloster der Zionsschwestern in Jerusalem, nordwestlich vom Tempel gelegen, kam zu Beginn der 50er-Jahre bei Ausgrabungen ein großer Steinfußboden ans Tageslicht. Unterhalb fand man eine riesige Zisterne von 52 m Tiefe und 18 m Breite, die mit Sicherheit nicht dem privaten Gebrauch diente, sondern einer Garnison. Auf diesem Gelände übergab Pilatus Jesus zur Kreuzigung.

### *Der am Kreuz erhöhte Herr*

Damit beginnt die letzte Szene der Passion: die Hinrichtung Jesu (19,17–37). In diesen 20 Versen hat Johannes seine ganze Theologie verdichtet, indem er die Aufmerksamkeit auf das Kreuz und auf ein Wort Jesu lenkt.

*Das Kreuz* trägt Jesus, den Gekreuzigten, aus dessen Seite Blut und Wasser strömen – ein vielsagendes Bild, auf das wir zurückkommen werden.

Die Evangelien nennen unterschiedliche Worte Jesu am Kreuz; bei Lukas etwa steht das vertrauensvolle Wort aus Psalm 31,6: „Vater, in deine Hände lege ich meinen Geist" (Lk 23,46). *Das letzte Wort,* das Jesus nach Johannes sagt, lautet: „Es ist vollbracht!" (19,30), griechisch: *tetelestai,* von *telos* (Erfüllung, Vollendung). Mit diesem Ausspruch erklärt Jesus seine irdische Existenz für abgeschlossen, für beendet. Doch dieses Wort erschließt auch den tiefsten Sinn seines Lebens. Alles ist erfüllt.

Einmal mehr wird deutlich, wie wenig im Johannesevangelium Passion und Auferstehung Jesu zu trennen sind. Die letzte Szene der Passion, die Kreuzigung, weist über die Passion hinaus: Johannes zeigt uns Christus als den am Kreuz erhöhten, verherrlichten Herrn.

In der eucharistischen Feier der orthodoxen Kirchen wird dieser innere Zusammenhang sinnenfällig zum Ausdruck gebracht. Auf dem konsekrierten Brot sind in Kreuzesform acht Buchstaben eingeprägt, eine Kurzformel für *Iesous Christos nika*, „Jesus Christus siegt!". Im Kreuz liegt der Sieg Christi, seine Verherrlichung: Dies ist die Botschaft der johanneischen Kreuzestheologie. Es ist ein österliches Kreuz, und deshalb werden wir die Kreuzigung im Kontext der Verherrlichung betrachten.

## Der verherrlichte Christus

Auf Golgota, einem kleinen glatten Felsen in Jerusalem, nicht höher als fünf bis sechs Meter, wird Jesus gekreuzigt.

### *Die Kreuzigung*

Das hebräische *Golgota* heißt „Schädelhöhe", lateinisch *calvaria*. Heute nimmt man die Erhebung als solche gar nicht mehr wahr, weil sie in die Grabeskirche integriert ist. Über eine Treppe steigt man in die Kapelle hinauf, in der ein Kreuz mit einer in drei Sprachen abgefassten Inschrift steht: „Jesus von Nazareth, der König der Juden" (vgl. Joh 19,18). Es ist die Proklamation Christi als König, welche die ganze

Welt vernehmen soll, nicht nur das Hebräisch bzw. Aramäisch sprechende Palästina, sondern das ganze Griechisch oder Latein sprechende Römische Reich. Auch wenn die Inschrift ironisch gemeint war (nach römischem Brauch wurde der Grund der Hinrichtung angegeben, im Falle Jesu eine vermeintliche politische Anmaßung), wird sie für Johannes zu einem großen Glaubensbekenntnis, zur Ausrufung der Königswürde Christi vor aller Welt.

*Das Gewand Jesu.* Jesus wird ans Kreuz geschlagen, seine Kleider unter den Soldaten geteilt. „Sie nahmen auch sein Untergewand, das von oben her ganz durchgewebt und ohne Naht war. Sie sagten zueinander: Wir wollen es nicht zerteilen, sondern darum losen, wem es gehören soll ..." (19,23f).

Die Soldaten wollen das nahtlose Untergewand (die Tunika, Griechisch *kiton*) nicht zerstückeln, sondern unversehrt lassen und losen darum. Nur Johannes erwähnt dies, und er spielt damit für den bibelkundigen Leser auf alttestamentliche Stellen an, die der Episode eine tiefe Bedeutung verleihen. So gab es die Vorschrift, dass das Gewand des Hohepriesters ohne Naht sein musste; nur er trug im Tempel ein solches Gewand. Jesus wird hier von Johannes offenbar als Priester gesehen, ein Motiv, das im Hebräerbrief explizit ausgefaltet wird.

Auch ein Bezug zum ersten Buch der Könige liegt nahe. Dort wird folgende Begebenheit geschildert: „Als in jener Zeit Jerobeam einmal aus Jerusalem herauskam, begegnete ihm auf dem Weg der Prophet Ahija aus Schilo. Dieser war mit einem neuen Mantel bekleidet. Während nun beide allein auf freiem Feld waren, fasste Ahija den neuen Mantel, den er anhatte, zerriss ihn in zwölf Stücke und sagte zu Jerobeam: Nimm dir zehn Stücke; denn so spricht der Herr, der Gott Israels: Ich nehme Salomo das Königtum weg und gebe dir zehn Stämme. Nur ein Stamm soll ihm verbleiben wegen meines Knechtes David und wegen Jerusalem, der Stadt, die ich aus allen Stämmen Israels erwählt habe" (1 Kön 11,29–32). Israel spaltet sich in zwei Reiche, das Nord- und das Südreich. Der Mantel des Propheten Ahija, sein kultisches Gewand, Zeichen seiner prophetischen Sendung und Symbol der vereinten Nation, wird zerrissen.

Das Gewand Jesu hingegen bleibt unversehrt. So wird es zum Zeichen der Einheit, eine Deutung des Todes Jesu, die Johannes auch in 11,52 gibt: „Er sollte … sterben, … um die versprengten Kinder Gottes wieder zu sammeln." Christus selber ist das neue Gewand, das allen Gläubigen, ja der Menschheit umgelegt wird, damit sie eine einzige Gemeinschaft werde.

*Die Mutter und der Sohn.* Die nächste Szene (19,25–27) ist in der christlichen Tradition vor allem durch ihre mariologische Interpretation bekannt geworden. Für Johannes selber hat wohl die christologisch-ekklesiologische Perspektive den Vorrang.

„Bei dem Kreuz Jesu standen seine Mutter und die Schwester seiner Mutter, Maria, die Frau des Klopas, und Maria von Magdala. Als Jesus seine Mutter sah und bei ihr den Jünger, den er liebte, sagte er zu seiner Mutter: Frau, siehe dein Sohn! Dann sagte er zu dem Jünger: Siehe, deine Mutter! Und von jener Stunde an nahm sie der Jünger zu sich" (19,25–27).

Zwei charakteristische Gestalten stehen unter dem Kreuz, der geliebte Jünger und die Mutter. Sie verkörpern die Kirche, die im Kreuz Christi gründet und von Christus ihre Sendung empfängt. *Siehe, die Mutter!,* das weist hin auf den mütterlichen Aspekt der Kirche: Sie ist eine Einheit, sie ist Mutter derer, die zu ihr gehören. Die einzelnen Glieder werden angesprochen in dem Wort: *Siehe, der Jünger, der Sohn!* Die eine Kirche besteht aus vielen Jüngerinnen und Jüngern, die ihr zugewandt sind. Die mütterliche Beziehung

Marias zu Jesus wird somit auf die Gemeinschaft der Gläubigen übertragen.

Der Schlussvers, gewöhnlich übersetzt mit: „Da nahm sie der Jünger zu sich", bringt diese tiefe Gemeinschaft zum Ausdruck. *Eis ta idia* heißt es im Griechischen, „in sein Eigenes" (vgl. Joh 1,11: „Er kam in sein Eigentum"). Dies bedeutet mehr als ein äußerliches Mit-nach-Hause-Nehmen; es drückt eine tiefe innere Verbindung aus.

Nach einer volkstümlichen Tradition, in der die Stelle buchstäblich verstanden wurde, hat Johannes die Mutter Jesu mit nach Ephesus genommen, wo sie bis zum Ende geblieben sei. Diese Tradition hat wenig für sich, denn Johannes, der Zebedäussohn, ist höchstwahrscheinlich in Jerusalem gestorben, und wenn Maria mit ihm zusammen war, so dürfte auch sie dort gestorben sein.

Halten wir fest: Maria und der Jünger stehen unter dem Kreuz als Zeichen für die Kirche, die im Kreuz Christi gründet.

*„Es ist vollbracht!"* Die folgende Szene (19,28–30) führt zum Höhepunkt, mit dem sich Ostern öffnet. In der Übersetzung geht leider die markante Hervorhebung eines Wortes verloren, das im Griechischen durch dreifache Wiederholung geradezu eingehämmert wird: *teleioun*.

„Danach, als Jesus wusste, dass nun alles vollbracht (*tetelestai*) war, sagte er, damit sich die Schrift erfüllte (*teleiothe*): Mich dürstet. Ein Gefäß mit Essig stand da. Sie steckten einen Schwamm mit Essig auf einen Ysopzweig und hielten ihn an seinen Mund. Als Jesus von dem Essig genommen hatte, sprach er: Es ist vollbracht (*tetelestai*)! Und er neigte das Haupt und gab seinen Geist auf" (19,28–30).

Durch die Begriffe, mit denen Johannes den Tod Jesus beschreibt, wird die Stelle geradezu zu einer Osterfeier, zur Feier der Verherrlichung Jesu. Wie bereits gesagt, überlagern sich in dem Verb *teleioun* (beenden, vollbringen, erfüllen) besonders deutlich die beiden Ebenen: Auf der geschichtlichen Ebene wird Jesu Ende, sein Tod, markiert. Sein Ausruf „Mich dürstet!" ist in diesem Zusammenhang Ausdruck bitteren Leids. Alles ist zu Ende, aus und vorbei. Doch sämtliche Elemente, die Jesu Sterben begleiten, werden zu Zeichen für die Vollendung und Erfüllung, für das große Ziel der Geschichte.

Ähnlich verhält es sich mit dem abschließenden „Er gab seinen Geist auf". Es meint nicht den Tod, das letzte „Aushauchen" wie in Mk 15,37 („Dann hauchte er den Geist aus", griechisch: *epnei*). Bei Johannes steht *paredoken to pneuma*, Jesus schenkte, übergab den Geist. Dieses Wort steht auch im vierten Lied vom Gottesknecht: Er hat sein Leben Gott als Sühnopfer „hingegeben" (Jes 53,10). Jesus übergibt im Tod seinen Geist Gott, und zugleich übergibt er seinen Geist den Gläubigen: Es ist der Heilige Geist, der in ihrer Mitte bleibt. Jesu Tod wird zum Beginn des Lebens, gleichsam eine Zeugung neuen Lebens, der Gemeinschaft der Gläubigen.

### *Das johanneische Ostern*

Nachdem Jesus im Tod dem Vater seinen Geist übergeben und so den lebenspendenden Geist geschenkt hat, wird sein gepeinigter Leib auferweckt. Das johanneische Ostern verbirgt sich schon in der unmittelbar auf Jesu Tod folgenden Szene.

„Weil Rüsttag war und die Körper während des Sabbats nicht am Kreuz bleiben sollten, baten die Juden Pilatus, man möge den Gekreuzigten die Beine zerschlagen und ihre Leichen dann abnehmen; denn dieser Sabbat war ein großer Feiertag. Also kamen die Soldaten und zerschlugen dem ersten die Beine, dann dem andern, der mit ihm gekreuzigt worden war. Als sie aber zu Jesus kamen und sahen, dass er schon tot war, zerschlugen sie ihm die Beine nicht, sondern einer der Soldaten stieß mit der Lanze in seine Seite, und sogleich floss Blut und Wasser heraus" (19,31–34). Besonderen Nachdruck legt der Evangelist auf das „bezeugen", das „Zeugnis": „Und der, der es gesehen hat, hat es bezeugt, und sein Zeugnis ist wahr. Und er weiß, dass er Wahres berichtet. Denn das ist geschehen, damit sich das Schriftwort erfüllt: Man soll an ihm kein Gebein zerbrechen. Und ein anderes Schriftwort sagt: Sie werden auf den blicken, den sie durchbohrt haben" (19,35–37).

Nochmals spricht Johannes vom Kreuz, vom Gekreuzigten. Der leidende, gekreuzigte Christus ist der „König", *das Kreuz ist sein Königsthron*. Jesu Erhöhung am Kreuz ist in der Sprache des Johannesevangeliums Jesu Verherrlichung: Es es seine Weise, von Ostern zu sprechen. Ein Durchgang durch die neutestamentlichen Texte zeigt: Die Urkirche war sich bewusst, dass *ein* Wort oder *eine* Vorstellung allein nicht das ganze Ostergeheimnis ausdrücken kann – auch nicht der Begriff „Auferstehung", der leicht missverstanden werden kann als eine Art Wiederbelebung eines Leichnams. Die Rede von der Auferstehung Jesu meint nicht eine Rückkehr in den Horizont dieser Welt wie bei Lazarus (Lazarus ist schließlich doch gestorben). Sie ist das Bekenntnis einer grundlegenden Umgestaltung des Seins, nicht nur des Leibes Jesu, sondern des ganzen Universums „in Christus". Im Übrigen wird die Auferstehung „als solche" nirgends in den Evangelien beschrieben; sie berichten lediglich vom Tod Jesu und sprechen von seiner anschließenden Gegenwart in der Mitte der Seinen. Dazwischen steht ein leeres Grab, aber kein Wort von irgendeinem Geschehen, das „Auferweckung" oder „Auferstehung" genannt wird. Lukas hat das Bild von der Himmelfahrt verwendet: Der „Himmel" bezeichnet den Raum des Göttlichen; die Rede von der Himmelfahrt Jesu besagt, dass er aus dem irdischen Horizont in den grenzenlosen Horizont Gottes eingetreten ist.

Bei Johannes haben wir das Bild von der „Erhöhung" als dem großen österlichen Zeichen. Schon im Gespräch Jesu mit Nikodemus fanden wir dieses Motiv: „Niemand ist in den Himmel hinaufgestiegen außer dem, der vom Himmel herabgestiegen ist: der Menschensohn. Und wie Mose die Schlange in der Wüste erhöht hat, so muss der Menschensohn erhöht werden, damit jeder, der (an ihn) glaubt, in ihm das ewige Leben hat" (3,13–15). Christi Erhöhung wird zum Anfang und Ursprung unseres ewigen Lebens.

Auch während des Laubhüttenfestes, in der Auseinandersetzung Jesu mit „den Juden" im Tempelvorhof, begegnet uns der Begriff: „Da sagte Jesus zu ihnen: Wenn ihr den Menschensohn erhöht habt, dann werdet ihr erkennen, dass ich es bin [bzw. dass ICH BIN]" (8,28). Am Kreuz erweist sich die Göttlichkeit Jesu, in dieser Erhöhung, sagt Jesus, werdet ihr erkennen: ICH BIN der Sohn.

Joh 12,32 haben wir bereits zitiert: „Und ich, wenn ich über die Erde erhöht bin, werde alle an mich ziehen." Der Evangelist stellt kommentierend fest, dass *das Kreuz* der Beginn, der Ort des Heils und der Sammlung der Zerstreuten ist; er fährt fort: „Das sagte er [Jesus], um anzudeuten, auf welche Weise er sterben werde" (12,33).

Neben die Kategorie der „Auferstehung" tritt also bei Johannes die der „Erhöhung". Eine ähnliche Vorstellung kennen wir aus dem großen Hymnus, der vielleicht in der Gemeinde von Philippi gesungen wurde und den Paulus im zweiten Kapitel des Philipperbriefes zitiert: Christus steigt hinab, erniedrigt sich „bis zum Tod", um von Gott „über alle erhöht" zu werden, „damit … jeder Mund bekennt: Jesus Christus ist der Herr" (Phil 2,6–11). Die Auferstehung wird auch hier als Erhöhung und Verherrlichung beschrieben.

*„Sie zerschlugen ihm die Beine nicht"* (19,33). Die römische Praxis des *crurifragium,* das Zerschlagen der Gebeine, war eine Art brutale Euthanasie: Sie sollte den Tod beschleunigen. Im Jahre 1968 hat man in Gräbern am Ölberg das Skelett eines Gekreuzigten gefunden, dessen Beine in der Höhe der Knö-

chel gebrochen waren. Weil Jesus schon tot war, wurden seine Beine nicht zerschlagen. Johannes erklärt es mit dem Hinweis: „Das ist geschehen, damit sich das Schriftwort erfüllte: Man soll an ihm kein Gebein zerbrechen" (19,36). Im Buch Exodus heißt es: „Ihr sollt keinen Knochen des Paschalammes zerbrechen" (Ex 12,46). Christus ist für Johannes das vollkommene Paschalamm.

„Einer der Soldaten stieß mit der Lanze in seine Seite, und sogleich *floss Blut und Wasser heraus*" (19,34). Der Leser des Evangeliums denkt an die Ströme lebenspendenden Wassers, von denen in Ez 47 gesprochen wird. Das Wasser ist nach Johannes' eigener Deutung die Gabe des Geistes: „Wer Durst hat, komme zu mir, und es trinke, wer an mich glaubt. Wie die Schrift sagt: Aus seinem Inneren werden Ströme von lebendigem Wasser fließen. Damit meinte er den Geist, den alle empfangen sollten, die an ihn glauben ..." (7,37–39). Jesu Tod ist die Quelle des Lebens, der Neugeburt.

Eine weitere alttestamentliche Stelle wird zitiert: „Sie werden auf den blicken, den sie durchbohrt haben" (Joh 19,37; Sach 12,10). Es ist kein bloßes Hinschauen, sondern der Blick des Glaubens auf den Gekreuzigten, den „Durchbohrten". Die Sacharja-Stelle steht in einem sehr schwierigen Zusammenhang. Voraus geht die sogenannte „Aufführung des Hirten": Ein Hirte tritt auf; er hält zwei Ruten in der Hand, die eine heißt „Freundlichkeit", die andere „Verbindung" (Sach 11,7). Zunächst rezitiert er den Part des guten Hirten, dann spielt er den schlechten. Als er wieder in die Rolle des guten Hirten schlüpft, erkennen ihn die Schafe nicht wieder, sie töten und durchbohren ihn. An jenem Tag aber „wird für das Haus David und für die Einwohner Jerusalems eine Quelle fließen zur Reinigung von Sünde und Unreinheit" (Sach 13,1). Der Blick auf den Durchbohrten ist für Johannes das gläubige Erkennen des Geheimnisses Christi, der von der Sünde befreit.

Nach einer aus der christlichen Tradition bekannten Deutung spielt Johannes mit dem Doppelbegriff „Blut und Wasser" nicht nur auf die Gabe des Heiligen Geistes an, sondern auch auf die beiden grundlegenden Sakramente der Kirche: das Blut als Symbol der Eucharistie, das Wasser als Symbol der Taufe. Beide entspringen aus der Seite des erhöhten, auferstandenen Herrn, des wahren Osterlammes.

### *Das johanneische Pfingsten*

Die sogenannten Osterberichte (20,1–31) stehen im Zeichen der Präsenz des Geistes. Der Geist ist für Johannes die bleibende Gegenwart Christi in unserer Mitte.

Nach der Entdeckung des leeren Grabes erscheint Jesus der Maria aus Magdala, danach, „am Abend" desselben Tages, den Jüngern (20,19–23). Der Begriff „Erscheinung" ist wenig glücklich, da er falsche Assoziationen weckt. In der Sprache des Neuen Testaments ist es ein Sich-sehen-Lassen (*ophte*), ein Sich-Zeigen, das zum Gespräch führt, eine Begegnung.

Diese „Begegnungen" mit dem Auferstandenen sind von eigenartigen Phänomenen begleitet. Leute, die Jesus gut kannten, die jahrelang mit ihm zusammen waren, erkennen ihn nicht wieder. Maria aus Magdala hält ihn für den Friedhofsgärtner (Joh 20,15). Warum ist es notwendig, den ersten, vordergründigen Eindruck hinter sich zu lassen, um seine Stimme zu hören? Es handelt sich um eine andere Art von Kommunikation als die, die wir gewohnt sind. Denn es ist eine Begegnung mit dem verherrlichten Christus, der ganz derselbe und zugleich doch ganz anders ist als vor seinem Tod. Die Kontinuität drückt sich in verschiedenen Zeichen aus: Er isst (vgl. die lukanischen Osterberichte!), er zeigt seinen Leib (vergessen wir in diesem Zusammenhang nicht, dass der Leib im orientalischen Denken nicht so sehr physisch zu verstehen ist; „Leib" meint den Menschen in seiner

Personalität). Die Jünger begegnen also demselben Jesus, mit dem sie vor seinem Tod zusammen waren. Und doch ist er ganz anders: Er ist eingetreten in die Herrlichkeit Gottes.

Die Begegnung zwischen dem verherrlichten Herrn und den Jüngern könnten wir als das johanneische Pfingsten bezeichnen. Sie ist mehr als eine „Erscheinung"; sie trägt Züge einer großen, feierlichen Christophanie. Dass Johannes sie auf den Abend des ersten Tages datiert, zeigt einmal mehr: Für ihn sind Tod und Verherrlichung Jesu, die Gabe des Geistes und die Entstehung der Kirche unmittelbar verbunden. Man muss nicht 50 Tage warten.

„Am Abend dieses ersten Tages der Woche, als die Jünger aus Furcht vor den Juden die Türen verschlossen hatten, kam Jesus, trat in ihre Mitte und sagte zu ihnen: Friede sei mit euch! Nach diesen Worten zeigte er ihnen seine Hände und seine Seite. Da freuten sich die Jünger, dass sie den Herrn sahen. Jesus sagte noch einmal zu ihnen: Friede sei mit euch! Wie mich der Vater gesandt hat, so sende ich euch. Nachdem er das gesagt hatte, hauchte er sie an und sprach zu ihnen: Empfangt den Heiligen Geist! Wem ihr die Sünden vergebt, dem sind sie vergeben; wem ihr die Vergebung verweigert, dem ist sie verweigert" (20,19–23).

Jesus „hauchte sie an", eine Geste von tiefer Bedeutung: Er schenkt ihnen den Geist, er schenkt sich selbst mit der ihm innewohnenden Kraft. Man denkt an die Ezechielvision von der Wiederbelebung der toten Gebeine durch den Geist. Indem Jesus die Jünger anhaucht, möchte er ihnen seinen Geist geben, damit sie, voll seines Geistes, mit ihm der Beginn der neuen Schöpfung werden. Es ist keine materielle Schöpfung, sondern eine Neuschöpfung zu neuen Kreaturen, die Befreiung von aller Sünde, die Wiederherstellung der ursprünglichen Unschuld: „Empfangt den Heiligen Geist! Wem ihr die Sünden vergebt, dem sind sie vergeben …"

Begegnung mit dem Auferstandenen geschieht da, wo Vergebung zuteil wird. Wo in der Gemeinschaft der Gläubigen diese Vergebung zugesprochen wird, dort ist Christus präsent, dort spricht und wirkt er durch seine Jünger. Der Auferstandene, der in die Ewigkeit eingetreten ist, bleibt als solcher zugleich in Raum und Zeit: im Geist, in der Kirche. Der englische Dichter J. Hopkins hat die Johannesstelle einmal so kommentiert: „Christus ist nicht mehr physisch da, und doch ist er physisch da. Christus spielt in tausend und abertausend Gliedern, und er hat Augen, die nicht mehr die seinen sind. Festlich spielt er die Befreiung vor dem Vater, indem er die Gesichtszüge von Menschen annimmt." Dies ist das Testament, das Jesus den Aposteln gegeben hat: Menschen zu sein, die Vergebung schenken, frohe Menschen, in denen sich die Züge Christi widerspiegeln.

Johannes nennt noch weitere Zeugen, die dem erhöhten Herrn begegnet sind: neben Maria Magdalena Thomas, ferner – im Nachtrag, Kapitel 21 – Simon Petrus, Natanaël, die Zebedäussöhne, der Jünger, den Jesus liebte … Sowohl der erste Abschluss des Evangeliums (20,30f) wie der zweite (21,24f) wollen verdeutlichen, dass das, was erzählt wurde, weder erfunden noch vergangene Geschichte ist: Es ist eine Realität, die sich auch uns immer neu als solche zeigt. Dazu wurde das Johannesevangelium geschrieben: „damit ihr glaubt" (20,31). Dieses „ihr" wendet sich an die Gemeinschaft der Gläubigen. Auch wir, die wir heute dieses Evangelium lesen, gehören zur Gemeinschaft um den auferstandenen, erhöhten Christus, dessen Geist in unserer Mitte gegenwärtig ist.

## Anregungen zur weiteren Vertiefung

Zur weiteren Vertiefung des Johannesevangeliums sollte man einen soliden exegetischen Kommentar zu Rate ziehen. Sonst liegt die Gefahr einer falschen spiritualistischen Deutung nahe, die dieses Evangelium seines Reichtums berauben würde. Wahre Meditation erwächst aus der geduldigen Beschäftigung, aus dem liebevollen Vertrautwerden mit dem Text selbst.

1. Das Johannesevangelium lädt uns zu einer Beschäftigung mit der *Christologie* ein, zu einer persönlichen Antwort auf die Frage: Wer ist Jesus für mich? Das vierte Evangelium preist Christus auf eine Weise und weist ihm eine Rolle zu, die geradezu provozierend wirken kann: Alles ist hingeordnet auf ihn, den Sohn Gottes, den menschgewordenen Logos als Mitte der Geschichte.

2. Diese inkarnatorische Dimension ist sehr lebendig: Christus, der Sohn Gottes, ist Mensch geworden. Das Johannesevangelium, das so oft allegorisch und mystifizierend ausgelegt worden ist, appelliert an die Geschichte: Mit Jesus Christus ist das Göttliche, ist Gott *in einem Menschen* in die Geschichte eingetreten. Die Reflexion über den johanneischen Jesus darf darum nicht zur Entfremdung von der Welt führen, sondern muss übergehen in den engagierten Einsatz des Gläubigen in der Welt.

3. Ein wichtiges Thema bei Johannes ist die *Freiheit*: Gegen die immer neu aufkeimenden Versuchungen zu Integralismus und Triumphalismus verweist Jesus uns auf die menschliche Freiheit. Er lässt jedem die Wahl, zu gehen oder nicht: Die Freiheit eines jeden Menschen will anerkannt sein. Es kommt auf die persönliche *Entscheidung* für Christus, das Licht, an. Dies setzt ein klares Bewusstsein

voraus, was gut und was schlecht ist, ein Kennen des Lichts und der Finsternis. Die johanneische Ethik besteht darin, dass man „die Wahrheit tut" (vgl. Joh 3,21).

4. Die reiche johanneische *Symbolik* verdient eine besondere Vertiefung. Von dort aus lassen sich auch Anstöße für eine „narrative Katechese" gewinnen. Eine allzu abstrakte Betrachtung des Evangeliums, die es auf einige strenge theologische Lehrsätze zu reduzieren droht, ließe sich so überwinden. Schon die grundlegende Glaubenswahrheit von der Menschwerdung verlangt ein solches Vorgehen: Um von Gott zu reden, müssen wir „menschlich" von ihm erzählen.

5. Die grundlegende Kategorie der johanneischen Ethik ist die Liebe. Damit wird die Bundesethik von Hosea 2 wiederaufgegriffen und weitergeführt. Aus der Grundentscheidung für die Liebe erwachsen alle anderen konkreten Entscheidungen. In diesem Zusammenhang lohnt sich eine aufmerksame Meditation über die Kapitel 13 bis 17, das Testament Jesu: Hier zeigt sich die Radikalität dieser Moral und ihre christologische Dimension („Liebt einander, *wie ich euch geliebt habe*").

6. Zur Theologie des Johannesevangeliums gehört auch die Kirche, die *Ekklesiologie*. Johannes macht auf grundlegende Dimensionen der Kirche aufmerksam: Sie ist Frucht des österlichen Kreuzes Christi, sie ist beseelt vom Auferstandenen, von seinem Geist. Nie darf sie auf äußere Strukturen, auf eine gesellschaftlich-religiöse Organisation reduziert werden. Aber sie ist wie Christus „inkarniert", hineingestellt in die Geschichte. Auf ihrem Weg durch die Zeit, zu dem auch Verfolgungen gehören, wird sie vom Gottesgeist, dem Beistand, gehalten und gestärkt. Er erleuchtet sie, indem er sie an Christi Wort „erinnert" und in die Fülle der Wahrheit einführt.

Die Sakramente erscheinen als die wirksamen Zeichen des Heils; Johannes spricht, mehr oder weniger direkt, von der Taufe, von der Eucharistie und der Sündenvergebung.

7. Ostern wird von Johannes in charakteristischer Weise als *„Erhöhung"* und *„Verherrlichung"* dargestellt. Diese Interpretation hilft uns, jenes zentrale Geheimnis des christlichen Glaubens, das gewöhnlich mit dem Begriff „Auferstehung" bezeichnet wird, tiefer zu erfassen. Die johanneische Deutung hält uns sowohl von einer historisierenden Vereinfachung als auch von spiritualisierenden Verkürzungen ab.

8. Das heute oft tabuisierte Thema Tod wird uns im Johannesevangelium in einer bedenkenswerten theologischen Perspektive vor Augen geführt. Jesu Tod, seine Verherrlichung, aber auch die Auferweckung des Lazarus geben hier wichtige Impulse. Das „ewige Leben" meint in der Sprache des Johannes das *„göttliche Leben"*. Der Gläubige wird aus den irdischen Grenzen befreit durch die erlösende Macht Gottes, der in unsere Geschichte, in unser Leben eingetreten ist: durch Christus, der Sohn Gottes und Mensch ist.

## Ausführliches Inhaltsverzeichnis

### Das Evangelium nach Matthäus

(Das Evangelium nach Matthäus)



## Das Evangelium nach Markus

## Das Evangelium nach Lukas

(Das Evangelium nach Lukas)

## Das Evangelium nach Johannes

## In derselben Reihe sind erschienen

**Klaus Hemmerle**
**Gerufen und verschenkt**
**Theologische Meditationen über die priesterliche Berufung**

Theologische Meditationen über Ruf und Berufung, über Standort und Lebensstil des Priesters, eingebettet in die Rückbesinnung auf das Entscheidende: auf Gottes Ruf und Gottes Anliegen. Somit wird dieses Buch zu einer »Weg-weisung« für eine überzeugte und überzeugende christliche Existenz – nicht nur für Geistliche.

»Wer dieses Buch liest, ob Priester oder Laie, der wird neu erspüren, welche Faszination und Kraft von der Botschaft Jesu Christi ausgehen: Viele Schätze sind erst noch zu heben, vieles ist (neu) zu entdecken und im Leben durchzubuchstabieren.«
*Bischof Heinrich Mussinghoff*

240 S., geb., ISBN 978-3-87996-966-1

**Wolfgang Küpper (Hg.)**
**»Freude und Hoffnung, Trauer und Angst«**
Das Zweite Vatikanum:
Rückblicke – Einblicke – Ausblicke

Was ist nach 50 Jahren vom Konzil geblieben? Wie steht es um seine Interpretation? Welche Impulse gehen heute von ihm aus? Ein informativer, facettenreicher Überblick, in dem renommierte Gesprächspartner zu Wort kommen.

112 S., kart., ISBN 978-3-87996-969-2

Mehr unter www.neuestadt.com